YAMADA Toshio, UEMURA Hiroyasu, HARADA Yuji, FUJITA Nanako
CIVIL SOCIETY AND DEMOCRACY : The Régulation Approach

市民社会と民主主義

レギュラシオン・アプローチから

山田鋭夫
植村博恭
原田裕治
藤田菜々子

藤原書店

市民社会と民主主義　目次

第7章　ボウルズとボワイエにおける「市民」と「市民社会」……植村博恭　251

――社会認識と社会科学分析との現代的総合――

第8章　経済学の現在とレギュラシオン理論の可能性……植村博恭　287

――制度派経済学とケインズ経済学の理論的連携にむけて――

市民社会と民主主義

レギュラシオン・アプローチから

序章

民主主義と市民社会——市民社会論の現代化にむけて

山田鋭夫

日本はすでに戦後七十余年を経過し、いま世界システムと世界的潮流の転換に直面して、大きな岐路にたっている。これまでの一国経済成長志向の発展は限界をむかえ、成長するアジアとともに経済統合が進みつつある。欧米とアジア、その中での日本のあり方――ふたたびそこに日本が自覚すべきあらたな課題がある。われわれは今日、いかなる思想をもって二一世紀日本の社会と経済を認識し、将来を展望したらよいのか。本書では、戦後日本の社会思想的原点である市民社会論にたちもどり、将来への針路をみきわめたい。そのさい市民社会の思想を、日本とアジアの経済社会を分析できる理論へと、また現実的な政策を提起できる構想力へと、つなげていく努力が必要とされている。

一　民主主義の衰退

民主主義が衰退している。危機にあるといってもよい。

たしかにこの数十年、民主主義の政体は外延的には拡大した。二〇世紀末の東欧革命などにより旧社会主義における事実上の一党独裁政治が解体し、またアジア、アフリカ、ラテンアメリカにおける各種独裁政権が崩壊したからである。普通選挙権や複数政党制を採用する国の数は大きく増加した。がしかし、その実態的内実はとなると、さまざまな特権階級による支配と腐敗・汚職が横行し、民主主義は未成熟というほかかない。

しかしこれはよそ事ではない。この日本において、いやもっと広くいわゆる先進諸国において、民主主義は大丈夫なのか。きわめて切実かつ深刻なことに、これまで「民主主義」を標榜してきた先進資本主義諸国において、民主主義が実質的に形骸化し、人びとの間に民主主義への幻滅と失望が広がっている現実がある。かつて民主主義政治への信頼と希望を寄せていた多くの人びとにおいて、いまや政治不信、政治的無力感、そして政治的無関心が漂っている。もちろん、縁遠くなった民主主義に抗議して「ぼくらの民主主義」を築こうという運動も、日本内外で活発化してはいる。だがしかし、そうした声は往々にしてかき消され、押しつぶされてしまう。

何か大きな事件が起こるたびに、政治は「市場《マーケット》の声」には敏感に反応するが、「市民《シティズン》の声」にはあまり耳を傾けなくなった。政権は選挙前に好景気を演出し、大判振舞いのバラマキ政策によって民衆の歓心を買う。それに成功しさえすれば、あとは議会内での「多数」の名のもとに特権者に奉仕し、市井の声を無視するようになった。資本主義が民主主義に勝利し、圧倒しているということなのだろうか。資本主義と民主主義の関係は、ときに補完的であり、ときに対抗的である。戦後期、日本については微妙な留保も必要だが、一般に先進諸国では資本主義は民主主義と連携し補完しあっていた。ところがいまや、両者は乖離ないし対立の関係に入った観がある。資本主義の前に民主主義は衰弱しつつある。

こうした状況については、社会的文脈や問題意識はそれぞれ異なるとはいえ、政治学を中心にすでに数々の指摘があるところだ。「失われた民主主義」(diminished democracy) とは、アメリカ民主主義における専門家支配を警告したスコッチポルの言葉である (Scocpol 2003)。クラウチは「ポスト・デモクラシー」(post-democracy) という概念を提起し、これによって二〇世紀中葉の「最大限の民主主義」の時代から放物線を右下がりに落ちていく二一世紀現代を表す。その現代にあっては、企業エリートの経済的および政治的な権力が強化され、人びとは市民としての能力を喪失して倦怠と幻滅に沈んでいるという (Crouch 2004)。ティリーは「民主化」と「脱民主化」(de-democratization) のジグザグ・プロセスとして近代社会史を捉え、国家と市民の間の平等かつ双務的な協議がなくなり、政治がうまく個人間信頼のネットワークを包摂できなくなると、民主化は脱民主化に反転するという (Tilly 2007)。

経済学の側からはライシュが、現代における企業権力の強大化と市民の弱体化を摘出して、「民主的資本主義」(democratic capitalism)から「超資本主義」(supercapitalism)への歴史的逆転を告発した。資本主義と民主主義は補完関係から対抗関係へと転化した。それが今日だということだ(Reich 2007)。フランクフルト学派のシュトレークもまた、新自由主義の支配とともに資本主義と民主主義とのかつての幸福なる結婚は強制的に解消され、現代は「民主主義なき資本主義」(capitalism without democracy)の時代になったという(Streeck 2014)。その他、欧州連合の上からのエリート主義的政治に対しては「民主主義の赤字(欠損)」(democratic deficit)だとの批判が浴びせられ、最近の移民問題やブレグジットに見るように、EUは結成以来最大の危機に直面している。

このように二一世紀、日本を含むいわゆる民主主義諸国において、民主主義の衰退と危機が顕在化してきた。その背後に何があるのか。

二　資本主義の現代的変容

戦後資本主義はフォーディズム的工業の成功によって生産力を飛躍的に上昇させ、ケインズ＝ベヴァリッジ型政策のもと、資本主義は民主主義ならびに社会的公正とある程度共存しえていた。しかし一九七〇年代のスタグフレーションのなか、フォーディズム型成長は瓦解する。そのなかで各国は、内需の低迷とともに生産能力の過剰に見舞われる。いきおい外需に活路を求めて国際競争が激化する。その延長上に企業は多国籍化し経済はグローバル化する。製造諸工程は新興工業諸国へと移転され、とりわけアジア諸国は工業的に躍進する。他方、先進諸国は脱工業化へと向かい、さらには米英を中心に経済の金融化が進む。折からの情報通信技術(ＩＣＴ)の革命がこれらに拍車をかける。二一世紀資本主義は、二〇世紀末以来のこうした「グローバル化」

「脱工業化」「金融化」の軌道上を突き進んでいる。そこから資本主義の現代的変容が始まった。

すなわち経済の「脱工業化」は、これまで製造業大企業を中心に組織されていた労働者の減少と組合組織率の低下をもたらし、組織された労働者の力は明確に減退した。雇用は不安定化し賃金は停滞し工業地帯は疲弊した。経済の比重はサービス部門へと移動し、各国資本主義の制度的な特徴に応じて雇用の非正規化を含む雇用形態の多様性が進み、従業員の利害は分散し多様化した。かつては製造業労働者に加えて公務員や技術者をも包括した広範な「資本と労働の妥協」や「国家と市民の妥協」が存在していたが、それがいまや崩壊する。人びとは「労働者」としての集団的行動が取りづらくなってしまった。

国際競争の激化が行きついたところは経済の「グローバル化」であった。先進諸国における労働者勢力の衰退にともなう賃金上昇の停滞を穴埋めしたのは、まずは、対外開放による安価な輸入消費財であった。大型量販店の躍進も消費財の低廉化に貢献したが、流通業は多くの場合、低賃金と不安定就業に支えられていた。消費財は主として中国をはじめとする新興工業諸国から供給され、これら諸国は低賃金や人権無視の労働を武器に輸出を伸ばした。その「恩恵」のうえに先進諸国民は「労働者」として失ったものを、安い輸入品を享受する「消費者」として取り戻した (Reich 2007; Boyer 2011)。と同時にそこから、先進国対新興国の貿易関係という旧来型の枠組みを超えて、先進国企業の多国籍化と強大権力化という新たな政治経済環境が形成されていく。

この多国籍企業は、新たな金融技術や金融商品の開発によって発展した金融業とあいまって、グローバル化をいっそう促進した。グローバル金融は、米英はもちろん、程度はより小さいとはいえその他諸国においても、経済社会を「金融化」へと大きく舵を切らせることになった。「マーケットの声」という名の投資家（株主や債権者など）の発言力が幅を利かす社会が到来した。しかも皮肉なことに、金融化は労働者や市民にとって対岸のよそ事でなく、彼らの多くをその利害関係のうちに巻き込んだ。高齢化とともに年金収入に依存する人口層が増え、彼らは年金基金という機関投資家に運命を預けることになった。現役の労働者はといえば、とりわけ好況期に各種の金融所得を得るという形で、そうでなければ銀行からの借金という形で、賃金所得の停滞を補った。学生は自らへの人的資本投資のため、学資ローンや貸与型奨学金に頼ることになった。こうして「労働者」に代わって人びとは「投資家」として登場することになった。ただし、それはしばしば「債務者」としての登場でもあった。

要するに、賃金所得が停滞するなか、安価な消費財を届ける多国籍企業や大型量販店に、また時として魅力的な金融商品を提供する金融市場に、人びとは救いを求めたわけである。市民は、「労働者」として失ったものを「消費者」および「投資家」として取り戻そうとしたわけである（Reich 2007）。それを通して人びとは、意識的にか無意識的にか、大企業や金融界と利害を共にしていると感じるようになる。

だがしかしその代償は大きい。人びとは公共社会の「市民」であることを放棄してしまった。自由、平等、人権といった近代民主主義の理念はどこかへ消え失せ、株価や「株主民主主義」が万事を決するようになった。そこから所得や資産の不平等は拡大の一途をたどったのだが、しかし金権支配を批判する市民の声は、「ウォール街を占拠せよ」運動など、時に大きなうねりを見せるものの、事態を逆転させるまでには至らない。それどころか多国籍企業や金融界は豊富な資金をもとにして政治家へのロビー活動を活発化し、たんに経済的権力だけでなく政治的権力をも手中におさめていく。政治家の方も選挙資金目当てに企業権力にすり寄って市民から遠ざかる。政治は議会内の政党構成や議決内容がどうあろうと、最終的には政財官のこのような陰の利権的癒着によって動いていく。そして、こうした過程を支えたのが「新自由主義」というイデオロギーであるが、この政策思想は「国家の撤退」というかけ声とは裏腹に、大企業による「国家の簒奪」に大いに力を貸したわけである。民主主義を衰退させた大きな要因がそこにある。

さて、グローバル化、脱工業化、金融化という資本主義の現代的変容のもと、労働者は消費者や投資家として「勝者」になったとはいっても、それは主として大企業における成年男子正規労働者についての話であって、これ以外の層には大きなリスクが降りかかってきた。女性、青年、零細業者、マイノリティといった層は、多くの場合、依然として「敗者」でありつづけており、あるいは新たに「敗者」へと転落した。そして民主主義の危機は、この層に最も深刻な打撃を与えている。

どういうことか。資本主義の現代的変容の結果、労働力は非正規化し、フレキシブル化し、そして女性化した。とりわけサービス化や情報化は非正規女性労働の利用を促進したが、その女性労働の多くは労働組合による保護と発言の枠外に置かれた。この女性の労働力化に加えて、若年労働者を中心とする雇用非正規化が長期化するという事態——それは非正規労働者の中高年化を意味する——が重なって、「男は仕事 女は家庭」的な性別分業を基本とする核家族モデルが崩れ、単身世帯（非婚、独居老人）や母子家庭（離婚、死別）が著増することになった。これら世帯は多くの場合、失業のリスクはもちろん、低熟練ゆえの低賃金や不安定就業のリスクをかかえ、さらには賃金労働とケアワーク（育児、介護）を両立させることの困難に直面している。伝統的家族モデルを対象とした在来の福祉レジームでは対応できない「新しい社会的リスク」の出現である（Bonoli 2006; Häusermann 2010）。

こうしたリスクを背負った層は「投資家」として何も得るところはなく、「消費者」としての利得も小さいうえに、「労働者」「市民」としてはひたすら失うばかりの状態にある。彼らは人権、生存権、人間的な自由と平等、公正な賃金や市場取引からほど遠い位置に落とし込まれ、不平等な所得ピラミッドの最下層で喘ぐ。民主主義を最も必要としている人びとに民主主義は届いていない。新しい福祉課題に応える民主主義が求められている。

以上のように、二一世紀における資本主義の新自由主義的反革命のなかで「市民」は後退し、また新たに生じた「新しい社会的リスク」に、金融資本主義はもちろん、従来型の社会民主主義や福祉国家も対応できていない。そこに民主主義の衰弱と危機が淵源する。今日、民主主義は民主化されねばならない（Giddens 1998）。そして資本主義も民主化されねばならないのである。どのようにしてか。

三　さまざまな市民社会

民主主義の民主化、資本主義の民主化の鍵は「市民社会」（civil society）の活性化にある。その「市民社会」にどんな含意をこめるか。本書は戦後日本で展開された市民社会論のうちの最良のエッセンスに学びなおし、それを最大限、二一世紀現代の経済社会認識に生かすことを志している。それについてはさしあたりは次節に、そして詳しくは本論の諸章にゆだね、ここではとりあえず「市民社会」を「自由・平等な人びとがつくる時空」といった程度にごく漠然とイメージしておく。それにしても「市民社会」は一般にどう理解されてきたか。それを簡単に回顧しておこう。

「市民社会」という日本語は明治以来、西欧語からの訳語として導入され定着してきた。原語は civil society（英語）ないし bürgerliche Gesellschaft（ドイツ語）である。そのまた元を質せば古代ギリシャにまでさかのぼるとのことであるが、爾来、ヨーロッパを中心にして、この語は歴史のなかでしばしば語義的変遷をとげ、今日では多義的な内容をもつ言葉となった。このあたりについては Riedel（1975）や Ehrenberg（1999）の精緻な研究があるが、以下ではごく粗削りに三つの概念類型に整理してみる（植村 2010）。

第一は「市民社会＝国家共同体」という市民社会理解である。これが最も古くからの用法であるが、言葉としてはアリストテレスの koinonia politikè（政治共同体《ポリス》）に源を発し、これがラテン語に訳されて societas civilis となり、やがて一六世紀末に civil society と英訳されることになった。civil society は、ホッブズにおいて「政治体」（a body politic）と換言されているように、すぐれて国家を中心とする政治共同体を意味しており、これは大筋においてロックにも継承される。かれらにおいて「市民社会」は、社会契約論という名の近代人権思想と不可分なものとしてあった。

市民社会概念の転換は一九世紀のヘーゲルにおいてなされ、ここに「市民社会＝経済社会」という新しい第二の概念類型が登場する。すなわちヘーゲル『法の哲学』（一八二一年）は「人倫」の体系を「家族―市民社会―国家」として描き、ここに「市民社会」は「国家」と区別されて、利己的諸個人による分業と交換の体系――「欲望の体系」――という経済社会を意味することになった。マルクスもこのヘーゲル的市民社会論の系譜にある。ヘーゲルやマルクスのいう「市民社会」の原語は bürgerliche Gesellschaft である。日本では、戦時期以来の経済学において「市民社会」は経済的市民社会を中心に受容されてきたのであるが、その時「市民社会」は、ヘーゲル＝マルクス的含意のうえにスミス的な「商業社会」（commercial society）が重ねあわされて表象されていた。

第三の類型は「市民社会＝中間団体」と要約される理解であり、これはモンテスキュー、トクヴィル、グラムシの系譜に属するともいわれるが、新しく大きな注目を浴びたのは二〇世紀末のことである。東欧革命（一九八九年）や「新しい社会運動」（反グローバリゼーションやエコロジーなど、脱物質的価値を主要争点とする運動）をきっかけとして次第に形をなしてきた市民社会論であって、「新しい市民社会論」とも呼ばれる。ヨーロッパでは市民社会を Zivilgesellschaft と造語した Habermas（1990）が、アメリカでは Cohen and Arato（1992）や Walzer（1995）などの civil society 論がよく知られている（山口 2004）。そしてここにいう「中間団体」とは、例えば教会、労働組合、生協、互助団体、財団、NPO、NGO、コミュニティ・グループ、文化サークルなど、市民の自発的参加による各種組織やネットワークを指す。これらは社会・文化活動のみならず、政治・経済活動にも参画するのではあるが、組織それ自体としては非国家的、非市場的であろうとする。その結果、多くの場合、市民社会は国家（政治）や市場（経済）からは独立した独自な一領域ないし一セクターという位置づけをえて、社会総体は「国家‐市場‐市民社会」というトライアングル構造において理解されることになる。

以上のとおり、同じく「市民社会」といってもその語の内包は、政治的、経済的、非国家・非市場的といった相異なる三つのアスペクトをもち、また空間的規模においても、国民国家・国民経済（時にはトランスナショナル空間も）といったマクロ領域的なものから、中間団体（そしてそれらが織りなす公共圏）といったメゾ領域的なものまで、さらに場合によっては個人の倫理意識というミクロ的側面まで、広い幅をもつ。また、第二類型はひとまず「経済的市民社会」と呼べようが、これに対して「政治的市民社会」と言えるものには第一類型はもちろん、第三類型も多くの場合含まれよう。第三類型は、組織それ自体は非国家的であっても、活動としては政治的であろうとするものも多く（現にこの類型の市民社会論は政治学を中心に議論されてきた）、またグラムシ市民社会論のように「ヘゲモニー闘争」の場として位置づけられるものが含まれるからである。

われわれはこれら諸概念のどれも排除しはしない。「市民社会」は政治的概念か経済的概念か、マクロ的概念かメゾ的ないしミクロ的概念かといった議論に深入りするつもりはない。むしろ、相違を超えて共通するものがある点に注目したい。それは「自由・平等な人びとがつくる時空」という本節冒頭の了解だ。裏返して「人びとを自由・平等にしていく時空」と言った方がよいのかもしれない。ウォルツァーは、市民社会とは「非強制的な人間のアソシアシオン空間」だという（Walzer 1995）。といっても、それら市民社会が現実態として支配、強制、搾取を含むものであることも否定しない。が、それを超えて少なくとも形式的には、個人、自発、自由、平等、そして時に連帯といった価値観に支えられた時空というのが、西洋語としての「市民社会」に共通する含意であろう。

四　市民社会論の現代化

われわれは西洋的な「市民社会」の諸概念をこう理解するが、しかしまだ、それだけでは現代に生きる市民社会論を手にしたわけではない。資本主義の現代的変容や民主主義の現代的衰弱に対処しうる二一世紀型市民社会論へと、これを発展させていかねばならない。その時われわれは、戦後日本で展開された市民社会の思想にあらためて立ち戻り（宇野 2016）、これをもう一度虚心に読みなおすことを通じて、戦後七十余年の現代日本への示唆を引き出したいと思っている。

その戦後日本の市民社会論は、前節での分類に従えば第二類型の経済的市民社会論を起点としていた。いわゆる「西欧近代」に象徴される自由・平等な諸個人からなる交換的社会というのが、ほぼ共通の市民社会理解であったのであろう。これをより多く歴史的・実体的側面において捉えるか、それともそこに抽象的さらには規範的な含意をもたせるか。その違いはあったものの、少なくとも出発点において「市民社会」は、当時の日本における前近代的・旧共同体的なもの、および強権的・国家主義的なものへの対抗概念としての意味を担った。そうした歴史的意義は決して忘れられてはならない。とはいうものの他方、その「西欧近代」こそ帝国主義や自然破壊を生み出した元凶なのであって、これに無自覚な市民社会論は強く断罪されねばならないという批判もまた繰り返しなされてきた。あるいはまた、市民社会論は国民的枠組みという視野狭窄に陥ってアジアや世界への眼を閉ざしていると非難されたかと思うと、逆に、日本の伝統的価値を無視する「非国民」的思想だとのレッテルを貼られもした。さらにまた、市民社会論は自律の「強い」個人を仮定したうえでの議論であって、「弱い」個人に視線が届いていないとも言われた。

日本型市民社会論は本当に「西欧近代」を理想化し、自律の主体的個人と交換における自由・平等を謳う思想に終わっていたのだろうか。「近代」を超え、それを人間社会の根底から照らし出す視角を持ちあわせていなかったのだろうか。「第二類型の経済的市民社会論」に終始して、政治的契機や集団形成の意義に無頓着なままであったのだろうか。あるいはまた戦後市民社会論は、日本と世界の関係をどう見ていたのだろうか。

そうした問題意識をもって接するとき、われわれは戦後市民社会論のなかに、例えば、学問する一人ひとりの市民による「下から」の社会形成という視角、人類史の根底において次第に実質化されていくべき生存権を基盤とした人間的平等への希求、その意味で不十分ながらも端緒的に嗅ぎとりうる福祉社会の着想、それによって戦後日本における福祉国家論の不在を一部埋め合わせたという意味、さらにはグラムシ市民社会論への注目を通して「新しい市民社会論」への足場を築いたこと、社会的分業のなかで個々人がフェアな相互行為を行いつつ各種領域で互いに共感と共同性を作り出していくことの重要性などを読みとることができる。このとき「市民社会」は多分に規範概念化されているが、それをわれわれは大切なことだと考えている。こうした規範化を通して戦後日本では、市民社会論は西洋的含意を超える独自な思想へと発展していった。「活性化」されるべき市民社会はこうした市民社会である。

市民社会論と並んでもう一つ、踏まえておくべき出発点がある。戦後日本における現代資本主義論ならびに制度派ケインズ経済学が開拓した現実認識である。日本の学問的なコンテキストにおいては、これらと市民社会論とは民主主義を重視しつつ現状を批判的に把握するという意味でも思想的にかなり強い親近性と補完性のうちにあった。市民社会論が主として社会思想ないし経済学史の学問分野で展開されたのに対して、こちらは経済理論や現代経済分析の領域で光彩を放った。両者をつなぐ「原点復帰と現代化」という言葉が、しばしば合言葉となった。それは戦後の現代資本主義を対象として、その新しい現実を理解する営為であった。ビッグ・ビジネスと言われる大企業体制、制度化された労働運動、ケインズ主義的な大きな政府などを前提として、各国で、そして日本で、経済はいかなる動態を示しているのかを問いつつ、有効な経済分析と経済政策が模索された。それは、当時の現代資本主義の諸制度を前提として、しかも諸制度を一歩一歩改革しつつ、いかに民主主義と人びとの福祉を発展させるかという課題への挑戦でもあった。

また、戦後からベルリンの壁の崩壊までの時期は、いわゆる「社会主義」が人びとの希望を支えてきた時代でもあった。もちろん、スターリン批判、中ソ対立、チェコ事件、カンボジアのポルポト圧政など、社会主義なるものを幻滅させる事件が何度も起こったが、人びとはそこから、現存社会主義の擁護ではなく、より積極的に民主主義的な社会主義、市民社会の全面的に発展した社会主義、さらに北欧型の社会民主主義へと希望をつないでいった。そのなかで、市場システムと民主主義・市民社会との関係や、さらには市場システム、企業組織、公共部門の関係も原理的に問いなおされていった。もちろん、このような戦後の時代感覚は少しずつ過去のものとなりつつあるが、そこで提起された諸問題はいまでも重要であって、われわれはその過去の知的営為から学びつづけたい。

以上は本書の前半（第1〜4章）が扱う主題である。そのような遺産のうえに立ち、また資本主義の二一世紀的変容を見据えながら、われわれは「レギュラシオン・アプローチ」という視角から市民社会論の現代化を図ってみたい。というよりも、戦後市民社会論の思想的遺産に経済理論および経済分析という骨格をあたえると同時に、レギュラシオンの経済学に市民社会論という血肉を付与して、これをふくらませてみたい。それが本書後半（第5〜8章）である。

議論はレギュラシオン理論とは何かを確認することに始まって、この理論が日本経済分析にどう適用されたかについて概観する。レギュラシオン的な日本分析は理論のたんなる機械的適用に終わることはなく、元祖レギュラシオン理論そのものへの方法的な問題提起と不可分なものとなろう。特に、日本のレギュラシオン研究においては、市民社会論と制度派ケインズ経済学の伝統を継承しつつ、企業組織、企業間関係、労働市場、そして市民社会などの関係や経済のマクロ経済動態の精緻な分析が進められよう。さらに、グローバル化した経済と多国籍化した企業という現実は、分析対象を日本一国に限定することを許さない。少なくともアジア諸国へと視野を拡大し、そこでの資本主義の多様性と市民社会のあり方を問うことが要請されている。さしあたり異なったタイプの「信頼構造」の役割という点を中心に市民社会の問題に計量的な接近を試み、市民社会を操作可能な概念としても活かすべく工夫がなされる。

最後に、以上をふまえて、「市民社会」認識の現代化とそれを支えるレギュラシオン理論のさらなる発展の可能性について模索がなされる。いま、グローバリゼーションが進み、国民国家の役割が再審されるなかで、ふたたび世界中のさまざまな政治経済学が、「市民」あるいは「市民社会」に注目している。アメリカにおけるリベラル派の中心的理論家であるサミュエル・ボウルズも市民的な社会的選好の役割を重視し、また、フランス・レギュラシオン理論の旗手であるロベール・ボワイエも、市場と国家と並ぶ重要な社会領域としての市民社会の役割を強調している。これは、たんなる偶然ではない。まさに時代がこのような理論的営為を要求しているのである。では、このような新しい市民社会認識を現実の経済分析にいかにつなげるのか。それがまさに、本書で提起したい、「市民からレギュラシオンを介して現実分析と政策形成へ」という発想である。そのさい、レギュラシオンとは、重層的に編成された諸制度による調整であり、そのような調整作用の動態を理解することで、制度認識とケインズ的マクロ動態分析がともに手を取りあって、経済学も有効に発展することが期待されるのである。

全体としてわれわれは、市民社会という概念の脱規範化や、ましてその使用停止などを求めてはいない。規範は、現実の社会のなかで、しばしば人びとの行為を方向づけ、有効な調整の力を生み出す。むしろ、これに新しい息吹を吹きこみ、古典と現代の往復のなかでこの概念を現代化させたいと考えている。

市民社会を現代の視点からこう問いなおすことによって、資本主義の民主化を、そして民主主義の再生を展望しようというのが本書である。それによって、新旧の社会的リスクに対応できるような民主主義を築きあげ、またそれに向かって市民が「巨大な社会的複眼」を具備できるような、そのような民主主義を求めている。われわれの展望する民主主義は「自由民主主義」という志の低い民主主義ではない。少なくとも「自由」が事実上「市場の自由」や「強者の自由」になりおおせているかぎり、こう言わざるをえない。そうではなく、われわれは「市場の社会的制度化による公正の実現」こそ民主主義への第一歩だと考えている。自由民主主義は「自由」第一主義に走るが、われわれは「自由」とともに「平等」の、しかも「交換的平等」はもちろんそれ以上に「人間的平等」の重要性を強調したい。その意味でわれわれの求める民主主義は「社会民主主義」的なものに近いかもしれない。

ただし社会民主主義といっても、西欧の経験から判明するように、従来のような労働組合中心のコーポラティズム型のそれでもなく、また国家を中心とした官僚制的分配民主主義に尽きるものでもない。その手の社会民主主義にはもはや生命力はない。そうではなく、市民——そして学問する《インクワイア》市民が構成する各種団体——を中軸として「下から」形成される新しい社会民主主義でなければならない（Boyer 2014）。つまり「市民社会」に支えられた「民主主義」である。それを「市民社会民主主義」（civil-societal democracy, civic social democracy）と表現することが、ここに至っては許されよう（山口／宮本／小川 2005）。

第1章

内田義彦における市民社会

――交換的平等と人間的平等のあいだ――

山田鋭夫

一　はじめに

この章では、戦後日本を代表する市民社会の思想家たる内田義彦（一九一三〜一九八九年）に即して、彼のうちで「市民社会」はいかなるものとして認識され、いかなるものとして深化していったかについて見届ける。「市民社会」なる用語を使うか否かは別として、日本における市民社会思想の先達としては、内田以前ないし内田以外にも、丸山眞男、大塚久雄、大河内一男、高島善哉らの名を挙げることができる。しかし、戦後、最も一貫して市民社会を問いつづけ、問い深めたという意味で、われわれは内田義彦を市民社会論の原点に位置づけたい。

あらかじめ一言しておけば、内田義彦における市民社会の概念はヨーロッパ由来のものから出発しつつも、次第に、歴史実体と結びついた内包から離れて、この概念は抽象化され理念化され、さらには規範化されていった。それは同時に、内田における日本資本主義ならびに人類史への批判的認識の深化と不可分であり、また日本や世界の経済社会の時代的変遷とも不可分であった。つまり内田における市民社会の概念は、一個の不動の内包に固定されたものではなく、現実と概念の往復作業のなかで、また内田自身の社会＝歴史認識の深まりとともに、次第に進化してゆくものとしてあった。そしてその進化の結果、内田の眼は究極的に人類史の深層へと降り立ってゆく。ただしその際、旧来の概念内包が簡単に捨て去られるのでなく、旧来のものを包み込む形で新しい概念内包が追加される。こうして市民社会の概念は幾重にも多重化され多層化され、そしてそれら諸相があたかも円錐の表面を回りながら下降してゆくかのように、歴史社会の深部を照射するものへと掘り下げられていった。その総体として内田の市民社会思想はある。

二　純粋資本主義としての市民社会

内田義彦には「生産の理論。覚え書。」と自ら題した太平洋戦争期のメモがある。[1] 戦時の言論統制下、学問研究や表現の自由もなく、また若い内田自らも定職と言えるほどのものもないままに病苦と不安に耐えながら、自らに納得のいく学的拠点を求めてさまよっていた頃の研究ノートである。全体として大塚久雄、大河内一男らから多くを吸収している痕跡をうかがわせて興味深い文章であるが、そのなかで「スミスに於ける利己心の問題」を問うたのち、「self-interest の此の二面性、経済学的概念と倫理学的概念」と題された一節で内田はこう書きとどめている。

> かかる自己関心〔self-interest〕は人間の社会からの解放の原理として、近代社会成立の原理となる。但し、その解放のしかたは、感覚の全面的な肯定、解放＝ルネサンス的人間・ヒューマニズム・後の効《ママ》利主義としてであるか、又は感覚を否定しつつ、自らの中にある神＝理性を肯定すると云ふ媒介的な肯定の仕方、レフォーメーション〔宗教改革〕的、カント的人間としてあらはれるか、そのあらはれ方は、近代社会の成立の型によるであらう。個人の無媒介な主張が近代市民社会成立の原因たり得た社会と、理性によって媒介せられ……ることによって、否定的に始めて肯定し得る如き社会との類型的相異に対応して。
>
> （野沢／酒井 2002: 22）（〔 〕は引用者、強調は特に断りのないかぎり引用者。以下同じ）

利己心が自由放任を介して、全体利益に結合せられる所に道徳が存在するのであるが、ここでその両者の結びつき方が注意せられねばならぬ。……感覚の解放……が徳とせられるか否かは、云はば偶然的なことであり、英国市民社会成立期に於ての現実であったのである。[2]（……ついでに、市民社会確立がその頭初に於て既に感覚の解放ではない、別の自己否定的な肯定を市民階級に要求した社会、独逸のことが別個に注目せられてよいであらう。……）（同 24-25）

ここで内田が見ているものは、スミスのいう利己心（自己への関心）が旧社会からの人間の解放の原理たりうることを認めたうえで、その現れ方は資本主義形成における類型差によって異なるということだ。具体的にはイギリスとドイツが比較されている。イギリスでは利己心は「感覚の全面的な肯定」を意味し、これが見えざる手を通して生産力の体系たる市民社会の形成へと結びついた。そのかぎりで利己心は「徳」でありえた。しかしドイツにあっては、そのような見えざる手は作用しておらず、したがって利己心はそのままでは生産力にも市民社会形成にもつながらない。ドイツにおける市民社会形成は、感覚の解放とは別の、「理性」という「自己否定的な肯定」によって媒介されねばならなかったというのである。[3]

スミスや利己心を問題とする内田の時代的関心は、そのような「見えざる手」やこれとともにある倫理がまったく妥当性をもたない統制経済日本への批判意識にある。それはともかくとして、当面のわれわれにとっての興味深い点は、ここに、内田義彦においておそらく初めて——少なくとも最も初期のものとして——「市民社会」なる用語が登場するということである。[4] ここでの「市民社会」は、「近代市民社会成立」とか「英国市民社会成立期」とかの用例に見るとおり、歴史実体的なものとして、さらに特定していえば「成立期イギリス資本主義」に限りなく近いものとして理解されていよう。そのイギリス資本主義は同時に、資本主義の「正常」かつ「典型的」な形態を代表するものとして、いわば「純粋」資本主義として、イメージされていたといってよい。

こうした純粋資本主義としての市民社会というのが、出発点における内田の市民社会理解であった。ただし「純粋」といっても、「純粋」への抽象化の程度はそれほど大きくなく、歴史実体としての初期イギリス資本主義に近いところで表象された資本主義である。そして、ここにいう市民社会は「資本主義」であるかぎり、歴史的には何よりも「封建主義」「封建社会」との対抗のうちに生まれてくるものとされる。やがて主著『経済学の生誕』（一九五三年）に至ると、イギリス市民社会形成史の一環としてのスミス『国富論』の意義にかかわって、市民社会がすぐれて封建社会から解放された社会として位置づけられる。例えばこうである。

> この第二の流れの研究においては、古典経済学は市民社会形成史の一環としてとらえられ、古典経済学の形成と発展とは市民社会が封建社会から自らをときはなとうとしたとき、どのような問題があらわれ、経済学はそれに対してどう答えたか、という観点から研究されていた。……重商主義者こそ封建主義をうちたおし近代市民社会をうちたてる役割を果たした……。
>
> （内田 1953: 34, 100 ① 31, 90）

この市民社会は資本主義であるかぎり、それ自身のうちに資本‐賃労働の階級対立や搾取関係を内含する社会でもある。ただし、スミスに即して捉えられた市民社会＝資本主義社会にあっては、各階級（地主、資本家、労働者）はそれぞれの商品（土地、資本、労働）の所有者であるかぎり対等な立場で相対する。またスミス的な市民社会は、階級的不平等よりも全般的富裕が優越する社会であり、たしかに階級的不平等は存在するがしかし対立が先鋭化していない社会であった。その意味でスミス的社会は、「資本主義」よりも「市民社会」という表現がごく自然に妥当する。

かれ〔スミス〕においては……各階級〔土地・労働・ストックの所有者たる三つの階級〕がその独占的＝特権的地位をうしない、相互にひらの商人としてのみ相対する社会、それが自然的社会としての市民社会である。それは市民の支配する社会、ほかならぬ市民社会である。

（同207①185-186）（傍点は原文）

以上のような市民社会の概念は、もちろん独自日本的なものではなく、ヘーゲル＝マルクス的な「ブルジョワ社会」ないしスミス的な「商業社会」の系譜に属するものとみることができる。

三　価値法則の貫徹する社会としての市民社会

すぐ前の引用文にいう「各階級がその独占的＝特権的地位をうしない、相互にひらの商人としてのみ相対する社会」とは、一歩掘り下げていえば、「各階級」を超えてむしろ「各人」が独占的＝特権的地位を失い、互いにヒラの人間同士として相対する社会でもある。ここに「独占的＝特権的地位」とは、例えば封建的・身分的・人格的な特権や特定のコネによる利権・利益にあずかることを意味する。市民社会とはそのような封建的・コネ的な人間関係が消滅して、各人がヒラの商人としてのみ対応しあう社会である。各人を結びつけるのはそれぞれが所有する商品の物的支配力のみだという社会であり、人間関係が価値関係に純化した社会である。(5) このとき人びととの間の商品交換は「等価交換」（価値どおりの交換）というフェアな形でなされると想定されている。いわば「交換的平等」の世界である。それが内田のいう「価値法則が支配するところの市民社会」（⑩271）であり、あるいは「一物一価的市民社会」（内田1967:71⑤60）である。

商品のもつ「固有の力」を除いては一切の社会的紐帯はなくなり、この基礎のうえに資本の単一的な支配が確立する。この価値法則が全面的に浸透している社会、それが市民社会である。（内田 1953: 97 ① 87）

近代市民社会が、スミスでは、一物一価の経済社会としてとらえられた……。（内田 1967: 67 ⑤ 56 両引用とも強調は原著者）

このような価値法則の貫徹する「一物一価」の社会は、同時に「生産力」が解放され発展する社会であり、その意味で市民社会は生産力の体系でもある。[6] 価値法則の浸透は生産力の解放とセットをなして理解されている。そのような価値法則社会としての市民社会は、一面では歴史的実体としてのイギリス資本主義に関連づけられながらも、[7] 他面では、現実の歴史的実体からある程度抽象化されて、一個の理念化された社会への傾斜を示す。そこでは、互いに特権的地位にないヒラの人間同士の等価交換が成立するためには、封建的・旧共同体的束縛から解放された「自由」「平等」[8] かつ「公正」な人間関係ないし法的関係が成立していなければならない。各人がその商品の所有主体として自立・独立し、交換の「正義」を犯すことなくフェアな人格として相対するものとされる。

そういう社会は、いわば「自由・平等・自立の諸個人からなる社会」である。もう少し丁寧に表現すれば、「自由で独立した諸人格の間で自発的に取り結ばれる平等な関係によって編成される社会」（今井 2001）である。規範的含意を強調していえば、「人間個体の確立と自律的な社会関係の形成を目指す概念」（坂本 1997）ということになろう。あるいは、高島善哉の古典的表現を借りるならば、「政治的には自由と平等と博愛の精神、法的には正義と契約の観念、経済的には等価と自由競争の思想」（高島 1974: 23）が支配する社会である。価値法則の貫徹する市民社会とはこうした社会としてある。そして、通例に内田市民社会論というとき、それはこういった内包において理解されている。のみならず、一般に戦後日本の市民社会論というときにも、ほぼこういった内容において理解されたうえで、それは「西欧近代」ないし「単純商品生産社会」を理想化するものだとの批判が、しばしばなされてきた。

再言するが、この「自由・平等・自立の諸個人からなる社会」なるものは、歴史的実体としての具体的社会と関連しつつも、そこから乖離してくる。「関連」というのは、たしかに「自由・平等」は歴史としての近代社会とともに生まれた観念であり、またそこで法的・形式的に承認されるようになった関係だからである。「乖離」というのは二重の意味においてである。第一に、仮に「純粋資本主義」なるものを想定しても、そこでは自由・平等はあくまでも形式的に存在するのみであって、実質的にはその正反対物に転化しているからである（第五節参照）。第二に、「純粋」資本主義ならざる多くの現実の資本主義においては、人びとの自由・平等への侵犯や価値法則の侵害は、形式面でも実質面でも、依然として日常茶飯の事態だからである。そうした現実を踏まえるとき、自由・平等な社会（価値法則の貫徹する社会）としての市民社会の概念は、なるほど歴史としての西欧近代のなかから抽出されたものではあるが、最終的には、そうした歴史具体性を超えて理念化され、あるいは規範化されたものとしてある[9]。

戦時中の経済学史研究を振り返って、内田は「市民社会はさしあたっては純粋資本主義への志向というかたちで受け取られていますが、漸次、抽象的な市民社会というかたちで自覚されてくる」（内田 1967: 92 ⑤ 78）と述べているが、それは同時に内田自身の思索の歩みでもあった。内田のいう「抽象的概念としての市民社会」は、まずは以上の含意において理解しておく必要がある。ただし後論でみるように、それに尽きないものへと深められていくのが、他の論者とちがって内田の特徴なのであるが。

四　労働力商品の売買と市民社会

さて、交換的平等としての市民社会論の系論をなすが、しかし内田市民社会論の成立にとっても、また現代的経済学の課題（本書第7章参照）にとっても枢要な論点として、労働力商品への価値法則の貫徹をめぐる問題について立ち入っておこう。(10) 問題の核心は、「一物一価の進行と資本・賃労働関係の進行は必ずしもパラレルではない」（同71⑤60強調は原著者）という点にある。つまり、資本主義の進行はそのままでは労働力商品に関する「一物一価」化をもたらしはしないのであり、それゆえ賃労働関係の市民社会化に関しては、いわゆる市場の論理のみに期待することはできないということである。

価値どおりの交換は当然に労働力商品にも及ばなければならない。労働力売買にも市民社会的関係が貫徹されなければならない。労働力商品に価値法則が浸透するということは、労働力が販売され、使用された（労働力が消費された）のちに、ふたたび正常に再生産されるということである。ここに再生産とは労働者個人の肉体的・精神的さらには社会的・文化的な再生産のみならず、労働者世代の継続的再生産を含む。そのためには、労働力の使用条件において一般商品とはちがって特殊な条件が課されねばならず、また賃金も右の広い意味での労働力再生産に必要な条件を満たさねばならない。

ところが資本主義の現実は、労働日の過度の延長、労働力に対する権力的な支配と酷使、衛生的・道徳的に劣悪な労働環境、労働力の価値以下への賃金の切下げ（低賃金）など、労働力の正常な再生産を許さないという事態の連続であったし、いまもそうであり続けている。この点、一九世紀のイギリス資本主義に即してはマルクス『資本論』が如実に描いているとおりであり、明治以来の日本資本主義にかかわっては大河内一男が「原生的労働関係」としてするどく摘発したところであった。[11] 戦時中の内田は大河内から多くを学んだのであるが、その大河内は十五年戦争のさなか、「戦争が社会政策の発展の推進力となる」として、こう語る。

> 戦争が社会政策の発展の推進力となるという点は、充分な検討がなされていないようである。明治以来、わが国における正常な労働者保護——労働力保全——の欠如が累積して「労働力」の全般的磨滅、したがってまた国民体位の低下を来し、国防上憂うべき結果を齎した……が、同じ事実はまた、軍需産業拡充にとっての「健全なる」労働力の調達の困難を表面化し、これに対して、「労働力の培養」「熟練工の養成」を社会政策として必然的たらしめたところのものであった。而して社会政策のこの必然性は、平和時の経済社会がただ潜在的にのみ包蔵して来たところのものを戦争は一挙に顕在化し露わにしたのである。長期戦とこれに続くべき経済建設の強行は……「労働力」に対する合理的な保全策を全般的な国策として必然的たらしめ……るであろう。
>
> （「社会政策と統制経済」一九三八年 大河内（1969b: 344-345）強調は原著者）

> まことに戦争は経済社会の発展を集約的に遂行する。平時の経済社会が、その実現のために数十年の歳月と啓蒙運動とを必要とする社会政策を、戦争は一挙に実現するのである。戦時統制のあわただしい喧騒の中に、我々はかえって社会政策の静かな足どりを見出すのである。
>
> （「賃金統制の理論」一九三九年 同 401-402）

つまり戦争経済は、健全かつ有能な兵士や労働力を必要とし、また高度な軍需産業を発展させるべく日本資本主義は産業構造的にも生産力的にも高度化していかねばならない。こうして戦争の遂行は、結果的に、労働力の「保全」「培養」のための社会政策を推進することによって、労働力商品の売買に価値法則を浸透させていかざるをえない。「原生的労働関係」の解消なくして資本主義の高度な発展はありえないが、戦争経済はこの解消を一挙に遂行するというわけである。ここには労働力商品に限ってではあるが、統制経済が市民社会をもたらすという、いささか逆説的で問題含みの――しかし一概に無視できない――「市民的」議論が展開されている。戦後直後の内田義彦が取り組んだのはまさにこの問題であった。雑誌『潮流』掲載の論文で内田は指摘する。

> 社会民主主義的な主張すら許されない戦時中において、戦争が社会政策を遂行するというような主張が、一つの――少なくとも一面の現実性を持ち、しかもかぎられた範囲にせよ一つの進歩性を持ち得たのは、どういう根拠があってであろうか。……大河内教授は生産力の名において、前期的原生的労働関係の掃蕩と、労働力の軍隊的または前期的くいつぶしからの労働力の肉体としての保持を、資本主義の高度化そのものが「内在的」に要求する労働力の「価値通り」の売買にかかわらしめて要求し、時局に対する一つのプロテストとなし得た。
> （内田「戦時経済学の矛盾的展開と経済理論」一九四八年⑩113, 116 強調は原著者）

ここで内田は、価値法則的社会の形成という観点から、大河内の議論を戦時日本資本主義への批判として評価している。たしかにそう評価しうる余地はあるが、はたしてそれで事は済むのだろうか。事実、この内田論文はその後「生産力論」（生産関係ぬきの議論）だとの批判を受けるのであるが、内田は一面で批判を受け入れつつも、「だが批判者の批判で問題がつくされているかというと、どうもそうは思われない」（内田 1971b: 217 ⑦329）ということで、問題の解決を求めてアダム・スミス研究に沈潜していく。問題は「市民社会」をどう形成していくかにあり、それは結局「市民社会」とは何かの問いに連なる。仮に大河内理論が「市民社会」的主張を含んでいたとしても、その「市民社会」はすぐれて「総資本の立場」からの「国策」として、「上から」形成されるべきものとして捉えられていなかったか。あるいは、戦争や統制にもたれかかった価値法則論に終わっていないか。おそらくこの問いが、内田の胸中に突き刺さった棘をなしたのであろう[12]。

やがて内田はさまざまな機会にこれを問う。ただし大河内そのものに即してでなく、マルクスを材料にして問い返す。――大河内が戦時経済のうちにみた社会政策（さしあたり労働力の価値どおりの売買）の必然的進展という問題は、実はマルクスが一九世紀イギリス資本主義のうちにみた「工場立法」の必然性をめぐる問題と通底している。『経済学の生誕』後の内田はマルクスについても再び積極的に発言するようになるが、その時、しばしば引かれるのがこの工場立法の問題である[13]。労働日の短縮をめぐる労働者の闘争、そして労働日を法律によって規制する工場立法に関する『資本論』の記述は周知のところであるが、内田はこれを読み解いて、工場立法が「議会に上程されてくる必然性」と、「上程された法案が資本家によって骨抜きにされる必然性」と、この二つの必然性に注目する（内田 1971a: 191-192 ④ 165）。「工場立法」の背後には、程度はともあれ、労働力への価値法則の浸透という市民社会的要求が存在する。労働力の原生的食いつぶしに対して、工場立法という形で労働力の正常なる再生産を保証しようという市民的動きは、大工業制度の時代にいわば「自然史的過程」として必然的に登場してくる。しかし、その実現はまずは資本家の利害によって阻止されるのであり、これも他方の必然なのである。こう読み込みつつ内田独自の視点が以下のように開示される。

工場立法の実現が、大工業制度の展開という物質的土台から自動的に出てくるかというと、そうではない。議会に上程はされるが必ず骨抜きにされる。そこで工場立法の実現をめぐって闘争が起こる。工場立法はこの「長い内乱の所産」だというまことに意味深い表現をマルクスはとっているわけですが、ここに階級闘争史観と生産力史観を、見事に統一した彼の見方がある。

（同192④165強調は原著者）

当面の関心に引きつけて再言すれば、労働力への価値法則の貫徹という動きは、大工業制度のもと「工場立法」という形で自然必然性をもって出てくるのではあるが、その自然必然性は「自動的」には実現しない。「実現」のためには労働者による「闘争」「長い内乱」が絶対に不可欠なのである。労働者の側での意識的かつ主体的な努力がなければ、価値法則は実現しないということだ。「生産力」的必然は「階級闘争」の媒介なしには実現しない。こう内田はみる。(14)

ここには、かつて「戦争は社会政策を遂行する」という大河内理論を評価した内田はいない。価値法則は「上から」与えられるべきものでもないし、事実、「個別資本の立場」はもちろん、「総資本の立場」からも交換的平等は簡単には与えられはしない。価値法則はまた客観性にもたれかかって実現するものでもない。客観性や生産力的基盤を背景としつつも、下からの主体的な努力や闘争や制度化を通じて実現され、維持されるものなのである。労働力商品の問題を契機として、内田市民社会論はここに「下から」の、そして「主体的」な社会形成という方向性を志向する。

五　能力に応じた取得としての市民社会

一般の生産物が商品化されるだけでなく、労働力までもが商品化されてこそ商品経済は完成する。同じく一般商品間に一物一価が実現するだけでなく、労働力商品に一物一価が貫徹してこそ価値法則的市民社会は完成する。だがしかし、労働力が商品化される社会とは、実は資本・賃労働関係が確立する社会であり、要するに資本主義社会である。そして資本主義的蓄積の過程は、これを「所有」(ないし「分配」)という側面からみれば、剰余労働の取得を通じて、資本家にとって最終的に、他人労働(労働者の剰余労働)の所有にもとづく新たな他人労働(新たな剰余価値)の領有をもたらす。仮に資本家が当初は「自己労働にもとづく所有」から出発したとしても、資本循環の繰り返しのなかで当初の自己労働の所産は他人労働の所産に転変し、「他人労働にもとづく他人労働の所有」のシステムが確立する。労働はもはや所有を根拠づけないし、逆に所有は所有自身によって根拠づけられて剰余価値は二重三重に不労所得化する。マルクスはこれを「領有法則の転回」「取得法則の転変」と呼んで、『資本論』(第一部第二二章第一節)で解明した。

　これが意味するのは、いわゆる価値法則の貫徹は所有と非所有との格差と断絶を生み出すということであり、自由・平等な諸個人間の関係はその実質において不自由・不平等の関係に転化するということである。市民社会はその内実において資本主義的階級支配に転化するのである。市民社会という形式のもと、その内実は資本主義によってくり抜かれる。「労働にもとづく所有」としての市民社会は、「所有にもとづく所有」という資本主義へと必然的に転回する。労働力商品への価値法則の貫徹とは、市民社会をいっそう市民社会たらしめるものであったが、同時に市民社会から「はみ出す」――「はみ出す」以上に市民社会をある意味で「否定する」――資本主義を生んでしまう。所有としての資本主義を生んでしまう。

> 一物一価=価値法則を媒介にして結局資本制取得(所有にもとづく所有)が成立する。……純粋資本主義は、労働による所有が価値法則を媒介にして結局資本制的取得に転変するというかたちで、能力に応じた所得という要求がぼかされてしまった社会である。そういう意味では、資本制社会はおよそ市民の社会と言えるかという問題がすぐくっついている。コネや身分によってではなくて能力に応じたというところが押し

出されてくるに従って、市民社会は抽象的性格をおび純粋資本主義からはみ出してくる。

（内田 1967: 92-93 ⑤ 78 強調は原著者）

ここにいう「コネや身分」は前述のように価値法則の阻害要因であり、市民社会によって克服されるべきものであった。さきには、このコネ的・身分的関係に対置して「ひらの商人」による一物一価的関係として市民社会が概念化されていたのであるが、ここでは新しく、その「ひらの商人」を所有の側面から定義して、それは自らの「能力」に応じて取得する者だという。ここに市民社会は、「能力に応じて取得する」という人間類型によって構成される社会として深められてゆく。ロック的にいえば「自己労働にもとづく所有」の社会である。そういった市民社会の概念は、たしかに、所有にもとづく所有としての資本主義とは別物である。内田市民社会論は「純粋資本主義からはみ出してくる」のである。

「市民社会」が抽象化され「資本主義」から分離されるということは、一方で、日本資本主義の問題として以下の発問を生むことになる。「日本の資本主義は第二の意味〔資本制取得〕で資本主義であっても、第一の意味〔価値法則〕では市民社会ではない」（同 93 ⑤ 78）、と。ここに日本は「価値法則なき資本制取得」すなわち「市民社会なき資本主義」という特徴づけを得ることになり、いわゆる純粋資本主義とは異なる――いわば前近代的要素と絡みあった――日本資本主義の独自な構造ないし類型が問われることになる。そしてその問いは、たんに日本資本主義の問題にとどまらず、広く各国の資本主義をめぐって「資本主義と市民社会」という分析視角を提示する。否、それにとどまらずこの市民社会概念は、その否定的側面が顕在化してきた当時の社会主義諸国を前にして、「社会主義と市民社会」「社会主義における市民社会」（同 100 ⑤ 84）なる問題提起へと至る。

さて、「能力に応じた取得」としての抽象的な市民社会は、個人がその労働、努力、才能に応じて取得する社会を意味する。「取得」のうちには、たんに物的・経済的な所得や所有のみならず、広く個人の社会的評価もまた含まれていよう。そうしたものとしてこれは、何よりも、前近代的なコネや身分、封建的な所有や特権などによる取得――いわゆる地代（レント）範疇――への対抗概念であるが、同時に――領有法則の転回や利子範疇に示される――資本主義への批判概念でもある。[15] 要するに「能力」主義的な取得原理は、前近代的であれ資本主義的であれ、「所有にもとづく所有」に対置された市民社会の原理をなす。[16]

一九六〇年代以降の内田義彦は、徳富蘇峰からヒントを得て、この「能力」主義的人間類型を「力作型経済人」とも表現し、もって近代日本の経済人と資本主義のあり方への批判概念とする。「旧思想を軽蔑する新時代の青年が、のれんにもたれかかったりして経済的利益を追求しようというのは、矛盾もはなはだしいではないか――というのが蘇峰の言い分で、この言葉を使って、たいこ持ち型＝コネ型経済人と一物一価の力作型経済人という範疇を設定したわけです」（同95⑤80傍点は原文）。

「所有に応じた取得」に対する「能力に応じた取得」は、ここに「コネ型経済人」に対する「力作型経済人」によって構成される市民社会へと彫りを深められてゆく。「純粋力作型経済人の構成する市民社会というのは、主体としても概念装置としても、一つの抽象でありますが」（同100⑤84）と内田自身が言うとおり、こういう市民社会の概念はかなり「抽象的性格」が強い。それによって内田は、日本資本主義とそこでの人間類型を批判的に照らし出す。

> コネだけでは駄目で実力を備えていなければコネにもはいれない、というのが日本経済のロジックです。純粋コネ型ではない。しかし純粋力作型でもない。能力＝力作をうちに秘めてコネの論理に従う、いわば賤民的＝パリア力作型が日本の経済人の基本タイプで、そういうパリア力作型という形態でのコネ型経済

人をもって日本の「経済社会」はいともダイナミックに形成されてきた。……コネを通じて能力が展開され、能力によってコネの圏の維持・再編成が行なわれます。……ですから、力作型は、それが、力作型に徹して――パリア型でなく――純粋力作型になろうとすればするほど能力を発揮する場所からはじきだされてしまって、結局力作型経済人ではなくなってしまう。

（同96⑤81 強調は原著者）

内田義彦にとって日本資本主義は、各人の「能力」がそれ自体として展開し、その展開された能力が一物一価的に評価されるという市民社会ではなかった。そうではなく日本では、「純粋コネ型」とは言わないまでも、能力とコネとが相利共生的に絡みついた「パリア力作型」が経済人の主流を占め、「純粋力作型」が経済世界から放逐されるという事態が繰り返されてきた。日本資本主義をこう捉える内田のこの指摘は、内田の時代を越えて、現代日本の問題性を、否、日本に尽きない世界各地で起きている諸問題を、その深奥において照射している。

なお、内田における能力（労働）に応じた取得というのは、封建的なものであれ資本主義的なものであれ、すぐれて財産やコネといった地代範疇的なものの支配に対する批判概念として設定されているのであって、時と所を問わず「能力」がすべてだという能力絶対主義とは無縁である。「能力主義」は今日の新自由主義が好んで奉ずるところであるが、その場合、能力主義は能力的弱者を切り捨てる論理として使われている。[17] 内田の「能力」主義はあくまでも地代範疇批判として提示されているのみでなく、実は内田のなかにはもう一つ、そうした偏狭な能力至上主義を相対化する視点が存在する。[18]

第一に、現実のブルジョワ社会での能力の尺度をそのまま肯定して能力差を議論するのでなく、「各個人の持つ、あらゆる伏在的な能力が、自由に展開される場を求める」ことが肝要だということを、内田はマルクスから学んでいる（内田 1966: 112 ④ 313-314）。第二に内田においては、「人間は労働に応じて評価され」ねばならないという議論は、「労働する人間としての共感を基礎とする人間平等観」のうえに立って、そしてまた「人間は、ただ人間であるという単純な理由で生きる権利がある」という「生存権の思想」とセットとなって、展開されている（内田 1967: 349-350 ⑤ 288-289）。内田の「能力」主義の奥底には、人間存在へのもう一歩深い洞察が秘められているのである（第七節参照）。

六　歴史を貫通して実現されるべき市民社会

『日本資本主義の思想像』（一九六七年）で「抽象的概念としての市民社会」を押し出したとき、内田義彦はまた「抽象的な歴史貫通的概念としての市民社会」とも言っていた（同 100 ⑤ 84）。この、歴史を貫通する市民社会とは一体なんなのか。

実はこの市民社会概念こそは、内田思想の最奥の根底を支え、かつ他とちがってきわめて内田的な市民社会論の根幹をなす。それは内田において、早くには一九六〇年代後半に胚胎しつつも、以後、終生にわたって彫りを深められていく。この概念にあってはいわゆる西欧近代の理想化とは無縁であるし、いわゆる近代の人間中心主義も相対化される。しかも、内田のこういう市民社会概念は従来、じっくりと検討されることがなく、それゆえにとんでもない誤解も生じていると思われるので、以下で十全に立ち入ってみたい。本節と次節がそれである。便宜的に二つの節に分けるが、内容的には一個同一のことであり、二つの節はそのどの側面に光を当てるかのちがいでしかないこと、あらかじめ断っておく。

内田が「歴史貫通的」なものというとき、何よりもまず人類史の根底をなす「人間と自然との物質代謝過程」

を表象していたことは、誰しも認めるところであろう。ただし、内田にきわめて特徴的なことであるが、その物質代謝過程はたんに自然的事実として据えおかれていたのでなく、『経済学・哲学草稿』のマルクスを借りて注釈しているように、その場合の「人間」は、少なくとも本来的には「能動的で自由な主体としての人間」として、また「意識をもった社会的人間」として、そして歴史を通じてそういう存在に成熟してゆくものとして、設定されている（内田 1966:116-118 ④ 318-319）。要するに内田における「歴史を貫通する市民社会」のなかには、自由な――自由を求める――人間による自然との社会的な物質代謝過程という、人類永遠の営みが含意されている。[19] 彫りを深められた内田市民社会論を理解する鍵は、まずは、歴史貫通的なものとしての人間 - 自然の社会的物質代謝過程を見定める点にある。[20]

その内田は、こうした歴史貫通的市民社会について、「さまざまな体制をくぐりぬけながら実現してゆく市民社会というかたちのもの」（内田 1967: 100 ⑤ 84）、「いろいろの社会形態をくぐりぬけて貫徹する市民社会の成長」（内田／長洲／宮崎 1967:208）とも換言している。つまり市民社会は静的なものでなく、歴史的に動的なものであり、人類史の将来に向かって次第に「実現」「成長」してゆくものだという認識である。この市民社会は、たんに資本主義から「はみ出す」以上に、資本主義を含めて各種体制を「くぐりぬけて貫徹する」という点で、前節までの市民社会とは概念内包を異にする。資本主義とのズレである以上に、資本主義を前方にも後方にも突き抜けていくような市民社会である。従来の長い人類史のなかで牛歩のごとく形成され、いま「人類の前史の最後の段階」たる資本主義的近代において――価値法則、自由・平等、能力に応じた取得、ないし少なくともそうした観念の成立、ならびに大工業的生産力の発展とその矛盾という形で――格段に進展すると同時に、しかし現実においては資本主義社会のなかで歪曲され阻止もされてもいるものとして、そして将来的に、曲折を経ながらも人類史のなかで次第に完成されていくべきものとして、内田の歴史貫通的市民社会はある。[21]

何に向かっての実現であり成長なのか。大きくは、社会的物質代謝の過程を不断に「合理化」してゆくことであろう。「全体として合理的に人間と自然との質量転換をしてゆく」(内田 1971a: 200 ⑤ 171) ことであり、「自然の合理的管理組織」(内田 1966: 204 ④ 395) を作り上げてゆくことである。そのためには科学・技術の発展も必要であるが、経営組織や社会的制度の変革も不可欠である。しかし、それ以上に——いや、それらの根底にあるべきものとして——肝要なことがある。民主主義と自由の問題である。

まずは民主主義の問題について。内田自身、「デモクラシーの発展、展開という、さまざまの社会形態を貫いていくもの」(内田 1971b: 216 ⑦ 527) と発言しているように、民主主義もまた、歴史を貫通して成熟していくべき動的なものとして、市民社会をつくりなす重要な支柱であった。その民主主義について、敗戦直後の若き内田義彦は、次のように、目の覚めるような認識を示していた。

民主主義下の社会的意志形成の本質は、民衆の意見が投票によって社会化せられ単一化せられるという点にあるのではない。それはもっと動的なものである。それはむしろそれぞれの立場にある民衆が、能動的な主体として自らの責任において自らの眼で見、自らの頭で考えるとともに、それぞれの立場からの意見が自由に交換せられ相互に滲透を受けることによって深化し、民衆自身が巨大な社会的複眼を構成するという点にある。

(「新聞と民主主義」一九四五年 ⑩ 20-21)

民主主義とはたんに多数決とか、投票民主主義、議会制民主主義とかに尽きるものでないことは、今日ではもはや誰の眼にも明らかであろう。議会制民主主義の装いのもとに、議会外での金権的ロビイング活動によって政治的意思決定が左右され、民意が政治に反映されず、これと不可分な形で他方、民衆による民主主義への不信と政治的無関心がはびこる。そんな現実を前にするとき、民主主義の本質は民衆自身が「巨大な社会的複眼」を構成することにあるという、まさにこれから民主主義日本が築かれようとしていた時点での内田の言葉は、あらためて民主主義の原点を悟らしめる。民衆による「巨大な社会的複眼」の形成によってこそ、社会的物質代謝は「下から」そして「主体的」に合法則的な運営のもとにおかれることになろう。学問はそのためにこそある。[22] 歴史を貫通して市民社会が実現すべき課題はそこにある。

加えて、民主主義と並行して、人間的自由の発展としての市民社会もまた、さまざまな歴史をくぐりぬけながら実現されてゆくべきものであろう。内田義彦は、物質代謝過程の合理的制御に向けた人間の営為のなかに、自由に向けて主体的に努力する人間の姿を見る。マルクスの言葉（『資本論』第三部第四八章）で言えば、「自己目的として行われる人間の力の発展、すなわち真の自由の領域」への歩みを読み取る。物質代謝の合理化の過程は、自由を求める人間に担われてこそ実現するとともに、その過程そのものが自由な人間を生み出し、また生み出さざるをえない。その「自己目的として行われる人間の力の発展」は「遠いかなた」の夢物語かもしれないが、しかしそれをいま「目標」として掲げるか否かは決定的な分岐をなす。なぜなら、目標のいかんは「当面の問題の処理の仕方」を規定するからである（内田 1971a: 201-202 ⑤ 172-173）。「現在の行動がその現在形において将来的な意味をもつ」（内田 1974: 313 ⑥ 255）ようにしなければならないのであり、それを羅針盤とし針路として思考し行動することのうちにこそ、市民社会への成熟があるからである。この点は後年の内田義彦もしばしば確認するところであって、それは例えば、「歴史をくぐり抜けて遠い将来に成立してくるであろうところの、しかしそれが課題としていま、現に、人々に意識され行動に方向をあたえつつある市民社会」（専修大学社会科学研究所 1982: 50 ⑧ 363）という表現に示される。市民社会は「遠い将来」のことかもしれないが、司時に「現に」あるべきものなのである。[23]

以上、内田のいう歴史貫通的な市民社会が、物質代謝の合理化、そしてそのなかで要請もされ結果として析出されもする自由と民主主義を射程におさめたものであることについて見てきた[24]。しかし、物質代謝の合理化とセットをなして人間の自由と民主主義が展開し、逆に、自由を求め民主主義を構成する民衆に担われて物質代謝が合理化されていくためには、さらに必要なことがある、と内田義彦は見ていた。そこまで問い深めたところに内田市民社会論の神髄がある。何なのか。節を改めよう。

七　生きることの絶対性に根ざした市民社会

『社会認識の歩み』(一九七一年)の「むすび」で内田はこう書いている。少し長いが、内田市民社会論の最奥部を語るためにも欠かせないので引いておこう。

> 人間が人間らしく生きるということを自己目的として考える。むろん孤立した人間としてではない。
>
> 人間的本質《ダス・メンシュリッヘ・ヴェーゼン》は社会とのかかわりを含んでいる。人間は社会をなして存在し、社会を創造する存在である。ということをも含んで、やはり、人間が生きるということが自己目的としてある。その生きるという営為の中には当然に学問がある。学問だけじゃない。さまざまな文化諸領域が含まれている。そういうものを含んで、自己目的として行われる人間の力の発展ということが言われているわけですね。繰り返すようですが、自己目的として行なわれる人間の力の発展というものを、遠いかなたに目標としてもっていないと、現に、資本が人間というものを蝕んでいる姿は見えない。そしてそれが見えてこないと、社会科学の対象すら、真の意味では見えない。生きているということそれ自体の意味・重さを捉えてこそ、

社会科学が解決すべき問題が見える。

（内田 1971a: 202 ④ 173）

人間が人間として「生きる」「生きている」ことこそ自己目的であり、その「生きる」ことと不可分なものとして「学問」があるが、その学問が空回りせずに真に意味ある学問となるためには、学問は人間が「生きる」ことそれ自体のもつ重みに深く根ざしていなければならない。――ここには、個々人の生そのものの絶対的重みの自覚と、学問（さしあたり社会科学）のあり方とが、不可分なものとして強調されている。内田市民社会論が最終的に見据えていたものは、この「生きる」ことと「学問する」こととが相互に循環しあう社会であった。

内田は問う。「学問が真に社会的に意義あるものになるための今日的テーマの発見も、一個の人間がそれぞれに生きているということの絶対的意味にかかわらせないかぎり、おこなわれないのではないか」。こう問う内田のなかには、公害問題であれ薬害問題であれ、問題の最初の――いわば小さな――シグナルが出された時点で、なぜわれわれはこれを問題として認識しえなかったかという反省がある。シグナルをシグナルとして受けとめえなかったのは、その背後に、「野鳥の一つや二つ、人間の一人や二人死んだとして世界の大勢からすれば何ほどのことがある」との心理がはたらいていたからではなかったか。つまり、「野鳥の一つや二つ、人間の一人や二人」を例外視ないし無視し、「一人一人の人間が生きるということそれ自体のもつ絶対的意味」に身を寄せない（以上、内田 1974: 357, 363-364 ⑥ 292, 298 強調は原著者）。むしろ、そこから眼をそむける。だからこそ、学問的課題が課題として見えない。それでは「真に社会的に意義ある」学問的テーマも見出せなくなり、ひいては人間の自由や合法則的な物質代謝への道も閉ざされる。

加えて銘記すべきは、この「人間がそれぞれに生きるという営みを行っているということそれ自体がもつ絶対的な意味」（同 363 ⑥ 292）に立脚することによってはじめて、「生きるものとしての人間的平等の観念」（内田

1967: 348⑤287）も生まれてくる、ということである。『日本資本主義の思想像』の最終章で内田は、西欧近世史において、財産神聖観（所有の支配）に対抗して、労働する人間の側から働く者どうしの共感のうえに立って「働かざる者食うべからず」の命題が出てくることの画期的意義を説く。そして言う。「労働する人間としての共感を基礎にする人間平等観であり連帯観であるからこそ、働いても（ないし働けなくて）食えない人間への共感が同時に働いて……生存権、人間は、ただ人間であるという単純な理由で生きる権利があるということが、同じ労働する人間としての共感からくる連帯観に支えられて出てくる」、と（同349⑤288強調は原著者）。ここに示されているのは、財産の支配を否定して労働する人間（いわば純粋力作型経済人）としての共感と連帯が基礎をなすべきこと、だがしかし、そうであるからこそ、たんに労働する人間のみならず「働いても（ないし働けなくて）食えない人間」への共感も生まれるということである。

「労働する人間としての共感」という視点から出発しているが、含意は狭く「労働する人間」だけではなかろう。「共感」の射程は「働けない」人間へと、そして「ただの人間」へと及ぶ[25]。ここに「ただの人間」とは、老若、男女、貧富、国籍など、さまざまな属性のなかにあろうが、それらの相違を超えてみなが「ただの人間」としての共感を形成していくべきものとしてある。そして、その「ただの人間」一人ひとりが「生きていることとの絶対性」に身を置くということは、「人間的平等」の観念の形成と同義なのである。およそ人間は生きているかぎり、人間として平等だという観念がここに生まれる。重ねて言う、――生きることの絶対性に根ざすとは、人間としての平等性のうえに立つということなのである。そして重要な点であるが、ここには、かつての「交換的平等」（価値法則＝一物一価的平等）を超えて、「人間的平等」（生ある者としての平等）が見据えられている。量的同等性としての正義でなく、質的・存在的同等性としての正義が見据えられている。同じく「能力に応じた取得」を超えて「必要に応じた取得」の原理が暗示されている。「人間は、ただ人間であるという単純な理由で生きる権利がある」のであって、それは分配上は「必要原則」の世界である。あるいはこれを「互酬性」の世界といってもよく、いずれにしても能力主義的差別とは無縁な世界である。

歴史を貫通して実現されていくべき市民社会のうちに内田義彦が最後に見定めていたものはこれである。さまざまな社会形態をくぐりぬけ、歴史を貫通して次第に実現されてゆくべき市民社会とは、人間的平等（つまり生きることの絶対性）の観念を基盤とし、自由を求める人びとが学問を媒介にしつつ巨大な社会的複眼としての民主主義を形成し、こうして人間と自然との社会的物質代謝を制御してゆくものとしてある。

ただし、ここで注意が必要なのであるが、内田が人間的平等としての市民社会へと降り立ったということは、かつての交換的平等としての市民社会を全否定するものではない。究極的には人間的平等（生存権の思想）を根底に置きつつも、日常的にはそれと交換的平等（労働＝能力の尊重）との緊張をはらんだ共存を各人が引き受けるべきものとして、内田市民社会論は構想されていた節がある。例えば空想的社会主義を評価して内田は、「ここでも、人間は労働に応じて評価されにゃいかん、ということと、生存権の思想が同時に出ている」（内田 1967: 350 ⑤ 289）と語り、また「現代の根本問題の一つ」としてこう述べる。「人間は仕事を通じてのみ人間たりうるという側面と、仕事においては無能力でも、ただ生きているということで人間としての存在理由と妙味をもつという側面があること、そしてこの問題は、思想史的にいえば宗教改革の問題なのだが、たんに歴史上の事として既に済んだ問題に止まらず、現代の根本問題の一つだ……」（内田 1974: 311 ⑥ 253-254）。見られるとおり内田においては、「生存権」と「労働」、「生きているということ」と「仕事」とが時に緊張をはらみつつも共存するような世界が見とおされている。内田的市民社会における市民は、この人間的平等と交換的平等の緊張的共存を自ら引き受けていくべき存在としてあったのであろう。[26] 福祉社会を根底にもつ市民社会の構想といってもよい。

あらためて振り返るまでもなく以上から明らかなように、内田市民社会論は、成立期イギリス資本主義に近いもの（純粋資本主義）の表象から出発しつつも、やがてブルジョワ的な平等（等価交換的フェアネス）や能力主義（地代範疇批判）へと理念化され、さらに最終的に、歴史を貫通する伏流の開花を見透すという形で、人間としての平等性（生ある存在として絶対性）と学問する自由人に担われた物質代謝の制御へと、円錐を回り下るように深められていった。単純化していえば、資本主義としての市民社会から、資本主義からはみ出す市民社会をへて、資本主義をもくぐり抜ける市民社会へと深まっていった。深められた到達点から振り返って内田市民社会論のエッセンスを取り出すとすれば、第一に、「所有」原理に対抗して「能力」原理を生かすための市場の社会的制度化（社会的調整）の思想であり、第二に、「能力」原理の絶対化を抑止し「福祉」原理を根底に据えるための人間的平等（生存権）の思想であった。

八　おわりに――「一人一人」から

以上のような内田市民社会論の究極の到達点は、一種のユートピアかもしれない。しかし、繰りかえし言うが、内田義彦はそのユートピアを羅針盤としていま持つか否かが決定的に重要なことだという。歴史へのもたれかかりでなく、歴史に主体的に参加する人間として、私たちの「現在の行動」はその「将来的な意味」において問われているのだという。

振り返ってみれば内田は、大河内社会政策論との格闘のなかから、市民社会形成における「主体的」かつ「下から」の道の立場にしっかりと立った。それはスミス論においては、スミスを「社会の中層および下層の人々」

（内田 1967: 261 ⑤ 215）の立場に引き寄せ、学問にかかわっては「上からの総合化」に対置して「下からの総合化」（内田 1971a: 195-198 ④ 168-169）を、また、専門家支配の管理の学に対置しては市民による「作品としての社会科学」を押し出すという形で表明されていた。しかし、内田は次第に「下から」「主体的」というよりも、「一人一人」から、という用語を好んで多用するようになる。この点、『社会認識の歩み』では格別に顕著であるが、『作品としての社会科学』も例外でない。ほんの数例を引こう。

> 人間は孤立した存在ではないけれども、集団の単なる構成要素でもない。一人一人の人間が学問的思考を有効に身につける意味が、そこにあるのです。（内田 1971a: 4 ④ 6）
>
> 社会科学がなぜわれわれに縁遠いものになっているのか、どうすれば社会科学的認識がわれわれ一人一人のなかで育ってゆくのか、その方法を考えたい……。（同 15 ④ 14）
>
> 私は、参加という言葉が、日常的なところから極限状態を含めてあらゆる意味内容を包含する日本語になるということと、社会科学的志向が国民一人一人のなかに育ってくることとは別問題ではない、つまり、一人一人が賭ける存在主体として社会に参加する人間になるということと、一人一人が社会認識を自分のものにするということ、そして、思想や社会科学の用語を日本語として手中に収めるということは別問題じゃない、同根のものと考えております。（内田 1981: 37 ⑧ 31-32）

「下から」「主体的」でもなく、また「個人」「個体」でもなく、「一人一人」という。いわば「一人一人の思想」である。「一人一人」の語は、階層の上下と関係なく、また他人事にも響く「個人」「個体」「主体」の語でもなく、生きかつ学ぶ存在としての生身の各人に自分のこととしての自覚と決断を迫っているかのようである。と同時にそれは、安易な顔出し型参加による集団形成とそこへの埋没をも戒める言葉であろう。というよりも、およそ集団や組織の形成の根底にあるべき「賭ける存在主体として社会に参加する人間」の重要性を秘めた言葉なのであろう。数々の社会問題について、内田は「さしあたってある程度まで一人で」解決してゆくべきだと語るが、「この場合、『さしあたってある程度まで一人で』というのは、現在ではという意味ではありません。将来においても、常に、要するに事の本質においてそういうものだと私は思っています」(同 36-37 ⑧ 31)と念を押す。

もちろん、内田がいわゆる市民運動、社会運動、政治運動を否定しているのではないし、そのための集団形成を否定しているのでもない。むしろ積極的にその必要性を認めていることは、さきの公害問題や薬害問題の例を引くまでもなく明らかである。あるいは「一人一人が科学する主体になる。あるいはそれが組んで集団を形成する」(内田 1971a: 197 ④ 169)、「一人一人が科学を身につけ、その連合した働きでもって日本の経済をきちんと立てなおす……」(内田 1981: 188 ⑧ 156)というように、「集団」「連合」形成の必要も視野のうちにある。[27] そういった民衆運動や集団形成を見つめたうえで、なお内田は「一人一人」の重さにこだわる。あくまでも「一人一人」を原点に置き、そのうえで社会的に連合するのである。[28] しばしば「内田には政治がない」との評言を聞く。しかし内田は、その「政治」なるものの根底にあるべきものとして、否、およそ「市民社会」形成の根底にあるべきものとしての、「一人一人」の決断と自覚を問うているのであり、それを有効に作用せしめる学問(作品としての社会科学)を問うているのである。「学問を一人一人の人間がやること、つまり社会のすべての成員が、一人一人、生きるという営みのなかに学問的営為を含ませること」(内田 1971a: 3 ④ 5)。それを通してこそ、自己目的としての人間の力と自由の発展に一歩近づき、また民主主義という社会的複眼も育ってゆく。そして物質代謝が市民社会的に調整されるようになる。

内田義彦の歴史貫通的な市民社会は、そういった「一人一人」の自覚と学問を通して形成されるべきものとしてあった。後年の内田はいわゆる学問論を主要なテーマとするようになるが、その学問論とは以上の意味で、内田が市民社会形成の「いかにして」に答えたものである（山田 1991b）。学問論は何よりも市民社会形成論として理解されるべきであろう。[29]

注

（1）編者によって「［経済学研究覚え書］」と付題されて『時代と学問——内田義彦著作集 補巻』（野沢／酒井 2002）に収録されている。その執筆時期は、編者の推定によれば「太平洋戦争も進んだ頃」（同 493）とあり、また、文中の「19.4-14」（同 9）なる記載が執筆年月日を示すものだとしたら「昭和一九年四月一四日」と理解することができるので、一九四四年四月あたりであろう。なお、文中の別種の記載「15.4.16」（同 17, 18）も執筆の日付だとしたら、これはおそらく、正しくは「19.4.16」と書くべきものの誤記ではなかろうか。

（2）のちに内田義彦はいう。「スミスは封建的な政治の機構や、重商主義的規制によって設定された独占が解消されたとき、そこにおいて（はじめて）利己心はそのまま社会的善の槓桿になると考え」た、と（内田 1967: 261 ⑤ 214）。内田義彦からの引用は主として単行本から行うが、この章に限って『内田義彦著作集』第①～⑩巻（内田 1988-1989）の該当巻数とページ数を、例えば「⑤ 214」のように付記する。

（3）こうした理解には大河内一男『スミスとリスト』初版一九四三年（大河内 1969a）からの強い影響が見られる。

（4）もちろん「市民社会」なる語は内田の独自的案出によるのではない。「市民（的）社会」という日本語は、一九二〇年代、マルクス文献の訳語として初めて使用されたとのことであるが（植村 2010: 162-164）、やがて一九四〇年代、この日本語は固有の概念として日本の社会科学のうちに登場する。すなわち一九四一年の高島善哉『経済社会学の根本問題』（後に幾度か改訂・改題され最終的に高島（1974）となった）や前注の大河内『スミスとリスト』（大河内 1969a）がそれである。大河内はスミスを語りつつ、「利己心」が「生産力」と結びつくことによって「徳性」となる社会をカッコつきで「市民社会」と呼んだ。他方、高島は市民社会をすぐれて一七～一八世紀以来のヨーロッパにおいて支配的になった「歴史的概念」として把握し、その市民社会は資本主義社会から階級関係を捨象したものであり、資本主義社会の概念によって完成をみるべきものとした。内田自身、「太平洋戦争中に、日本で、市民社会という言葉が資本主義という言葉にかわって用いられてきた」と回顧しているが（内田 1971a: 127 ④ 109）、それはこうした文脈を意識しての発言であろう。

（5）もちろんこれは経済的取引関係に限った表現であって、そこでの要点は経済的取引において経済外的な強制や特権が作用しないという点にある。それはまた経済以外の人間関係では、少なくとも公的領域では法の下における平等が支配し、ブルジョワ的な正義と法治の精神が貫徹する社会であることを示唆する。

（6）例えば内田「国内市場論」（一九四七年）や「戦時経済学の矛盾的展開と経済理論」（一九四八年）をみよ（⑩ 91, 116）。

（7）例えば『経済学の生誕』における次の一文をみよ。「イギリスの資本主義社会が封建制度の完全な否定のうえにたち、それゆえに資本主義社会のなかでも価値法則が完全に浸透する社会として、ほかならぬ『市民社会』の典型として特徴づけられることは周知のことであろう」（内田 1953: 98 ① 88）。

（8）あらかじめ一言しておけば、ここにいう「平等」とはあくまでも等価交換としての量的平等であって、それ以上ではない。「平等」の概念がそれに尽きないことは後論（第五、七節）で取り上げる。

（9）これとは別に内田義彦は、思想史のうえでは「資本主義」と「市民社会」が乖離し対立しうるものであることを、早くから視野に入れていた。すなわち、イギリスでは資本主義と市民社会が幸福な同居を開始したが、ドイツでは市民社会は資本主義に「対立」するものとして、またロシア・ナロードニキにあっては、市民社会への希求が資本主義の「否定」という形で表明された（内田 1953: 98-99 ① 88-89）。同じく日本においても、とりわけ明治期、市民社会の思想は経済（資本主義）の領域においてでなく、反経済的ないし非経済的な形をとって、わずかに文学のなかで芽吹くにとどまったという（内田 1967: 81 ⑤ 68）。

（10）この節は山田（2017）の第三節と一部重複する。

（11）大河内一男「労働保護立法の理論に就いて」（一九三三年 大河内（1969b: 179-189）参照）。

（12）事実『経済学の生誕』では、「上から」の近代化を推進する重商主義に対して、「下から」のそれを主張するスミスの像が前面に出される。以後の諸著作を通じて内田は、市民社会形成の「下から」の道をさまざまな方途で探ることになろう。

（13）さしあたり以下をみよ。『資本論の世界』第Ⅴ章（内田 1966 著作集④）、『日本資本主義の思想像』第五章（内田 1967 著作集⑤）、『社会認識の歩み』むすび（内田 1971 著作集④）。

（14）内田義彦においては、価値法則の展開はたんなる外的・客観的事実としてではなく、その実現のための意識的・主体的な行動と結びつけられて理解されていたことについては、すでに指摘のあるところである。例えばこうである。「労働者の側での行動がなければ労働日の短縮は生じないのである。……内田義彦の通時的理論のなかでは、資本主義社会のなかでのそれぞれのカテゴリーの人びとが、等価関係の維持のために行動するかどうかが、決定的なポイントなのである」（杉山 2012: 22）。また田中（2013: 122）は、「マルクスの価値概念の貫徹に労働日をめぐる闘争という運動の契機を重視したユニークなマルクス学者であった内田義彦」と評しているが、これは内田の核心をついている。なお、労働力商品は、それが売れなければ失業して直ちに生存を脅かされること、売れた場合でも生身の人格が購買者による所有の客体となりその指揮・命令に従わねばならぬことなど、一般の商品とは異なる特殊性をもつ。この特殊性ゆえに労働者は、商品販売者としての立場において事実的に劣位に置かれる。それゆえ労働力商品に関しては、たんに市場の需要供給法則に任せておけば価値法則が貫徹していくというわけにはいかない。逆に価値法則貫徹のためには、市場の外からの「制度化」（立法措置を含む）が必要となる。古くは工場立法や労働保護立法がそれであり、また広く資本主義のもとで福祉国家が必然とされることもこれにかかわる。一般に資本主義（市場）が社会的に調整されねばならない主要な理由の一つもここにある。近年における非正規雇用の拡大とそこでの劣悪な労働条件や低賃金は、価値どおりの労働力売買という市民的原理が侵害されているのではないかと疑わせるに十分である。労働力商品における価値法則は労使間の「闘争」「内乱」を通してこそ実現するものだ、とマルクス工場立法論を読み込んだ内田の視点は、労使関係や労働力再生産過程を「市場」に委ねるのでなく、社会的・政治的に制度化していく必要と必然の議論へとつながっていく。

(15) 一般に内田義彦においては、資本主義はその「所有」と「機能」の矛盾的統一として把握されている。それまでの封建社会などとちがって、資本主義がきわめて「ダイナミック」かつ「強靭な生存力」をもつシステムであることは内田のしばしば強調するところであるが（内田 1966: 25）、その背後には「資本」のうちに、たんに「所有としての資本」のみならず、資本主義に独自な——他の社会にはない——「運動し機能する資本」という側面をみるという観点がある。「機能する資本」とは「生産資本循環」とも換言され、それは資本の「生産力」的側面を表しており、利潤や超過利潤の獲得に向けて資本家が不断の目的設定と経営の合理的変革をなしとげるものとして理解されている。資本のこの側面では、資本家なり経営者なりのいわば「能力」が問われているし、現にそれを開発していく。そのかぎりではこれは「能力に応じた取得」の世界であり、ある種の市民社会的な要素である。これに対して「所有としての資本」は資本の不労所得（レント）的にして「強制」的な側面、つまりは地代範疇的側面であり、このかぎりの資本は、封建的所有と同様、市民社会と対立する。内田の「資本」はこの両側面が絡みついたものとしてあるのであって、これは内田にきわめて独自な視点である（内田 1971b: 219, 221 ⑦ 532）。

（16）今日の問題としていえば、「能力に応じた取得」という市民社会概念は、Piketty（2013）が提起した資産不平等および所得不平等の拡大の問題に対する一つの視点を提供していよう。アメリカにおけるＣＥＯ（最高経営責任者）をはじめとするトップ経営陣の異常に高い労働報酬が（Boyer 2010）、はたして「能力に応じた取得」と言えるのか。また今日、世界に広がっている資産所得の増大は「領有法則の転回」（他人労働にもとづく他人労働の領有）の現代的増殖以外の何ものでもないとも言える。その意味でアメリカをはじめ先進諸国の「市民社会」（少なくとも内田的概念の一つとしての市民社会）は衰弱しているのでないか。この点、Crouch（2004）における「ポスト・デモクラシー」論や、Reich（2007）の「スーパー・キャピタリズム」論が示唆に富む。

（17）この点、「平等」観における新自由主義と福祉国家論とを対比した新村聡がきわめて興味深い議論を展開している。新村によれば、新自由主義は福祉領域にも市場原理を貫徹させようとし、福祉における負担（give）と給付（take）の等価性、すなわち、能力（負担能力）に応じた取得を主張する。つまり分配的正義として「能力原則」を掲げる。これに対して福祉国家論ないし共同体原理においては、負担（能力に応じた負担）と給付（必要に応じた受益）の「不平等」を通して、成員間の実質的平等化をはかる。ここでは「必要原則」が分配原理となる。なお、「自己労働にもとづく所有」というロック的原理は、財産所有者の不労所得への批判原理として機能してきたが、最近ではノージックらのリバタリアンによって、「福祉国家における所得再分配を不労所得として批判する原理」として利用されているという（新村 2006: 28）。

（18）いわゆる能力主義を相対化する視点は、内田において一九六〇年代後半あたりから顕在化してくる。なお鈴木信雄は、内田においては『能力主義』への共感が色濃くでている」として、『財産の支配に対する能力の支配』は……容易に『切り捨て能力主義』となり、能力による差別の原理に転化してしまう可能性がある」（鈴木 2010: 132）という危惧を表明している。そしてこれには植村（2010: 211）や小野寺（2015: 286）からも賛意が表明されている。内田市民社会論を交換的平等社会のレベルで理解するかぎりもっともな疑問であるが、しかし、内田のなかに、能力主義を絶対化させないもう一つの重要な視点――人間的平等社会としての市民社会（第七節参照）――が存在することを見定めるかぎり、内田市民社会論は「切り捨て能力主義」とは無縁である。内田が「活発な能力主義」と「通勤ラッシュの能力主義」を峻別していたことを想起されたい（内田 1974: 121-122 ⑥ 100）。

（19）物質代謝における「主体的要素」「人間的要素」の主導性は、すでに早く戦時中の研究ノートにおいて「生産力」を問うたとき、その冒頭から強調されていたところである（野沢／酒井 2002: 6-7）。

（20）このかぎりでの歴史貫通的市民社会は、『ドイツ・イデオロギー』における次の文章と相即的である。「これまでのすべての歴史的諸段階に当然存在した生産諸力によって規定され、逆にそれを規定しかえす交通形態とは、市民社会のことである。……この市民社会は、全歴史の真のかまどであり、舞台である……。」「この歴史観がよってたつところは、現実的な生産過程を、しかも直接的生命の物質的生産から出発して展開し、この生産様式と結びつき、それによって産みだされた交通形態、すなわち種々の段階における市民社会を、全歴史の基礎としてつかむところにある……」（マルクス／エンゲルス 1966: 73, 81 強調は原著者）。

（21）アンドリュー・バーシェイはいう。「内田にとって市民社会は、実質的に超歴史的な地位をもっていた。『西欧近代』よりも抽象的で、その歴史よりももっと長い歴史をもつものとして、市民社会は苦しみながらゆっくりと築きあげられてゆく『自覚的個人の構成する社会』である」（Barshay 2004: 訳 227）。

（22）民衆自身による「巨大な社会的複眼」の形成という内田民主主義論は、学問や学問的分業のあり方への提言に連なっていく。「学問研究が次第に細分化されるのは、それが（さしあたって）国内での他の諸分野での専門研究と結びついて、巨大な社会的複眼を形成することによって意味をもつのである。それがなければ社会は見えてこない」（内田 1967: 252 ⑤ 207）。この認識は後年の名著『作品としての社会科学』（内田 1981）の超テーマをなすであろう。

（23）この点、内田義彦は重ねて言う。「原生的共同体からさまざまな社会形態をくぐりぬけて――この社会形態のなかには『社会主義』社会をふくんでいるわけですけれども、それをもくぐりぬけて――自律的諸個人の共同体が開花する。が、この殆んど空想的な将来が、いま現に方向性として、人々の現実の意識に働らいている」（専修大学社会科学研究所 1982: 41-42 ⑧ 355 傍点は原文）。

（24）この点、つぎの指摘を参照されたい。「内田にとって、科学によって『自然環境』や『生命』とも共存しうる形で『生産』が行われ、さらにそれが国家によって独占されず民主的に開かれている限り、その社会は『市民社会』的であり、社会主義的なのである」（小野寺 2015: 113）。

（25）戦後日本の高度成長が同時に大規模な自然破壊を伴ったことの背後に、「科学信仰とともに、人間の権利認識の弱さ」があったことを指摘しつつ、内田はこう批判する。「ただの人間である限りでの人間の権利と発言の重さが、すなわち人格が、これほど無視され、その格差がいよいよ大きくなってきた国はあるまい」（内田 1981: 187 ⑧ 155)。

(26) この人間的平等と交換的平等の問題は、のちの今村仁司においても「平等」（互酬原理における正義）と「等価」（交換原理における正義）の語によってこう語られることになる。「互酬的正義の基本的な内容は平等としての同等性である。……［そこでは］個人の個別的な特性（強い／弱い、健康／病気、……等の個別的差異）はいっさい考慮する必要もなく、万人はメンバー資格をもつかぎりで平等である。……他方……実物交易の文脈（「商業」とよばれる）での同等性は、格差を前提にした等価計算である。……やり取りした結果えられる事物の量を、相手の事物の量と比較して「等しい」と評価することを等価交換とよぶなら、『商業的』交易における同等性（「等しい、同じ」と判断すること）観念は、等価性以外にはありえない」（今村 2007: 527-531 傍点は原文)。つづけて今村は、「平等」と「等価」の両原理はそれ自体としては対立するものであるが、現実の社会においては両原理が必要とされており、両者は妥協ないし混合されざるをえないが、究極的に実現されるべき「公正」においては「存在の同等性（平等）を優位させる仕方で等価原理との結合を目指す努力」（同 551）が必要だとしている。これは、等価交換的平等のさらに根底に人間的平等の理念が把持されていなければならないと透視した内田義彦に通じる議論である。

(27) 近年の欧米における「新しい市民社会」論は、市民社会をすぐれて「市場」とも「国家」とも異なる第三の領域として位置づけ、各種の自律的集団や中間団体ならびにそれらによって形成される公共空間を意味させている。Habermas (1990) は「自由な意思にもとづく非国家的・非経済的な結合関係」を Zivilgesellschaft と呼び、例えば教会、文化サークル、学術団体、弁論クラブ、市民運動などのアソシエーションを挙げている。「新しい市民社会」論は「市民社会」をすぐれて――「政治社会」（国家）および「経済社会」（市場）と異なる――独自な領域空間ないし活動セクターとして位置づける点に特徴があり、これに対して戦後日本の市民社会論にあっては「市民社会」は社会総体のひとつの相として理解されている点で相違する。しかし、少なくとも中期以降の内田にあっては近代的な産業主義（市場）や権力（国家）のもつマイナス面への告発が強まっており、その意味で「新しい市民社会」論とも通底する認識を共有している。この点、篠原一が「彼ら［内田義彦・平田清明］の理論は新しい市民社会論とつながる多くのものをもっていた」（篠原 2004: 102）と評している通りであろう。内田市民社会論が「新しい市民社会」論にさらに示唆するところがあるとすれば、それは「中間団体」であれ何であれ、「集団」「団体」の形成の根底にあるべき「一人一人」の参加意識の根底的重要性ということであろう。

(28) 数十年の幅でみるとき、インターネットの普及にも媒介されながら、この日本においてもそのような市民意識や運動が育っているのも確かなことであろう。

(29) 内田義彦の全体像については、藤原書店編集部(2014)を参照されたい。

第2章

市民社会論継承の二つの視角

——平田清明と望月清司——

山田鋭夫

一　はじめに――循環論的視角と分業論的視角

内田義彦の市民社会論が、人間と自然の社会的物質代謝の過程をいかに合法則化し、かつそのなかで、またそのために人間の自由・平等と民主主義をいかに実質化していくかという視点を根底にすえて展開されていたことは前章にみた。その内田市民社会論の継承者たちは、当然ながら近現代社会認識において、この人間と自然との物質代謝という歴史貫通的な、そしていわば使用価値的な視点を共有するところから出発する。だがしかし、物質代謝という事実をどの側面に重点をおいて受けとめるか。そこにはおのずと各論者の問題意識、研究対象、そして個性などに応じて視角の相違を生むことになった。

人間と自然の社会的物質代謝を、人びとの日々の生活の再生産の過程として、いわば時間軸のなかで受けとめていったのが平田清明（一九二二～一九九五年）だとすれば、これを人びとの分業と交通という社会的諸関連と共同存在性として、比喩的にいえば空間的広がりにおいて捉えたのが望月清司（一九二九年～）であった。前者の議論は「循環論的市民社会」、後者のそれは「分業論的市民社会」とひとまず命名できよう。ただし、相違はあくまでも重点の置きどころであって、循環論的視角が分業論的視角を排除しているわけではないし、逆に分業論的視角が循環論的視角を忘れているわけではない。

以下、第二、三節で平田の市民社会論について、第四節で望月の市民社会論について論じ、最後の第五節でまとめの議論をする。(1) 相違面の指摘が先走ったが、内田の議論を継承し発展させようとする平田と望月には、相違を超えて共通した重要な特徴が見られることは言うまでもない。それは、戦後の世界および日本において「正統」とされたマルクス主義体系への疑問と再審という問題意識である。

すなわち戦後マルクス主義の世界にあっては「マルクス・レーニン主義」の名のもとに、マルクスとレーニンの——場合によってはマルクス・エンゲルス・レーニン・スターリンの——思想的一枚岩性が強調され、これによってソ連社会主義や各国マルクス主義政党の正統性や歴史的先進性が擁護されていた。しかし時代は変化する。資本主義圏では戦後成長とともに社会主義勢力が次第に衰退し、社会主義圏ではそれ以上に、言論の不自由、民主主義の欠如、経済的停滞、そして国内外におよぶ軍事弾圧といった否定的事実が顕在化してきた。そんな時代にあって、在来の「マルクス・レーニン主義」的マルクス主義は、はたして自由と平等の推進者であり、人類の解放者でありうるのか。そもそもそれは本当にマルクスその人の思想であったのか。

内田市民社会論の継承者たちはこうした問いから、必然的に「マルクス学」という分野を開拓していくことになった。「市民社会派マルクス主義」とも呼ばれた彼らは、官許の教義体系に頼るのでなく、自分たち自身の眼で本当にマルクスが言っていることを確かめることから出発した。そのなかで従来ほとんど無視されてきたマルクス文献(『経済学批判要綱』、フランス語版『資本論』)に光が当てられ、あるいはまた、慣れ親しまれたマルクス文献であっても、その草稿の粗雑かつ恣意的な編集が緻密に解きほぐされた(『パリ草稿』『ドイツ・イデオロギー』)。こうした「原マルクス」の発見と復帰の運動は一つのうねりとなって、時に「マルクス・ルネサンス」と呼ばれもした。このような仕事は、たしかにそれ自体としてはマルクス解釈学であり、古典読解の学であるが、しかし重要なことは、そうしたマルクス再読を通して、硬直化した教条体系の壁を破って、マルクス思想の新しい現代的可能性が探りだされたことであり、また、当面の関心に即していえば、何よりも「市民社会」の思想家マルクスの実像が浮き彫りになってきたことである。

二　平田清明における生産資本循環の視角

ケネー『経済表』と生産資本循環

平田清明の著作は量的に膨大で、[2]分野的にも理論から時論まで広範囲にわたり、加えて内容的にも難渋であって、生半可な読みと理解が許されない。それでも彼の学問的軌跡を大別すれば、ケネー、マルクス、グラムシという三つの柱を見出すことができ、これを基準にして彼の研究人生は三つの時期に区別することができよう。これら諸時期を通して、彼の市民社会思想は次第に形成され、また豊富化し、そして変容していった。その平田市民社会論を理解するカギは初期平田のケネー『経済表』研究のなかにあり、大著『経済科学の創造』（平田 1965）が執拗に論ずる「生産資本循環視角」にある。

ここに生産資本循環とは、マルクスが『資本論』第二部で展開した資本循環形態のひとつである。マルクスはそこで、資本の価値増殖的本性を示す貨幣資本循環（G……G'）、社会的総資本の連関と再生産を示す商品資本循環（W'……W'）と並んで、資本運動によって媒介される人間と自然との物質代謝過程（日々の生活の再生産）を表現する生産資本循環（P……P）という三つの循環形態を区別し、重商主義はG……G'に、古典派経済学はP……Pに、そしてケネー経済表はW'……W'にそれぞれ依拠して資本主義を分析していると述べた。平田は『経済表』が最終的にW'……W'に立脚していることは否定しないものの、しかしケネー的見方の根底にはP……Pが厳存しているのであって、むしろ生産資本循環視角から商品資本循環視角へのアウフヘーベンのうちにケネー経済学体系が存立しているのだという点を、口をきわめて強調する。つまり、何よりもまず無数の生産資本の時間的な運動があり、それが総括されて商品資本循環ないし空間的な社会的再生産構造に帰結するのだ、という認識である。それはケネーがフランス革命前夜に経済社会を見た視角であると同時に、高度成長開始期の日本を分析する視角として平田が選びとったものでもあった。(3) 処女作『経済科学の創造』の「あとがき」で平田は自らの課題をこう宣言する。

敗戦直後の数年まがりなりにも偕調していた政治過程と経済理論とが、一九五五、五六年を旋回点として、違和局面を露呈し悲劇的な相貌をそなえるに至って以降、新たな経済学的基準の創出をもって歴史認識に生気を吹きこむ課題が、私のすべての研究の、いわば超テーマとなった。経済的時間——資本の回転循環〔生産資本循環〕によって規定される歴史的時間——のなかに生きる人間が、その市民的実感にひたされた日々の生活を再生産することを通じて、物質的な産業連関に外化される体制的人間関係をみずから再生産する諸過程の構造に関して、人類の英知がこれまでどのような批判的理論認識を我がものとしていたか、この点、虚心に古典から学ぶこと。（平田 1965: 564 強調および〔 〕内は引用者。以下、特に断りのない限り同じ）

「一九五五、五六年」の日本は経済的には高度成長の開始期に当たり、政治的には保守政党による長期安定政権の開始期に当たる。この時期以降、人びとは大衆消費社会と企業中心社会のなかへと吸収されていき、敗戦直後に高揚した民主主義運動も安保反対闘争（一九六〇年）を頂点にして、次第に下火になっていく。そのなかで、人びとの日々の生活の再生産（生産資本循環）がどのようにして新しい物質的な産業連関（再生産構造）を、つまりは新しい日本資本主義の構造を作り上げていくのか。平田にとってはこれこそ解くべき問題であり、そのための理論基準を求めて『経済表』に内在するのだ、というわけである。

日本資本主義の問題を見つめながら、その分析方法を求めて経済学の古典に沈潜するというのは、戦中期以来の日本の経済学史研究の特徴をなす。平田に特徴的なのは、その際、内田義彦の圧倒的影響があったということである。戦前の日本資本主義論争の成果、とりわけ講座派の山田盛太郎『日本資本主義分析』(初版一九三四年 山田（1977））の方法をどう理解し、現代的にどう発展させるか。平田の「あとがき」には実はこうした問いが伏在しているのであるが、それは平田が内田から学んだものであった。内田はいう。

日本資本主義の姿を輪切りにする——これは、講座派、とくに山田盛太郎先生の『日本資本主義分析』の発想の継承を示す……ものです。……『分析』には当時からいろいろな批判があります。……『分析』には類型があって発展がないと……。それは……結局、山田氏は日本資本主義を再生産論の適用として分析するという、それがどうも解らんということになる。……資本主義のある時点、ある時点を取って輪切りにして再生産構造を示すのか、それとも、経済の発展の流れというものを時間の線に沿ってたて割りにとり、発展の大すじを示すのか、こういう二つの考え方が、この論争には示されているわけです。この輪切り（＝再生産構造）というのは、経済の流通面での一時点の平面図を切り取るというのではなくて、生産資本の循環——もちろん、そのなかには労働力商品の再生産が含まれています——というものをつかまえながら、その連関として一国の再生産構造をおさえる。……つまり……一時点、一時点における断面に歴史の動きが示される、そういう仕組みが採られているわけであります。（内田 1967: 85-86 強調は原著者）

「再生産論の適用」という『分析』の方法とは、「流れ」——日付をもった歴史の過程——のなかの一点で「輪切り」にして、その「断面」図を描くことだと内田はいう。断面図を描くということはけっして流れや歴史を無視することでなく、むしろ断面のなかに歴史が流し込まれているものと見ることである。断面のなかに流れを見、構造のなかに過程や歴史を見る。それが『分析』の方法なのだと内田はいう。これを経済理論の問題としていうと、「生産資本の循環」（流れ）を追いかけつつも、その循環が絡みあい連関しあって客観的に形成される「一国の再生産構造」（断面）を捉えるということになる。内田はこの方法を山田『分析』のなかに見、内田から学んだ平田は、これを『経済表』の原型から完成へと向かうケネーの理論的歩みのなかに検出する。

> 生産資本の回転循環の十全な探求は、必然的に、社会的総資本の再生産構造への認識を導き、個別資本の循環範式としてのW'……W'を社会的な再生産法則へと飛躍させる。……W'……W'は個別資本の一循環範式でありながら、直接に、社会的総資本の再生産構造の内実を形成するものとして、みずからを展開する。農業のみが生産的であるという、まさに「重農主義的偏向」のもとに、ケネーは、循環→回転→再生産構造の論理的連繫を一挙に捕捉し、すぐれて再生産論的な経済科学を創造することに成功するのである。
> （平田 1965: 339-340）

繰り返すが、ケネー再生産論の根底に循環論が貫いている、再生産論は循環論を含んでいる、再生産論は循環論にさかのぼって理解されなければならない、というメッセージである。このように平田は『経済表』の形成過程を『資本論』の論理を使って解剖した。それによって彼は同時に、（1）『資本論』第二部の新しい読み方を提示し、（2）「流れ」と「輪切り」という内田的発想を展開し、（3）さらには山田盛太郎における資本主義分析の方法の妥当性を確認し、（4）そして最後に、こうして確認された視角をもって戦後日本認識のための自らの「経済学的基準」としたのであった。

なお、この「生産資本循環と再生産」という見方は敷衍されて、広く「過程と構造」「形成と構造」という社会＝歴史認識の視角へと発展していく。社会＝歴史は「過程（時間）の構造的（空間的）総括」と「構造（空間）の過程的（時間的）内実」との同時把握のうちに認識されねばならないと平田はいう。関連する指摘は平田（1965）の随所に見いだされる。このとき「過程」の語には、生きた人間の具体的関係行為（物質代謝）の世界が表象されており、「構造」の語には具体性を捨象された社会の物象的抽象的連関という含意が込められている。そしてこの「過程」的視角は、後年の平田的市民社会論を用意するものでもあった。

マルクスにおける循環＝蓄積論と所有論

ケネー研究の集大成を『経済科学の創造』として出版した平田は、ただちに本格的なマルクス研究を開始する。初期平田は中期平田へと移行する。以後ほぼ二〇年間、彼は市民社会論的なマルクス解釈を展開する。それまでの日本における市民社会論は、アダム・スミスや啓蒙思想などを典拠にすることが多く、マルクスはもっぱら市民社会批判の文脈で理解されていたが、マルクスに依拠して市民社会論を展開したことは平田のオリジナルな点をなす。平田が重視したマルクス文献は、『経済学批判要綱』（Marx 1953）とフランス語版『資本論』（Marx 1967）である。前者は『資本論』の最初の草稿であり、一九五〇年代になってようやく広く利用できるようになった新資料である。後者はマルクスが責任を負った最後の『資本論』であり、独自の資料的価値があるにもかかわらず従来無視されてきたものである。

平田がまず取り上げたのは『要綱』であったが、そこへの最初の切り口は当然ながら循環論であった。『創造』後の最初の論文は「マルクスにおける経済学と歴史認識」（平田 1966）と題されていたが、それは平田（1971）への収録に際して「循環＝蓄積論と歴史認識」と改題された。それに示されるように、平田にとってのマルクス体系――したがって平田自身の経済学体系――は、何よりもまず「循環＝蓄積論」として存在するものであった。ここに「循環＝蓄積論」とは平田独特の用語であり、資本循環論のなかで理解された資本蓄積論、ないし循環論にまで引き延ばされた蓄積論という意味である。平田が問題としたのは、原論文のタイトルからも推察できるように、『要綱』の経済学は何を理論的基軸として成立したかであり、また『要綱』中の有名な歴史認識「資本制的生産に先行する諸形態《フォルメン》」は循環＝蓄積論とどういう関係にあるかであった。解答は、平田自身によってこう要約されている。

> 私は、『諸形態』の属する論理次元が蓄積過程の展開としての循環＝回転過程であることを、見いだした。そして、この循環＝回転として展開する資本蓄積の総体把握こそ、後年の『資本論』における生産過程と流通（＝および領有）過程との関連と区別として論じられるべきものであり、そこに、一九世紀世界像の社会＝歴史認識の理論的結節点が存在する、ということを私は知ったのである。／循環＝回転としての資本蓄積の総体把握。これこそ、まさに追求されるべきものなのである。
>
> （平田 1971: 5）

マルクスの最初の経済学体系は価値論ではなく、循環＝蓄積論を基軸として成立したのだ、と平田は強調する。『要綱』では蓄積論が循環＝回転という広範囲な視野において展開されるからこそ、価値増殖を求める資本がもたらす時間と空間の絶滅傾向（資本回転時間の短縮と市場の空間的距離の短縮）が検討対象となり、こうして、資本の「世界市場創造傾向」や「文明化作用」が語られることになる。『創造』以来の平田の循環論的視角は、ここに『要綱』という素材をえて、新たに「世界市場」という問題圏を開拓する。ケネー論ではすぐれて「循環＝回転と再生産構造」という問題設定をしていた平田は、このマルクス論に至って「循環＝回転＝蓄積と世界市場」へと重点を移動させせはじめる。

マルクスを論じつつ平田が獲得した新しい論点はそれだけでない。「世界市場」以上に重要な新しい論点が登場する。そのきっかけは、『要綱』の循環＝蓄積論がその内部に「諸形態」を含んでいたことへの注目である。周知のように「諸形態」の内容はすでに『要綱』公刊以前から知られており、アジア的、ローマ的、ゲルマン的の諸共同体論として、主に経済史研究において利用されていた。(4) しかし平田が見るところ、「諸形態」は共同体論である以上にむしろ所有形態論である。しかも彼にとっては、そうした所有論がなぜ循環＝蓄積論のうちに展開されているかが問題であった。ここに「所有論」という新しいテーマが浮上してくる。

『要綱』マルクスにとっても平田にとっても、所有（資本制的私的所有）の本質は、循環＝蓄積論においてこそ明らかにされるべきものであった。それを示すのが、あの「領有法則の転回」の議論であり、つまりは自己労働にもとづく市民的所有が他人労働にもとづく他人労働の私的資本制的領有へと転変することの秘密を解く理論であった。そして「諸形態」最終部が、「われわれは、第二循環の終わりになってようやく、資本の本性がどのようなかたちで現れ出るかを見てきた」（Marx 1953: 訳Ⅲ 450 強調は原著者）と書いているとおり、領有法則の転回は、理論的には「第二循環の終わり」になって明らかになるものであった。つまり「循環＝蓄積論においてこそ、ブルジョア的所有の本質は批判的に解明される」（平田 1971: 40）ということである。

この領有法則の転回という視角は、そのうちに「市民社会」（市民的所有）と「資本主義」（私的資本制的所有）というテーマを内蔵しつつ、その後の平田において、近現代社会を把握していく基軸的な視座となる。それどころか平田にとっては、マルクスの『資本論』全三部の体系は所有論（領有法則転回論）として読まねばならないものであった。「『資本論』は……所有論である。それは自己労働にもとづく個体的にして私的な所有が〔第一部第一篇〕、他人の不払労働にもとづく、すなわち資本家的な私的所有へと自己転変し〔第一部第二篇〜第三部第六篇〕、しかもこの転変の成就の暁において、ふたたびこの資本家的領有を隠蔽する仮象として法的に確立され、社会の公認原理になること〔第三部第七篇〕を批判的に解剖したものである」（平田 1970: 334）。

要約しよう。ケネー研究以来の平田の「資本循環と再生産構造」という視角は、ここマルクス研究において「循環＝蓄積論と世界市場」および「循環＝蓄積論と所有論」という二つの方向へと展開される。特に後者についていいえば、所有が循環＝蓄積論のなかで領有法則の転回という視角において把握されたことによって、平田は「市民社会と資本主義」という問題を発見していく。その延長上に平田市民社会論が開花する。循環論的な市民社会論が開花することになる。

三　マルクス的市民社会からグラムシ的市民社会へ

市民社会と共同体／市民社会と資本主義

平田のいう「市民社会」とは何なのか、実はそれほど明確ではない。平田自身において多義的かつ不鮮明であるだけでなく、日本語の「市民社会」は西洋語では civil society および bürgerliche Gesellschaft に起源をもつことにも起因していよう。しかし、この時期の平田はどちらかというと、語のヘーゲル＝マルクス的伝統に引き寄せたところで、つまり国家や政治社会でなく近代人の日常的な経済社会に引き寄せたところで、要するに bürgerliche Gesellschaft という含意において、「市民社会」を使用することが多い。だがそれにしても、平田は「市民社会」のうちに多様なニュアンスを込めている。名著『市民社会と社会主義』（平田 1969）によりつつ、さしあたり三点、摘出しておこう。

第一の含意は、市民社会とは市民の日常的な生身の生活過程に即したところで捉えられた社会だというものである。「市民社会とは、何よりもまず、具体的な人間がひらの市民として相互に自立して対応し、その所持する物を、したがって意思を、交通しあう社会である」（同86）。ケネー研究での用語を想起すれば、市民社会とは、客観的構造に物象化される以前の、具体的な人間的諸過程のアスペクトで捉えられた社会であり、「所有＝分業の経済的＝社会的過程としての展開そのもの」（同175強調は原著者）なのである。「具体的な人間」といい、「過程」的側面の強調といい、平田の市民社会概念の根底には、あの生産資本循環の視角が息づいている。と同時に、このかぎりでの市民社会の概念はまだ漠然としていて、「ひらの市民」「自立」といった近代的規定を受けつつも、人間の社会的生産＝交通関係一般という歴史の基層的事実（物質代謝過程）を指しているものとしても読める。

第二に、平田のいう市民社会には、私的個人が形成する自由・平等な社会という意味もある。「市民社会とは……人間が市民として、相互に交通する社会ではないのか。ここで市民とは、日常的＝経済的生活における、ひらの具体的人間であり、自由平等な法主体の実在的な基礎である」（同79）。自由・平等な個人はすぐれて西欧近代社会の産物であり、西欧の歴史において伝統的共同体との闘争のなかから、またその共同体の解体のうえに析出されてきた存在であり、そのかぎりで肯定的に評価されるべきものである。市民社会とは西欧近代における自由・平等な私的所有者の社会だと平田がいうとき、そこには「市民社会」は「共同体」の対立物だという認識が込められている。「自他の区別のないべっとりとした共同体的関係」に対して、市民社会は「自他の区別を確立することによって……個体としての自己を我がものにさせる」として、平田は、この共同体から市民社会への移行に人類史上の「巨大な進歩」を見ていた（同92）。そこから「市民社会と共同体」という問題視角が生まれ、西欧と日本（あるいはアジア）という比較文明論的な議論や、日本資本主義に残存する共同体的要素への批判が展開されることになる。

こうした市民社会理解は平田に独自なものというよりも、日本の市民社会論の伝統のなかでは、アダム・スミスのいう「商業社会」に近いものとして、比較的多くの論者に共有されていた。平田の市民社会は「西欧近代を理想化している」とか、「単純商品生産社会を実態化している」とかしばしば批判されるが、そういう側面よりも、当時の日本において通例に受容されていた市民社会概念を受け継いでいるものと見た方が自然であろう。少なくとも平田の市民社会概念のこの第二のニュアンスについてはそう言える。

平田に独自なのは、そういう「自由・平等」な市民社会をすぐれて所有論の観点から「個体的所有」の社会と規定した点にある。共同体と市民社会を区別するメルクマールは「個体的所有」の存否にあるとしつつ、彼はいう。「彼〔市民社会の成員〕の所有は、表面的には私的＝排他的な所有であるが、内面的には、排他的ではない個体的な所有である。市民社会が客観的にうみだすものは、この『個体』・『個体的労働』・『個体的所有』なのである。……市民社会は、私的排他性の制約においてではあるが、自他の区別を確立することによって、逆に、個体と類体との関連と区別を意識させ、個体としての自己を我がものにさせる」（同 88-92）。つまり平田にとって、共同体とちがって近代市民社会とは、私的所有の奥に個体的所有を成立させている社会であり、あるいは逆に、個体的所有を生みだしつつもそれを私的所有に転化させてしまっている社会なのである。

平田市民社会の第三のニュアンスは、資本主義と対比されたものとしての市民社会である。つまり「市民社会と資本主義」という枠組みのなかでの市民社会である。平田によれば、少なくとも西欧近代にあっては、資本主義社会の基底に市民社会があるのであって、近代社会は市民社会と資本主義社会の二層において理解されなければならない。市民社会は近代西欧の第一次的社会形成であり、その上にはじめて第二次的社会形成たる資本主義社会が存立する。そして、市民社会を資本主義社会へと媒介する論理は、あの領有法則転回論である。マルクスの『資本論』はもちろん、彼の唯物史観も、まさにこういう二層の論理において展開されているのだ、と平田は強調する。

市民社会の資本家社会への不断の転成の過程として、現実の市民社会は存在するのであり、同じく、そのようなものとして現実の資本家社会が存在するのである。このゆえにマルクスは、市民社会ということばにおいて、資本家社会を意味させていたのである。なお……市民社会段階なるものがそれ自体として存在するわけではない。市民社会という第一次的社会形成の資本家的な第二次的形成への不断の転変として、現実的な社会形成が展開するのである。（同 52-53）

西欧では資本主義は市民社会の転化したものとして、社会の第二次的形成として存在する。現実には市民社会は資本主義へと転化したものとしてしか存在しないが、それでも市民社会は概念的に資本主義社会とは区別されねばならない。従来の日本マルクス主義はこの区別を怠り、そこから「市民社会＝ブルジョワ社会＝資本主義社会」という安易な等置のもと、市民社会は打倒されるべきものとしてしまった。逆に両者を区別してこそ、次のような新鮮かつ重要な課題がみえてくる。すなわち、日本の資本主義は市民社会に立脚していたか、日本は市民社会なき資本主義ではなかったか、あるいは戦後日本の高度成長は市民社会に立脚した資本主義をもたらしつつあるか、と。内田義彦がアダム・スミスや近代日本思想史の研究のなかから探り出した「市民社会と資本主義」という問題設定を、平田はマルクス研究を通して再発見したわけである。

個体的所有の再建

以上のように「市民社会」概念を確認した平田は、そこからさらに「社会主義」の問題へと切り込んでいく。平田が眼前にした一九六〇〜七〇年代の社会主義諸国では、中ソ対立、チェコ事件に見られる政治的自由や人権の抑圧、国家中心の計画経済の行きづまりなど、多くのマイナス面が露出しはじめていた。そのなかで日本の伝統的マルクス主義は、依然として階級闘争万能の主張が強く、個人や人権の問題への関心は希薄であった。そのなかで平田は、あらためてマルクス的社会主義とは本来何であったかを問う。

平田の結論的主張は、マルクス的社会主義は「個体的所有の再建」である、の語に集約される。ここに至る過程で平田が選びとった分析視角は所有論であり、分析方法は徹頭徹尾、文献解釈を基礎とするものであった。問題は『資本論』第一部の結論部分「資本制的蓄積の歴史的傾向」〔ドイツ語版第二四章第七節、フランス語版および英語版第三二章〕に登場する「否定の否定」にかかわる次の文章である。平田はこの文章の日本語訳の間違いを指摘しているので、まずは邦訳書のままに引用しよう。

> 資本制的生産様式から発生する資本制的取得〔領有〕様式は、したがって資本制的な私的所有は、自分の労働を基礎とする個人的〔個体的〕な私的所有の第一の否定である。だが資本制的生産は、一自然過程の必然性をもって、それ自身の否定を生みだす。これは否定の否定である。この否定は、私的所有を再建するわけではないが、しかも、資本主義時代に達成されたもの――すなわち協業や、土地・および労働そのものによって生産された生産手段・の共有〔共同占有〕――を基礎とする個人的〔個体的〕所有を生みだす。
>
> （Marx 1962: 長谷部訳（4）1160 強調は原著者）

ここには、自己労働を基礎とする個体的私的所有→資本制的私的所有→資本主義時代に達成されたものを基礎とする個体的所有、という「否定の否定」の論理が示されている。問題は最後のセンテンスである。マルクス自身が校閲し自ら責任を負った最後の『資本論』たるフランス語版では、“Elle *rétablit* non la propriété privée du travailleur, mais sa propriété indivuduelle ....” (Marx 1967: 342 イタリックは引用者、以下同じ) とされている。そしてマルクスはこの部分について、『資本論』の新版編集に際してはフランス語版に従うべきであると指示していた。事実、マルクス死後のドイツ語版第三版（一八八三年）および第四版（一八九〇年）ではこれに従って、“Diese *stellt* nicht das Privateigenthum *wieder her*, wohl aber das individuelle Eigenthum ....” (Marx 1962: 791) としている。これを訳せば、「これ〔否定の否定〕は私的所有を再建しはしないが、しかし……個体的所有を再建する」となるはずだが、しかし邦訳はいずれもそう訳していない。代わりに「生みだす」（長谷部訳）、「つくりだす」（岡崎訳[5]）としている。しかしそれでは、資本主義によって否定された「個体的所有」が、資本主義後の社会において「再建される」という、マルクスの趣旨は伝わらない[6]。平田が問題とするのはこの点である。

　これはたんに誤訳の問題でなく、マルクス主義者の社会主義像にかかわる深刻な問題だという。マルクスの文章をフランス語版に従って素直に読めば、「否定の否定」の結果としての社会主義社会においては「個体的所有の再建」が実現するということになる。個体的所有は近代市民社会のなかで私的形態におおわれてはいるもののすでに成立していた。市民社会の資本主義への転変によって、その私的個体的所有は「第一の否定」を受けて私的資本主義的所有に変質した。その私的資本主義的所有を再び否定し（「否定の否定」）、当初の個体的所有を再建するのが社会主義なのである（平田 1971）。ここに再建される個体的所有とは、おそらく「労働と所有の同一性」が共同的レベルで実現するような社会関係を意味しているのであろう（平田 1982: 293）[7]。「個体的所有の再建によってのみ、〔資本主義時代にできあがった〕事実上の社会的所有が真実の社会的所有となる」（平田 1971: 475）のである。

　こう考える平田は、当然ながら、社会主義とは資本主義からの断絶である以上に「市民社会の継承」であることを強調する。「近代市民社会において、私的形態によって歪曲されていた勤労人民の個体性・個体的労働・

個体的所有が、いま社会主義社会において、真実に開花しようとするのである。……したがってわれわれは、資本主義から社会主義への革命的移行が、世界史の段階的切断であると同時に、一つの段階的継承であることを、確認せねばならない。／この意味での市民社会の継承としての社会主義を確認しうる者のみが、今日、社会主義を語りうるのである」(平田 1969: 104)。

社会主義を「個体的所有の再建」と規定し「市民社会の継承」として位置づけた平田の思想は、「社会主義とは国有である」との常識がまかり通っていた当時のマルクス主義を大きく革新するものであった。のみならずそれは「社会主義と市民社会」という問題を提起することによって、ソ連をはじめとする現実の社会主義諸国における「市民社会」の不在をするどく告発する視点を提供した。[8] 平田の文章中、「資本主義から社会主義への革命的移行」云々の言葉は、今日ではたしかにむなしく響く。しかし、「社会主義」であろうと「資本主義」であろうと、「個体的所有の再建」および「市民社会の継承」という平田の市民社会思想は、おそらく、一人ひとりが個体的でありながら同時に共同性を獲得していくような生のあり方を、そして、自覚的個人による社会形成とその社会における個人の十全なる自己実現を遠望していたのであろう。

以上のように中期平田は、資本循環視角の延長上に領有法則の転回という新しい理論基軸を開拓し、個体的所有という失われた概念を発見する。循環論のなかから所有論に至りつき、これを最大限にふくらませる。それによって平田に独自な市民社会論が展開され、「市民社会と共同体」「市民社会と資本主義」「市民社会と社会主義」という切り口から現実的諸問題への批判的考察が深められていった(以上 Yamada (2014) 参照)。

グラムシ市民社会論の受容

その平田は一九八〇年代後半以降、論調を変化させていく。この時代、一方で東欧諸国の市民革命やソ連の崩壊があり、他方で日本の経済大国化とバブル崩壊があり、戦後世界の地政学的構造が大きく変動した。そのなかで平田の発言は時事問題や実践的運動論にかかわるものが多くなる。理論的には、新しく国家論やレギュラシオン理論への発言も目立ってくる。それと絡みあいながら、そしてそれら諸発言の根底をなすものとして、新しくアントニオ・グラムシの市民社会論（グラムシ 1961-1965）を摂取したことが重要である。それは同時に平田市民社会論にある種の変容をもたらし、ある種の刷新をもたらした。この一点にしぼって後期平田をフォローしよう。

グラムシの受容とともに、平田が市民社会を問題とする視角も変化してくる。以前は「市民社会と共同体」「市民社会と資本主義」という視角のもと、市民社会なき日本資本主義、個体的所有なき資本主義的所有を批判するという問題意識が強かった。しかしグラムシ受容とともに、平田の問題設定は「市民社会と国家」という視角へと移行する。もちろん平田がこれまでこの問題を知らなかったわけではない。むしろ、若き時代にマルクス『哲学の貧困』を訳して以来、「市民社会と国家」は平田のなかで長らく伏在していた課題であり、それがいま復活したといった方が正確かもしれない（平田 1993: 243-248）。いずれにしても晩年の平田は、市民社会を共同体や資本主義との対比においてよりは国家との対比において、その経済的側面よりは政治的側面に重点を置いて、**bürgerliche Gesellschaft** よりは civil society の含意において、論ずるようになる。平田自身、こう述懐している。

> 現代の日本に執着すればするほど……年代を異にして共通するある一つの視座が必要であると私は痛感する。――一定の時代の社会的諸関係は経済上の生産諸関係に還元され尽くされないのであって……これ〔社会諸関係〕によって律動づけられる生産諸力・生産諸関係の矛盾こそが、国家次元の変革過程に通底する

ものである。……私はふたたび市民社会と国家という古典的なテーマに対面させられることになった。

（平田 1993: 242-243）

市民社会と国家をめぐっては、古典的には「市民社会の国家への揚棄」を語るヘーゲルと、これを逆転させて「国家の市民社会への再吸収」を主張するマルクスとが有名である。そのヘーゲルとマルクスに学びつつ、戦間期の獄中で新しい市民社会論を構想したグラムシに、平田は注目する。彼が理解するグラムシ市民社会論とは何か。平田による説明のエッセンスを抜き出せば以下のようになる。

社会主義革命がなされたロシアでは、市民社会は未発達で国家がすべてであったが、西欧では市民社会が発達しており、国家が動揺すると市民社会という頑強な構造が現れ出る。そういった西欧において社会主義革命をなそうとすれば、ロシア型の機動戦による国家奪取ではなく、市民社会という戦場での陣地戦を勝ち抜くしかない。グラムシは土台（経済社会）と上部構造（国家）の間に「市民社会」を発見し、そこに解放運動の主戦場を求めたのであった。つまり市民社会とは、私的利害の総体（欲望の体系）であると同時に、政治的公共的エレメントを内包するものである。したがってブルジョワ国家による支配とは「政治社会」による強力的支配だけでなく、「市民社会」における私的諸組織（学校、教会、各種結社など）を通して被統治者の能動的同意を得る過程でもある。つまり市民社会は支配階級の知的・道徳的リーダーシップによる合意形成の場であり、ヘゲモニー装置である。したがって社会主義運動にとっては、市民社会という領域でいかにカウンター・ヘゲモニーを形成するかが決定的に重要となる。こうしてグラムシは、市民社会を何よりも、市民の広範な合意獲得をめぐるヘゲモニー闘争の場として重視した。またこのヘゲモニー闘争を通して、「国家の市民社会への再吸収」というマルクス的観点をアクチュアルなものにしたのであった（同 255-261）。

グラムシとともに平田にあっては、「市民社会」のニュアンスはいまや、経済的日常的生活の場から政治運動の場へ、自立的個人の場から連帯する社会的個人の場へ、そして獲得し継承すべきものからヘゲモニー闘争の場へと転換をとげている。そこでは市民社会をめぐる西欧と日本の落差という、かつての問題意識は後景に退いている。それは「市民社会と国家」という問題設定からしてある意味で必然的な転換であったかもしれない。ともあれ、かつてのマルクス的市民社会とこのグラムシ的市民社会は、平田自身においてどう関連し、どう関連しないのか。ヘゲモニー闘争の場としてのグラムシ的市民社会においては、あの「自他の区別のないべっとりとした共同体的関係」はどうなり、「個体的所有」はどうなるのか。そのあたり、平田にはたしかに明示的記述はない。

だがしかし、平田のこのグラムシ受容がもつ意義はどこにあるか。それはこの受容が、東欧革命などを受けて一九九〇年代以降隆盛を迎えた「新しい市民社会論」への道を開いたというか、少なくともそれと契合する視点を含んでいたという点にある。あるいは、戦後日本型の経済的市民社会論から、各種中間団体への人びとの「連合」を通して「政治」活動の意義を重視する型の市民社会論への橋渡しの役を担いえたとでもいえようか。グラムシはヘゲモニー的支配の場たる市民社会として、学校、教会、各種結社などを挙げていた。同じく最近の「新しい市民社会論」を代表するフランクフルト学派のハーバーマスも、文化サークル、学術団体など、数々の中間団体やアソシエーションを「市民社会」Zivilgesellschaft と名づけて、「国家」とも「市場」とも異なる第三の領域――自由意思にもとづく結合関係――として希望をかけた（Habermas 1990）。ハーバーマスの場合は非国家・非市場としての市民社会が強調されるが、平田の場合には対国家にかかわる「政治」が重きをなしているという違いはあるが、グラムシ＝後期平田とハーバーマスは意外と近いところに立っていたと言えるかもしれない(9)。

しかし晩年の平田はハーバーマスに接近するよりも、フランス・レギュラシオン理論へと向かった。というよりも、「レギュラシオン」という概念の淵源をグラムシの「ヘゲモニー」概念のうちに発見しようとした。いわく、「ヘゲモニー概念はレギュラシオン概念を用意するものであった」(平田 1993: 269)、「レギュラシオニストは自らの基礎概念をグラムシのうちに見出した」(平田 1988: 21)、と。どういうことか。

グラムシによれば、市民社会はヘゲモニーの獲得をめぐって、各種階級や利害団体が抗争し、妥協し、合意を獲得していく場であった。合意を通して支配が貫徹し、場合によっては旧来の支配体制が転覆される場であった。平田によれば、レギュラシオン学派が開拓した重要な点は、市民社会における各種の妥協は一連の「制度」へと物象化されるという観点を押し出したことである。ここから経済社会における「制度諸形態」への視点が開かれる。そして平田はいう。「ヘゲモニーが、市民社会における合意形成において成立するものであるかぎり、ヘゲモニー装置は、社会的な合意形成としてのレギュラシオンの諸様式および制度的諸形態において追求されてこそ、政治経済学の内実が得られることになる」(平田 1988: 20 傍点は原著者)。われわれは今日、レギュラシオン理論を通して、例えば「賃労働関係」という制度形態が決してたんなる「市場経済」なるものに還元できない——社会的・政治的な媒介を必要とする——ことを理解しているが、平田がグラムシ的ヘゲモニー概念のうちに見ていたものも、ひょっとしてこれに近いことだったのかもしれない(10)。

以上、循環論の視角から市民社会論に切り込んだ平田清明は、まず『経済表』研究のなかで「生産資本循環と再生産構造」という問題視角を定礎したのち、つづくマルクス研究のなかで、資本循環論のなかから所有論という認識視角を獲得するに至った。所有論の視角を得ることによって平田は、一方で「領有法則の転回」の理論を通して「市民社会と資本主義」というプロブレマティークを、また「個体的所有の再建」の議論を通して「市民社会と社会主義」というプロブレマティークを開拓していった。そして高度成長とともに戦後日本資本主義が確立し、他方また社会主義諸国の多くの否定的側面が露呈されるに及んで、平田の市民社会論的マルクス主義は大きな反響をよんだ。やがて一九九〇年前後の社会主義諸国の崩壊期、平田はグラムシを受容し、ヘゲモニー闘争を重視する政治的市民社会論を展開することになったのである。

四　望月清司における分業論的市民社会

疎外と社会的交通

望月清司によるマルクス市民社会論研究は森田桐郎（一九三一～一九九六年）との緊密な協力のもとに展開された。望月は西洋経済史、森田は世界経済論、とそれぞれの出発点を異にしていたが、一九六〇年代末から一九七〇年代にかけての十数年間、両者は在来のマルクス主義教義体系を拒否してマルクスその人の原像に迫るべく、相互に連携しつつマルクスの文献的解釈という世界に沈潜していく。合言葉は「カリカチュアからオリジナルへ」（望月 1973: 8; 森田 1974a: i）。「カリカチュア」とは、それまでのマルクス主義の教義体系であり、「オリジナル」とは、もちろんマルクスそのものの原思想である。平田清明が『経済学批判要綱』『資本論』など、主として中後期のマルクス文献を素材にしたとすれば、望月・森田によるマルクス再発見は『パリ草稿』[11]『ドイツ・イデオロギー』『経済学批判要綱』など、主として初中期文献に依拠していた。やがて一九八〇年代に至ると、望月は第三世界論、森田は国際労働力移動論など、すぐれて現代世界の問題へと切り込むようになる。[12]

そうした二人の学的営為の総体を念頭に置きつつも、ここではマルクス再読を通して提起された市民社会の問題に焦点をしぼる。そのマルクス市民社会論は望月の大著『マルクス歴史理論の研究』（望月 1973）に凝縮されているとみてよいので、以下では本書を検討の中心にすえる。望月のいう「マルクス歴史理論」とは、いわゆる教義体系にいう「唯物史観」や「史的唯物論」なるものとは一線を画した語であって、事実上、マルクスその人における市民社会の歴史理論を意味している。望月によって再構成されたマルクス的市民社会とは何であったのか。以下では初期マルクス論を中心にフォローする。

『パリ草稿』では「市民社会」（bürgerliche Gesellschaft）なる用語が消失する。この不思議な事実に注意を喚起することから、望月の議論は始まる。それ以前のマルクスはヘーゲル『法の哲学』に学び、これと批判的に格闘しつつ、ヘーゲル的な市民社会に対する国家の優位でなく、国家に対する市民社会の優位を論証しようともがいていた。そのマルクスは移住後のパリでは、「市民社会」の語を自ら禁句としたのである。なぜなのか。マルクスのパリ体験をも想像しつつ望月はこう推測する。

> 「ブルジョア」というフランス的日常語に遭遇することによって〔マルクスが〕自国語の「市民《ビュルガー》」概念にまつわる歴史的母斑に想到せしめられたこと、そしてこの時に抱いた当惑があのエンゲルスの『国民経済学批判大綱』〔イギリス古典派経済学の批判〕を触発の契機として、イギリス政治経済学《ポリティカル・エコノミー》を媒介とする「市民社会」のドイツ的＝ヘーゲル的観念の根源的な再検討にかりたてたこと、これをわれわれは知る。……ヘーゲル的体臭のしみついた「市民社会」（die bürgerliche Gesellschaft）を用いないで、イギリス経済学の表象する「市民社会」（civil society）を解明しきること、これをマルクスは課題として自己に厳しくつきつけたにちがいない。
>
> （望月 1973: 61-62）

ヘーゲル的＝プロイセン的「市民社会《ビュルガー》」からスミス的＝イギリス的「市民社会《シヴィル》」への開眼と視点の移動（同

69）。『パリ草稿』をこのように位置づけた望月は、消えた「市民社会」の謎を追いつつこれに分け入っていく。そのときこの草稿の執筆順序が意味をもってくる。すなわち望月は、最初に執筆された『経哲』第一草稿の「疎外された労働」論がさまざまな理論的難点をかかえつつも、そこに「人間と自然との物質代謝過程」認識が胚胎していることを読み取るとともに、次に執筆された『ミル評注』のうちに市民社会認識に向かっての決定的な飛躍を見出す。「社会的交通」視座の措定がそれである。ここに「交通」（Verkehr）とは「歴史貫通的に類的な相互補完行為、人間的＝ゲゼルシャフト的行為」（同 127）のことである。望月の引用するマルクスを見よう。

> 国民経済学〔古典派経済学〕は、人間の共同存在性《ゲマインヴェーゼン》を、あるいは自己を発揮する人間的本質《メンシェンヴェーゼン》を、類的生活つまり真に人間的な生活を営むための相互補完を、交換ならびに商業という形態でとらえている。／デステュット・ド・トラシーはいう、社会《ソシエテ》とは一連の相互的な交換《エシャーンジュ》である。それは交換による相互的な統合の運動にほかならない、と。アダム・スミスはいう、社会はひとつの商業社会であり、その成員はおのおのがひとりの商人である、と。／ここに見るように、国民経済学は、社交的交通（geselliger Verkehr）の疎外された形態を、本質的で本源的な、したがって人間的規定にふさわしいときめこんでいるのだ。
>
> （同 124-125; マルクス 1962: 97-98）

見られるとおり、「人間の共同存在性」「類的生活」「社会的交通」という人間社会の本源を、古典派経済学は「交換」「商業」というその疎外された形態でしか捉えない。逆にいえば疎外された形態においてであるとはいえ、古典派は「共同存在性」や「社会的交通」という人間の社会的本質を捉えている。この点は、森田桐郎による『ミル評注』研究によって、より積極的に説明されている。[13] 森田によって補えば、「国民経済学にとって交換とは、私的所有者間の商品交換以外のものではありえなかった。だが……マルクスはその基底にひそむ普遍的な内実——すなわち人間の相互的欲求と相互的補完を実現するための生産物の相互享受としての交換、つきつめていえば活動の交換——を把握するとともに、いかにしてそれが疎外された形態をとるかを分析し、『ミル評注』に書きとどめた」（森田 1972: 231）のである。ここで重要な点は、商品交換とそれ以外のさまざまな形態での交換や取引を「生産物の交換」「活動の交換」という観点から包括的に理解していることである。それはすでにマルクスにおける「分業」視角の形成をも意味している。

望月はこの点にさらに踏み込んで、労働過程での「活動の交換」は——媒介物（貨幣）を介することなく直接的になされるところの——「協業－分業的なゲマインシャフト的関連《ベツィーウング》」として、また社会的な次元での「生産物の交換」は——貨幣という物象を介するところの——「交通－分業的なゲゼルシャフト的関係《フェアヘルトニス》」として規定する（「関連」の固定的・静態的な姿が「関係」）。少々難解な議論であるが、望月のみるところ、マルクスにあっては人間の本質にして歴史貫通的な原事実はゲマインヴェーゼン（共同存在性）であり、そのゲマインヴェーゼンの二つの存在様態としてゲマインシャフト（成員の無媒介的関連）とゲゼルシャフト（個人の媒介的関係）があり、しかもこの両者は「歴史をともにつらぬく」ものとして想定されている（望月／森田／岸本 1973: 60 強調は原著者）。こうして望月は、マルクスのなかから、たんなる過去の「共同体」といった遺物としてでなく、ゲセルシャフトと並ぶ社会的交通の一形態としてゲマインシャフトを取りだした。そのことは今日、さまざまな資本主義における市民社会的関係（ゲゼルシャフト）と非市民社会的関係（ゲマインシャフト）を、また、市場（交通－分業）と企業組織（分業－協業）、そしてそこに埋め込まれた制度と規範の役割を考えるうえで重要な意義をもつ。

『パリ草稿』に戻れば、マルクスは古典派経済学との格闘のなかから、「共同存在性」「社会的交通」という歴史貫通的な人間的営為を見定める。と同時に、この「社会的交通」の疎外された近代的形態は、次に執筆される『経哲』第三草稿では、さしあたり「社会《ゲゼルシャフト》」という概念に昇華させられていくのだという（望月 1973: 123, 1974: 165-166）。あの消えた「市民社会」は『経哲』後半になって「社会」の語のうちに、先進のイギリス・フランス的現実を踏まえたニュアンスをともなって復活してくる。望月はその『パリ草稿』論をこう締めくくる、──『経済学・哲学草稿』の課題は、ヘーゲル的＝プロイセン的な『市民社会』を分業論としての疎外論の火でとかしきり、きたえなおしてかれ〔マルクス〕自身の『ゲゼルシャフト』をとり出す」ことにあった、と（望月 1973: 152）。

分業と市民社会の歴史理論

『パリ草稿』分析を終えて望月（1973）は『ドイツ・イデオロギー』（その「第一章 フォイエルバッハ」）の世界へと踏み込む。『マルクス歴史理論の研究』第三章がそれである。まことにこの章は本書の「華」として輝く。さて、『ドイツ・イデオロギー』はマルクスとエンゲルスの「共著」になるというが、しかし彼らの生前には公表されることはなかった。二〇世紀になってからの公表後も編集問題をめぐって各種見解が乱立し、さまざまな版が重ねられてきた。「共著」のあり方をめぐっても「マルクス口述、エンゲルス筆記」説から「エンゲルス主導」説まで、諸説はまったく噛みあっていない。本書はしばしば「史的唯物論の基礎」を築いたと称されるのだが、その実、叙述は錯綜と混乱を極めており、とても一筋縄での理解を許さない。

例えば近代的大工業のもとで生産諸力が発展し「ひろがりつくした分業」の到来を確認したかと思うと、他方で将来社会における「分業の廃止」が謳われる。その分業廃止論にかかわって、「朝には狩りを、昼に魚取りを、夕べに家畜の世話をし、夕食後に批判する」（マルクス／エンゲルス 1966: 68）といった牧歌的な分業廃止風景が語られもする。草稿本体の写真版を解読すると、これはエンゲルスの筆蹟で書かれているが、「夕食後に批判する」の一句はマルクスの字で追記されたものだという。ことほど左様に、この書を何らか統一的で整合的な思想を展開したものとして読み解くのは至難の業である。

その意味で『ドイツ・イデオロギー』は、『経哲草稿』以上に緻密な文献的検討と細心の内在が要求される書なのである。その問題の書に望月は「持分問題」というまことに斬新な切り口を導入して、鮮やかにこれを解きほぐしてゆく。『ドイツ・イデオロギー』分析のためには、「草稿に入りみだれるマルクスとエンゲルスの筆蹟の背後に横たわる理論上の『持分問題』へのアプローチが不可欠の前提なのである」（望月 1973: 167）という。文中どこからどこまでがマルクスが書いた文であり、どこからどこまでがエンゲルスのそれかを腑分けする作業である。そのためには筆跡鑑定はもちろん、両者の好みの用語・用法による判別、さらには各自の前後の諸著作との思想的連続性いかんによる分別、等々、といった作業の積み重ねが必要となる。

この気の遠くなるような持分確定作業の結果、望月の前に現れ出たものは、その所有観、分業観、市民社会観、そして歴史観において大きく隔たったマルクスとエンゲルスの姿であった。ここに通説として信じられていたマルクス・エンゲルス一体説はみごとに崩壊する。マルクスはレーニンから引き離されたのみならず、いまやエンゲルスからも分離され、ここに「オリジナル・マルクス」の一端が鮮明に浮かび出る。

望月による腑分けを結論的にいうと、エンゲルスは「所有形態史論」、マルクスは「分業展開史論」とでも呼びうる歴史理論を展開していた。『ドイツ・イデオロギー』はこのあい交わらざる二条の議論を「一冊の書物につめこもうという悲劇的な努力」（望月 1973: 225）の産物であり、であるがゆえに生前の出版はありえなかった。エンゲルスの所有形態史論とは「分業」と「私的所有」を等置し、私的所有の延長上に「階級支配」と「国家」を見通してゆく歴史把握である。ここでは「市民社会」はもっぱら「国家」との関係のなかでしか把握されず、また、将来的な階級支配の廃止とともに「分業の廃止」が展望されて、あの「朝には狩りを」の風景へと連なってゆく。望月はエンゲルスの世界史像を以下のように要約する。

性的分業→家族内自然発生的分業→家族内私的所有＝家族内潜在的奴隷制→家族間・社会的分業→階級支配→共産主義革命→私的所有と分業の廃止　（同 234）

これに対して分業展開史論のマルクスはこう定式化される。

共同体的諸個人→内部交通→共同体間交換→所有諸形態→農工分離→大工業＝市民社会的分業→そして普遍的交通の完成＝諸個人の自由な連合（共産主義）　（同 249）

右のうち望月がとりわけ強調するのは「農工分離」、すなわち「都市と農村の分離（分業）」である。それははるか後年の『資本論』をも貫徹するマルクス歴史理論の原点をもなすものであって[14]、彼がジェームズ・ステュアートやアダム・スミスなど、イギリス経済学から学びとった視点であった。当面の『ドイツ・イデオロギー』でも「都市と農村の対立は……文明の全歴史を今日（反穀物法同盟の）にいたるまで貫通している」（マルクス／エンゲルス 1966: 107）と確認されている。そこから出発して資本制的大工業に至るまでの分業の展開過程を追うマルクスの眼を、望月はこう述べる。

この分業展開史論で注目に価するのは、その展開が「都市の農村からの分離（手工業の自立）」→「生産と交通の分離（商人階級の形成）」→「都市間分業（マニュファクチュア成立）」→「都市からの農村の分離（農村工業の成立・発展）」→そして「大工業（世界的交通への到達）」というふうに、生産諸力の発展が、その内部から不断に新しい生産＝交通関係を産出し、それがまたより高次の生産諸力の創造を促迫するといった、単純抽象の関係から複雑具体への、おそらく弁証法的といってよい自己展開の連鎖として構成されていることであり、しかも、この止揚と重畳の史論の到達点である「大工業」が、単なる大経営でも大技術体系でもなくて、工業目的への自然力および自然科学の適用というテクノロジカルな諸条件が「ひろがりつくした分業」……の有機的総体として編制されている、ということであった。

（望月 1973: 241 強調は原著者）

マルクスにとって「大工業」とは、労働の断片化というネガティブ要因であるとともに、否それ以上に、生産諸力や社会的交通を普遍的に発展させることによって、将来社会の物質的土台を形成すべきポジティブ要因でもあった。この「大工業」という高みに立って、マルクスはこれまでの全文明史を振り返って書きつける。

これまでのすべての歴史諸段階に当然存在した生産諸力によって規定され、逆にそれを規定しかえす交通形態とは、市民社会のことである。……この市民社会が、全歴史の真のかまどであり、舞台である……。

（マルクス／エンゲルス 1966: 73; 望月 1973: 246 強調はマルクス）

市民社会は、生産諸力の一定の発展段階での諸個人の物質的交通の全体を包括している。それは、ある段階の商業と工業の生活全体を包括している。……「市民社会」という言葉は、一八世紀にあらわれたが、そのときというのは、所有関係がすでに古代的および中世的なゲマインヴェーゼンからぬけだしおえたときであった。かかるものとしての市民社会は、ブルジョアジーとともにだけ発展するのであるが、生産と交通から直接に展開される社会的組織体は、いつの時代にも国家およびその他の観念的上部構造の土台をなしていて、たえずこの名前でよばれてきた。

（マルクス／エンゲルス 1966: 163; 望月 1973: 247）

分業展開史として世界史を押さえるマルクスのなかに「市民社会」が新たな内実をともなって再登場することになった。「生産と交通、人間と自然の、そして人間と人間との物質代謝、そこから展開してくるゲゼルシャフト組織をマルクスは、あらためて『市民社会』と命名した」（望月 1973: 246 強調は原著者）。いったん消えた「市民社会」はいまイギリス経済学をくぐった眼のもと、ここ『ドイツ・イデオロギー』で「あらためて」マルクス自身の概念として復活した。そのとき「市民社会」とは、そのいちばんの根底においては、このように歴史貫通的な物質代謝と社会的交通の相において捉えられていたのである。

この「すべての歴史諸段階」的市民社会を基本におきつつも、しかし、右に見る『ドイツ・イデオロギー』の文章には、ほかにも「生産諸力の一定の発展段階」とか「ブルジョアジーとともにだけ発展する」とかの限定を付された市民社会が登場する。望月自身、「まだきわめてラフなトルソー」（同 248）と述べているが、森田は他の諸著作をも視野に入れつつ、マルクスの新しい「市民社会」概念を「三重の規定」において整理する。すなわち、「普遍的ゲゼルシャフト的関係としての市民社会〔歴史貫通的な相〕、私的商品所有〔生産〕者の『市民社会』〔等価交換と同市民関係の社会〕、そして資本制的《市民社会》〔いわゆるブルジョア社会〕」（森田 1972: 242; 望月／森田／岸本 1973: 65-69）である。

こうして望月においては、分業展開史としてのマルクス歴史理論は、同時に市民社会の貫通とその様態変化の歴史理論として析出された。「分業展開史論を、ブルジョア社会としての市民社会形成論としてのみならず、ブルジョア社会をさえつきぬけてその上に築かれるはずの将来のゲマインシャフト――かかる意味での『市民社会』——形成史論として読むべきである」(望月 1973: 261)。これが望月の検出したマルクス歴史理論の実像であり、市民社会の歴史理論であった[15]。

五　おわりに

以上、内田義彦の市民社会思想を継承し、これをマルクス研究において発展させる試みを平田清明と望月清司において見てきた。内田の物質代謝論を原点に据えながらも、平田はこれを生産資本循環→所有論→個体的所有論として展開する一方(循環論的視角)、晩年にはグラムシ市民社会論→政治的市民社会論という軌跡をたどった。望月も同じく物質代謝論を下敷きにしつつ、これを分業=社会的交通論の側から受けとめ(分業論的視角)、市民社会の三層の規定——なかでも歴史貫通的概念としての市民社会——をマルクスのうちから取り出し、また人間的本質のゲマインヴェーゼン性とそれがゲゼルシャフト/ゲマインシャフトという二つの様態をとって発展することを強調した。細部の異同はさておき、平田と望月の大きな社会ヴィジョンの相違をあえて取り出すとしたら、中期平田が「共同性」を視野に入れつつも「個体」を強調するのに対して、望月はゲゼルシャフト/ゲマインシャフトの発展として現れる「共同存在性」の様態を重視するという点であろうか(望月/村上 2011:32)。

内田と平田を対比してみよう。ともに市民社会の思想家として、両者は「市民社会と資本主義」「市民社会と社会主義」という問題設定を通して、国内外における「市民社会」の実現ないし成熟を希求していたのは間違いない。希望の行きつくところ、内田にあっては狭く「近代」を突き破って広く深く人類史の根底をつらぬく市民社会へと降り立ち、そこから一人一人が「学問」する市民へと成長することの重要性を説く。他方、平田にあってはマルクス的＝経済的市民社会が実は公共的・政治的なものと不可分だとの認識を強めつつ、「政治」をする市民団体への注目となる。内田における「一人一人から」の思想を理解しつつも、晩年の平田はこれを補って、「一人一人」がまずはメゾレベルの各種アソシエーションへと連合し連帯し、自らを社会的個人へと錬成していく必要があると言いたかったのであろう。

こう対比してみると、両者の相違はむしろ相補的であって、内田における学問論が内田的な市民社会形成論であったのと同じように、後期平田における政治的市民社会論は、中期平田のマルクス的市民社会をいかに実現するかという問題へのひとつの解答であったのかもしれない。「一人一人」の思想を基底に据えつつ、かれらの分業的協業をメゾレベルの連帯へと編みあげていくこと、――それが、グラムシ的市民社会（ヘゲモニー闘争）を通じてマルクス的市民社会（個体的所有の再建）へ、という平田的な市民社会形成の設計図であったのかもしれない。

内田と望月はどうか。内田が名著『資本論の世界』（内田 1966）で資本主義的大工業のもとで展開する歴史的なポジ・ネガ両要因を取り出し、そこに「新社会の形成的諸要素と旧社会の変革的諸契機」を見出したことは周知のことだが、望月はその内田マルクスを最大限に活用する形で、『ドイツ・イデオロギー』におけるマルクスとエンゲルスの「持分問題」にメスを入れた。大工業を労働の断片化としてネガ面でのみ捉えがちなエンゲルスから、大工業を「ひろがりつくした分業」としてポジ・ネガ両面で押さえるマルクスの像を分離しえた背後には、望月による内田への深い内在があった。望月はたしかに内田分業論の最良の成果を継承し、それを初期マルクス研究のなかで生かしている。

加えて何よりも、望月（および森田）は、マルクス思想の形成史に内在するなかから「市民社会」の「三重の規定」を取り出した。すなわち分業と社会的交通という人類史貫通の相、私的所有体制貫通の相、そして固有に近代的な相の三つである。これは、内田義彦における三つの市民社会概念――すなわち歴史貫通的な市民社会（さまざまな体制を「くぐりぬけ」ながら実現してゆく市民社会）、価値法則の貫徹する社会としての市民社会（資本主義から「はみ出す」市民社会）、純粋資本主義としての市民社会――と、寸分たがわず符合するというわけではないが（本書第1章参照）、それでもそれと近似的な市民社会認識の三相である。内田が戦中・戦後の現実を見つめるなかで掘り下げていった市民社会の諸相を、望月は初期マルクス研究のなかから探りあて、重層的な概念化を試みた。とりわけ、内田的な歴史貫通的市民社会が望月のマルクス研究のなかで確認された意義は大きい。

注

（1）平田清明と望月清司を一括して論じた最近の研究として、小野寺（2015: 第五章）参照。

（2）平田清明の略歴と人物像については創造の会（1996）によって、また著作目録については浅井／若森（1983）、八木（1986）、野沢（2008）によって、詳しく知ることができる。

（3）この「生産資本循環視角」は平田が内田義彦から吸収したものである。例えば「生産力の体系という視角――専門的にいえば『生産資本の循環』の視角」「『生産資本循環』の立場から社会的生産力を分析する」（内田 1967: 268, 312）といった表現にも見られるように、内田においてそれは「生産力」や「物質代謝」との強い結びつきにおいて提示されていた。他方、平田の生産資本循環は内田的なものを出発点としながらも、やがて見るように、貨幣資本循環や商品資本循環をも巻き込みつつ「資本循環＝回転」視角へと、さらには資本による世界市場創造や所有の分析へと展開をとげてゆくべきものとしてあった。

（4）「諸形態」部分の邦訳は一九五九年に出ており（マルクス 1959）、またそれ以前に大塚久雄はこれを共同体論として読みこなしていた（大塚 1955）。

（5）岡崎次郎訳『資本論』（3）、国民文庫、一九七二年、四三八頁。全集版『マルクス＝エンゲルス全集』第二三巻第二分冊、大月書店、一九六五年、九九五頁。

（6）この点は『資本論』英語版も同じ過ちを犯している。英語版では「ドイツ語第三版に従って訳した」との触れ込みに反して、当該部分を"This does not re-establish .... , but *gives* him ...."と訳し、"re-establish"とは別の動詞"give"を混入させている。それによって、フランス語版の素直な英訳たる"but [this] *re-establishes* the individual property of workers"という含意が消されてしまっている（Marx 1996）。

（7）この「労働と所有の同一性」としての「個体的所有」把握に対しては、山之内靖から重要な問題提起がなされている。「平田における『個体』概念は……自己自身への関係、自己自身の自己への媒介といった、典型的な同一性原理に立脚している……。……平田にとっての個体とは、何よりもまず、自己自身において完結し、自立（＝自律）的であるところの同一的主体なのである。……平田における自己同一的主体の能動性は、他者を主体として容認し、自然をも人間の外にある主体として受け入れる受動性（＝受苦性）の契機を根本的に欠いてしまっているのである」（山之内 1982: 74-75）。

（8）ここにわれわれは、内田（1967）が断片的に提起していた「市民社会と社会主義」の問題が、平田によってマルクス文献に即する形で深められているのを見る。

（9）山口定はグラムシを受容した平田清明を高く評価して、「世界的な『市民社会論ブーム』の先駆けとしての平田清明」と規定している（山口 2004: 111）。

（10）ただし、その平田は「レギュラシオン（調整）様式」についてはしばしば論ずるが、「蓄積体制」ないし「成長体制」――レギュラシオン理論を構成するもう一つの基軸概念――についてはあまり語らない。ケネー論の平田において統一的に把握されていた「過程と構造」「循環と再生産」のうち、「構造」「再生産」への眼はマルクス論で次第に消えていったが、レギュラシオン理論を論ずるここ晩年においても消極化している。これを埋めるのは、後世のわれわれに残された課題であろう。

（11）『パリ草稿』とは、パリ在住中の青年マルクスが一八四四年に書いた草稿の総称であり、邦訳書としては『経済学・哲学草稿』（マルクス 1964）および『経済学ノート』（マルクス 1962）がそれに当たる。前者は『経哲』とも略称され哲学畑では疎外論文献として注目されてきた。後者のうち「ジェームズ・ミルに関するノート」（いわゆる『ミル評注』）は、この時代のマルクス研究によって新しく脚光を浴びることになった。両草稿の関係に関する研究も進み、『経哲』第一草稿→『ミル評注』→『経哲』第二、第三草稿という執筆順序がほぼ定説となった。望月・森田はこの執筆順序がもつマルクスの市民社会思想形成史上の脈絡を重視する（望月 1973: 56-57; 森田 1972: 191-196）。

（12）望月清司の仕事を概観したものとして、村上（2000）、望月／村上（2011）を参照。

（13）森田が『ミル評注』に取り組むきっかけとなったものは、当時のソ連型現存社会主義への批判意識であり、一九六八年チェコの「プラハの春」の理論的指導者であったが、ソ連の侵攻後に「マルクス主義の背教者として追放されたオタ・シーク」への共感であった。森田によれば、社会主義における商品生産の問題をめぐってオタ・シークはマルクスを超えなければならないと考え、「社会主義経済の基本的性格は商品生産（ただし組織された商品生産）である」と断言した（森田 1972: 244-247）。一九七〇年代初頭、森田がオタ・シークとともに格闘していた問題、すなわち、普遍的な社会的交通の観点から社会主義における商品生産を把握するという問題は、いわゆる社会主義経済が消滅し資本主義が世界を覆いつくした今日においても学ぶべき多くのことを示唆している。とりわけ「組織された商品生産」という視角は、これを「制度化（調整）された市場」と読み替えれば、グローバル資本主義が暴走する今日への有力なる批判視点を提供していよう。

（14）「あらゆる発展した・商品交換によって媒介された・分業の基礎は、都市と農村との分離である。社会の全経済史はこの対立の運動に要約される」（Marx 1962: 訳（3）586［第一部第一二章第四節］強調は原著者）。

（15）望月の議論はこのあと、中期マルクスの草稿『経済学批判要綱』（Marx 1953）に分け入って、そこでの二大歴史認識を検討の俎上にのせる。「貨幣にかんする章」での「世界史の三段階論」（望月はこれを「依存関係史論」と呼ぶ）と、「資本にかんする章」での「資本制的生産に先行する諸形態」（いわゆる「諸形態《フォルメン》」）である。前者については森田（1970, 1974b）の力編も忘れてはならない。しかし、紙幅の都合もあって本稿での検討は初期マルクス論にしぼるので、中期マルクス論については割愛せざるをえない。

第3章

現代資本主義論と制度派ケインズ経済学
——経済学の群像とその知的遺産——

植村博恭

一九六〇年代の戦後資本主義の高成長は、全世界的な規模で大きな構造転換をもたらした。特に、日本においては高度経済成長が実現し、日本の経済と社会が大きく変容することとなり、経済学者に様々な論争をもたらした。また、経済学もそのめざましい変化を説明するために大きく発展した。このとき、戦後の経済学研究において、最初に投げかけられた問いが、「資本主義は変わったか」という問いであった。

経済理論の発展という観点から見ても、一九六〇年代から一九七〇年代は、資本主義の現代的変化に対応してマルクス経済学の刷新が求められた時期であり、それは現代資本主義論として論じられた。また、同時にケインズ経済学による研究が理論と実証の両面にわたって飛躍的に発展し、特に日本では制度と経済構造をふまえた制度派のケインズ経済学が大きく発展した時代でもあった。したがって、この大いなる経済成長の時代はマルクス経済学とケインズ経済学に影響を受けた様々な経済学の潮流が、互いに影響を与えあいながら積極的に研究活動を展開したのである。このような日本の経済学が、戦後資本主義の現実をどのように把握しようとしたのか、またそれをふまえ、経済政策と経済構造の改革を通して民主主義と社会福祉をいかに発展させようとしたのか。このような観点から、一九六〇年代から一九七〇年代にわたる経済学の理論的営為をふり返ることにしたい。

ここで紹介する現代資本主義論と制度派ケインズ経済学の研究成果は、決して過去のものではなく、一九八〇年代以降も継承され、そして二一世紀の現時点からみても、示唆に富む多くの知的遺産を持っている。

一　都留重人の問題提起——資本主義は変わったか

戦後のリベラル派経済学者としては、都留重人の存在を欠かすことができない。都留は、一九三〇年代にハーバード大学でJ・シュンペーターに学んだ。そして、第二次世界大戦後は、占領下の経済安定本部の責任者として、第一回『経済白書』を執筆することになった。これが、いわゆる「都留白書」である。その後、一九五〇年代末に都留重人は戦後の資本主義の新しい現実を直視しつつ、「資本主義は変わったか」という問題を提起した。この論争に参加した主要な論文は、都留重人編『現代資本主義の再検討』(都留 1959) に収められている。この本で都留重人は、まず、戦後の現代資本主義の新しい現実として、次の点を指摘した。「技術革新の規模」が大きくなったこと、完全雇用維持が目標となり、所得再分配政策が行われるといった「経済政策の進化」がみられたこと、そして、寡占的大企業と労働組合の役割の増大といった「経済制度の変貌」が生じたことなどが、戦後の新しい現実である。

このような新しい現実をふまえつつ次に問題とされたのは、資本主義の本質自体が変わったのか否かということであった。これに関して、都留は、たしかにこのような新しい現実は重要であるものの、「資本主義の本性は一向に変らず、したがってある条件の下で高原景気を続けることはできても、いつかは又大きな不況を招かざるをえず、その不況を克服しようとする手段そのものが、他の面で不況発生の原因となるか、ないしは壁のような抵抗にあってその効果を挙げることができず、結局は「資本主義は変わっていない」と答えざるをえないこととなる」(都留 1959: 50) と結論づけている。

そのうえで、都留は、それらの戦後資本主義の新しい現実を前提に、「資本主義をいかに変えうるか」という問題提起をしたのである。そのさい、都留が変革の前提として重視した現代資本主義の制度的特質は、次のものである。まず、福祉国家の所得再分配機能で、都留はそれを説明するものとして「フローの社会化」という漸進的変革の概念を提起している。それは、現代の福祉国家は、所得再分配政策を通して、所得フローの一部を事実上社会化しているという構造を指すものである。そして、その後都留は、現代の福祉の基礎概念として「シビル・ミニマム」の重要性にも言及するようになった。

ただし、一九六〇年代以降、都留自身は体制変革の問題に直接に答えるというよりも、むしろ現代資本主義の、そして日本資本主義のかかえる諸問題について具体的な研究を進め、積極的に政策提言を行っていった。特に、公害問題に関する実践的研究は、当時としては傑出したものであり、公害問題を素材面と体制面の両面から把握するという理解を確立した（都留 1968, 1972）。また、社会保障制度の充実についても現実的な政策と制度改革の提言を行った。都留重人のもとには多くの経済学者が集い、彼らの合い言葉は、「新しい政治経済学を求めて」というものであった。(1)

二 「国家独占資本主義」と現代資本主義論

(1) 「国家独占資本主義」論による説明

戦後資本主義について、理論的なレベルで対応しようとする試みは、まずマルクス経済学からなされた。戦後の現代資本主義が示した新しい現実と「高度成長」に対して、既存のマルクス経済学は説明能力が不足することになったが、これに対して最初に対応しようとした試みが「国家独占資本主義論」という枠組みである。オーソドックスな「国家独占資本主義」論における説明は、次のようなものである。それは、「資本主義の全般的危機」、とりわけ戦争や大恐慌などの深刻な事態をきっかけにして、独占資本が国家の生産部面の内部にまでの介入を要求したものであり、それは「資本主義の最高の段階たる独占資本主義」における最後の段階だとされた。「全般的危機」とは、資本主義体制と社会主義体制という二つの体制への世界の分裂の結果、資本主義の体制そのものが危機に陥ったことだとされたのである。しかし、現実には、一九五〇年代半ばから日本では、世界に類をみない持続的な高度成長が実現し、他の先進国同様に豊かな「大衆消費社会」を生み出し、大きな社会的変容を経験していくことになる。こうしたなかで、この危機説型の国家独占資本主義論は修正を余儀なくされた。

日本におけるオリジナルなマルクス経済学としては、宇野弘蔵の研究（宇野 1950/1952, 1962）に基づいて発展した宇野経済学があるが、戦後資本主義の研究についても、この宇野学派のグループから積極的な説明がなされた。(2) その代表的な理論が、大内力の「国家独占資本主義論」である（大内 1970）。宇野理論の特徴は、資本主義の運動を賃金変動を中心的要因とする景気循環・恐慌の観点から理解する点にある。大内の国家独占資本主義論もこの観点を継承している。さらに、大内も戦後資本主義について危機説を採用しており、国家独占資本主義を「資本主義の全般的危機」の産物として把握するのである。そして、その必然の結果として、国家独占資本主義を低成長、停滞、腐朽の資本主義として描き出している。しかし、宇野理論を継承する大内の理論は、国家独占資本主義論を単純な政治主義的理解から救い出し、国家独占資本主義の本質を、管理通貨制度のもとでの財政金融政策を通じた国家による経済管理として把握した。そのとき国家介入の目的は恐慌の回避にあるとされ、その核心は管理通貨制度のもとでのインフレーションによってもたらされる実質賃金の切下げによる景気の調整であるとされた。いわば労使関係の問題、つまり資本主義による労働力の包摂の問題が視野におさめられていると言える。このように大内理論が宇野理論の景気循環・恐慌論を念頭に置きつつ、労使関係の分析を発展させた点は重要であり、その後の宇野学派のグループの福祉国家研究の出発点ともなっている。そして、大内自身は、一九七〇年代に先進資本主義諸国において発生したスタグフレーション（インフレーションと失業の同時発生）を前にして、ふたたびこれを国家独占資本主義の「破綻」と規定した。

（2）「戦後資本主義＝新しい段階」説と現代資本主義論

「国家独占資本主義論」の枠組みが十分な説得力を持ち得なかった大きな理由は、戦後資本主義が示した新しい現実を前にして、これを資本主義の「危機」の所産だとする理論枠組みで説明しようとしたところにあった。こうしたなかで、戦後資本主義の新しい現実を直視しようとする試みが、マルクス経済学やケインズ経済学の内部から発展することになった。まず、マルクス経済学の内部では、同じ「国家独占資本主義」という用語を使用することから始めた研究ではあったが、戦後資本主義の本質を資本主義の「全般的危機」に求めるのでなく、「生産関係の社会化」に求める説が登場した。社会化説型の国家独占資本主義である。この学派は、当時、「現代マルクス派」あるいは「構造改革派」と呼ばれた。「構造改革派」とは、民主主義的な手続きを経つつ漸進的改革を通して社会主義を目指す政治路線を指す言葉である[3]。このグループは、日本のマルクス経済学のなかでは、最も民主主義と福祉国家を重視したグループでもある。

この「国家独占資本主義」論の理解は、次のようなものである。戦後の現代資本主義はその社会的生産力を格段に発展させたのであるが、これに対応して生産関係の方も国家を引き込むほどに社会化されねばならなくなった。そこに、国家独占資本主義の成立根拠があるとされる。これは、東ドイツの経済学者、クルト・ツイーシャンクの説を発展させたものである（井汲 1958）。ただし、この議論自体は生産力と生産関係に関するマルクスの唯物史観の定式を直接に国家独占資本主義に当てはめただけのものであって、現代資本主義の制度的特徴に関する十分な理論的説明になっていなかった。

もっとも、その後この学派は、雑誌『現代の理論』やいくつかの共同研究を通して、次第に戦後の現代資本主義の制度的特徴に関する理解を深めていった。例えば、長洲一二はその論文「現代資本主義とマルクス経済学――『資本論』・『帝国主義論』・現代」（長洲 1970）においては、新しい段階としての戦後資本主義の特徴として、科学＝技術労働の三契機における集団化・協業化の躍進、経営者支配と巨大なテクノストラクチャー、強大な国家機能と完全雇用政策、大衆消費社会と団体交渉制度の発展を指摘している。要約すれば、「ビッグ・ビジネス、ビッグ・ガバメントとビッグ・サイエンスの結合、産・官（軍）・学の複合体」が形成されたという事実を強調した。このように、社会化論者、さらには現代マルクス派の研究者の問題意識が「現代資本主義がなぜ戦後期に長期の繁栄局面をもちえたのか」（玉垣 1976）という点にあったことは、資本主義の新しい現実を真正面から把握しようとした試みとして特筆されてよいものである。

ただし、新しい現実を個々の特徴としてではなく、全体として把握しようとする際には、「国家独占資本主義」という用語は、大きな認識論的障害として立ちはだかったことは否めない。特に、国家と独占資本の利害との関係を硬直的にとらえることは、現代福祉国家の多元的な特徴を考えると大きな問題をかかえている。こうして「国家独占資本主義」という用語は、一九七〇年代には「現代マルクス派」のグループに属する経済学者から相次いで放棄されるに至った（岸本 1975; 玉垣 1976）。ここに、現代資本主義の新しい理論体系が必要となっていたのであり、一九七〇年代になると、内田義彦や平田清明などの市民社会論と「現代マルクス派」の現代資本主義論が、ともに民主主義を重視するという共通点を基盤として広範な共同研究を発展させることになった。(4) 市民社会論を基礎とした現代資本主義の分析という観点が次第に明確になり、そのなかから長洲一二の包括的な現代資本主義論などが発展しており、そこでは松下圭一が提起した「シビル・ミニマム」の思想を重視した福祉政策も展開されている（長洲 1973, 1974）。(5) さらにその後、井汲卓一の研究のように、資本主義の類型と段階に関わる歴史的構造について総括的に考察する研究も進められた（井汲 1979）。こうして発展した市民社会派＝現代マルクス派の共同研究による現代資本主義を対象とした理論体系構築の試みは、さらに制度派ケインズ経済学とも連携しつつ行われた。そして、それら全体をいかに体系化するかは、その後の研究にゆだねられることとなった。

三　現代資本主義の理論的解明へむけて

一九六〇年代中期以降、戦後の現代資本主義の現実が理解されるなかで、その構造と動態を理論化する試みが、日本においても現れてくることになった。それらは、従来のマルクス経済学の枠組みをある程度前提にしつつも、しかし同時に二〇世紀の政治経済学の最良部分である、ミハウ・カレツキ、ピエロ・スラッファ、ジョーン・ロビンソン、シロス＝ラビーニなど広い意味でポスト・ケインジアンの源流をなす経済学者の観点を積極的に取り入れた研究である。

(1) 高須賀義博『現代価格体系論序説』と生産性格差インフレーション論

先に紹介した都留重人の研究グループは、一九六〇年代から一九七〇年代にわたって新しい政治経済学を求めて現代資本主義を理論的に解明しようとした傑出した研究グループであった(6)。このような研究環境のなかから、戦後日本資本主義における物価問題を解明する理論的試みとして、高須賀義博『現代価格体系論序説』における「生産性格差インフレーション論」が生み出された。

①高度成長期のインフレーションとその理論的解明

一九五六年には、日本経済は高度経済成長を開始するが、そのめざましい発展のなかで、インフレーションの問題が、いわゆる「物価問題」として重要な政策課題となった（高須賀 1972）。一九六〇年代、高度経済成長期の日本経済は、きわめて独特なパターンのインフレーションを経験した。すなわち、卸売物価が比較的安定しているもとで、消費者物価が持続的に上昇したのである。この不均等な物価上昇がなぜ生じるのか、当時の日本の経済学界ではそのメカニズムを十分に解明することができなかった。

このような物価の運動それ自体は、近代経済学者からも指摘されたが、マルクス経済学の生産価格論と独占価格論を発展させるかたちで厳密に解明したのが、高須賀義博『現代価格体系論序説』である（高須賀 1965）。本書は、「価格体系論」の観点から、産業資本主義段階の価格体系の運動と独占資本主義段階の価格体系の運動について異時比較分析を行うものである。しかも、その分析には競争論的観点が積極的に導入されていることで、きわめてダイナミックな理論が構築された。このような独占資本主義の価格体系の分析において、高須賀の研究はまさにパイオニア的なものであって、しかもその価格体系の運動の分析の照準は、高度経済成長期、日本のインフレーションの解明におかれていたのである。

②背景としての二重構造の動態

一九五〇年代後半の高度経済成長期前期の日本経済は、大企業部門と中小企業部門からなる典型的な二重構造であった。この二重構造は、高度成長のなかで変容していくが、そのさい特に労働生産性上昇の不均等な動態が重要な特徴となっていた。すなわち、製造業の大企業部門においては、高い労働生産性の上昇が実現したが、中小企業部門における労働生産性の上昇は限られたものであった。このような大企業部門と中小企業部門との生産性上昇率格差は、まさに高度経済成長期の日本経済の特徴といってよい。

さらに、高度成長に伴う労働市場の変容も重要な役割を演じた。一九五〇年代後半においては、農村部から都市部への労働移動がきわめて顕著であった。それが一九六〇年頃には、ルイスのいう「転換点」を迎えることとなる。こうして、一九六〇年代には、次第に都市部の若年労働者を中心に労働力不足が発生するのである。これが、日本経済における生産性格差インフレーション発生の前提条件を形成する。すなわち、大企業部門の高い生産性上昇率を背景に、大企業部門だけでなく中小企業部門にも及ぶ全般的な持続的賃金上昇がもたらされたのである。

③生産性格差インフレーションのメカニズム

高須賀義博が解明した「生産性格差インフレーション」は、厳密には「生産性変化率格差インフレーション」(高須賀 1965: 224) と呼ぶべきものであって、大企業部門と中小企業部門との生産性上昇率の格差によって生じる価格体系の調整メカニズムである。それは、高須賀によって次のような論理で発生すると説明される。

大企業部門は寡占部門であって、その価格形成は寡占価格としてのそれである。寡占価格の決定メカニズムとして、高須賀が注目するのはイタリアの経済学者シロス＝ラビーニの「参入阻止価格論」(Sylos-Labini 1962) であり、それは、寡占的大企業の価格設定は、潜在的参入者の参入を阻止できる範囲で最も高い価格を設定すると説明するものである。もちろん、寡占価格は競争的な価格水準より高く設定されることになり、それは大企業により高い付加価値と収益をもたらすことになる。

次に、大企業における賃金水準が、労働市場において需要超過が発生するにともなって上昇する。しかし、生産性上昇率が高い大企業では、賃金上昇は生産性上昇によって吸収され、大企業の価格は安定的である。高度成長期の日本においては、労働力の部分的不足が発生し、それなりに賃金の平準化メカニズムが働いていたので、賃金は経済全体で上昇していく。したがって、このような賃金上昇は、中小企業部門にも及ぶ。しかし、生産性上昇率の低い中小企業においては、これを生産物の価格に転嫁させざるをえない。こうして、大企業部門によって規定される卸売物価は安定しているが、中小企業部門の影響が強い消費者物価は持続的に上昇するという不均等な価格体系の変化が発生するのである。

高須賀による「生産性格差インフレーション」論は、価格体系の構造動態を分析するものであって、世界的にみてもきわめて先駆的なものである。たしかに、高須賀の「生産性格差インフレーション」論は、日本経済の物価問題に照準をあわせていたが、その理論的フレームワークは、普遍的なものである[7]。たとえば、開放体系における価格体系の調整を理論化した「バラッサ＝サミュエルソン効果」(Balassa 1964; Samuelson 1964) は、一九六四年に提起されたものであり、一九六〇年代前半に高須賀は独自に類似したアイデアを提起していたのである。また、のちに経済の構造変化と価格体系の調整について体系的に理論化したルイジ・パシネッティの理論的研究が『構造変化と経済成長』(Pasinetti 1981) として出版されたのは、一九八一年である。このように、「生産性格差インフレーション」論は、生産性上昇率格差、賃金調整、価格体系調整の相互関係による動態の一般理論として、今日でもわれわれが参考とすべき研究成果であるといえるのである[8]。

(2) 岸本重陳『資本制経済の理論』と市民の経済学

一九七〇年代になり高度経済成長も終焉をむかえた。同時に、戦後資本主義に対する理解も深まり、日本資本主義を批判的に把握する思想的基礎でもあった「市民社会」研究も大きく発展した。世界的には、一九六八年にはチェコ事件が起こり、ソ連型社会主義に対する不信感が強まったのもこの時期である。こうしたなかで、市民社会、比較経済体制、そして現代資本主義に関する研究を継承し、現代資本主義の経済原論の構築をめざしたのが、岸本重陳『資本制経済の理論』である (岸本 1975)[9]。それは、「市民の経済学」をめざしたものであり（岸本 1976）、一九七〇年代における政治経済学の先進的成果が総合されていた。その後一九七〇年代後半、岸本は日本が「一億総中流」と言われたときに、市民生活の実態にそくして、それが幻想であると看破し、『「中流」の幻想』（岸本 1978）を出版している。

①「市民の経済学」の経済理論

岸本重陳『資本制経済の理論』は、望月清司や森田桐郎とのマルクス『経済学批判要綱』などに関する共同研究の成果（望月／森田／岸本 1973）と現代資本主義に関する幅広い研究成果が生かされており、現代資本主義を真っ正面から原理的に解明しようとした試みである。「市民の経済学」をめざした本書の内容は、社会的生産の基礎構造、市場システム、資本構造、再生産と資本蓄積にわたり、特に、市民の立場から資本制経済を理論的に把握しようと試みた点が特徴的である。

まず、社会的生産の基礎構造の分析においては、生産を社会的な観点からとらえ、特に経営内分業と社会的分業が発展する論理を解明している。ここには、分業の展開に関する望月清司や森田桐郎との共同研究の成果がいかされている。岸本の分業理論で興味深いのは、比較経済体制研究の成果をふまえて、経営内分業と社会的分業の境界を規定する要因を、所有の境界からではなく、生産性の上昇のために生産それ自体を統御する必要性の論理にそくして解明している点である。これは、その後の新制度学派の市場と企業組織の境界の考え方（「取引費用」理論）とも異なり、きわめて興味深い。また、社会的生産と分業の動態について、次にようにいう。「分割によって生み出される部分は、部分であることの枠内においてではあるが、自立性をもちうる。その作業を専門的に分担する人間の意思が、その作業の進行に作用を及ぼしうるという点だけをとっても、そのように言えよう。したがって、これら部分を結合して全体を形成していくためには、部分の行動（ビヘイビア）に対する規制（regulation）と部分間関係の調整（coordination）とを必要とする。この両者を合わせて制御（control）と呼ぶことにすれば、制御を必要とする」（岸本 1975: 42）。ここで示された概念構成は、まさに同時期にフランスで誕生したレギュラシオン理論が、「レギュラシオン（調整）（régulation）」という概念をその分析の中心にすえたのと共通するものであり、大変興味深い同時代的な理論的発展である。

岸本経済学は、その市場システム分析も独自の認識をもっている。それを端的に表しているのが、「真の自由競争」という考えである。それは「自立的な主体が、相互に自由な判断に従って契約による関係をとりむすぶ行為」（岸本 1976: 186）であり、適切なルールと制度のもとでこれから真に実現されるべきだと主張した。それを次のような市場システムの理論として展開する。市場システムにおける商品交換では、交換当事者は対等であり、交換はそれ自体として等価性をもつ。そして、価格は交換当事者に所得を帰属させる。しかし、交換当事者の等価性は、まだ「ローカルな等価性」であり、それは調整過程を通じて、システム全体によって規定される「グローバルな等価性」を生み出していくことになる。それは、システム全体の再生産を保証する価格体系、すなわちP・スラッファが理論化した生産価格体系に対応するものである。しかも、現代資本主義の寡占市場では、大企業の価格支配力が価格体系を大きく規定する。しかしこれに対して、市民一人一人のレベル、すなわちローカルな等価性の観点から納得できるように、グローバルな価格体系を生み出すには、いかに市場システムを作用させることができるのか、これが岸本の問いであった。ここには、市民一人一人の側から手繰りよせられ制御された市場の原理が示されているが、それを実現する具体的な市場の編成と制御・調整の様式は、われわれに残された課題である。[10]

岸本の労働力商品論も、きわめてオリジナルなものである。[11] まず、労働力の商品化について、特に近代市民社会の原理としての労働力の自己所有性の意義を重視する。すなわち、労働力は本質的に労働者自身のものであり、それが社会的に承認されていることが重要なのである。岸本は、「労働力の商品化」は近代社会の基本原理であり、宇野理論の言うような「無理」ではないと主張した。問題の本質は、むしろ労働者が企業組織のなかで資本の支配のもとその役割を担うことであって、岸本はこれを「労働力の資本化」と呼ぶ。資本制経済の根本問題は、「労働力の商品化」にあるのではなく、「労働力の資本化」にあるとみるのである。だから、適切な制度とルールのもので、労働者であり生活者である市民がその自律性を失わないような企業組織と労働市場のあり方を模索しなければならない。岸本は、現代資本主義における株式会社組織と法人所有の発展を前提として、企業の所有構造を労働者所有・労働者管理のそれへと変革していくことを提起している[12]。

岸本原論は、そのマクロ経済理論においても先駆的な内容を持っていた。そこで特徴的なのは、ミハウ・カレツキの観点を重視しつつ、賃金は企業にとってはコストであるが、それは労働者の所得であり、消費需要の源泉である点を強調していることである。このようなカレツキの観点は、のちにイギリスの政治経済学者ボブ・ローソンがさらに厳密に定式化しているが（Rowthorn 1982）、日本では岸本の議論が先駆的なものである。また、これは、フランスのロベール・ボワイエがしばしば強調する「賃金主導型成長」を生み出す論理でもある。そして、岸本が提起する問題は、賃金の二重の側面をこのように理解したうえで、それをいかに有効に制御・調整するか、またそのためのルールはどのようなものであるかということである。もちろん、そこには、たんに賃金水準だけではなく、社会保障制度に基づく所得再分配や福祉サービスへの支出も重要な役割を演じる。

②市民の目から「一億総中流」を批判

一九七七年の『国民生活白書』は、国民の九割以上が中流意識をもつようになったと主張した。これをうけて、朝日新聞の紙上で刺激的な論争が展開された。まず、論争の口火を切ったのは、村上泰亮「新中間階層の現実性」（一九七七年五月二〇日）であり、「生活様式や意識の点で均質的な巨大な層があらわれ、そして拡大しつつある」と主張した。これを受けて、富永健一は、「社会階層構造の現状」（一九七七年六月二七日）を掲載し、日本社会における階層構造の特徴としては、「社会的地位に非一貫性」が存在しているということがあると議論を展開した。村上の議論に対して、岸本重陳は「新中間階層論は可能か」（一九七七年六月九日）を書き、新中間階層の出現を強調する議論を批判したのである。岸本からみれば、一九七〇年代日本の「中間階層」は、ある程度の中流意識は持っているものの、真の意味で安定した「中間階層」たりえていないということになる。特に、日本社会において労働者が「労働力の資本化」の論理に巻き込まれ、企業人となっている状況が、その自律性を損ない、しかも社会保障制度が不十分なために人々の安心したくらしを保障できていないと指摘する。そして、このような状況から脱する展望として、安心できる最低限の保障を確保し選択の幅を拡げることによって、労働者であり生活者（消費者）である市民が日本社会のなかで実質的な社会性・共同性を発展させ、「中間」でなく、「仲間」になる」ことを提起したのであった。のちに、岸本はこの論争を総括するかたちで、『「中流」の幻想』（岸本 1978）を出版している。

この一九七〇年代の新中間階層論争における岸本の主張は、一九九〇年代から二〇〇〇年代にかけて、橘木俊詔『日本の経済格差』『格差社会』（橘木 1998, 2006）などを契機に展開された「格差社会論争」を、まさに先取りするものであった。岸本による指摘から三〇年後、橘木たちの問題提起が日本の社会経済の不平等と分断を再確認するかたちとなったのは、きわめて興味深いことであり、しかも問題の深刻さを感じさせる。このように社会の現実の問題を見すえつつ経済学の論理を紡ぎ出す岸本の「理論家にして時論家」という独自のスタイルは、内田義彦の「専門家と素人」という認識にも通じるもので、市民社会における経済学者がもつべき構えとして、今日でもわれわれに貴重な示唆を与えている。[13]

四　日本における制度派ケインズ経済学の発展

次に、戦後の日本の高度成長期において大きな発展をとげたケインズ経済学をみていくことにしよう。一九五〇年代末になると、日本においてもケインズ『一般理論』の理論的内容が詳細に検討され、ケインズ経済学が大きく発展することとなった。このようなケインズ経済学の理論的研究は、もちろん次第に洗練され現在に至っている。しかしながら、高度経済成長期のケインズ経済学の発展をみるときには、理論体系や分析用具の発展をふまえつつも、同時に経済理論が全体として持っている含意を、特にその「経済像」（宮崎義一）に焦点をあてて理解していたことが重要である。ここで紹介するケインズ経済学は、現在のポスト・ケインズ派経済学に連なる研究系譜であるが、日本においては、特に、現代資本主義の諸制度の分析をふまえて理論と実証を発展させることを目指した制度派のケインズ経済学であるという特徴を持っていた。

（1）宮崎義一・伊東光晴のケインズ研究と宮崎『近代経済学の史的展開』

まず、戦後日本のケインズ経済学研究を代表する経済学者として、宮崎義一と伊東光晴を取り上げたい。彼らは、ともに東京商科大学（現一橋大学）の杉本栄一に学び、のちに都留重人の研究グループの中心的なメンバーとなって、理論と実証の両面にわたってきわめて多くの研究成果を生み出した[14]。

①『コンメンタール　ケインズ／一般理論』のケインズ理論研究

宮崎義一と伊東光晴のケインズ経済学研究としてまず取り上げるべきものは、宮崎義一・伊東光晴『コンメ

ンタール　ケインズ／一般理論』（宮崎／伊東 1961）である。これは、日本におけるケインズ『一般理論』の最初の本格的な研究書であり、その冒頭では本書の意図が次のように語られている。「本書をコンメンタールと名づけた第一の理由は……、『一般理論』を一行たりともゆるがせにせず、できるだけ正確に読み、理解してゆこうとしたわたくしたちの気持ちをあらわしたものである」（同2）。そして、それは「たんに解釈のための解釈でなく、同時に、その体系の全体像を正確に描きだし、その限界を明らかにしようとしたためでもある」（同2）。ここには、ケインズが持っていた「経済像」を理論と思想の両面から体系的に理解しようとする方法がみてとれる。

宮崎と伊東がケインズ理論の理論的特徴をどのように説明しているか、まずその点を取りあげよう。第一に、ケインズ体系を金利生活者、企業家、労働者からなる三階級の理論として理解した。もちろん、ケインズ自身は、企業家の立場にそいつつ、企業家と労働者の連合を志向しており、有名な「金利生活者の安楽往生」が追求されている。第二に、ケインズ体系の構造はフロー＝ストック分析であり、金融資産ストックの体系が流動性選好を通じて利子率の水準を決定し、それが投資決定に影響を与えるという論理構造を持っている。もちろん、フローの領域では、投資が乗数理論を通じて国民所得の水準を決定し、雇用水準を決定することになる。第三に、ケインズ自身の政策としては、投資に対する金融市場での投機の影響を緩和する「投資の社会化」が提起されている。しかも、ケインズ政策はしばしば国家介入型政策の性格を有するものの、同時に社会民主主義的政策に貢献しうるという二面性が存在する。

また、本書と同時期に伊東光晴によってケインズ革命のエッセンスを紹介した伊東光晴『ケインズ』（伊東 1962）が出版されており、ケインズの経済理論についてだけでなく経済思想史と経済政策の研究に基づくその紹介は、日本の多くの人々がケインズを理解する出発点となった。(15) このように、宮崎と伊東のケインズ理解は、現代資本主義の制度的構造を念頭において、ケインズ体系の全体像を解明しようとするものであって、その後の日本におけるケインズ経済学研究の特色を大きく規定するものとなった。

②宮崎義一『近代経済学の史的展開』の世界

このような宮崎と伊東のケインズ研究の延長線上に、ケインズ革命以降の現代経済学の学史研究を飛躍的に発展させた研究書が、宮崎義一『近代経済学の史的展開』（宮崎 1967a）である。本書における宮崎の方法は、「経済像」とそれを支えている分析用具の観点から、経済学説史を研究しようとするものである。宮崎は、経済学の持っているヴィジョンを析出するさいの「経済像」の重要性について、次のように説明する。「あきらかなようにヴィジョン摘出の作業は、tool の体系としての経済理論→全体としての経済像→ヴィジョン、という方向に進行するプロセスの中間項に、「全体としての経済像」という概念を介在させている点である。……経済像は……歴史的に変遷する。それは、経済像が歴史的現実から影響を受けて展開をはじめるからである。このことは、経済像が少なくともファクトによって検証可能であることを示している」（同 7）。したがって、ここから「経済像の史的変遷」が研究対象となる。そして、「このような経済学における経済像の変遷を現代資本主義の構造的変化と密接に関連づけながら究明すること、そして現在の支配的な理論が経済学の現代的課題に忠実に答えているかどうかを検証すること、これが本書の課題である」（同 13）と述べられる。

宮崎はこのように「経済像」の観点から二〇世紀の現代経済学の史的展開を追究するのであるが、その骨格のいくつかを紹介してみよう。第一に、「ケインズ革命」の基本性格を検討し、特に、『一般理論』のうちに表現されているケインズの経済像について、詳細な検討を行っている。ケインズは「原子論的社会観」から決別し、金利生活者、企業者、労働者の三階級で経済社会を把握している。特に、経済主体の行動原理とそれへの制約は、すべての主体にとって同一ではなく、非自発的失業のもとで労働者は自らの効用最大化を実現できない。また、金利生活者は独自の役割が与えられ、利子率を通じて経済を動かすのは、金融資産ストックを所有する金利生活者だという認識がある。この規定関係を媒介する理論が「流動性選好」論である。このような状況に対抗するために、ケインズは「投資の社会化」と「金利生活者の安楽往生」を提起する。完全雇用政策については、ケインズが高所得者から低所得者への所得再分配を通じた有効需要の創出を考えていたことが確認されるとともに、公共投資等を行う巨大な消費者としての国家の擁護につながる論理を内包していたことも指摘されている。また同書で、「有効需要の原理」の同時発見者として、資本家のもとにある利潤と投資に焦点を当てて経済動態を分析したミハウ・カレツキを積極的に紹介したのも宮崎である。(16)

第二に、「オックスフォード経済調査」の紹介であり、この宮崎の紹介でわが国においてその重要性が知られることとなった。一九三五年にロックフェラー財団の援助を受け、オックスフォード大学で結成された景気循環に関する調査グループによってなされた実業家たちへのインタビュー調査である。その結果として明らかになったこととして、まず価格決定原理としての「フル・コスト原則」の確認が重要である。同調査は、企業家の大部分は、需要の弾力性や限界費用の測定を行っておらず、一単位当たりの主要費用と共通費用に一定のマークアップを加えて価格を設定していることを明らかにした。これは、ケインズ『一般理論』における限界原理に基づく価格決定とは異なるものである。オックスフォード調査は、また利子率の投資に対する影響についても調査した。その結論は、短期利子率は在庫品投資と固定資本投資に対して直接影響を与えておらず、長期利子率も設備投資に直接的影響を与えず、株価の変動を通じた間接的影響があるのみであるというものである。利子率の変化が投資の変動を生み出すというケインズの論理は限定的なものとなった。現代資本主義の具体的な機構から出発するこのような方法態度も宮崎の特徴である。

第三は、第二次大戦前から戦後にかけての資本主義の形態変化とそれに対応する経済像の変遷が説明される。特に、ここでは長期停滞論の衰退と現代資本主義論の登場が検討されている。まず、ハンセン、シュンペーター、シュタインドルの長期停滞論が比較検討される。長期停滞の原因として、ハンセンは民間投資機会の減退を、シュンペーターは企業の利潤を拘束する政府の介入を、シュタインドルは独占産業の成長による競争の衰退を強調している。特に、シュタインドルの経済停滞論は、一九三〇年代のアメリカが経験した長期不況を念頭においたもので、経済停滞は独占産業の成長によって生み出された過剰生産能力によるものであるという理解である（Steindl 1952）。もちろん、第二次世界大戦後は、先進資本主義国は高成長とJ・K・ガルブレイスの言う「ゆたかな社会」を経験することになる。このため、長期停滞論は衰退し、代わって「現代資本主義論」が登場することになったと宮崎は説明する。宮崎も都留重人「資本主義は変わったか」（都留 1959）を紹介し、技術革新や寡占産業の作用、所得の平等化、そして完全雇用政策を検討している。さらに、ケインズ主義の評価のいくつかの型を紹介し、なかでもケインズ主義の経済政策を着実に実行することで、たんに資本主義を救済するだけでなく、資本主義の根本的変革の可能性も広がるというケインズ派社会主義のJ・ストレイチーの立場を紹介しているのである。そして、より広く国際的にその視野を広げ、戦後の新しい世界資本主義像の要請に応えるために、多国籍企業の研究の必要性を強調した。

（2）宮崎義一と伊東光晴の現代資本主義分析

戦後資本主義と日本資本主義が示した新しい現実に対する宮崎義一や伊東光晴の分析は、企業集団、ケインズ政策、大量消費、技術革命時代、多国籍企業などの語とともに、人びとの関心を惹きつけた。ここでは、彼らが戦後の現代資本主義をどのように理解していたか確認しよう。宮崎義一と伊東光晴は、あいついで現代資本主義論に関する新書を出版している。まず、宮崎義一『現代の資本主義』(宮崎 1967b) が登場する。これは、『近代経済学の史的展開』で示唆した新しい世界資本主義像の要請に応えるものであり、特に多国籍企業について先駆的な分析を行ったものであった。宮崎はまた同時期に日本経済の企業集団の分析を行っている (宮崎 1966)。そして、一九七〇年代に入り、伊東光晴『現代経済を考える』(伊東 1973) が出版された。

まず戦後資本主義における国内的な構造変化を扱っている伊東光晴の現代資本主義論を概観しよう。伊東光晴『現代経済を考える』は、「あらためて現代資本主義を考える」という章から始まり、都留重人の問題提起をとりあげつつ、第二次大戦後の資本主義がどう変わったか説明する。特に、巨大企業の寡占的支配及び資本所有と経営の分離が取り上げられ、「かつて企業はなんらかの人の所有物であった。だが現代資本主義の下では、それは所有物ではなく、一個の独立した組織体として活動しだす」(伊東 1973: 13) と説明する。まさに組織体としての巨大企業の認識である。さらに、伊東において特徴的なのは、一九七〇年代前半に大きな影響力をもった平田清明の市民社会論と松下圭一のシビル・ミニマム論に対応しつつ、市民社会の重要性とそれが大衆社会として変容したという現実を強調している点であり、現代資本主義においては、「市民的なるものと資本主義的なるものとの矛盾と補填——こうした二重の関係は寡占経済の内外で多様な形態をとりだす」(同 31) と指摘している。さらに、「現代資本主義——それは縦に二本、横に二本の網の中で動いている。縦の二本は資本主義の変貌と各国社会の特質、横の二本は体制的なものと市民社会的なもののからみあいがそれである。それは脱体制的論理でも、体制一元論でもとらえることはできない」(同 51) と結論づけているのである。

このような観点から、さらに伊東は、技術革新の私有化の問題、現代経済における公害、そして現代経済における福祉の問題に鋭く切り込んでいる。特に、公害問題においては、しばしば労働組合が企業側に与することが生じ、そのため市民の運動が重要であると指摘する。また、福祉の発展を実現するものとして、所得再分配政策と市民の基本的な生活を支えるシビル・ミニマムの重要性を強調している。特に、次のような鮮明な福祉国家像を提起している点は、われわれの記憶にとどめられるべきである。「福祉国家はこうしたシビル・ミニマムを確保し、市民の合意の下にその水準を引き上げていく社会であり、今まで市場メカニズムの領域であったものを、縮小し、規制してゆく場合も存在するのであって、市場経済の優位的地位を認める経済とは対照的なのである」（同 51）。

次に、一九六〇年代から七〇年代にかけての宮崎義一の現代資本主義分析を見ていくことにしよう。それは、日本経済の企業集団と高度経済成長のメカニズムの分析、及び現代世界経済の分析という二大領域で進められた。前者では、日本の六大企業集団の緻密な実証研究をもとに、各企業集団が共通に幅広い事業を持っているという「ワンセット主義」によって「過当競争」が生み出されている現実を指摘している（宮崎 1966）。そして、それは間接金融・系列融資のもとで、「投資が投資を呼ぶ」という高蓄積をもたらし、高度経済成長が実現したと説明されるのである。このように、制度的構造とそのもとでの経済行動の分析をもとにマクロ経済動態を解明しようとする方法は、宮崎に一貫してみられるものである。[17]

現代世界経済の分析については、その出発点をなしている研究が、宮崎義一『現代の資本主義』（宮崎 1967b）であり、現代資本主義の新しい現実を、まさに世界経済的な視野で考察している。さらにそれは、発展途上国を視野におさめることによって、豊かな福祉国家という観点に相対化する。特に、G・ミュルダールの主張に積極的に言及しつつ、西欧的世界の富める国の福祉国家がしばしば保護主義的で国民主義的なものとなっていることが国際問題の解決を阻んでいると指摘し、「南北問題」が現代資本主義の発展を規定する重要な問題であると強調している。また、ケインズ主義的政策についても国際協調をもって足並みをそろえて行わないとそれが国際収支に負の影響を与えかねない点を指摘する。

さらに、「資本は国境を越える」として、現代資本主義における強大な経済主体である多国籍企業を分析することの必要性を強調する。これは、先に紹介した『近代経済学の史的展開』の最終章で提起されたテーマであり、一九八〇年代に至るまで宮崎の一貫した研究テーマとなっていく。その後、オイルショックによる「新しい価格革命」の分析（宮崎 1975）などを経て、多少時期が後になるが、多国籍企業研究の集大成が宮崎義一『現代資本主義と多国籍企業』（宮崎 1982）として出版されている。そこでは、寡占企業である多国籍企業が事業を他国に拡大する主要な要因として巨大企業組織内部の余剰増大という「企業内部純余剰仮説」を提起し、それに基づき多国籍企業活動を分析している。さらに晩年の宮崎は、多国籍企業の客観的分析にとどまらず、それを規制する国際政治の枠組みにも言及するようになった。それが、「トランスナショナル・シビル・ソサイエティ」の議論である。まず、現代世界経済の枠組みがインターナショナルからトランスナショナルへと移行しつつあるという視点を提起し、そのうえで、トランスナショナルなレベルで、利己心（エゴイズム）と利他心（あるいは共感に基づく道徳）を調和させる準則とそれを守らせるメカニズムの必要性を示唆する。そして、多国籍企業のトランスナショナルな活動が拡大し、同時に途上国に「絶対的貧困」が存在するもとでは、「社会構成員相互間の「シンパシー」の及ぶ範囲も、もはや一国内部・一民族内部にとどまらないで、グローバルに拡大していかねばならない」として、「「トランスナショナル・シビル・ソサイエティ」に関する新しい社会科学の樹立こそ緊急の課題でなければならない」（宮崎 1990: 288）と結んでいる。

（3）宇沢弘文のマクロ経済動学と「社会的共通資本」

次の世代のケインズ経済学研究者、というよりも世界的なマクロ経済学者としての宇沢弘文の経済学と経済思想を取り上げたい。もともと数理経済学者であった宇沢を世界的に有名にしたのは、シカゴ大学時代の新古典派二部門成長モデルの研究である。しかし、一九七〇年代以降の宇沢は、近代経済学の現状がもつ問題性を指摘しつつ、独自の「社会的共通資本」の思想を生み出した。「社会的共通資本」とは、「一つの国ないしは特定の地域が、ゆたかな経済生活を営み、すぐれた文化を展開し、人間的に魅力ある社会を持続的、安定的に維持することを可能とするような自然環境、社会的装置を意味する」（宇沢 2015: 45）。ここでは、宇沢経済学がもつ高度な理論的側面よりも、むしろその経済思想にかかわる側面に焦点を当ててみることにしたい。

①『近代経済学の再検討』と不均衡動学

宇沢弘文は、なによりも厳密な思考を展開するマクロ経済学者である。初期の新古典派二部門成長モデルに始まり、在庫調整を含んだケインズ的マクロ経済動学理論に至るなかで、宇沢が独自の経済学と経済思想を展開する転換点を示しているのが、宇沢弘文『近代経済学の再検討――批判的展望』（宇沢 1977）であろう。まず、これを見ていくことにしよう。

最初に一般均衡理論がかかえる問題点が指摘される。まず、その時間概念の問題性であり、その「非時間性」である。生産の連続性や取引の時間的過程は無視されているのである。しかも、「時間的連続性を保つのは個々の個人だけであって、企業というのも、時間を通じて同一性をもつ組織ではなく、空に浮かぶ雲のようにその瞬間瞬間かたちを変えて、利潤追求を目的とする幻影であるにすぎない」（宇沢 1977: 63）。次に宇沢が強調するのが、「生産要素の可塑性」の想定である。生産要素が特定の用途に固定化されないで、一つの用途から他の用途に費用をかけないで転用できると仮定されている。しかし、実際には機械設備などの固定的生産要素は可塑的でない。さらに、本書では、新古典派経済学が絶対視する「生産手段の私有制」の問題性を指摘し、「社会的共通資本」の重要性が強調されている。

次に、ケインズ経済学であるが、ケインズ理論を豊富化させるために固定的生産要素を明示的に扱うならば、現実には完全競争条件は成立しないという。「一般に、固定的生産要素の占める比率が高まるにつれて、供給の価格弾力性は低くなり、市場の不完全競争性は高まる」（同 121）。さらに、そのような状況のなかでの在庫調整の重要性が強調される。ここから、「動学的不均衡理論」の構想が示されている。その構想は、生産要素の固定性、在庫調整、労働雇用の固定性を視野に納めたものであり、「このようにして、企業の生産、販売、投資、労働雇用の調節にかんする行動は、投資の限界効率、労働雇用の限界効率、在庫の帰属価格のスケジュールによってあらわすことが可能になる」（同 161）と説明される。

宇沢弘文がその不均衡動学理論を本格的に展開しているのは、宇沢弘文『経済動学の理論』（宇沢 1986a）で、特にそこに収められている「不均衡動学序説」である。ここでは、そこで展開されている不均衡動学のエッセンスをわかりやすく説明しておこう。ここでの不均衡動学では、価格決定を明示化し、「ホートレイ＝小谷モデル」と呼ばれている在庫調整過程を特に消費財について導入する。資本財と消費財とを区別し、資本財は注文生産を、消費財の販売活動は中間業者を仮定する。そのうえで、長期利子率と在庫ストックの変動の関係が分析されている。さらに、固定的生産要素が存在する場合に分析が及び、資本の固定性と労働の固定性を仮定したときの、動学過程を分析している。これに基づきインフレーションと失業は、不均衡過程における現象であり、在庫調整と雇用調整の動学過程が重要な役割を果たすことが示されている。

②「社会的共通資本」の経済思想

宇沢弘文の経済思想を最も代表している概念はなんといっても「社会的共通資本」であるが、その出発点とも言える論文が、一九七一年に発表された「シビル・ミニマムの経済理論」である。この論文は、伊東光晴、篠原一、松下圭一、宮本憲一を編者とする『岩波講座　現代都市政策Ⅴ――シビル・ミニマム』の一章として書かれたものである。宇沢は、市場機構による資源配分と所得分配の公正・平等性について言及する。市場機構は、所得分配の公正・平等性を実現し得ないとし、所得分配の不平等化を防ぐものとして、累進所得税や相続税の重要性を指摘する。しかし、市場機構を重視する新古典派経済学は、その理論的前提として、稀少資源の私有制、生産手段の「非摩擦性」、所得分配に関する価値判断の回避といった問題点をもっている点を指摘する。これに対して、ケインズ理論は、「新古典派の理論的前提のうち、主として、資源配分の非摩擦性、市場均衡過程の非円滑性を取り上げて、現実の経済制度の制度要素を十分に配慮した理論的フレームワークを展開したのである」（宇沢 1971: 352）と説明し、しかし、「ケインズ経済学が前提していたのは、生存権の保障は生活水準保護的な手段によって行おうということであったともいえよう。……市場経済制度の社会的安定性については、それを高める政策ではなかったのである」（同 353）と指摘する。

このような経済学の現状に対して、宇沢は「シビル・ミニマム」に基づく公共政策の重要性を強調する。基本的生活に関わる財やサービスを、市民の基本的権利として各人が享受できるような公共政策である。すなわち、市民の基本的生活に関わる財・サービスのうち、必要度が高く代替性が低いものを公的メカニズムで供給すべきだとするのである。そのうえで、医療、社会保障サービス、教育、交通などを検討し、特に交通については、「自動車の社会的費用」について指摘している[18]。このような市民の基本的権利の充足のためには、「社会的な費用の内部化」を、すなわち公共的観点から社会的費用を負担することを必要とする。以上の観点は、宇沢の「社会的共通資本」の経済学へとつながることとなる。

「社会的共通資本」について、のちに体系的に論じた宇沢弘文『社会的共通資本』（宇沢 2000）のなかで確認しよう。まず指摘すべきは、「制度主義の経済制度の基礎としての社会的共通資本」という考えである。宇沢は、

「市民的自由が最大限に保証され、人間的尊厳と職業的倫理が守られ、しかも安定的かつ調和的な経済発展が実現するような理想的な経済制度は存在するであろうか」(同20)と問う。これに応えるのが「制度主義という経済制度」であり、「制度主義の経済制度を特徴づけるのは、社会的共通資本(Social Overhead Capital)と、さまざまな社会的共通資本を管理する社会組織のあり方である」(同21)。社会的共通資本は、個々の経済主体によって私的に管理・運営されるのではなく、社会全体にとって共通の資産として、社会的に管理・運営される。そのときの原理として、制度主義の経済体制の政府の役割は、市民の基本的権利の充足を実現するものである。このような宇沢の経済思想の根底には、「生存権」の思想がある。「市民の基本的権利という観点からも、居住・職業選択の自由、思想・信仰の自由という市民的自由の享受という自由権の思想からさらに進んで、生存権の考え方が支配的な政治思想になっていった」(同38)。さらに、「各市民が健康にして文化的な最低限の生活を営むことを市民の基本的権利として持つと考えるものである」(同38)と説明される。そして、それは市民の社会的共通資本に基づく制度主義的な諸制度へとつながっている。宇沢は、以上のような観点から、都市環境、教育、医療、地球環境などについて展望を与えるのである。

③市場的不均衡と社会的不均衡——社会的共通資本のマクロ的効果

宇沢経済学のなかで、マクロ経済学の不均衡動学論と社会的共通資本論はどのようにつながっているのであろうか。その論理を示唆する興味深い文章がここにある。宇沢は、「市場的不均衡」と「社会的不均衡」という二種類の不均衡を区別しそれらの関連を論じている(宇沢 1986b: 344)。「市場的不均衡」は、市場においてさまざまな財・サービスに対する需要と供給が乖離することであり、「社会的不均衡」については、「私的な資本と社会的共通資本との相対的賦存量に乖離が生じ、それが螺旋的拡大化の傾向をもつような現象を意味する」

（同 344）と説明される。また、「社会的共通資本」の二つの類型を指摘する。「生産基盤的な共通資本」と「生活関連的な共通資本」である。そして、大変興味深いのは、「市場的不均衡」と「社会的不均衡」というこれら二つの不均衡は、相互に密接な関連をもっているという指摘である。宇沢は次のように説明する。「社会的共通資本の相対的稀少化にともなって、市場における価格調整のメカニズムが一層不安定なものとなる傾向をもつ。これはとくに、私的な生産要素の固定性が高まり、価格調整の安定的効果が弱まるとともに、金融資産市場における市場価格と実質的価値の乖離、すなわちバブル現象がさらに一般化する傾向をもつからである。また市場的不均衡という現象は、政府の財政的機能に対して偏向的な影響を及ぼし、往々にして、既存の産業構造に密着した形での財政支出、公共投資が重点的におこなわれ、社会的共通資本の二つの類型の間に存在する不均衡が螺旋的に拡大化する傾向がみられる」（同 345）[19]。この宇沢経済学の制度主義に基づく社会的共通資本とマクロ動学に関する観点は、今後まさにわれわれが継承し発展させるべきものである。

（4）石川経夫の「分配の経済学」と現代資本主義の動態分析

宇沢弘文の制度主義的観点を継承し、精緻な理論研究と計量分析に基づく実証研究を発展させた経済学者として、石川経夫を取り上げる必要がある。これまで紹介してきた制度主義的な理論・実証分析とケインズ経済学研究という知的風土において、一九八〇年以降、石川経夫は現代資本主義の動態分析と「所得と富の分配」に関する実証分析を大きく発展させた。しかも、その研究のなかで、いち早くアメリカのサミュエル・ボウルズやハーバート・ギンタスとの研究交流も積極的に行っている（Gintis and Ishikawa 1987）。

①現代資本主義の動態分析

まず、石川経夫は、一九七〇年代半ばにカレツキ、ロビンソン、そしてスティーブン・マーグリンなどの理論的影響のもとで、独自のマクロ経済理論を構築している。それが、「現代資本主義の基本的動態類型――一つの巨視的分析」(石川 1977) である。そこでは、スティーブン・マーグリンが定常状態においてマルクス、ケインズ、新古典派などを比較した理論的枠組み(青木/マーグリン 1973)を、定常状態をはなれた動学的過程の分析として発展させた。現代資本主義経済を対象としたその動学理論では、主体として資本家と労働者が登場するが、所有と経営の分離による資本家と企業家の相違は暗黙に想定される。生産技術は短期的では固定的であるが、長期的には技術は階級対立を含む社会的諸関係の影響を受けつつ決定される。寡占的競争が想定され、価格はマークアップ原理によって決定され、賃金は資本と労働の相対的力関係と労働市場における失業率によって規定される。さらに、投資は、期待過剰設備によって影響を受ける。ここには、まさに現代資本主義の制度と調整機構の分析の成果がいかされている。

石川は、このように現代資本主義の制度的要素を前提としてマクロ経済モデルを構築し、三種類の動学類型を析出する。それらは、「長期停滞」、「自生的成長循環」、「インフレーション・バリアー」である。「長期停滞」の状況は、投資と期待過剰設備との景気抑制的相互作用によって発生するもので、J・シュタインドルが指摘した停滞状態である。「自生的成長循環」においては、投資は活発であるが、雇用率の上昇が賃金上昇・利潤率の低下をもたらすことによって循環が発生する。これは、R・グッドウィンがモデル化した循環に類似している。[20]「インフレーション・バリアー」は、J・ロビンソンが指摘したケースであって、雇用率が臨界値を超え賃金の規定力が強まると資本家の投資需要に対する支配力は失われ、賃金―物価のインフレーションが発生する。このように石川の現代資本主義の動学モデルは、制度分析に基づくポスト・ケインジアンの理論的成果が十二分に活かされている。

②日本経済の所得・富と労働市場の二重構造

石川経夫のその後の研究領域として、「所得と富の分配」がある（石川 1991; 石川 1994）。特に、石川の制度派的な実証分析の主要な対象は、日本企業の企業貯蓄・企業資産と労働市場の二重構造である。まず、企業貯蓄の問題については、「企業貯蓄・金融市場の巨視的分析」（石川 1980）において、企業貯蓄の存在の重要性が論じられている。新古典派経済学では、特に「モディリアーニ＝ミラー定理」においては、企業貯蓄の重要性は無視されてきた。しかし、これまで見てきたように宮崎義一、伊東光晴、宇沢弘文など日本のケインズ経済学においては、企業貯蓄と企業が保有する資産が企業組織の成長を支える重要な要素として強調されてきたのである。また、石川は「家計の富と企業の富――日本における富の集中をめぐって」（石川 1990）において、一九八〇年代後半の日本経済における富の存在形態を分析し、次のように結論づけている。まず、土地価格の高騰によって家計の土地資産の増大がみられる。[21] しかも、家計の保有する純金融資産については、高資産階層と低資産階層との格差が顕著に拡大している。そして、特に重要なこととして、民間企業部門において家計部門に帰属しない大きな富が保有されており、しかも日本の大企業経営者は株式相互持ち合いによって株主としての発言権を掌握していると指摘される。まさに、企業組織の自律性と支配力が生み出されているのであり、株式が家計間で広く分散しているとはいっても、実際の比率としては株式はごく少数の経営者世帯に集中しているのである。以上のように、日本経済においては富の分配が大企業に集中していることが確認された。

次に、労働市場の二重構造の研究であるが、それは、「労働市場の二重構造」（石川／出島 1994）において、「スイッチ回帰分析」を用いて精緻な分析が行われている。それは、労働者間で賃金の二重構造が存在するか否かを、各労働者（サンプル）を異なる賃金方程式間でスイッチさせるという計量経済分析の手法である。一九八〇年と九〇年における『賃金構造基本統計調査』の個票データを分析した結果、次のような結論が得られている。日本の労働市場は、二つの異なる賃金構造をもった二つの異なる労働市場からなっている。しかも、一次部門では、学歴や勤続年数が優位な効果を持っている。特に、労働市場の二重構造は大企業・中小企業間の差異に関わり、大企業が一次部門からの大きな雇用機会を持っているのは、大企業の資本装備や技術の優位性によるものとされる。二次部門は賃金面で不利で、賃金の絶対水準が低く、しかも賃金は経験年数とともにさほど上昇しない。この他にも、石川は二次部門に異なるグループが存在している点などを指摘している。また、「製造業下請制の賃金効果」（石川 1996）では、下請け関係にある企業の上層と下層ではそれが賃金に与える効果が異なっており、すなわち下請け関係の下層部の企業は不利を被っている点を析出し、下請システムの賃金構造の全体像を描き出している。このように、石川は日本の労働市場の二重構造について総括的な実証結果を生み出したのである。

では、このような日本の労働市場は、将来的にどのような方向に向かうべきなのか。この点についての石川の積極的な提言は、「社会的共通資本としての職能型労働市場」という考えである。「これからの日本に必要なことは、独立で、自律的な職能型労働市場を社会的共通資本として整備すること」（宇沢／宮本／石川／内橋／佐和 1994: 63）であると言う。技能や専門的知識の承認に基づく自由な職業人として労働者の自律性を発展させるためには、公的制度による標準化に支えられた職能型労働市場の創造が必要であり、それを「新たな社会的共通資本として位置づけようと主張する」のである（同 69）[22]。

五　おわりに

これまで、わが国における戦後資本主義に関する実証的研究および理論的研究を紹介してきた。マルクス経済学の自己革新やケインズ経済学の発展、特に現代マルクス派の新しい政治経済学への模索や制度派ケインズ経済学の発展など、市民社会と民主主義を重視し、日本経済の構造分析を進めたさまざまな研究を検討してきた。そこから、次のような特徴を確認することができるように思う。

第一に、戦後の現代資本主義を理解する研究活動が、都留重人の問題提起以降、井汲卓一や長洲一二などの現代マルクス派の経済学や、宮崎義一や伊東光晴などのケインズ経済学において活発に行われた。そこでは、しばしば戦後資本主義を「新しい段階」として認識し、その構造と動態を解明することが目指された。寡占的大企業体制、団体交渉制度、管理通貨制度、ケインズ主義的福祉国家、多国籍企業の世界的展開などの制度的構造の解明とそれにもとづく経済動態が分析されたのである。

第二に、内田義彦、平田清明、望月清司らの市民社会論、井汲卓一や長洲一二などの現代マルクス派経済学、そして、宮崎義一や伊東光晴などのケインズ経済学は、それぞれ基礎理論と対象領域は異なるものの、ともに市民社会と民主主義を重視し、福祉国家の発展を志向するという点で共通する傾向を持っていた。この点は、公害問題を研究しつつ「新しい政治経済学」をめざして国際的に活躍した都留重人にも共通している。ここで紹介した研究者たちの間には、一九六〇年以降ゆるやかな研究の連携が形成されていたのである[23]。しかし、この研究の高揚のなかでも、市民にとっての新しい政治経済学の理論体系を構築するまでには必ずしも至らなかったかもしれない。ただ、市民社会認識を市場システム論と労働力商品・企業組織論において具体化し、さらに賃金と有効需要のカレツキ的関係を理論化した岸本重陳の研究は、市民社会論を現代資本主義の構造分析へと体系的につなぐ可能性を有するものであったと言えるだろう。

第三に、戦後日本のマルクス経済学やケインズ経済学の研究の特徴は、理論研究の基礎を構築したうえで、さらに戦後日本経済のマクロ的な構造（例えば、二重構造など）の動態を分析し、企業組織の所有・支配構造や賃金・価格決定などについて制度的構造を重視した実証研究を発展させたことである。なかでも、宮崎義一による日本経済の企業集団の構造とそのもとでの投資行動の研究、あるいは高須賀義博による高度成長期の二重構造のもとでの「生産性格差インフレーション論」などの傑出した研究が生み出された。一九六〇年代・七〇年代の日本経済分析は、一般理論をいきなり日本経済に適用するのではなく、日本経済の制度的・構造的特質をふまえつつ、その構造動態を分析するという志向が強かった。一九八〇年以降においては、石川経夫が精緻な経済理論と日本経済における企業資産と労働市場の二重構造に関する実証分析でもってこの研究アプローチを発展させたといえるだろう。

第四に、日本におけるケインズ経済学の導入は、宮崎義一や伊東光晴によって行われたケインズ理論体系の研究から始まり、その後、多くの研究者の研究を媒介として、宇沢弘文や石川経夫による高度な理論モデルによる分析へと発展した。そこでのテーマは、マクロ経済におけるフロー＝ストック関係、資本の非可塑性、在庫調整の動態、所得分配と経済動態の関係などに及んでいる。これらを通じて、日本のケインズ経済学に特徴的なことは、その研究が現代資本主義の制度的分析に基づいて、ケインズだけでなく、ジョーン・ロビンソンやカルドアといったポスト・ケインズ派経済学の理論を発展させるものであったということである。また、独自の制度主義に基いてケインズ経済学を展開した宇沢弘文の「社会的共通資本」の考えも、同様な志向性を持っていた。日本においては、ケインズ経済学は、制度認識と市民的権利を重視し、民主主義と福祉国家を志向するものであり、まさに制度派ケインズ経済学と特徴づけることができるものであったと言えよう。

このように戦後日本における現代資本主義論と制度派ケインズ経済学による理論と実証の両面にわたる研究を概観してみると、そこにはゆるやかなかたちではあるが、市民社会と民主主義を重視しつつ、戦後資本主義の新しい現実をふまえて研究を発展させる共通の基盤が形成されていたことがみてとれる。このような戦後の経済学の理論的営為がなされた時期から半世紀を経たいま、先人たちの成果をいま新たなかたちで現代に甦らせる知的努力があってよいように思う。

注

（1）都留重人は、第二次大戦後、鶴見俊輔や丸山眞男とともに『思想の科学』に参加しており、この点は都留のリベラル思想を理解するうえで、欠かすことができない。また、経済システムと公害問題に関する代表的な著書としては、都留重人『公害の政治経済学』（都留 1972）及び都留重人『体制変革の経済学』（都留 1983）を挙げることができる。環境問題を把握するとき、素材面と体制面の両方から理解する必要があること、また現代資本主義においては、福祉国家を通じて、「フローの社会化」が進んでいることが強調されている。特に、都留重人はその体制変革論として、「シビル・ミニマムの確立」と「外部効果に対する意識的対応」という、「こうした動向に社会的合意が得られるにつれ、次から次へと「楔」が打ち込まれて、段階的に新しい社会の誕生に向けての運動が実を結んでいくだろうというのが、わたしの展望にほかならない」（都留 1983: 164）という漸進的改革路線を提起している。また、晩年は「制度主義」を特に重視するようになり、その成果として、*Institutional Economics Revisited*（Tsuru 1993）が出版されている。

（2）宇野理論は、東京大学教授であった宇野弘蔵によって体系化されたマルクス経済学の理論体系であって、その厳密な科学的な研究は日本の政治経済学に大きな影響を与えた。原理論―段階論―現状分析という宇野理論の体系は、理論と実証の両面にわたってマルクス経済学の発展に貢献した。大内力は、この宇野理論を継承し発展させた政治経済学者である。宇野学派の経済学者としては、大内力のほか、鈴木鴻一郎、戸原四郎、馬場宏二、大内秀明、伊藤誠、関根友彦などがいる。

（3）「構造改革派」という名称は、経済学というよりは、むしろ政治的な名称であり、それはイタリアのグラムシやトリアッチなどに源流と持ち、広くはユーロ・コミュニズムやユーロ・ソーシャリズムの流れにつながるものである。その特徴は、民主主義的過程を通じた一歩一歩の改革を行いながら漸進的に社会主義に至る政治路線である。その意味で、改革の一定段階までは社会民主主義との区別は必ずしも明確ではなく、ともに民主主義と福祉国家を重視するという点でも共通する。「構造改革論」は、日本社会党に大きな影響を与え、特に江田三郎による「江田ビジョン」は、日本のリベラル派・社会民主主義諸政党に発展的に継承された。

（4）その成果が、一九七〇年代前半に日本評論社から出された『講座マルクス経済学』のシリーズである。それは、「マルクス経済学」という名称を用いてはいるものの、思想的にも理論的にもそれまでのマルクス経済学を大きく超えるものであった。内田義彦の思想や平田清明、望月清司、森田桐郎、山田鋭夫らの市民社会派マルクス研究を基礎に、長洲一二、正村公宏、岸本重陳らの現代資本主義論との理論的対話がすすめられた。この『講座マルクス経済学』というシリーズは、フランスにおいてレギュラシオン理論が形成されたのとほぼ同時期のものであり、戦後資本主義の解明と漸進的構造改革という共通の方向性を持っていた点でも注目に値する。

（5）松下圭一の「シビル・ミニマム」の思想は、一九七〇年代の都市政策と福祉政策に大きな影響を与えた（松下 1971）。「シビル・ミニマム」の詳細については、本書第4章を参照されたい。また、長洲一二は、一九七五年以降五期二〇年神奈川県知事として市民自治の政治を進めることとなった。

（6）この都留重人を中心としたグループは、しばしば「都留グループ」とも呼ばれ、宮崎義一、伊東光晴、高須賀義博、永井進、渡会勝義、中村達也、青木達彦などがこれに属していた。「都留グループ」は、マルクス経済学的な問題意識と近代経済学の理論とを融合させて発展させる独特の学風を形成した。このため、日本におけるポスト・ケインズ派経済学の研究や比較経済システム研究の重要な源流となっている。しかも、現代資本主義の分析を行っていた長洲一二や宮本憲一なども研究上の交流関係をもっていた。ただし、この「都留グループ」の主要メンバーの一人である高須賀義博は、戦後一橋大学でも教鞭をとっていた宇野弘蔵からも強い影響を受けており、それがマルクスを基礎として厳密な理論研究と現代資本主義分析を行うという高須賀独自の学風の基礎となっている。

（7）実際、のちに渡辺努は、高須賀の「生産性格差インフレーション」論の先駆性を評価し、同時にその理論的フレーワークが、デフレーション過程にも応用できる点を指摘している（渡辺 2001）。

（8）高須賀義博は、その後マルクス経済学の理論的研究を発展させ、特に、再生産表式分析や価値から生産価格への「転化問題」、そして現代資本主義におけるインフレーションの研究を発展させていった（高須賀 1979, 1981）。高須賀は、現代資本主義における価格と価値の関係とその構造動態を深く研究した経済学者である。しかも、晩年には資本主義における人間を「経済人」と「社会人」の二側面から論じ、「社会人」としての市民が憩う場としてグラムシの「市民社会」に言及している（高須賀 1991: 255）。

（9）岸本重陳『資本制経済の理論』は、『講座マルクス経済学』の一冊として書かれたもので、シリーズの中で経済原論に位置するものであったが、同時に「市民の経済学」としての岸本の独自の経済思想がよく示されている。そこでは、現代資本主義における人間を「労働者」「生活者（消費者）」「市民」の側面から把える認識を提起している（岸本 1975; 1976）。

（10）岸本の市場システム理解は、内田義彦の市民社会研究の市場理解（「一物一価の価値法則」）とともに市場社会主義の研究、特に、オタ・シークやW・ブルスなどの研究を参照し発展させているものと推察される。

（11）岸本の労働力商品論は、大河内一男の労働力の価値法則論や内田義彦によるブレンターノ解釈と共通した理解を示していると考えられる。大河内と内田の労働力商品論については、内田義彦『日本資本主義の思想像』（内田 1967）を参照されたい。特に、「社会政策の基本的問題は、人間が労働力商品になっていることを否定し、ひきもどすことではなくて、それを当然の事実として認めながら、労働力商品という商品の、商品としての特殊な性質、また、その特殊な商品の販売者としての労働者の特殊性を経済学的にはっきりさせ、そうしたものとしての労働者を正常な条件におくようにすることにある、とブレンターノはみるわけです」（内田 1967: 59）という指摘は、日本の社会政策論研究の系譜における労働力商品についての認識を示したものと言える。このような労働力商品の肯定的理解とその特殊性の強調は、岸本だけでなく、中西（1994）においてもみられる。岸本と中西は、ともに近代社会における「労働力の自己所有性」の意義を示唆している。さらに岸本が強調するのは、「労働力の資本化」によって「民主主義は工場の門前で立ちすくむ」という状況が生み出されていることであり、これをいかに克服するかという課題を提起している（岸本 1975; 1980）。

（12）このような岸本理論の市場システムと企業組織の変革論に比較的近い主張を現在において体系的に展開しているのは、不完備契約論に基いて制度分析を発展させているサミュエル・ボウルズである。ボウルズ理論の詳細については、本書第7章、特にその注（9）を参照されたい。

（13）岸本重陳の市民的な研究スタイルを、「理論家にして時論家」とわかりやすく表現したのは山田鋭夫である。

「理論家」かつ「時論家」という表現は、内田義彦がアダム・スミスの学問について述べたことでもある（内田 1967: 253）。一九九〇年代末に、岸本は「金融ビッグバン」についても鋭い時論的提言を行っている（岸本 1998）。

（14）杉本栄一は、一九世紀後半以降のマルクスを含む経済学を「近代経済学」と命名した。これが「近代経済学」という言葉の由来である。杉本はマルクス経済学、新古典派経済学、ケインズ経済学が切磋琢磨することによって、理論的発展を目指すべきだと主張した。宮崎義一や伊東光晴には、この杉本の影響がみてとれる。杉本栄一の経済学については、本書第8章で詳しくとりあげている。

（15）伊東光晴は、ケインズについて多くの著書を著しているが、近年のケインズ研究をふまえた最も新しい総括的な研究書としては、『現代に生きるケインズ――モラル・サイエンスとしての経済理論』（伊東 2006）がある。そこでは、ケインズが「道徳科学（モラル・サイエンス）」として経済学を理解していた点が説明されている。そして、本書は、ホモエコノミカス（共感なき利己心）を前提にした経済学を批判するものとして、「アリストテレスがそうであったように、倫理学、道徳哲学を基礎に、それを実現する手段の学問としてのケインズ体系」（伊東 2006: 223）の意義を強調している。

（16）近年、ケインズとカレツキというテーマについて、大きなパースペクティブをもって経済学史的研究を進めているのは、鍋島直樹である（鍋島 2001）。

（17）宮崎義一の経済学研究は、日本経済の分析においても傑出した成果を生み出した。特に、日本経済の企業集団の分析（宮崎 1966）とそこで示された「ワンセット主義」は有名である。宮崎による、戦後から一九七〇年代に至る日本経済の動態と構造変化に関する研究をまとめたものとして、宮崎（1985）がある。さらに、一九八〇年代末に拡大したバブルの崩壊によってもたらされた不況である「複合不況」の分析（宮崎 1991）が有名である。

（18）自動車と公的交通機関の問題は、のちに『自動車の社会的費用』（宇沢 1974）において、大きく展開されるテーマである。

（19）社会的共通資本と市場経済のマクロ的不均衡・不平等の関係についてに本格的に分析したものとしては、宇沢「社会的不安定性と社会的共通資本」（宇沢 1986a 所収）がある。

（20）ただし、グッドウィン・モデルでは、財市場は均衡しており寡占的数量調整は想定されていない（Goodwin 1967）。

（21）ただしこの石川による分析結果は、分析対象時期が一九八〇年代後半のバブル期を含むので、その特徴が反映していることに注意する必要がある。

（22）石川経夫の「社会的共通資本としての職能型労働市場」という将来の方向性について、石川の研究と日本の労働市場の現状を最もよく理解する玄田有史が次のように言っているのは、記憶にとどめる必要がある。「将来的に、たとえば二一世紀の後半ごろまでに、そのような労働市場が日本に実現しているとすれば、本当に望ましいことだと思う。しかし残念ながら現状では、社会的共通資本としての労働市場の整備には、少なくない議論と試行錯誤の時間を要するだろうと私は思う」（玄田 2010:301）。

（23）一九五〇年代末から六〇年代における市民社会論、現代資本主義論、制度派ケインズ経済学のゆるやかな連携関係については、その比較的初期の成果である都留重人／内田義彦／末永隆甫編『経済学入門』（都留／内田／末永 1958）で確認することができる。この編著には、編者三名のほか長洲一二、平田清明、伊東光晴、木下悦二、佐藤金三郎などが参加している。その後、このメンバーは宮崎義一なども加わって、研究交流を発展させた。

第4章

市民社会と福祉社会

——新しい福祉国家の理念と政策——

藤田菜々子

一　はじめに

序章でさまざまな市民社会の理解が示されたように、市民社会の概念には、西欧近代の社会契約論での政治共同体、ヘーゲルやマルクスのいう「欲望の体系」、グラムシからの影響を受けた近年の国家からも市場からも独立した市民的公共圏という大きく三つの意味内容が現れてきたが、それらに加えて日本では独自の市民社会論の展開があったといわれる（坂本 2006: 36）。日本独自の市民社会論を日本型市民社会論と呼ぶならば、それは経済学におけるスミス研究とマルクス研究（とりわけ講座派の日本資本主義分析）の交差から生成し、第二次世界大戦前に高島善哉を中心として「日本には市民社会がない」という認識を生み出した。また戦後になると、まずは日本の民主主義的再興を目指す国内情勢のなかで内田義彦が、一九六〇年代末には日本資本主義への批判意識や東欧民主化運動などで露呈したソ連型社会主義体制の限界という国外情勢に基づいて平田清明が、市民社会概念の意義をさらに探究した。

内田が「市民社会」という言葉を公刊物において使い始めたのは一九四九年であり[1]、その概念が転換したのは一九五三年の著作『経済学の生誕』での「価値法則が支配するところの市民社会」という説明であった（植村 2010: 204-213）。一九六四年のウェーバー生誕百周年シンポジウムでは「市民社会青年」という主体類型が示され、日本における「一物一価」の重要性とともに、純粋資本主義に収まりきらない市民社会の問題性が指摘された（内田 1965: 104, 134-149）。内田は、市民社会と資本主義の意味を区別したうえで、資本主義にも社会主義にも持続するような歴史貫通的概念、さらには目指すべき社会像を示す規範的理念として市民社会を論じ、それによって対象を日本にとどめない普遍的社会批判の視座を与えた。一方、平田は一九六九年の著作『市民社会と社会主義』において、マルクスの議論のうちに「市民社会」の重要性を発見することから、新たな社会主義解釈としての「個体的所有の再建」論を提示した。市民社会とは、「「私的諸個人」が対等な所有権者として自由に交際（交通）しあう社会」（平田 1969: 56）であった。一九七三年には望月清司の著作『マルクス歴史理論の研究』が刊行され、マルクス研究における「市民社会派」の存在がより広く認知されるようになった。

しかし、日本型市民社会論は一九七〇年代半ばには世論を喚起するような影響力や学問的凝集力を減退させたのであり、現在の日本では、本章の冒頭に示した三つ目の意味合いの市民社会概念について論じられることがほとんどである。東欧革命を経た一九九〇年代には、ハーバーマスの『公共性の構造転換』第二版刊行（一九九〇年）を大きな契機として、「新しい市民社会論」が本格的に現れてきた。これは国家と市場（経済）との対比における第三領域としての市民社会の役割を評価するもので、西欧では「福祉国家の再編」の文脈で多くが論じられてきている。日本の場合、一九八二年の自民党・中曽根政権発足時から新自由主義的政策路線が鮮明になったうえに、一九九〇年代初頭のバブル崩壊によって高成長を背景とした自動的な公的福祉拡大の見通しがもはや困難になった。兵庫県南部地震（阪神・淡路大震災）後の一九九五年がボランティア元年と呼ばれ、一九九八年に特定非営利活動推進法（NPO法）が成立する状況において、「新しい市民社会論」は社会動向を説明づけるところも大きく、そのことは新概念が広範に受容される素地になった。

本章は、戦後の日本型市民社会論の展開を「福祉」――福祉国家、福祉社会、福祉レジーム――という分析視角から新たに照射し検討することで、その学史的意義や現在における意義を見出そうとするものである。日本型市民社会論の趨勢は、戦後日本の経済・政治・社会の通時的変化と密接に関わってきたのであり、その言説の特殊性は「福祉」という視角から見た日本の政策・制度および学問・世論動向の特性と重なり合う部分が多い。日本型市民社会論は、貧しい敗戦国であった日本が急速に復興や成長を遂げていくなかで展開されたが、一九七〇年代半ばから八〇年代にかけて「経済大国」としての日本の強みが世界に喧伝されるようになると、かつての勢いを失った。そのことの意味は何であり、現在の日本にもたらしている帰結とは何であろうか。市民社会論と福祉論の関連を考察し、一つの解釈を示すことにしたい。

本章の構成は次のとおりである。第二節では、市民社会と国家の関係性についての諸議論を踏まえ、日本型市民社会論と福祉国家論の関連を探る。第三節では、福祉国家と福祉社会の関係性を問い直し、日本型市民社会論と日本型福祉社会論の関連を探る。第四節では、近年の「福祉国家の再編」の文脈における市民社会概念の有用性と限界について検討する。第五節は、以上の議論を総括し、結論とする。

二　市民社会と国家——日本型市民社会論と福祉国家論

西欧において、市民社会は国家との関係性において多様に論じられてきた。近年の「新しい市民社会論」では、市民社会と国家と市場（経済）の三元論が展開されているが、伝統的に市民社会は国家との二元論で扱われてきたのであり、その関係性の認識は次に示すとおり論者によって大きく異なった（山口 2004: 151; 篠田 2010: 42）。

フランス革命の前夜、ルソーは社会契約論を示して、自由な個々人からなる市民社会とその社会的合意としての国家の関係を説いている。スミスの場合、市民社会とは「商業社会」を意味していた。それは自由と平等が成立している近代社会とみなされ、市民社会と国家は不分離に捉えられたが、国家は市民社会の自律的発展にとって消極的ないし逆向きの役割をもつと論じられた。それに対し、市民社会と国家を截然と区別したのがヘーゲルである。ヘーゲルは市民社会とはスミスがいうような予定調和をもたらすものでなく、「欲望の体系」

たる市民社会自身によっては貧富の差が解消されることも諸個人の自由が実現されることもないとし、それらを実現するのが「人倫の体系」たる国家であると説いた。つまり、国家こそが市民社会の矛盾や対立を止揚するとした。(2) しかし、さらにマルクスの見方では、国家とは市民社会における階級的関係の制度的表現であり、資本の利害を代弁し強制する権力装置であった。「自由の王国」へと至るには、そのような資本主義国家を革命によって打倒し、社会主義体制を確立することが必要なのであった。

市民社会と国家の関係性についての考えがこれほどにも分かれてきたのは、ある程度は各論者の問題認識のあり方や価値観の違いから説明できるだろう。しかしまた、論者の個性だけでなく、現実社会における考察対象の性質自体が歴史とともに変化し、また世界の地域ごとに特殊性をもつことも、彼らの認識を多様化させる要因になったと考えられる。ルソーやスミスは一八世紀の思想家であり、ヘーゲルやマルクスは主として一九世紀の思想家であって、一八世紀後半にはイギリス産業革命、フランス革命、国民国家の台頭が起こっている。ここに名前を挙げた思想家たちは、西欧人ということでは共通しているが、出身国は必ずしも同じではない。国家との関係性における市民社会論は、いつ・どこの話なのか、どのような歴史的背景をもつ議論なのかということを常に念頭に置いて考察されなければならないだろう。

では、戦後の日本型市民社会論は、いかなる歴史的・地域的背景において、いかに国家を見たのか。

これについては、二〇世紀という世界史的な背景をもつことがまず重要である。第一次世界大戦中に社会主義国のソ連が打ち立てられ、大戦間期にはイタリアやドイツで全体主義が台頭した。大恐慌による経済的危機、社会主義・全体主義の登場に伴う国際的緊張とそれに続く第二次世界大戦という政治的危機を経て、資本主義圏の先進諸国は自国の体制を保持すべく、福祉国家の形成へと向かった。国民全員の生存権やより広くに社会権が承認され、雇用と福祉の確保が主な政策目標とされるようになり、国民的統合の強化が図られた。イギリスにおける「ケインズ＝ベヴァリッジ体制」の確立が最も明確である。ケインズの求めた完全雇用状態は総需要喚起政策によって達成可能だと説かれ、ベヴァリッジの求めたナショナル・ミニマムという福祉もその政策の一翼を担うものとされた。ここに理論的な「福祉国家の合意」が成立し、それは戦後に福祉政策が拡充されていく際の理論的・思想的支柱となった。アメリカのニューディール政策やスウェーデンの「国民の家」構想なども大戦間期の産物であり、それぞれの福祉国家形成の起点となった。

一九世紀における国家と二〇世紀における国家は、その性質を大きく異にする。資本主義圏の先進諸国では「夜警国家」から「福祉国家」への変化が見られたのであり、とりわけ第二次世界大戦後にはケインズ経済学や社会民主主義に基づいて「大きな政府」路線がとられた。[3] 冷戦構造が形成される状況で、資本主義体制における福祉国家路線は社会主義への対抗理念としての意味を強くもつようにもなった。当然ながら、こうした現実社会の変化は学問動向に影響を与える。市民社会論が伝統的に展開されていた西欧において、市民社会と国家の関係性は市民社会と福祉国家の関係性として改めて認識されるべき時代状況を迎えた。

日本の地域的背景としては、第二次世界大戦の終結を境として国家の性質に断絶的ともいえる大きな変化があったことが重大な特徴であった。渡辺（2007: 8-9）によれば、戦前、日本の労働者階級は古典的な階級社会構造の中に置かれ、市民社会から排除されていたのであり、統合と包摂の論理は、温情主義的な企業か家父長的な天皇制国家が、社会を超えたところで提供するしかなかったが、戦後、状況は一変した。すべての階級が市民として平等な権利と義務が付与・保障されたのであって、このことが日本において福祉国家を目指す社会の構造転換の第一歩となったのである。

しかし、二〇世紀、とりわけ戦後の福祉国家形成という一般趨勢下における市民社会論の展開について、西欧と日本とでは共通性というよりも、むしろ一つの興味深い学問的対照を見出せる。それは、資本主義圏の先進諸国における福祉国家の形成・成熟期に、西欧の市民社会論は下火になったが、日本では日本型市民社会論が展開されて一定程度の盛り上がりを見せた、ということであった。このことについて筆者は次のように推察する。すなわち、西欧では市民社会と国家の関係性が福祉国家論の文脈で研究されるようになり、伝統的な市民社会論の多くの要素がそこに吸収ないし置き換えられたのに対し、日本では福祉国家論が本格的に生じないまま、さらにいえば福祉国家論が不在であったからこそ、独自の論調をもつ日本型市民社会論が展開されることになった、と。

このことは、少なくとも三つの側面から説明ができるだろう。

第一に、現実面で、戦後日本においては福祉への低い関心や低水準の公的福祉という状況がしばらくの間続いたことである。戦後復興期に日本が福祉よりも経済を優先させたことは明らかであり、企業重視の社会が形成された。年率一〇%程度の劇的な高度成長を達成し、一九五六年『経済白書』に「もはや戦後ではない」という文言が現れ、一九六〇年に所得倍増計画が発表された。世界でも早期の一九六一年に国民皆保険・皆年金が達成されたものの、より一般的に「福祉元年」が宣言されたのは一九七三年である。保守派政党である自民党が主導して公的福祉が遅まきに推進されることになった。日本型市民社会論もこうした日本的環境の影響から完全に逃れられてはいない。交換経済や社会的分業を軸とした自由・平等や自立した個々人の水平的関係を強く求めたのに比べると、高齢者・女性・子ども・「社会的弱者」などへの関心に基づく福祉論は希薄であったと一般には評せざるをえないだろう。確かに第1章で示されたように、内田義彦の市民社会論にはすべての人間における「生きることの絶対的意味（生存権）」に基づいて「人間的平等」を説くような福祉論が含まれていたのであり、そのことは現在において再注目・再評価に値する。しかし、そうした議論が日本型市民社会論の総意としてその時代の社会に伝わったとまでは言い難く、戦後日本の世論や政策方針に大きな影響力を与えることはなかった。

第二に、思想史面で、日本型市民社会論はもともと経済学におけるスミス研究とマルクス研究の交差から出てきた議論であったことである。スミス研究では国家は市民社会（＝商業社会）にとって包含的か消極的な位置づけにあり、マルクス研究では国家は資本側の権力機関であると考えられていた。どちらも国家に対する批判意識をもつ議論であり、国家に対抗するような市民社会の意義が説かれていた。しかし、二〇世紀において西欧の大衆に広く受容された福祉国家理念は、ヘーゲル的な市民社会と国家の見方に沿う部分が大きかったといえるだろう。(4) ヘーゲル自身も、「ポリツァイ」（警察・福祉行政）と「コルポラツィオン」（職業団体）を通じた市民社会と国家の統合を展望していた。これは夜警国家から福祉国家への国家の変容に際して軽視されるべきでない見方であったが、(5) 日本型市民社会論はそのようなヘーゲル的国家観を直接には思想的基礎としてもっていなかった。

第三に、学問動向において、現在的な「福祉レジームの類型論」や「資本主義の多様性論」の見方が、当時はほぼ存在しなかったことである。(6) 一九五〇年代から七〇年代初めの世界的な高度成長期には、福祉国家間の差異よりも共通性が目立ち、資本主義と社会主義の混合経済への収斂さえも説かれた。日本型市民社会論者が西欧との比較において日本を批判的に論じるときに想起していたのは、スミスの母国イギリス、マルクスの母国ドイツ、あるいは平田が影響を受けたフランスなどであっただろう。しかし、彼らがそれらの国々の差異を積極的に分析しようとした、あるいは、その周縁にある北欧諸国や南欧諸国の事情に詳しかったとは思われない。現在ならば、福祉レジームに関して、イギリスは「自由主義レジーム」、ドイツやフランスは「保守主義レジーム」、北欧諸国は「社会民主主義レジーム」としての特徴をもち、南欧諸国は強い家族主義をもつことが知られている。また、資本主義にも多様性や諸類型があることが示されている（第6章参照）。しかし、日本型市民社会論は、日本との対比において西欧をひとくくりに捉え、憧憬を抱きがちであった。[7] 少なくとも、そうみなされることが多かった。

展開された時代からすれば、戦後日本における日本型市民社会論もまた、二〇世紀の新たな国家像たる福祉国家との関係性で論じられてもよかったはずである。しかし、いま指摘したような日本の諸要因によって、日本型市民社会論では、内田義彦による福祉論が見出せるとしても、福祉国家が積極的に論じられることがなく、日本型市民社会論と福祉国家論は直接的に結びつかなかった。

戦後日本においてまっ先に追い求められた市民社会とは、何よりも旧来の前近代的な共同体的束縛から解放された、自由で平等な諸個人からなる経済社会であった。また、高度成長を達成していくなかで、一九六〇年から七五年頃にかけて安保闘争やベトナム戦争反対運動などが生じ、既存組織から独立した社会運動が顕著になったことがさらなる背景となった。日本において「市民」はブルジョワ階級を揶揄する語であったが、それらの運動に自発的に参加する人々を指す肯定的意味をもつようになった（小熊 2002: 523-530）。国内における市民運動の意義が考えられ、また国外情勢としてもソ連型社会主義体制への批判意識が高まる状況で、市民社会概念が注目されるようになった。

「五五年体制」の政治的構図において、日本型市民社会論は、日本の「市民社会なき資本主義」の現状とも、ソ連型社会主義体制の現状とも異なる理想状態を説いたことで、西欧的な福祉国家や福祉国家論の欠如を埋めるような中道左派の政治イデオロギーを日本で掲げるような位置取りや機能をもったと見てよいだろう。しかし他方で、やはりそれは福祉論を含みつつも積極的な福祉国家論を欠いていたのであり、そのことが次節で検討する保守派的な日本型福祉社会論の展開へと道を開く一因になったようにも考えられる。

三　福祉国家と福祉社会——日本型福祉社会論の展開

(1)「大衆国家」における市民と福祉

戦後、日本は他に例を見ないほどに急速に経済成長を遂げたが、その中途状況において政治学者の松下圭一は「大衆国家」の成立を説き、その基盤としての独占資本段階に含まれる「福祉国家」の問題性について、一九五六年に次のように論じている。

> 独占資本段階における……労働者階級の、労働組合ついで労働者政労による組織的進出の増大は、社会政策を基軸とする国家の「福祉国家」化を招来する。……／「福祉国家」的問題状況においては、普通平等選挙権は、労働者階級の主体化の条件としてよりも、むしろ受動化の条件として作用し、機能転換していく。／普通平等選挙権は、これまで政治的地平下につなぎとめられていた労働者階級を政治的地平まで上昇させたが、社会政策の恩恵の議会による実現、議会による社会政策の推進という連関において、国家に対立していた労働者階級を国家のなかの労働者階級に転化させていく可能性をもたらしてきた。／この上からの国家の福祉国家化は、下からの労働者階級の自己馴化と対応してくる。
>
> （松下 1956: 36-37 傍点は原文どおり。／は原文の段落区切りを表す）

ここにおいて松下は、「社会主義の目標である経済的な解放を福祉「国家」の実現を通じて獲得しようとする、〈大衆〉の国家に対する受動性」を問題視したのであり、そこに一九世紀的〈市民〉ナショナリズムとは異なる二〇世紀的〈大衆〉ナショナリズムの発生を見て取った（趙 2017: 128, 131）。彼は、（一）初期資本段階―初期産業革命―絶対国家、（二）産業資本段階―第一次産業革命―市民国家、（三）独占資本段階―第二次産業革命―大衆国家、という普遍的な歴史段階論を念頭に置いて右のように論じたが、その際の彼の考えでは、工業化と民主化からなる近代化は普遍性をもつものであり、その動きは農村型社会から都市型社会への転換と対応するものであった[8]。

しかし、一九六〇年代以降の松下は、「かつて古典的な「市民社会」に反するものとして捉えた大衆社会の特質を、逆に新しい市民社会の構築を生み出す条件として受け止める」（同 256）ようになる。一九六六年の論文「〈市民〉的人間型の現代的可能性」では、「マス状況の拡大のなかから「市民」的人間型が日本でうまれつつある」（松下 1966: 171）とし、市民を「私的・公的な自治活動をなしうる自発的人間型」（同 173）と定義した。換言すれば、一九六〇年代において彼は、欧米に遅れること半世紀、ついに日本も右記の歴史的第三段階へと至ったのであり、工業化に関して福祉・都市・環境問題、民主化に関して「市民」・「自治体」が社会科学の理論主題になったと認識したのであった（松下 1994: 490）。

松下は一九七〇年代には「市民」と「福祉」を結びつけて論じた先駆者となる。彼の議論は、ベヴァリッジの掲げた「ナショナル・ミニマム」をもじった「シビル・ミニマム」論として広く知られることになり、一九七一年に発表した『シビル・ミニマムの理論』のなかでは次のように述べられた。

これまで社会保障については、総資本の要請という疑似本質論が振り回されて、社会保障が国民的権利であり、国民的生活水準の確立という国民的課題と結びつけた意義づけが、理論的にも充分できていないため、それは国民運動の目標にかえってなりえなかった。また社会保障と経済成長との関連が理論的に結合されていなかったがゆえに、社会保障と経済成長が、安易な二者択一の関係におかれたように思われる。最近、生活連関表問題というかたちで、官庁エコノミストがこのような理論構成のイニシアティヴを握りつつあると見てもよいのではなかろうか。

（松下 1971: 135）

松下は、日本の社会保障の現状について、これまでのマルクス主義経済理論の理論責任を問題とすべきだとしたうえで、いまや国民所得の量ではなく、ナショナル・ミニマム、シビル・ミニマムといった国民生活の質が問題だと主張し（同 276）、「各政党は、シビル・ミニマムをめぐって国民的「同意」を調達し、国内再編・外交路線の次元では政党間の「対立」を明確にしていくという、政治過程の造出こそのぞましいのではなかろうか」（同 285）と問題提起するに至った。

松下のシビル・ミニマム論は「市民」と「福祉」の関係性に焦点を当てるものであり、一九六七年からの東京都・美濃部都政を中心とした「革新自治体」の制度制定にかなりの影響を与えた[9]。また既述のとおり、それ以前に内田義彦は経済学者の視点から「市民社会」論のなかに「福祉」論の要素を見出していた。したがって、日本の政府与党において福祉が政策の最重点項目とされ、日本の福祉国家形成が本格的に開始されたのは、田中角栄内閣が主導した一九七三年の「福祉元年」とひとまずいってよいだろうが、「市民社会」ないし「市民」という視角からの「福祉」論もそれに先立って現れていたことになる[10]。

しかし、日本の福祉国家形成過程は、「福祉元年」がまさに石油危機と重なったことで、開始直後に世界的な経済停滞、またその後には新自由主義からの逆風を強く受けた。この状況において田中角栄は一九七四年末に首相を退き、「革新自治体」も次第に退潮することになった。一九七〇年代末には消費税導入提案が強く反対され、やがて「増税なき財政再建」がスローガンに掲げられるようになり、イギリスやアメリカに続いて日本でも一九八二年に新自由主義的政策方針をもつ自民党・中曽根政権が誕生した。一九八〇年代に日本は輸出主導による力強い経済成長を示したにもかかわらず、西欧並みの公的福祉拡大へとは向かわなかった。結局、西欧と比べるならば、日本の福祉国家形成は後発であるばかりか、未熟なまま停滞・頓挫し、今日に至るまで一度も「大きな政府」を経験していない。そのために、主に財政学の観点から「日本は福祉国家といえるのか」という議論が出されてきてもいるほどである。(11)

なぜこのような経過を辿ったのか。ここにわれわれは一九七〇年代半ばから八〇年代初頭にかけての、すなわち中曽根政権誕生間近の時期の日本に特徴的な福祉社会論の生成とその言説の影響力を見出すことができるだろう。それは「日本型福祉社会論」というべき独特の性質をもつものであり、日本型市民社会論に対する大衆の関心低下とも関連していたと考えられる。そこで以下では、まず福祉国家と区別される福祉社会概念について考察し、そのうえで日本型福祉社会論の展開の意味を問い直すことにしよう。

(2) 福祉社会論と日本型福祉社会論

「福祉社会」概念についての最も古典的な研究として、イギリスの社会学者W・A・ロブソンによる『福祉国家と福祉社会』(一九七六年)がある。ロブソンによれば、「福祉国家は議会が定め、政府が実行するものであり、福祉社会は公衆の福祉に関わる問題について人々が行い、感じ、そして考えるものである」(Robson 1976: 訳ⅰ)。そして、「福祉社会においては、福祉は、公共機関の行為を通して国家によってつくられるものであるばかりでなく、個人、グループ、そして集団の行動や態度によっても生み出される」(同訳43)。ロブソンは、福祉について市民が主体的に考え行動すること、また市民は権利をもつと同時に義務を負っていることを自覚する必要があると論じた。彼は、自身が属するイギリスでは福祉国家の目標と矛盾する社会的要因が多いために、福祉国家の施策があまり成果をあげていないと見ており、イギリスがもっと福祉社会となるべきだと主張した。対応する福祉社会なくして真の福祉国家の享有はありえないのである。
こうしたロブソンの福祉社会論に強い影響を与えていたのは、スウェーデンの経済学者で福祉国家推進論者であったG・ミュルダールの『福祉国家を越えて』（一九六〇年）を中心とする議論である。そのことはロブソン自身が『福祉国家と福祉社会』の文中で認めているところであり（同訳215）、両者の間には私的な往復書簡もいくつか残されている。[12] ミュルダールは一九六〇年時点でスウェーデンを「集団的組織の支柱構造」[13]が発達した福祉国家の先進国とみなしながらも、福祉国家は引き続き生成途上にあるものと述べ、さらなる「次の段階」を展望していた。彼のいう「次の段階」では、これまで増大してきた直接的な国家干渉が漸減し、国家の役割は、一般的な生活をもつ政策構造（貿易・為替、課税、労働立法、社会保障、教育、保健、国防、その他公共事業関連）の維持強化、ならびに、国民社会での地域・部門におけるルールの確立・調整や審判者にとどまる。その状態では、過度の中央集権化や官僚制化が抑制されて、集権と分権のバランスが図られ、市民における連帯感や参加が向上して福祉的文化が現れることで、各市民はいっそう自由を感じるのであり、そうした状態はすでに福祉国家が成熟期にあるスウェーデンなどで垣間見えるとされた。ロブソンは、こうしたミュルダールの展望を「福祉社会」として論じ直したのであり、両者の考えにおいて、福祉国家と福祉社会は代替的というよりも補完的であった。[14]
ミュルダール－ロブソン流の福祉社会論は、一九七一年に松下の『シビル・ミニマムの思想』に対して好意的な書評を書き、一九七四年の共著でミュルダールに言及し、後年に「福祉社会」に関する二冊の単著を発表した正村公宏、また一九七九年にミュルダールへのインタビュー記事を発表した岸本重陳など、日本でも「市民」や「市民社会」に関心を寄せる数人の研究者には積極的に受容されて広められた。[15] 第3章で示されたとおり、岸本は『資本制経済の理論』(一九七五年)や『中流の幻想』(一九八〇年)を発表し、市民社会の経済学を展開したが、その同時期にミュルダールの福祉論に関心を寄せていたことになる。また、これも第3章で示されたことだが、福祉社会論とも密接に関連するミュルダールの「福祉世界」構築の提言については、制度派ケインズ経済学の宮崎義一がその意義を認めていた。しかし他方で、一九七〇年代の彼らの言説を見る限り、彼らは福祉や福祉社会は重視したものの、ミュルダールほどには福祉国家の積極的意味、あるいは福祉国家と福祉社会の補完性を明示的に論じなかったようにも思われる。おそらくそのことも一因となって、同時期の日本では、政策決定や世論形成にもっと近いところで展開された「日本型福祉社会論」というべき別個の議論や思想がより大きな影響力をもつことになった。以下、その経緯を追うことにしよう。(16)

「福祉元年」たる一九七三年の二月、経済審議会は「経済社会基本計画――活力ある福祉社会のために」を答申した。この文書は、ブレトン・ウッズ体制の揺らぎ、東西冷戦の緩和、南北問題の深刻化といった国際経済社会の変化のほか、格差や過密や環境などの問題が生じるようになった国内経済社会の変化、福祉志向への国民意識の変化を受けて作成されたものであり、そこで副題に掲げられた「活力ある福祉社会」とは、「公害はなく自然環境が豊かに保たれ、また教育や社会保障も充実し国民の生活に安定とゆとりを約束するとともに、国際社会と協調しつつ長期的に発展を続ける経済社会」として意味づけられていた。

しかし、石油危機後の一九七五年にもなると、日本における福祉社会概念は「福祉見直し」の論調を帯びるようになった。村上泰亮/蝋山昌一ほか『生涯設計(ライフサイクル)計画――日本型福祉社会のビジョン』(一九七五年)は、「高度成長路線から転換し、福祉社会を建設する」ことを目指すものであったが、欧米のやり方をまねるのではなく、日本のやり方を模索すべきだと論じた。また同年、『文藝春秋』に「グループ一九八四年」による「日本の自殺」という記事が掲載された。ローマ帝国の滅亡は、ローマの人々が「パンとサーカス」を際限なく要求したことによる社会の退廃や内部崩壊だとされ、それが日本の現状や行く末と重ね合わされた。[17]

一九七九年には「新経済社会七カ年計画」が閣議決定され、このままでは「公共部門が肥大化して経済社会の非効率性をもたらすおそれがある」ので、「個人の自助努力と家庭及び社会の連帯の基礎の上に適正な公的福祉を形成する新しい福祉社会への道を追求しなければならない」と説かれた。一九八一年に発足した第二次臨時行政調査会は「活力ある福祉社会」を再び標語として掲げたが、それは公的福祉の削減と自助努力の推進を意味するものであり、そうした言説は一九八二年からの中曽根政権下の政策論に流れ込んだ。[18]

日本では、福祉国家の十分な形成期間がなく、積極的な福祉国家論もほぼ不在だったところに、福祉国家ないし公的福祉は必ずしも西欧並みにまで拡大されなくてもよい、さらには社会の退廃を招きうるものであるという否定的な評価が生じ、福祉社会を求める言説が強くなったと見ることができる。ミュルダール－ロブソン流の福祉社会論は福祉国家と福祉社会の補完的関係を理想視し、時系列的には福祉国家の進展の先に福祉社会の成立を展望するものであったが、日本型福祉社会論は直接的に福祉社会を志向するものであり、福祉国家の進展はむしろ忌避された。[19] 福祉国家が未熟であったにもかかわらず、である。その際の日本の拠り所や「美徳」は、主として企業や家族に見出された。石油危機以後の経済停滞に悩むかつての先進諸国とは異なり、一九八〇年代の日本経済は輸出拡大とバブル景気によって好調であって、日本の企業における長期雇用慣行（「終身雇用」）や家族内で福祉供給を支える「嫁」的なものの存在は、日本型福祉社会の基礎であり長所や強みと考えられた。現在から振り返れば、それらは決して安定的に持続する存在ではなかったが、当時はかなりの程度、頼りにできるものとみなされた。

こうした日本型福祉社会論の高揚の時期に、日本型市民社会論に含まれた福祉論の動きはどうなっていたのだろうか。

先に論じたように、日本型市民社会論は、日本において西欧的な福祉国家や福祉国家論の欠如を埋めるような中道左派の政治的立ち位置にあったと考えられる。しかし、松下（1980: 122）が一九七九年に閣議決定された「新経済社会七カ年計画」について、「構造改革論争の過程で、既成保守・革新の教条対決を乗り越え、先見性のある人々によって提起されてきた福祉、分権の問題が、このほど政府の政策文書で本格的にとりあげることになった」のだが、「その結果、いよいよ、野党、とくに革新政党の不毛性が目立っている」と評価したように、福祉や分権という論点は本来、革新政党による「市民自治」の視点から主導されるべきであったのに、そうはならなかった。一九七〇年代半ばから八〇年代初めの政策決定や世論への影響力において、保守的な日本型福祉社会論のほうが日本型市民社会論における福祉論よりも強力であったといわざるをえない。

この時期、日本は劇的な経済成長を果たして、旧来の先進諸国を追い抜く勢いをも見せたのであるが、世界が日本を称賛し始め、日本もまた自らの特殊性を肯定するようになったとき、西欧への憧憬を含む日本型市民社会論それ自体が、少なくとも社会的風潮としては時代遅れとみなされがちになり、社会からの関心低下を招いたのではないだろうか(20)。一九七九年には社会学者ヴォーゲルによる『ジャパン・アズ・ナンバーワン』が刊行されている。新たに見出された日本型企業経営と日本型福祉社会の特徴と現状が肯定的に認識され、そうした認識が広まったことで、日本型市民社会論による日本資本主義批判の言説は世論の片隅に追いやられることになった。

（3）日本型市民社会論と「新しい市民社会論」の合流

一九八〇年代、日本型市民社会論の世論への影響力が減退し、社会主義国としてのソ連が崩壊しつつあるなかで、第2章で示されたように平田清明はマルクス市民社会論からグラムシ市民社会論へと関心を移していったが、こうした後期平田の思考の変化もまた、その多くが時代状況の変化を反映したものであったと見ることができる。

戦間期イタリアの共産党員として獄中でも思考を続けていたグラムシは、マルクスにおける市民社会と国家の対比的認識を継承しつつも、市民社会による国家の「再吸収」の可能性を新たに説いた。彼は、政治権力はもはや経済上の支配者層の単独支配力ではありえず、政治は強制装置というよりも調整的統合をもたらすヘゲモニー権力であって、それは市民社会で成立するとして、「ヘゲモニー闘争」を歴史変革の戦略とみなしたのである。これを受け、平田は一九八七年の編著『現代市民社会の旋回』所収の一章「現代資本主義と市民社会」において、「上部構造たる政治社会＝国家はその歴史的論理的基礎を市民社会のうちに有するのであり、逆に言えば、市民社会は私的利害の総体（欲望の体系）でありながら、同時に社会的共同的公共的なエレメントを内包するもの」であって、「国家＝政治社会＋市民社会」と表わせる、と整理した（平田 1987: 9）。市民社会と国家は単純な対立関係にあるのではなく、両者はともに資本主義に規定された制度的調整システムの構成要素なのであり、妥協や合意という形態を通じて国家は統合的機能を担うものと捉え直された。

グラムシ受容を経て、平田は「ネオ・コーポラティズム」や住民運動・市民運動の可能性に対して高い評価を示すようになった。

一九八〇年代後半の今日、これまで西欧民主主義の母国とされてきたイギリスやフランスにおいて、「ネオ」という限定詞つきではあるが、非議会的である点において本質的特徴を有する「コーポラティズムの到来」が語られるとき、わたしたちは、わたしたち自身の眼前に広がる市民社会の空間形成、そこでの変革と革新の酵母の発酵過程に注目せざるをえない。／そして、それら空間形成における諸圏域の再活性化運動たる住民運動・環境保護運動・女性解放運動・生協活動等々の重要さを私たちは再認識せざるをえない。／……／私たちが市民社会の中に見出した共同的社会諸空間は、それが資本の規定性の下にある限り、社会福祉施設も、道路・交通機関も、一個の社会資本として物象化し、病院や学校も医療・教育資本と化し、いずれもその共同性と公共性は物象化する。／住民運動または市民運動という名で総称される空間活性化運動は、そのような物象化を阻止または解消させ、その社会・共同・公共の諸機能が国家機能へと疎外されることを阻止しようとするものである。／この意味における物象化克服の全努力であることにおいて、これらの内発的空間形成運動は、資本と貨幣に物象化した社会的個人を奪還する具体的な闘いであり、この意味において、労働運動や政党活動に原理的反省を迫るものなのであり、その緊迫性においてそれら在来のヘゲモニー装置への活性酵母となりつづけうるのである。（同 25-26／は原文の段落区切りを表わす）

この時点でも、平田の市民社会論における「個体的所有の再建」の希求は維持されていただろう。しかし、彼はもはや社会主義体制ではなく、資本主義体制におけるネオ・コーポラティズム的な要素に、その実現への期待をかけていることがわかる。一九八〇年代後半に書かれた右の文中では、通常ネオ・コーポラティズムの典型例とみなされるスウェーデンやオーストリアへの言及がないが、一九九三年に書かれた『市民社会とレギュラシオン』にはそれら二国への注目が見られる[21]（平田 1993: 135-150）。すでに日本でも「福祉」が政策および学問上の主要な関心事となっており、ヘーゲルではないにせよグラムシという新たな思想が吹き込まれたことで、日本型市民社会論の展開において西欧的な福祉国家・福祉社会論の登場を阻害していた諸要因はおよそ取り除かれたと見ることができる。平田における新たな市民社会—国家観は、「レギュラシオン」概念の重視へと結びついた[22]。

平田のグラムシ受容は、日本型市民社会論と「新しい市民社会論」とを切り結ぶ重要な学史的転換点に位置づけられるだろう。日本的市民社会論が減退するような時代状況において、平田は新たにグラムシ市民社会論を摂取することで、市民社会と国家の関係性という西欧の市民社会論における古典的テーマを改めて問うたのであり、「ヘゲモニー権力」の現代的意味を見つけた。さきほどの平田からの抜粋文には、「新しい市民社会論」の先駆けとなる見解が表れている。ここにおいて、市民社会概念をめぐる西欧と日本の学問潮流は、それぞれの隆盛と衰退の時期を経て、ついに合流の動きを見せた。

四　「福祉国家の危機」・「福祉国家の再編」と市民社会

これまでの諸節でも言及してきたように、第二次世界大戦後の一九五〇・六〇年代は資本主義圏の先進諸国にとって高度成長期であり、「資本主義の黄金時代」であると同時に「福祉国家の黄金時代」であった。しかし、一九七〇年代初めからの世界的経済停滞を経て、一九七九年にイギリスでサッチャー保守党政権が誕生すると、福祉国家の歴史は大きな曲がり角を迎えた。一九八〇年にOECDで「一九八〇年代の社会政策に関する会議」が開かれ、翌年に報告書として『福祉国家の危機』が出されたことで、一九八〇年代の福祉国家を取り巻く状況は「危機」と形容されるようになった。

現在では「危機」とは何だったかが多面的に問い直されている。一九七〇年代の経済停滞は高水準の失業とインフレを伴う「スタグフレーション」であり、ケインズ反革命が起こった。政治的には、イギリスに続いてアメリカ・日本でも新自由主義的政策方針を取る政権が現れ、福祉国家を支えてきた社会民主主義路線が相対化されるようになった。また社会的にも、とりわけ英米では「福祉反動」が生じ、不正受給キャンペーンが繰り広げられた。個々人のライフスタイルの多様化や地域の実情に十分対応していない画一的で硬直的な社会保障制度への批判、ジェンダーや環境や宗教などに関連する新たな価値観からの批判も広く出されるようになった。つまり、「福祉国家の危機」とは、赤字財政の蓄積による財政危機だけではなく、経済・政治・社会の各方面から福祉国家の正当性が再審されたことであり、広く国民から得られていた「福祉国家の合意」が大きく揺らいだことが重大であった。

しかし、実際のところ、景気が悪い時にこそ福祉は求められるのであり、少子高齢化や女性の労働市場進出もあって、福祉需要は増え続けていた。少なくとも福祉国家は単純に歴史を後戻りするように縮減することはなかったのであり、現れてきたのは福祉国家の一律的な縮減ではなく分岐であった。スウェーデンなどでは中央集権的な団体交渉を柱とするネオ・コーポラティズムが企業の多国籍化などで揺らぎながらも依然として作用し、新自由主義路線を行く国々と同等かそれ以上の経済パフォーマンスを示していた。

一九九〇年代になると、「福祉国家の危機」というよりも「福祉国家の再編」が論じられるようになる。厳しくなったグローバル経済競争や財政制約の下でいかに福祉需要を満たすかが、先進諸国にとって共通の政策課題として立ち現れた。一九八〇年代との大きな違いは、ソ連崩壊と情報技術革命による経済面でのグローバル化の著しい進展であり、それに伴うアメリカ経済の復活とネオ・コーポラティズム諸国の相対的な地位低下である。「福祉国家の再編」の基本的議論は、グローバル化は福祉国家各国を取り巻く国際経済環境を変化させ、かなりの程度の福祉縮減圧力を与えているが、必ずしも単純に「底辺への競争」は生じておらず、各国の福祉レジームや経済・福祉戦略の多様性を認識する必要があるということであった。また、グローバル化からの外圧だけでなく、国内における圧力、すなわち家族や雇用のあり方などの変化に伴う「新しい社会的リスク」への対応も新たな考察対象となった。

「新しい市民社会論」は、「福祉国家の危機」論とそれに続く「福祉国家の再編」論を主要な背景として展開されてきている。経済のグローバル化や新自由主義的政策方針が各国に公的福祉の削減を迫るなか、減ることのない福祉需要、また多様化する福祉需要を賄うべく、市民社会の活性化が求められるようになった。新たに独立的な次元としての経済（市場）が認識されたことは、市場諸力の自律性が顕著になった時代状況を反映している。ハーバーマスは『公共性の構造転換』第二版（一九九〇年）序文において、新たな時代における政治的公共圏の形成の問題として、市民社会（Zivilgesellschaft）の重要性を発見し、それを国家や市場経済による「生活世界の植民地化」に対抗する「討議空間」であると意味づけた。市民社会とは国家や市場経済と区別されるべき第三の空間であり、そこにおいて新たな公共性が生じるのである。「《市民社会》の制度的な核心をなすのは、自由な意思に基づく非国家的・非経済的な結合関係」（Habermas 1990: 訳 xxxviii）であり、その具体例としては、教会、文化的サークル、学術団体、独立したメディア、スポーツ団体、レクリエーション団体、弁論クラブ、市民フォーラム、市民運動、同業組合、政党、労働組合が挙げられた[23]。

「新しい市民社会論」の展開に後押しされて、現在では西欧でも「福祉国家の合意」の代わりに「福祉社会の合意」が見られるようである。「福祉国家の再編」の状況下で、「公」的な福祉から「共」的な福祉へと主な議論対象が移行してきたのであり、福祉社会は福祉国家批判の右派的文脈からも福祉国家擁護の左派的文脈からもおおむね肯定的に志向されているからである。しかし、一口に福祉社会と言っても、その「社会」の担い手や場として何を想定するか、その実現の道筋をいかに展望するか、福祉国家との関係をどう考えるかにおいて、やはり見解は分かれていると見るべきだろう。新自由主義的な福祉国家批判側は、家族や地域といった伝統的な共同体の維持向上に期待をかけ、膨張した公的福祉の量的削減の必要を強調する傾向がある。それに対して、社会民主主義的な福祉国家擁護側は、既存の枠にとらわれない新たな社会的連帯のあり方を構想し、分権化などの行政改革や福祉内容の改革を新たに主張してきている。「新しい市民社会論」自体は、どちらかと言えば革新的な「社会」の担い手を論じて福祉社会の形成を後押しする議論とみなすことができるだろう。

前節の末尾において、西欧と日本の市民社会をめぐる学問潮流は「新しい市民社会論」の展開を迎えることで合流の動きを見せたと述べた。しかし、日本は福祉国家形成や福祉国家論が不十分なまま今日に至ったのであり、現実や学問の歴史的経緯は西欧と大きく異なる。したがって、たとえ西欧で「新しい市民社会論」が広範に妥当するとしても、日本においては「新しい市民社会論」がいうところの市民社会が発達すればするほど望ましい社会が形成されることには単純にならないだろう。国家からすれば、そうした市民社会の活性化は公的福祉の不足や削減を補うための安価で巧妙な国民動員術となりうるのであり、その市民社会では必ずしも個々人の自由や平等が担保されないことも考えられるからである。「新しい市民社会論」がいう市民社会を支えるのは、市場における交換、国家における再分配と区別される、共同体的な互酬の原理である。しかし、福祉国家があまり発達してこなかった日本、また保守的な日本型福祉社会論が影響力をもってきた日本において、互酬に基づく福祉供給――例えば、家族内の無償のケア労働、あるいは地域のボランティア的活動――はすでに目一杯か負担の限界が見えており、むしろ再分配や交換による福祉供給が不足して待望されている可能性が大いにあるように思われる。

こうした可能性に対し、日本型市民社会論における福祉論は日本の前近代性の認識に基づいて旧来の共同体的束縛を嫌った面があり、社会機能の担い手や社会が機能するための基礎としての市場経済の可能性を語っていた。(24) それは再分配論を含むものではなかったが、交換論としては「新しい市民社会論」には見られない論点を積極的に示していたものとして、今日の日本において再評価できるだろう。もっとも、一九八〇年代からの新自由主義的改革によってもたらされたのは、むしろ市場諸力による強制的な――「自己責任」という名の

――個の確立であったのに対し、日本型市民社会論の延長上にあるのは、社会的に制度化された市場であり、連帯と公共の意識を備えた個をいかにして可能とするかという問題である。そうした個の両義性を意識しつつ、再分配論の探究も今日的文脈から改めてなされなければならない。

現在における福祉は、市場・国家・市民社会の組み合わせやバランスの上に適切に成り立つものであると考えられる[25]。その最適状態は、国によって異なるであろうし、歴史の規定を受けつつも、将来的には人々の意思決定とともに変化しうるものであり、また民主主義を通じてそうあるべきだろう。日本の福祉についていえば、歴史的・学問的要因によって国家の機能やそれについての議論が相対的に不足してきたのであり、市場も市民社会もそれを十分に埋めることができていないように見える。ロブソンは「対応する福祉社会なくして真の福祉国家の享有はありえない」と論じたが、日本に対しては「対応する福祉国家なくして真の福祉社会の享有はありえない」と主張すべきかもしれない。この点、日本ときわめて異なり、福祉に関して国家が大きな機能を果たしてきた国にスウェーデンがあるが、福祉社会論の先行者ミュルダールの母国でもある北欧のスウェーデンでは「国家の諸制度により、個人は市民社会の諸制度――家族、隣人関係、教会、慈善団体――から自由になったと考えられた」のであり、それは社会的平等、国民的連帯、個人的自律性をスウェーデン民主主義の形成へと結びつけたのであって、「国家主義的個人主義」が成立したと指摘されるのである（Trägårdh 2007a: 28-30）[26]。

もう一点、現在の福祉に関しては、グローバルレベルの市民社会の可否も重要な研究課題として立ち現れていることを指摘しておかねばならない。経済のグローバル化が政治や社会のグローバル化をはるかに超越しており、それが移民問題など、福祉の対象者や範囲、また福祉国家の国民的統合機能に関する諸問題を深刻に引き起こしている。われわれはグローバルレベルの市場・国家・市民社会のバランスについても考察すべき時代状況を迎えている。この点、「グローバル市民社会」の可能性を肯定的に認めてきた議論に、Kaldor（2003）や八木（2005）がある。カルドーは、グローバル市民社会に対応する世界国家が存在しないと指摘する一方で、グローバル・ガバナンスの枠組みが形成されつつあるとし、トランスナショナルな自律的結社や制度が生まれてきていることを評価した。また、八木によれば、多様性を認めるガバナンスの下で、グローバル市民社会の成立可能性が認められるという。しかし、グラムシの市民社会論を思想的基礎の一つにもつレギュラシオン理論の論者は意見を分かつかもしれない。レギュラシオン理論は国家という政治空間のなかでの制度諸形態や調整様式を分析し、「制度化された妥協」は国家によって総括されると論じてきたからである。これは今後、市民社会論のさらなる展開の一つの方向性として、諸概念・諸議論の整理と進展が求められる問題だろう。

五　おわりに

本章は、日本型市民社会論の展開を「福祉」という分析視角から再検討するものであった。西欧に伝統的な市民社会論の流れと別個のものとして日本型市民社会論が存在したのは、主として西欧と日本の間に大きな歴史的な時間差や社会的差異があったことが学問に反映したものであったと考えられる。その理解のカギを握る要素として、第二次世界大戦後の資本主義圏先進諸国における福祉国家の形成という現実動向があり、また福祉国家や福祉社会をめぐる学問・世論動向があったと論じた。

日本型市民社会論は、経済学におけるスミス研究とマルクス研究の交差から生じたことで、市民社会と国家との関係性の対抗的認識を起点とした。福祉国家理念はヘーゲル的な国家観や市民社会論と親和的であったが、日本型市民社会論にはその思想的要素がほとんどなかった。また、戦後日本は、民主主義的な方向へと急速な国家再建を求めたが、まずは経済成長を優先し、福祉は後回しの政策課題とした。日本型市民社会論は、日本の前近代的な旧来の共同体的束縛を嫌い、何よりもまずは分業の発達を基礎にした自由で対等な人間関係からなる経済社会、また個の確立や自発性の上に成り立つ民主主義社会を目指す議論であった。市民革命によって生じた西欧近代社会では、自由・平等・友愛の鼎立が普遍的かつ究極的な目標とされたのに対し、日本型市民社会論が捉えた日本の課題はむしろ旧来の過剰な共同体的友愛を減らし、自由・平等を強化することであったといってよいかもしれない。もっとも、本書第1章で示したように、こうした基本的性質をもつ日本型市民社会論のなかでも内田義彦は個々人の尊厳を重視した「人間的平等」という「福祉」の追求を論じていたことが独自であった。それは所得階層間の平等のみならずジェンダー間の平等や「社会的弱者」の包摂などをも目指していた点において、後年の日本型福祉社会論とは異なる方向性を示していたのであり、現在において再注目・再評価に値する議論といえるだろう。

戦後の日本では、企業中心社会が形成されていき、劇的な経済成長が達成された。「大衆社会」化とともに「一億総中流」意識が定着し、保守的な自民党政権が続いた。一九六〇年代には、六〇年安保闘争を契機に市民運動が盛んになり、ソ連型社会主義体制の限界も見えるようになったことで、平田清明らによる市民社会論が一定の注目を集めた。この時期の日本型市民社会論は、日本における西欧的な福祉国家や福祉国家論の欠如を埋めるような中道左派的な政治イデオロギーを担うものであった。また、松下圭一は「市民」と「福祉」を結びつけた先駆者となり、「シビル・ミニマム」論を展開して、東京都などの革新自治体に少なからず影響を与えた。ミュルダール－ロブソン流の「福祉社会」概念も正村公宏や岸本重陳らに届いた。しかし、日本型市民社会論における福祉論は、福祉政策の地域的（都会的）実践や福祉社会論へと吸収されたように見える一方で、やはり積極的な福祉国家論を欠いており、福祉の供給主体として政府が果たすべき役割に関する議論は十分ではなかった。そのために、それは日本の福祉国家形成を牽引しえなかったようにも思われる。

一九七〇年代から八〇年代にかけて、日本は経済面では世界で最高レベルの成功を収めた。日本が世界から賞賛をあびるようになったことで、日本において理想としての西欧や社会主義は霞み、日本型市民社会論が日本資本主義批判としてもつ意義に対する社会的関心は弱まった。経済的に豊かになった日本において、経済から福祉へと世論の関心が移行するに従い、守旧的な日本型福祉社会論が形成されていった。結局、日本における福祉国家形成は、「福祉元年」が石油危機に重なり、さらに新自由主義的政策方針を取る政権が生まれたことで、経済がきわめて好調であったにもかかわらず停滞・頓挫したが、そこには福祉国家を忌避し、直接的に福祉社会を求めるような「日本型福祉社会論」というべき言説からの影響力を見出すことができる。

一九九〇年代以降、西欧だけでなく世界的に「新しい市民社会論」が展開されてきている。これは新自由主義の台頭、ソ連崩壊に続く東欧革命、経済のグローバル化を背景としており、「福祉国家の危機」論に続く「福祉国家の再編」論の展開と密接にかかわる。本章では、平田清明が日本型市民社会論への関心低下の時期にグラムシの思想を摂取したことで、晩年に「新しい市民社会論」の先駆となるような考えに至っていたことを指摘し、そこにおいて市民社会論をめぐる西欧と日本の学問潮流が重なったとみなした。しかし、福祉に関していえば、日本は福祉国家の十分な進展が歴史的になかったので、「新しい市民社会論」がいうところの市民社会が発達すればするほど、望ましい福祉社会が単純にもたらされるわけではないだろうことをも指摘した。

現在では、各国における市場・国家・市民社会のバランスとともに、グローバル市民社会の可能性が、西欧と日本において市民社会論や福祉社会論の視角から共通に探究されうる主要な研究課題として現れている。各国はグローバル経済競争や財政制約と福祉需要充当との折り合いをつけるべく、新たな政策導入を試行錯誤しており、資本主義や福祉レジームの多様性があるなかで唯一の正答は見出せない。世界のなかで財政赤字の積み増しと少子高齢化の先端を行くようになった現在の日本においては、これまで十分に議論されてこなかった福祉国家の役割や機能の可能性を改めて検討する必要があるだろう。個々人の自由と平等の実現に向けて、福祉国家と福祉社会の補完性、また福祉と市場経済の両立ないし良好な関係が問い直され、追求されねばならない。これまでの日本型市民社会論とその福祉論のなかに、こうした日本の今日的問題に関する思想的着想を再発見することは可能である。

注

(1) 内田は研究ノートのなかではすでに一九四四年に「市民社会」という言葉を使っている。この点については本書第1章を参照。

(2) ただし、ヘーゲルにおいては、市民社会は家族と国家の間に位置するものと説かれ、家族が入っていることで、単純な二元論にはなっていない。

(3) 所得と資本の長期的変動を実証的に研究した Piketty (2013: 訳 493) のまとめによれば、アメリカ・イギリス・フランス・スウェーデンについて、一九世紀から第一次世界大戦まではどの国も税収は国民所得の一〇%以下であったが、一九二〇年代から八〇年代にかけて社会支出に当てる国民所得の割合が大幅に増え、一九八〇年代から現在までは税率が横ばいである。「現代の所得再分配は、金持ちから貧乏人への所得移転を行うのではない。……それはむしろ、おおむね万人にとって平等な公共サービスや代替所得、とくに保健医療や教育、年金などの分野の支出を賄うということなのだ」(同 訳 498)。

(4) 例えば、スウェーデンにおいて福祉国家を擁護する左派が依拠してきた市民社会―国家論がヘーゲルの議論に近いことを指摘している研究として、篠田 (2010: 65) や Trägårdh (2007: 14) が参照に値する。

(5) ただし、山口 (2004: 222) は、「『貧困』問題へのヘーゲルの思い入れは高く評価できるが、理論的に正確にいえば、彼の理論は、『貧困』問題を『国家』の課題とせずに『市民社会』の課題としている点で、今日の『福祉国家論』とはいえず、むしろ『福祉社会論』に相当する」と指摘している。

(6) 「福祉レジームの類型論」や「資本主義の多様性論」とは、Esping-Andersen (1990) や Hall and Soskice (2001) などに連なる諸研究を指す。

(7) 小野寺 (2015) は、日本型市民社会論の展開を「近代」の思想範型として評価し、次のように述べている。

「〔日本型〕市民社会論者が「近代」主義者でありえたのは、すなわち彼らが西欧近代という特殊な世界に普遍性を見出せたのは、歴史の進行に対する信頼があったからにほかならない。彼らの言説は、人類には空間的な違いを超えて実現すべき「歴史」＝展望があり、西欧近代の思想からは人類史を貫く普遍的な骨格部分が取り出せるはずだという認識があってこそ成立するものだった。その骨格部分こそが「市民社会」だった。彼らの議論は、空間的特殊性に対して時間的普遍性を優越させるからこそ成立可能なものだった」（小野寺 2015: 218〔 〕内は引用者による）。

（8）この点の詳細な検討として、土山（2017）を参照。松下の議論においては、「受動的な〈大衆〉となる可能性も、政治・政策の能動的主体として《現代》の〈市民〉となる可能性も、大衆社会、都市型社会は内包している」（土山 2017: 43）と総括されている。

（9）シビル・ミニマム概念の普及と実践については、武藤（2017）の第二節以降を参照。

（10）岡本（2016）は、一九七〇年代前後の同時期に出現したシビル・ミニマム論と田中角栄の「日本列島改造論」をどちらもユニークな日本における福祉国家構想であったと論じている。

（11）近年の研究として、佐々木（2016）を参照。

（12）ミュルダールとロブソンの交流についての詳細は、藤田（2010: 202-203, xvi（302））を参照。

（13）労働組合、使用者団体、消費者団体などの各種組織体、大企業が発達し、公共政策に相当することがそれら団体間の交渉で取り決められるようになることで、国家は調停者としての役割を求められるようになってきたことを指す。藤田（2010: 198-200）を参照。

（14）ただし、若森（1998: 146-147）は「ロブソンの議論に欠けているのは、なぜ福祉国家は福祉社会を生み出すことができないか、という点の理論的な追求である」と指摘し、リピエッツ『勇気ある選択』（一九九七年）におけるサードセクター論を評価している。福祉国家とサードセクターに関する議論の今日的展開については、向井（2015）を参照。

（15）正村（1971, 1974, 1989, 2000）、岸本（1979）を参照。

（16）日本型福祉社会論に関する以下の叙述は、藤田（2017: 85-90）に基づいており、出版社である中央公論新社から転載許可を得ている。

（17）この記事は、朝日新聞での紹介を受けて二〇一二年三月の『文藝春秋』に三七年ぶりに再掲載された。グループの中心であったのは、後年に『英国病』の著書をもった保守派論客の香山健一であったことがいまでは明らかとなっている。

(18) 一九八〇年代半ばには、日本でも「日本型福祉社会論」とは距離を置いたかたちで、福祉社会概念が問い直され始めていたことは、指摘できる。例えば、丸尾(1984)は市場を通じた福祉供給の意義と有効性を新たに論じ、正村(1989)はまさにミュルダールとロブソンの議論を紹介した。

(19) 一九七八年、ロブソンは『福祉国家と福祉社会』の日本語版に寄せて序文を書き、そこで日本を「未完成もしくは停滞状態にある福祉国家」(Robson 1976: 訳 xvii)と特徴づけた。

(20) むしろ日本における家族的な企業、また家族による福祉が賞賛されるようになった時代状況では、例えば平田清明の次のような批判的主張はもはや賛同を得られにくかったはずである。「われわれは日本人の手に届かないかのようにみえるもの、ヨーロッパに絶対であるかのように見えるもの、そこには、市民的な私的所有があったのだ。家族的構成の社会=国家に生きてきた日本人の伝統的思考様式の中には、その占めるべき場所を持ちにくい市民的な私的所有なのだった」(平田 1969: 22)。

(21) 日本型市民社会論者が福祉国家各国の事情に通じていたならば、理想に近い現実のモデルとしてスウェーデンなどの北欧諸国をもっと早期に高く評価したのではないかと推察される。スウェーデンでは一九世紀末には身分・階級・性の区別によらない個人の団体である自発的結社(アソシエーション)が多く見られるようになった。一八七〇年代以降、禁酒運動・自由教会運動・社会民主主義運動が国民運動として展開され、教養や学習能力を身につけた労働者形成が目指された。労働者の階級意識の形成と「市民」・「国民」の自覚形成が重なり、社会民主労働党は「国民政党」化した。「自立した平等な個人の理性に基づく討議は、市民的公共性の秩序を形作り、市民社会における政治的支配の正当性を担保したが、そのような市民社会的秩序が社会に貫徹していった」(石原 1996: 380-381)。一九三二年から七六年までの社会民主労働党政権下で「スウェーデン・モデル」が形成されたが、宮本(1999: 47)は一九二〇年代の社民党員カレビイの思想的役割を重視し、それが日本の「市民社会派マルクス主義」に通じるものであったと指摘している。一九四六年から六九年までの長期間にわたって首相を務め、「福祉国家の父」と呼ばれたエルランデルは、カレビイの思想に傾倒していた一人であった。

(22) 平田(1993)のとりわけ pp. 150-168, 326-330, 340-347 を参照。また、グラムシとレギュラシオン理論との関連については、Hirsch(2005: 訳 88-89)が次のように整理している。「グラムシの「統合的国家」という概念との類比で言えば、レギュラシオン理論には「統合的経済」という考え方があると言ってもよいだろう。

……調整は国家的な暴力手段の発動にのみもとづいているのではなく、それがある程度の持続性をもつためにはつねに一定の社会的同意と自由意思による服従の態度を必要とする……相対的に安定した蓄積・調整連関が貫徹することは政治的・イデオロギー的なヘゲモニーと結びついている」。

(23) こうした「新しい市民社会論」の動向と日本型市民社会論との関連について、宮本／小川（2005: 11, 13）は、市民形成の社会民主主義ということでは日本型市民社会論における「個体的所有の再建」論と重なり合う視点や政策が見出されるが、市民の論理を階級の論理に優越させる点で従来の社会民主主義との緊張関係を含むと指摘している。

(24) 平田（1969: 37-38）は、市民社会を生み出す実体的基礎が社会的分業であるとし、それが生産・交通の分離と統一をもたらすと考え、さらに次のようにも述べた。「市民社会は、社会的労働が表面的には個々バラバラに分割されているが、じつは交換という外見的人間行為によって、その社会的連帯性が確証される社会である」（同 88）。

(25) こうした三者のバランスという論点については、市場・国家・共同体は自由・正義・ケアの諸価値に対応するという議論も大いに関連するだろう。Van Staveren（2001）および藤田（2014）を参照。

(26) スウェーデン語で「社会」を表すのは“samhälle”であるが、それは「国」と「(市民) 社会」の両方の意味を含んでいる。「スウェーデンの国家は強く中央集権的であるが、権威主義的でなかった」のであり、市民社会―国家関係についていえば、早期のネオ・コーポラティズムの成功により独特な制度が形成されてきた (Rothstein and Trägårdh 2007: 231, 249)。

＊本研究はＪＳＰＳ科研費 JP17K03643 の助成を受けたものです。

第5章

レギュラシオン理論と日本経済分析

――企業主義的調整様式の盛衰と成長体制の転換――

山田鋭夫
植村博恭

一　はじめに――レギュラシオン理論と日本

レギュラシオン理論は一九七〇年代中葉、フランスで生まれた。四〇年後の二〇一五年、レギュラシオン理論を牽引してきたボワイエは『資本主義の政治経済学――調整と危機の理論』(Boyer 2015) を出版した。これは彼自身の従来の研究の集大成であると同時に、世界各国のレギュラシオン的研究の成果を吸収し総合化するものであった。そのボワイエは本書を大要、以下のように紹介しているが、それはそのままレギュラシオン理論四〇年の今昔を物語ってあまりある。

資本主義の黄金時代（一九五〇～六〇年代）の成長体制はなぜ行き詰まったのか。その後一九九〇年代の金融イノベーションは成長を促進したが、やがてリーマンショックに象徴される大危機に陥ったのはなぜか。ヨーロッパを統一するはずであったユーロは、今日、逆にその分裂をもたらしているのではないか。――レギュラシオン理論はこうした問題に答えようとする。一九七〇年代の草創期、レギュラシオン理論はマルクスから資本主義の動態分析を取り入れ、アナール学派から長期の歴史的視野を取り入れ、ポストケインズ派経済学からマクロ分析の道具を取り入れた。それ以来、レギュラシオン理論はたゆむことなく自らの概念や方法を手直しし、理論の適用範囲を拡大してきた。今日では、制度のあり方の決定的役割という自らの当初仮説のもと、レギュラシオン理論は経済と政治の接合関係に格別の注意を払いつつ、成長体制の安定と危機を説明するひとつの政治経済学となった、と。

ひるがえって日本に眼を向けると、一九八〇年代後半以降、レギュラシオン理論はこの国にも導入されはじめた。時あたかも日本は、やがてバブル崩壊を迎えるとも知らず「経済大国」に酔いしれていたが、大きく変化しつつある日本の経済社会について、これを的確に分析しうる経済理論にも、またこれに適切な針路を示しうる社会思想にも事欠いていた。

一九七〇年代になると戦後マルクス経済学が奉じてきた「国家独占資本主義」という認識枠組みはますますその有効性に疑問が付されるようになった。また、ケインズ学派も、一九八〇年代になると、折からアメリカで勢力を伸ばした「新しい古典派マクロ経済学」の前に沈黙しがちであった。「市民社会論」はといえば、これは戦後民主主義思想のいわば核心を担ってきたのではあったが、「大国ニッポン」を背景に躍り出てきた各種の「日本モデル」礼賛論の大合唱のなかで、その声はかき消されがちであった。一九六〇年代から一九七〇年代にかけて、日本で活発に議論された、市民社会論、現代資本主義論、ケインズ経済学は、それぞれに高い水準の成果を残してはいたが（第3章参照）、残念ながら一つの明確な理論体系を生み出すまでには至らなかったので、こうした潮流に対抗することが十分にできなかった。そこに、新しい理論体系が真に必要とされていた事情がある。

そんななかでのレギュラシオン導入であった。当初は紹介や翻訳が中心であったが、やがて一九九〇年代に入ると、この理論に基づいた日本経済分析が開始された。日本への「理論の適用範囲の拡大」はしかし、フランス生まれの概念で日本経済を機械的に切って取るということでは済まず、必然的に「概念や方法の手直し」が要請されることになった。この章では、生誕当初のレギュラシオン理論の基本的発想を再確認するとともに、これに基づく日本経済分析について検討する。

二　レギュラシオン理論——基礎視角と基礎概念

基礎視角

四〇年前の一九七〇年代中葉は激動の時代であった。一九七三年のオイルショックによって先進諸国の経済社会は大混乱に陥り、以後、不況・失業とインフレが同時に進行するスタグフレーションに悩まされることになった。いや、すでにそれ以前の一九七一年、時のアメリカ大統領ニクソンは金・ドル交換の停止を宣言し、このニクソンショックとともに戦後資本主義の経済発展を支えた国際的枠組みであるブレトンウッズ体制（ＩＭＦ体制）は瓦解していた。レギュラシオン理論の創設にかかわったアグリエッタもボワイエも、当時はフランスの経済計画・統計分析にかかわる官庁エコノミストであったが、彼らの依拠していた経済予測モデルはことごとく当てはまらなくなった。戦後経済に何が起こったのだろう。いや、そもそも戦後の経済発展とは何であったのか。これが彼らの初発の問題意識であった。

それに対して自ら得た答えは「フォーディズムの成長と危機」という理論認識となって結実するが、それに至る過程ではさまざまな社会科学とあるいは対決し、あるいはこれを批判的に吸収するという作業が不可欠であった。そのなかでレギュラシオン理論は、当面の危機分析の根底をなすところの、独自の視角や概念を練り上げていった。まずはそこから一瞥しておこう。

戦後先進諸国の高度成長を領導したのはケインズ経済学であったが、一九七〇年代の経済危機を前にしてその有効性はあきらかに低下した。危機の時代にこそ力量を発揮してよいはずのマルクス経済学も、すでに現実分析の力を失っていた。かわって発言力を強めたのは新古典派経済学であったが、その「均衡」論的な市場絶対主義はとうていレギュラシオニストの受け入れるところではなかった。

若きフランス・レギュラシオニストたちの基礎視角は次の点にあった。——すなわち、資本主義や市場経済は自然に「均衡」に向かうどころか、逆に諸個人・諸団体の間の対立、闘争、矛盾に満ちている。それほどに矛盾に満ちた資本主義がそれでも一定期間、安定し成長するのはいかにしてか。これがレギュラシオニストの根源的な問いである。対立しあう諸力がうまく方向づけられれば資本主義社会は安定的に再生産されるが、そうでなければ不安定と危機に至るというのが、直感的な解答である。つまり、対立的諸力が適切に「調整」(レギュラシオン)され方向づけられれば資本主義は安定と成長が保証され、逆の場合には不安定と危機に陥る。このように市場経済の根本は「均衡」でなく「再生産」として捉えられるべきだが(マルクス的視点の継承)、その「再生産」のためには適切な「調整」が必要なのである(ケインズ的視点の継承)。「再生産」は「調整」されねばならないのである。このとき「調整」とは、たんに政府政策の問題にとどまらず(ケインズ批判)、広く深く各種の「制度」形成に根差している(制度経済学の継承)。そしてその制度なるものは、けっしてたんに「経済」的効率の向上に向かって形成されるのでなく、社会諸勢力間の闘争、連合、妥協という「政治」的要因によって強く刻印されている。だからこそ制度や調整は国民的にも歴史的にも変化する。したがって資本主義は万古不易の普遍法則として以上に、時間的空間的な可変性という観点から捕捉されねばならない(歴史性と多様性の重視)。

資本主義という点に焦点を当てて換言すれば、伝統的共同体とちがって資本主義は人類社会に不断の変化をもたらす変革力そのものである。伝統的共同体はたしかに安穏であったかもしれないが、同時に停滞と因習に満ちていた。これに反して資本主義は常に変化と革新をもたらすが、同時に不安定と格差を生み出す。そればかりでなく資本それ自身は必ず暴走し、暴走の果てに社会を——労働力や連帯や自然を——破壊してしまう。決定的に注視すべきは、資本は社会革新の力ではありえても、しかし自らの暴走を制御調整する力を持ち合わせていないということである。資本主義市場には自己調整能力はないのである。その資本主義を調整しうるのは唯一「社会」の側であり、社会的・制度的媒介によってこそ資本主義は馴化されうるのである。だからこそアグリエッタは、「資本主義とは、それ自身のうちにそれを調整する原理をもたない変化させる力である。資本主義の調整原理は……社会的諸媒介の一貫性のうちにある」(Aglietta 1997: 訳(27))と強調する。

再生産は調整されねばならない。これはレギュラシオン理論の基礎視角としてさきに見たところであった。一歩進めていま確認すべきは、資本主義は社会的に調整されねばならない、ということである。資本主義をこういう観点から分析するところにレギュラシオン理論の真骨頂がある。それは市場経済のうちに均衡化力や自己調整力をみる新古典派と鋭く対立する。また、資本主義の無政府性はこれを廃絶することによってしか克服できないとする伝統的マルクス派とも袂を分かつ。それはまた、資本主義の調整をひとえに政府政策にのみ頼ったケインズ派の狭い限界を乗り越えようとする。

基礎概念

こうした基礎視角はいくつかの基礎概念によって肉付けされる。もちろん分析課題の変化とともに基礎概念の拡充もありうるし、そのための努力は避けて通れない。しかし生誕当初、この理論は五つの基礎概念を重視した。**図5—1**は各概念間の関係を含めてこれを図示したものである。

第一の概念は「制度諸形態」である。さきにレギュラシオン理論にとっての「制度」の重要性について一言したが、その制度のあり方は時代的・国民的にまことに多様である。同じ事柄についての制度でも多様な形姿をとりうるという観点から制度を見るとき、「制度諸形態」と呼ぶのがよい。経済社会はこのように各種の制度から成り立っているのであり、その一環として「市場」という制度もあるのであって、「経済」即「市場」

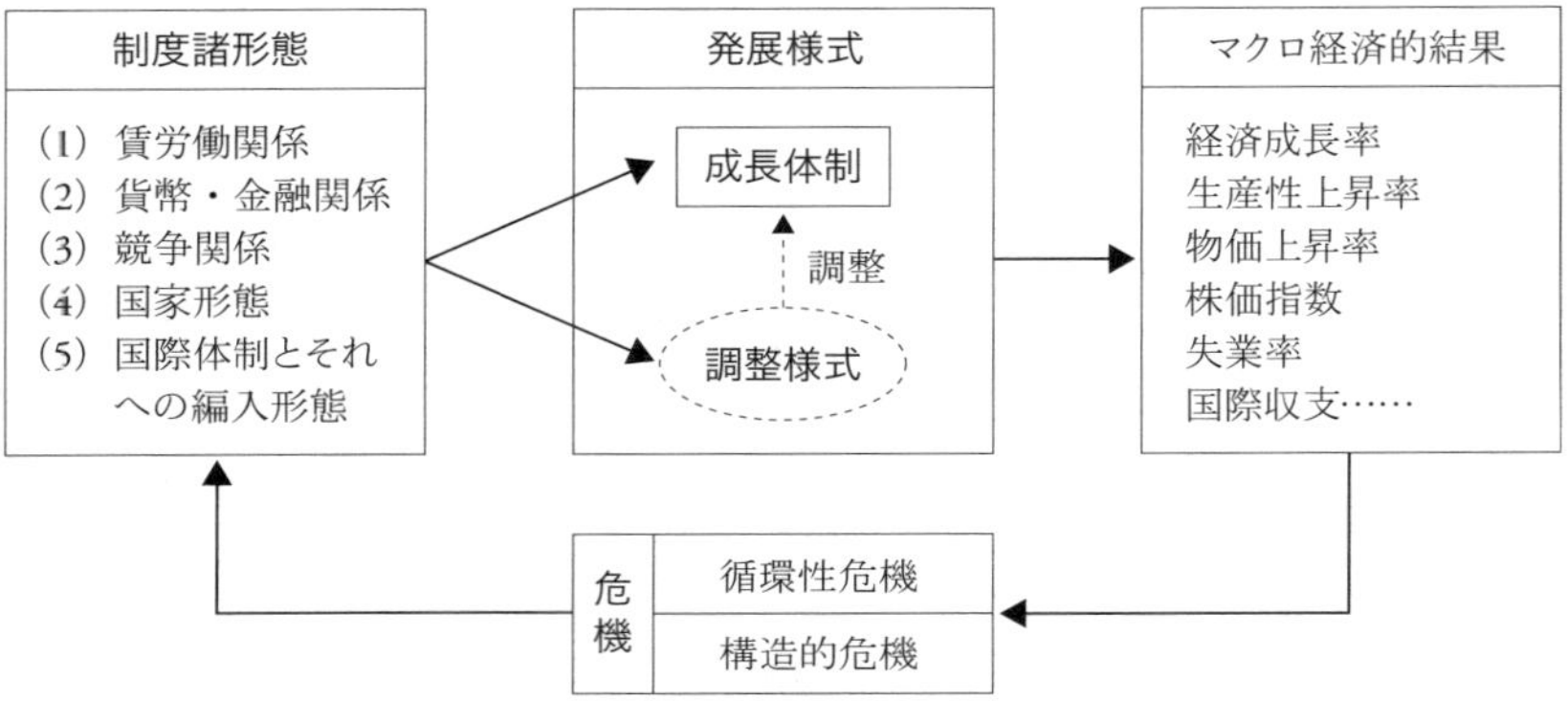

図5–1　レギュラシオンの5つの基礎概念

なのではない。とりあえず経済的に重要な制度領域を挙げれば、図にあるように、(1)賃労働関係、(2)貨幣・金融関係、(3)競争関係、(4)国家形態、(5)国際体制とそれへの編入形態、である。

経済社会はこれら諸領域にある各種諸制度の総体としてある。そうした制度諸形態のあり方はマクロ経済の連関関係とパフォーマンスに影響を与える。例えば賃労働関係における労働編成制度のあり方は、当該企業——ひいては当該国——の生産性の大小を規定し、また賃金制度や消費者金融のあり方はマクロの消費需要に影響を及ぼす。要するに制度諸形態のあり方は生産性、株価、賃金、投資、消費、需要、雇用などのマクロ諸変数の大きさを規定するのみならず、マクロ変数間の相互規定関係ないし序列関係にも影響を与える。例えばある制度配置のもとでは雇用→賃金の規定関係が顕著だとすれば、別の配置のもとでは生産性→賃金の強い関係が検出されたりする。特定の資本主義社会に成立する特定の安定したマクロ連関は「成長体制」(「蓄積体制」ともいう)と概念化され、これが第二の基礎概念である。成長体制とは、資本主義がその矛盾を吸収しつつ特定の方向に回路づけてゆくマクロ的規則性の総体を意味する。

その資本主義の矛盾は自動的に吸収されはしない。再生産は調整されねばならず、資本主義は社会的に調整されねばならなかった。ということは、成長体制は適切に調整されねば存立しえないということである。適切な調整を保証するものは、あるとすればそれは制度諸形態のうちにしかない。すなわち、一国一時代に成立する制度総体は、諸個人の行動を制約すると同時に、他者の行動への予測と期待を生み出し、こうして社会のうちに一定のノルムやルールをもたらす。制度諸形態のあり方は特定のマクロ経済的構図をもたらすだけでなく、特定の「ゲームのルール」を生み出す。ある特定の社会に形成されるゲームのルールが成長体制と整合的であれば、その経済社会は安定し、そうでなければ不安定化する。このように成長体制を先導ないし調整するか否かという観点からみたゲームのルールを「調整《レギュラシオン》様式」という。これがレギュラシオン理論の第三の基礎概念である。

制度諸形態は、というよりも制度諸形態のもとでの人間活動の総体は、一方に成長体制を、他方に調整様式を帰結する。一国一時代の資本主義は、特定の成長体制と特定の調整様式の組合せからなる。資本主義の安定と成長は、これら成長体制と調整様式の適合性いかんにかかっている。この成長体制と調整様式の総体を「発展様式」と呼び、第四の基礎概念とする。その発展様式の変化ないし相違こそは、資本主義の歴史的変化や各国別多様性を形づくることになる。

さて、あらためて**図5―1**に戻っていうと、図の右端にはマクロ経済的結果として経済成長率、生産性上昇率など、経済のマクロ・パフォーマンスを示すさまざまな項目が列挙されている。これらはレギュラシオン理論固有の概念というわけでなく、今日ふつうに眼にする経済統計の項目であり、何らかの数値で表現されるものである。レギュラシオン理論からみれば、これらの経済統計数値は、ある発展様式のもとでの経済活動の総結果が集約表現されたものとしての意味をもつ。固有のレギュラシオン的概念ではないとしても、しかしこれら経済統計は資本主義の健康状態を診断する重要な指標をなす。

最後に第五として「危機」の概念がある。他の多くの経済学が理論の根本においては「危機」を無視するなか、レギュラシオン理論はこれを中心的な基礎概念にすえる。[1] 危機といっても内容はさまざまであるので、危機の類型を整理する必要がある。第一に、キチン循環（短期波動）やジュグラー循環（中期波動）の谷に相当する「循環性危機」があるが、これは矛盾や不均衡を当該の調整様式内部で解消する局面であって、いわば調整様式が順調に作用している証である。第二に、コンドラチェフ循環（長期波動）の谷にあたる「構造的危機」がある。これは従来の成長体制や調整様式によってはもはや資本主義の安定や発展が不可能となり、大規模な構造改革が必要とされるような局面を意味する。それは、循環性危機の反復のなかで矛盾がある閾値に達して在来の調整様式では（さらには成長体制でも）もはや対応不可能となる場合などに見られる。レギュラシオン理論が重視する危機はこの構造的危機であって、これこそが資本主義の歴史的変化の大きな駆動因となる。歴史的には一九世紀末大不況、一九三〇年代大恐慌、一九七〇年代スタグフレーションが知られており、さらには一九九〇年代以降の日本の「失われた二〇年」や二〇〇八年リーマンショックに端を発するグローバル恐慌も、この構造的危機である可能性が大である。

三　フォーディズム

フォーディズムの発展様式

最初に述べたように、レギュラシオン理論は一九七〇年代における先進資本主義経済の危機のなかで生誕した。第二次大戦後の先進資本主義は、「全般的危機」とか「成熟と停滞」といった予想を裏切って、「黄金時代」とも称される高度成長と分配的公正のなかで繁栄したのであったが、それが頓挫したのが一九七〇年代であった。戦後的成長とその危機突入の秘密を問うべく出発したレギュラシオン理論は、その成果を「フォーディズ

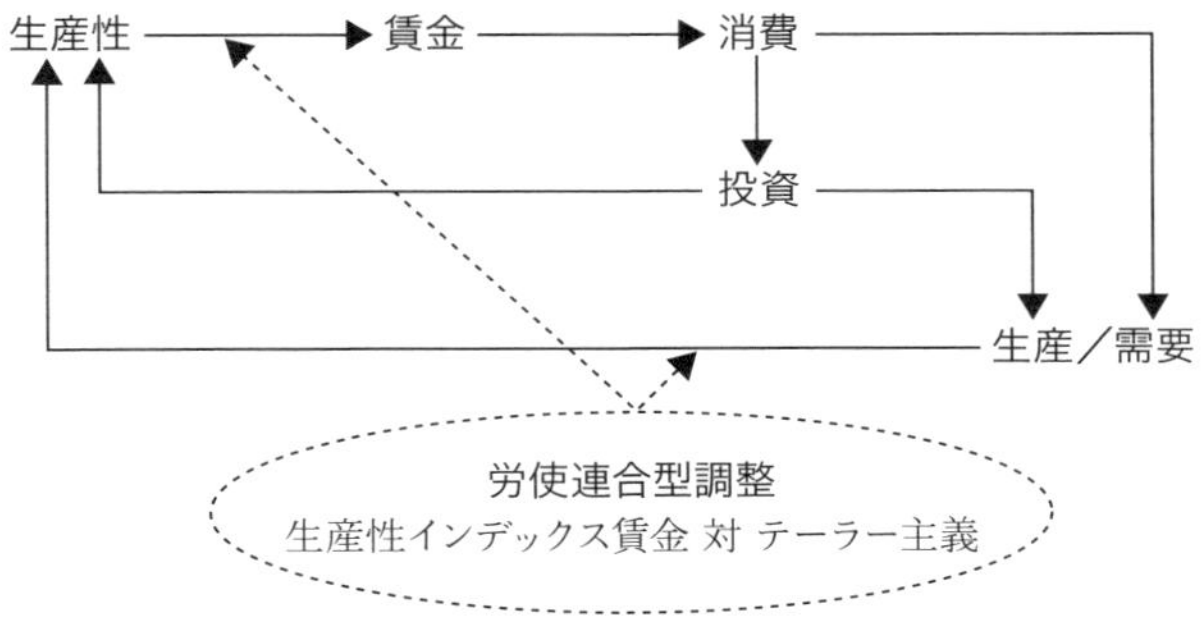

図5–2　フォーディズム型発展様式の成長体制と調整様式

ムの成長と危機」として結実させた。とりわけ「フォーディズム」の語は従来にない新鮮かつ有効な概念として、伝統的な概念に代わって広く浸透していった。前節にみたレギュラシオンの基礎的な視角や概念も、実はこのフォーディズム分析と不可分な形で錬成されてきたものである。

前例なき高成長はなぜ可能であったのか。端的にいって、北米や西欧の諸国において新しい制度が形成され、それが新しい成長体制をもたらすと同時に、これまた新しい調整様式が形成されたからである。しかも新しい調整様式は新しい成長体制に適合し、これをうまく道案内して、新しい発展様式が成立した。端的に「大量生産‐大量消費」の成長体制が樹立されたのであるが、そのマクロ経済的構図にいま少しく立ち入れば、**図5―2**にみるような連鎖関係が形成されたのであった（山田 1993: 115）。

図にみるように、マクロ経済の起動力は製造業部門の高い生産性上昇にある。その生産性成果は利潤を上昇させもしたが（図ではこの面は省略）、他の時代とくらべて決定的に異なる重要点は、それが賃金の上昇として労働側にも分配されていったということである。物価上昇につれて名目賃金が上昇したのみならず、物価上昇分を差し引いた実質賃金も上昇したのである。その賃金上昇は個人消費を刺激し、しかも衣食などの伝統的消費財以上に家電、住宅、自動車などの耐久消費財へと支出され、労働者の生活スタイルが革新され、人口の都市集中が進み、分厚い市民的中間層が形成された。消費の増大は投資の増大をもたらす。その投資（新機械）は生産性上昇に寄与するだけでなく、消費と相まって需要（＝生産）を拡大し、つまりは経済を成長させる（貿易や政府活動は捨象しておく）。そして、図では需要→生産性の矢印に示されるように、需要（市場）の拡大すなわち経済成長は、そのこと自体で生産性の上昇をもたらした。これは経済学的には「規模の経済」ないし「収穫逓増」として知られていることだが、それがこの時代に顕著にみられたのである。要約すると、生産性→賃金→消費→投資→需要→生産性というマクロ経済的骨格が成立したのである。(2)

高い生産性上昇や生産財・消費財の同時的生産拡大など、これは「内包的《インテンシブ》」な成長体制の特徴をなす。全循環の起動力は生産性上昇にあったが、分配・需要カテゴリーに即していえば「賃金・消費主導型」の成長体制であり、通例「フォーディズム」と呼ばれている。生産性→賃金と需要→生産性という連鎖関係が形成された点が特に注目される。これは一九世紀イギリスの利潤・投資主導型の成長体制には存在しえなかった新しい回路である。結果として戦後のフォーディズムは、高い生産性上昇が高い需要形成（経済成長）を生み、高い経済成長が再び高い生産性上昇をもたらすという、生産性上昇と経済成長との累積的因果関係に支えられて「資本主義の黄金時代」を形づくったのであった。

この成長体制が持続し安定しえた秘密は何か。新しい調整様式が形成されたからである。労働組合が公認され、賃金や労働条件は労使の団体交渉によって決定されるようになった。旧来からの労働市場による決定が皆無になったわけではないにしても、総体としての賃金形成をリードしたのは団体交渉という制度であり、これを通して「生産性にインデックス（連動）した実質賃金」が実現した。賃金はいまや競争的な低賃金であることを脱して生産性に比例して上昇した。加えて国家・自治体レベルの最低賃金制度や社会保障制度が、所得分配の底上げと平等化をもたらした。その他、消費者ローンの制度が整備され耐久財の購買を促進し、また

ＩＭＦやＧＡＴＴなどの安定した国際通貨・貿易制度のもと、各国政府は自律的にケインズ的介入政策を実行しえた。こうした新しい諸制度のもと、労働者は長らく拒否していた「テーラー主義的単純労働」を受け入れ、生産性上昇に協力した。要するに賃労働関係において、「テーラー主義受容 対 生産性インデックス賃金」という労使妥協（ゲームのルール）が成立したのである。テーラー主義の受容はベルトコンベア型大量生産の効率を上げ、需要→生産性の回路を支える。生産性インデックス賃金の提供は、文字どおり、生産性→賃金の連鎖を盤石化する。労使は株主をいわば外部へ追いやり、一種の労使連合を形成し、その「労使連合型」調整様式に媒介されて、あの「賃金・消費主導型」のマクロ的好循環が安定したのであった。それが「フォーディズム型」発展様式の高成長の秘密であり、資本主義はここに一九世紀型ないし二〇世紀前半型からの大転換をとげた。

フォーディズムの危機

そのフォーディズムは一九七〇年代、構造的危機に陥る。世に「スタグフレーション危機」といわれ、一九三〇年代大恐慌に次ぐ第三の大危機である。ニクソンショックやオイルショックはそれを象徴する事件であるが、レギュラシオン理論の見るところ、危機は通貨・物価の次元を超えて、もっと奥深くフォーディズムの根源に由来していた。第一に生産・労働面では、テーラー主義に基づく大量生産という効率的作業の原理が限界に到達した。労働のさらなる単純化・断片化は労働者の疲労や反抗をもたらした。単品種大量生産製品の普及によって物的に豊かになった大衆は、多様で個性的な財やサービスを求めはじめたが、これはフォード的大量生産技術で対応できるものではなかった。要するに、あの需要→生産性という収穫逓増回路が機能不全を起こして、生産性上昇の装置が作動しなくなったのである。第二に分配面では、フォーディズムの成功による高成長は準完全雇用を実現し賃金上昇圧力を強めただけでなく、人口の都市集中によって（育児・教育・医療・介護・

老後をめぐる）農村的連帯が破壊された結果、フォーディズム的資本主義は膨大な社会保障負担（これも広義の賃金をなす）に直面したが、これは生産性（すでに低下している）に連動した賃金では対応できなくなった。つまり生産性↓賃金のインデックス回路も麻痺してしまった。

このようにフォーディズムは生産と分配の両面から行き詰った。あるいは「テーラー主義 対 生産性インデックス賃金」という労使妥協に立脚した調整様式が崩壊し、生産性↓賃金↓消費↓投資↓需要↓生産性という成長体制の連鎖もいたるところで寸断されて瓦解した。オイルショックなどの危機加速要因はあったが、フォーディズムの構造的危機はここに深因がある。銘記すべきは、フォーディズムの内生的な代謝作用がある閾値に達して危機に至ったということであり、フォーディズムはいわばその成功そのものによって危機に陥ったということである。[3] このように資本主義とは不断の変転のなかにあり、その発展様式を不断に転換させていく存在なのである。

四　企業主義的レギュラシオン

さて、そのレギュラシオン理論は日本にどう導入され、どう展開されていったのか。[4] 日本においてレギュラシオン理論が衝撃的であったのは、何よりもそれが戦後資本主義に「国家独占資本主義」「後期資本主義」などでなく「フォーディズム」という新しい概念を与えたことであった。当然ながら最初は、高度成長日本ははたして「フォーディズム」といえるのかの問いが主要関心をなした。いくつかの見解が提起されたが、ほぼ公約数的に落ち着いた了解は、成長体制の面で欧米フォーディズムと一部共通する現象もみられたが（高い生産性上昇、消費財生産の拡大、大量生産－大量消費）、調整様式の面では「テーラー主義受容 対 生産性インデックス賃金の提供」といったフォーディズム的労使妥協は成立しなかったし、これによって成長体制が支えられたわけでもない、というものであった（宇仁 1991, 1992; 平野 1993, 1996; 遠山 1990a, 1990b）。それでは日本資本主義の調整様式および成長体制は積極的にどう規定されるべきか。これに応えるものとして、調整様式論としては「企業主義的レギュラシオン」と「階層的市場–企業ネクサス」が、成長体制論としては「投資主導型」ならびに「輸出主導型」といった議論が提起された。もっともそれらが良好に作動したのはせいぜい一九九〇年までであって、それ以降は在来の調整様式の機能不全や成長体制の衰退が顕在化してきた。以下の各節では、そのあたりについての研究成果をフォローする。まずは企業主義的レギュラシオンについて。

雇用保障妥協

日本経済を対象に、最初にレギュラシオン理論に基づく制度分析を発展させたのが、山田鋭夫による「企業主義的レギュラシオン」仮説である。「企業主義」とはさしあたり、市場・国家・労働組合などでなく、まさに企業（とりわけ大企業）を中心とした社会編成、ゲームのルール（社会規範）、そして社会的調整のあり方を指す。農村を見ずして戦前日本はわからないが企業を見ずして戦後日本はわからない、としばしば言われる。それほどに戦後日本では企業のもつ社会的凝集力は強いものであった。それを支えたのは、大企業を中心として「雇用保障をめぐる労使妥協」（雇用妥協）と「企業存続をめぐる企業–銀行妥協」（金融妥協）が成立したことにあった。「制度諸形態」に即していえば、賃労働関係と貨幣・金融関係の領域に着目するということである。

まず賃労働関係の部面についていえば、日本の雇用妥協はアメリカ・フォーディズムと顕著な対照をなす。アメリカの場合、前述のように「労働者によるテーラー主義（単純かつ限定的な職務）の受容 対 経営者による生産性インデックス賃金の提供」という賃金妥協が、あの賃金・消費主導型の成長体制を導いた。これに対して戦後日本の成長体制を道案内したものは、賃金妥協でなく雇用妥協であって、それは「労働者による無限定的職務の受容 対 経営者による雇用保障の提供」の取引として要約される。無限定の義務を受容するという形での労働者の会社への献身と忠誠の対価として、日本の労働者――とりわけ中核をなす大企業男子正規従業員――は、多くの場合、賃金上昇よりも雇用保障を、しかも同一企業での雇用継続を要求した。この要求は何年かの試行錯誤ののち経営側も受け入れるところとなり、こうしていわゆる終身雇用（および年功序列賃金）が、労使間におけるゲームのルールとなり、それ以上に、ある種の社会的規範となっていった。

別様にみれば、アメリカの「限定的職務 対 賃金上昇」といったフォーディズム的賃金妥協の裏側には、実は「無限定的職務の拒否（労働側）対 解雇の自由の確保（経営側）」という雇用妥協（むしろ解雇妥協）が存在していたのだとも言える。もちろんアメリカといえども無制限な解雇の自由があるわけでなく、解雇は労使が合意した一定のルール（例えば先任権制度）のもとでなされる。そのアメリカ・フォーディズムと対比するとき、日本の労働者が死守しようとしたものは、ほかならぬ「雇用」であった。

こうした相違の背後には、近代社会が一方で「市民社会」として人びとの自由・平等・等価交換を謳いつつ、他方で「資本主義」として労働部面における支配・従属関係を伴わざるをえないという、日米共通の矛盾に対して、労働者がどう対処しようとしたかの相違がある。アメリカの場合、労働における従属性を事実として受容したうえで、労働者はその従属性を最大限、市民社会の側から空間的に限定しチェックしようとした（職務の明確な限定、企業の枠を超えた労働組合の結成、その労働組合による労働条件の交渉とチェック）。これに対して日本では、市民社会の側からの従属性の制限（労働組合交渉、労働保護立法など）はきわめて弱かった。代わって基調をなしたのは、労働者が労働における従属性を自らのキャリアにおける一時的なことと観念することによって、これをいわば時間的に限定し、将来的な社内昇進を通して従属性からの脱却をはかろうとしたことである。その際、社内的人間関係を何らかの共同体的関係（親子・家族・仲間としての社内的関係）に擬制して従属感情の緩和と融和をはかろうともした。つまり企業の市民社会的チェックでなく、企業を共同体化するなかでの個人的昇進に活路が求められたのである。この場合、従属性脱却のためには同一企業にとどまることが必要であり、そのためには雇用保障は不可欠であった。戦前はもちろん、戦後にもこの意識は強く継続した。

この雇用保障はしかし、大企業労働者にとって決して安穏とした世界ではない。雇用保障といってもあくまでも暗黙のそれであって、業績が悪ければ簡単に反故にされ、退職すれば再就職困難や低賃金のペナルティが待っている。いきおい、労働者は同一企業内で同僚との長く激しい能力主義的競争に身をゆだねる。その競争に勝つことが、いまの従属的地位を脱却することにつながる。実は賃金体系もたんなる年功給でなく、職能給という形で能力競争を組み込んだものとなっている（平野 1996）。雇用保障はこの能力主義的競争というインセンティブ装置を備えることによって、生産性を上昇させる機能をはたす。

企業存続保障妥協

そして、その雇用保障が確実に実現するためには、企業の存続が保障されねばならない。同一企業に長く勤めてこそ従属性脱却の展望も見えてくるからには、企業業績のいかんにかかわらず企業が存続してくれることこそ、労使ともども切望するところである。ここに金融関係の制度領域がかかわってくる。すなわち戦後日本では、企業は存続の困難に陥ったとき、銀行からの各種救済措置（追加融資、優遇金利、経営幹部派遣）を受けた。その代わり、企業は日常的に、ある特定の銀行を優先的なビジネス・パートナーや株主として迎え入れた。ここには一種の企業‐金融妥協が存在するが、これが周知のメインバンク制度であり、それによるコーポレート・ガバナンスである。雇用保障と並んで企業主義を支えたのは、この企業存続保障（金融妥協）であった。さらに加えて、企業間株式持合い制度（企業間関係）や政府の銀行に対する「護送船団」行政（国家形態）なども、企業存続ひいては雇用継続の保障にあずかって力あった。その総体を「企業主義的レギュラシオン」という（山田 1994, 1999; 平野／花田 1999）。

五　階層的市場－企業ネクサス

企業組織・労働市場・企業間関係

企業主義的レギュラシオンの仮説は、欧米とは異なる独自日本的な調整のあり方を簡潔に切り取ってみせたが、しかし、そこにはある限界があった。それは、分析対象が大企業に、しかもそこで中核をなす男子正規労働者に限定されていたことである。たしかに大企業の中核的労働者層は、日本経済における生産性上昇を実現する根幹部分をなし、また戦後日本における労使間のゲームのルールを形成していく中心に位置していたのであるが、しかし現実の日本は当然ながら、彼らだけで構成されていたわけではない。「大企業」「男子」「正規労働者」と対をなして「中小企業」「女子」「非正規労働者」が厳存するのであって、これを視野に入れるとき、分析対象はひとり賃労働関係や大企業組織に終わることはできず、必然的に労働市場や企業間関係の日本的構造、特にその階層構造へと及ばざるをえない。しかもそれら各制度領域は密接にからみあって制度的補完性あるいは構造的両立性を形成し、日本経済の成長体制および再生産メカニズムを支えていたのである。その点を解きほぐさないと日本的調整様式は十全に明らかにならない。この課題に挑戦したのが磯谷明徳・植村博恭・海老塚明によって提起された「階層的市場－企業ネクサス」の仮説である（Uemura and Ebizuka 1994; 磯谷 1995; 磯谷／植村／海老塚 1999）(5)。

磯谷・植村・海老塚は、とりわけ企業組織、労働市場、企業間関係の間にみられる緊密な接合構造に注目して、これを「市場‐企業ネクサス」と名づける。いわば三つの制度諸形態をワンセットとして総括的に把握するわけである。そして戦後日本の特徴として、それら各々が上下の「階層的」秩序のうちに編成されていることに注目する。すなわち、企業組織においてはランク・ヒエラルキー（とりわけ職能資格制度と昇進制度）、労働市場においては分断的労働市場（大企業男子正規労働者、中小企業男子正規労働者、非正規労働者の各市場、そして労働者移動はもっぱら下方移動に限定されている）、企業間関係においては下請制度（大企業‐中小企業関係は多くの場合、親企業‐下請企業といった階層的編成のもとにある）といった階層的構造である。ここから日本的ネクサスが、すぐれて「階層的市場‐企業ネクサス」と名づけられることになる。

ネクサスはそれぞれどう機能してきたか。大企業組織における階層性は、より高いランクへの昇進昇格をめざしての競争を生み、つまりは労働への強いインセンティブ・メカニズムとして機能した。しかも、大企業を中心とした企業内福祉が労働者の生活の安定に貢献した。こうした労働市場における階層性は、大企業労働者にとって中途転職が莫大な生涯所得の損失（「制度化された失業コスト」）をもたらすことを意味し、結局、彼らをして現行所属企業での就業継続・能力形成・昇進競争に邁進せざるをえない状況をつくりだす。この「制度化された失業コスト」という概念は、アメリカ・ラディカル派経済学の「失業コスト」の概念を修正し発展させたもので、インセンティブ・メカニズムとして、アメリカ型の競争的労働市場における失業コストのいわゆる「機能的等価」であることを指すものである。(6) 下請制度という階層的な企業間関係は、企業規模別賃金格差を生み出し、またそれを利用することを可能にする。このように企業主義的レギュラシオン仮説にいう中核労働者の雇用保障や高生産性は、実はこの広範囲なヒエラルキー的制度ネクサスによって支えられてこそ可能であったわけである。

さらに確認すべきは、大企業正社員による高い労働インセンティブは、たんに企業内のランク・ヒエラルキーによる能力競争によるだけでなく、大企業からの離職・転職が生涯所得の大幅減少というペナルティを不可避とするという労働市場構造の存在を抜きにありえない。さらに、この時代の日本の労働者にみられた高いフレキシビリティは、高いインセンティブとともに生産性の主要源泉をなしたのであるが、そのフレキシビリティは、たんに大企業正社員の発揮する内的フレキシビリティ（職務編成の柔軟性）だけでなく、周辺労働者に課された不安定雇用と低賃金という外的フレキシビリティ（雇用・賃金の柔軟性）にも大いに補完されていたのである。このように分断的労働市場のもとにおける周辺労働者は、景気変動に対するバッファーとして位置づけられ、日本の労働市場におけるフレキシビリティの構造的特徴が解明された。周辺労働者の問題は系列下の中小下請企業にも共通するところであって、例外もあるが多くの下請企業は、労働の外的フレキシビリティを担い、また親企業への供給価格の圧縮という形で、景況へのバッファー装置としての役割を甘受した。このように、「階層的市場‐企業ネクサス論」は、一九七〇年代に再編された「二重構造」を、制度の調整機能を重視するレギュラシオン理論の観点から総括したものということができる。

以上のように、「階層的市場‐企業ネクサス」の枠組みを通して見ると、日本的調整様式はたんに「雇用保障による生産性上昇」（企業主義仮説）であることを超えて、新しい様相において立ち現れてくる。すなわち、「インセンティブ・ペナルティ・バッファーのセットによる生産性上昇」というそれである。それがこの枠組みの魅力である。なお、この階層的市場‐企業ネクサスは、高度成長期に初期的に形成され、一九七〇〜八〇年代を通じて確立・成熟して輸出主導の成長体制をリードし、そして九〇年代以降の長期不況のなかで見直しを迫られている、というのが提唱者たちの診立てである。

重層的調整と社会的再生産メカニズム

ネクサス論の核となる認識にしぼって見てきたが、これが具体的にどのように経済を調整したのであろうか。ネクサス論が示唆することは、経済調整のあり方はつねに複合的かつ重層的だということである。日本にみる階層的市場‐企業ネクサスにあっても、大企業組織の内部で賃金と雇用を調整する制度装置は、正規労働者と非正規労働者の間に巨大な断絶のある分断的労働市場と、また企業規模別に労働者の技能水準が異なる階層的な企業間関係と、複合的に結びついており、その全体として重層的・複合的な制度的調整メカニズムを生み出しているのである。

例えば、さきにも触れたフレキシビリティについて言えば、大企業正規労働者の発揮する内的フレキシビリティ（労働者の積極的労働参加、ＯＪＴによる技能形成、技術革新による職務再編の受容）は、大企業内の非正規労働者、中小企業の正規・非正規労働者による賃金・雇用の外的フレキシビリティ（賃金カット、残業・操短、解雇）によって補完されてはじめて可能なのであり、この内的・外的の両フレキシビリティが構造的に両立することによって、日本経済全体のパフォーマンスが支えられていたわけである。大企業中核労働者の雇用保障は、それ以外の層でなされる雇用調整を不可欠な補完部分としてはじめて可能なのである。ごく大まかにいえば、「制度的調整」と「市場的調整」の階層的で複合的な総体において、戦後日本の調整様式が検出されるべきだということであろう。

さて、このように広角・重層の視野で調整様式を論ずることによって、必然的に、たんに狭く経済的再生産でなく、広く家庭、福祉、男女性別役割分業を含む社会的再生産のメカニズムが検討俎上にのぼってくる。[7] すなわち、階層的市場‐企業ネクサスによる動態的調整メカニズムは「家庭」に対して特定の分業構造の選択を迫り、そこから再び階層的‐企業ネクサスが強化されるというループが存在する。端的にいってそれは「家庭」

内における男女の役割分業にかかわる。つまり、いわゆる「男は仕事、女は家庭」というジェンダー分業の実態とそれを支える規範である。男は会社で生産労働によって所得を得、女は家庭で労働力再生産（ケア）に携わる、という構図である。しかもケア労働は、アンペイド・ワークである。それはまた、福祉国家の進展を忌避し、福祉供給の主体を企業や家族（とりわけ「嫁」的なもの）に割り当てるという「日本型福祉社会論」の高唱と軌を一にしていた（第4章参照）。その後も日本における社会保障制度は脆弱なままにとどまり、近年まで、これは先進諸国とくらべてきわめて日本的な特徴を示していた。

日本では、その男女役割分担が階層的市場－企業ネクサスを社会的に再生産するのに一役かっていたというのが、ここでのポイントである。家庭内性別分業は、多くの女性労働者の非正規労働者化、それゆえの男女間賃金格差、男性の経済的優位と因果関係をなしつつ強固に存続した。こうした状況下では、個人的意識においてはともかく、家族全体にとっては、女性がケア労働を担うことが「合理的」ないし「安全」な選択肢になってしまう（大沢 1993）。それを通して再び、あの階層的ネクサスの社会的再生産が強化されることになるのである。

それでは、一九九〇年代以降、階層的市場－企業ネクサスはいかなる構造変化と制度再編を経験したのであろうか。グローバル化と少子高齢化の進行という長期的な傾向だけでなく、レギュラシオン理論がつねに強調するのは成長体制の動態が制度変化に与える影響である。そのためには、一九九〇年代の日本経済の構造的危機の内容についてふみこんで検討する必要がある。この点は、のちの第七節で触れることにしたい。

六　日本経済の輸出主導型成長体制

企業主義的レギュラシオン／階層的ネクサスが生み出した成長体制

その企業主義的レギュラシオンならびに階層的ネクサスはいかなる成長体制を構築することになったのか。レギュラシオニストの分析は、戦後日本の成長体制についておおむね次のような一致した理解を示している。すなわち、一九六〇年代の高度成長期には、利潤ないし投資が起動力となってマクロ経済の動態を引っ張るという「利潤・投資主導型」の成長がみられたが、それは一九七〇年前後には国内需要の飽和と賃金上昇によって終焉を迎えることになった。そして、一九七〇年代半ばの構造調整期以降になると、輸出が経済を牽引し、それが輸出財産業を中心にして投資を誘発していくという「輸出・投資主導型」へと転換していった（Uemura 1992, 2000）[8]。このような研究の進展とともに、アメリカにおけるフォーディズムの「賃金・消費主導型」とは異なる成長体制の存在が浮かび上がってきた。

ここでは、特にオイルショック以降の輸出主導型成長体制にしぼって議論を進める。

一九七〇～八〇年代の日本経済は、エネルギー価格の高騰のなか、いちはやく「省エネ」「減量経営」に取り組み、産業構造を軽薄短小型へと転換させていった。やがて電気機械、自動車、工作機械を中心に輸出競争力が強化され、加えて一九八〇年代前半のドル高もこれを後押しした。当時の年平均経済成長率四％は先進諸国中で最高の数字であり、「ジャパン・アズ・ナンバーワン」「経済大国」の語が飛び交うことになった。そうした日本経済はどのような成長体制をもっていたのか。通例「輸出主導型」といわれているこの体制はどのようなマクロ経済的回路をもち、そしてどのように調整されていたのか。

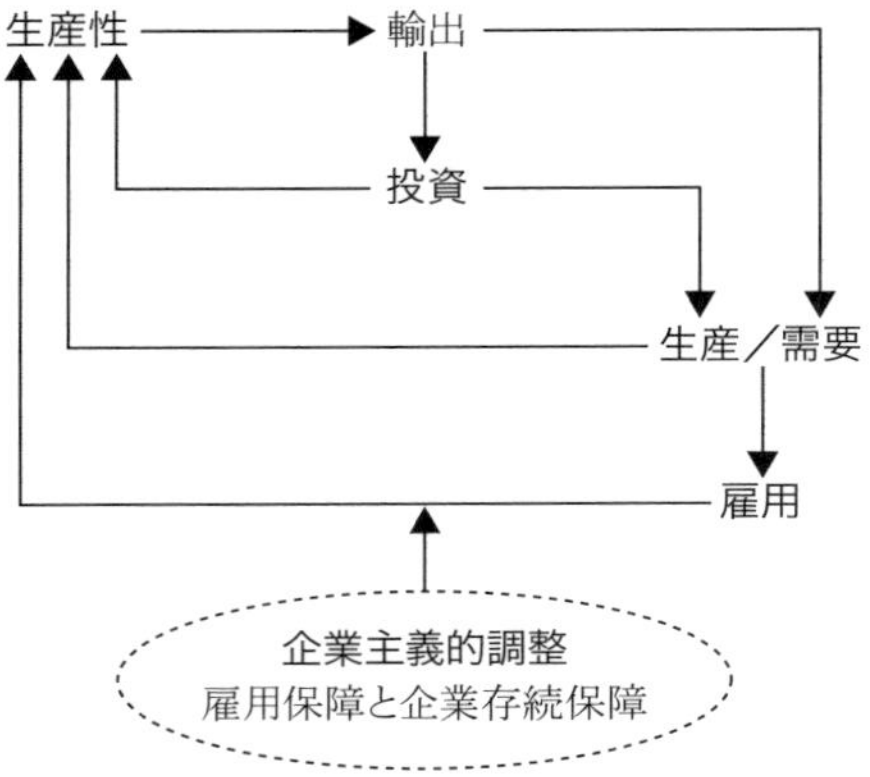

図5–3　輸出主導型日本の成長体制と調整様式

レギュラシオニストの諸研究を総合すると、結論的に、**図5―3**にみられるマクロ経済的連関が確立したのが、この時代であった。すなわち、（1）輸出財を中心とする生産性上昇によって輸出が促進され、これが投資を刺激して経済が成長する。（2）こうして投資中心に形成された需要（＝生産）の拡大は、雇用の維持・拡大に貢献した。つまり輸出主導型成長は生産性上昇の成果を海外に漏出させることになったが、代わりに国内では雇用増をもたらし、失業を抑制する効果をもった（宇仁 1998）。（3）生産性上昇には技術革新、投資（投資→生産性）、収穫逓増（生産→生産性）の諸効果が寄与したのはもちろんであるが、日本に特徴的なこととして、雇用→生産性の回路が作動したことが決定的に注目すべきであろう[9]。

そして、まさにこの「雇用→生産性」の回路を支えたものこそ、あの企業主義的レギュラシオンであった。すなわち、企業存続保障が雇用保障を担保し、その雇用保障という労使妥協に媒介されて、雇用維持は生産性上昇へと連動していった。そのためには、雇用保障は同時に、中核労働者たちによる激しい能力主義競争や不断の熟練形成と組み合わされていなければならなかった。それによって企業主義的レギュラシオンは、すぐれて生産性上昇装置として機能したのではあったが、しかしそれは消費需要を十分に拡大させるメカニズムを欠いていた。一九八〇年代には、「内需主導型成長への転換」の必要性が強く指摘されたにもかかわらず、それは実現せず、実際には過剰投資・過剰蓄積のみが進行した。そのツケはやがてこの企業主義－輸出主導の体制の綻びとなって現れることとなった。事実、すでに一九九〇年代末には、メインバンク・システムは機能不全に陥り、こうして企業存続保障の装置は消失していった。雇用保障の方はどうかというと、大きな揺らぎを経験していたことは確かだが、かといって完全に消滅したとは言いがたく、中核労働者においてその適用範囲が限定され縮小されつつ残存しているといった状況である。いずれにしても戦後、試行錯誤のなかから次第に形成された企業主義的レギュラシオン（広くとって階層的市場－企業ネクサス）は、日本の高度成長を、そしてとりわけ一九七〇年代以降の安定成長を有効に調整したのではあったが、二一世紀に入って大きな試練に突入した。

輸出主導型成長体制のマクロ経済分析

一九八〇年代以降の輸出主導型成長体制については、レギュラシオン理論によってそのマクロ経済分析が展開されてきた。日本におけるレギュラシオン理論は、成長体制の分析においても独自の発展を遂げてきたことは強調されるべきである。特に、日本における成長体制の分析の特徴は、カレツキ、カルドア、パシネッティ、そして様々なポスト・ケインジアン理論を積極的に援用してきたのである。(10)

まず、カレツキアン経済学を用いた研究としては、植村博恭による日本経済の成長と所得分配の研究がある（Uemura 1992, 2000, 2012）。それは、特に、S・ボウルズとR・ボワイエによるカレツキアン理論による計量分析をさらに発展させたものである（Bowles and Boyer 1995）。カレツキアン経済学においては、所得分配が経済成長に与える効果に焦点をあわせて、「利潤主導型成長（profit-led growth）」（利潤シェアの上昇が成長率を上昇させる）と「賃金主導型成長（wage-led growth）」（賃金シェアの上昇が成長率を上昇させる）という二つの成長パターンを区別する。植村の計量分析の結果では、一九六〇年代の高度成長期には成長パターンは「利潤主導型」であり、一九七〇年代末以降では、輸出を捨象すると「賃金主導型」であるが、利潤シェアと相関する輸出を考慮すると「利潤主導型」となることを確認している。さらに、高度成長期においては、高い利潤率が高い資本蓄積率を生み出していることから、その成長パターンを「利潤・投資主導型成長」と命名している。一九七〇年代後半以降の成長は、輸出が投資を牽引したことを投資関数によって確認し、「輸出・投資主導型成長」と呼んでいる。このようなカレツキアン理論による分析については、その後、西洋の時系列分析によって一層の精緻化がなされた（Nishi 2011, 2012c; 西 2014）。

日本の輸出主導型成長体制がもつ構造動学の分析としては、宇仁宏幸の研究がある（宇仁 1995, 1998, 1999, 2011; Uni 2000）。宇仁の構造分析の理論的枠組みは、パシネッティの構造動学理論とカルドアの「累積的因果連関」理論を統合したものであり、この独自のモデルによって日本経済の成長体制の構造的特徴を鮮明に析出した。すなわち、日本の成長体制においては、投資財部門と消費財部門との間で、また輸出財部門と非輸出財部門との間で大きな生産性上昇率格差が存在するということである。この分析には、パシネッティの多部門動学モデルにおける垂直統合分析が活かされている。さらに、宇仁は、投資財部門においては、カルドアがいう「累積的因果連関」が働き、高い成長率と高い生産性上昇が相互促進的に実現したことを検証している。このような理論的枠組みは、ボワイエによって一部門マクロ・モデルとして定式化された「成長体制」の理論的フレームワーク（いわゆる「ボワイエ・モデル」（Boyer 1988））を多部門モデルとして発展させたものである。日本経済のこのような累積的構造変化と不均等発展の性格に関する理解は、その後、原田裕治の脱工業化の理論モデル（原田 1997）をふまえて展開された田原慎二と植村博恭による脱工業化分析にも活かされている（田原／植村 2014;

Uemura and Tahara 2014)。また、日本経済における持続的構造変化が経済成長に与える効果を分析する西洋の研究も生み出されている(Nishi 2016)。以上の研究をふまえて、日本経済の成長体制の特徴を一言でいえば、輸出主導型・利潤主導型の成長で、しかも部門間で大きな不均等発展を示しているということである。

七　一九九〇年代の構造的危機と成長体制の転換

構造的危機から成長体制の転換へ

一九八〇年代後半に日本経済はバブル景気を経験し、バブル崩壊後の一九九〇年代には長期不況におちいった。この点に関してレギュラシオン理論による研究においては、一九九〇年代の構造的危機によって、成長体制の転換が生じたと考えられている(Uemura 2012)。一九八〇年代前半においては、ドル高・円安のもとで輸出の急速な拡大に牽引されて積極的な投資が行われ、さらに一九八〇年代後半の円高のもとでもバブル景気に支えられ過剰投資が進行した(Nabeshima 2000)。これによって、カレツキアン経済学がいう「過剰蓄積」が生み出されたのである。したがって、一九九〇年代の不況への突入は、たんにバブルの形成と崩壊の影響のみならず、その根底で進行していた実物的な過剰蓄積の影響が大きかった。実際、一九九〇年代不況は、過剰設備の大きな調整を伴ったのである。一九九〇年代不況のなかでは、投資が停滞したことが特徴的であるが、それは過剰設備と不確実な金融システムにおける不良債券問題の影響が大きい(宇仁 2002; Uni 2007a; Boyer 2004a)。こうして、一九九〇年代の日本経済は、実物的領域と金融領域にわたる大きな調整過程を経験した。

その後、一九九〇年代末には過剰設備の廃棄と不良債権問題の解消も進み、二〇〇二年には日本経済は景気回復を開始する。この過程は、いっそうの金融自由化と企業活動の国際化を伴うものであって、それは輸出財

表 5–1　1990 年代日本の成長体制の転換

	1980 年代：国内産業・諸制度が構造的両立性をもった輸出主導型成長体制	⇒	2000 年代以降：アジア経済統合が進むもとで国内に異質的構造をもった輸出主導型成長体制
成長率	約 4%	⇒	約 2%
輸出先	US ＞ ASIA ＞ EU	⇒	ASIA ＞ US ＞ EU、増加する中間財貿易
収益性	高い収益性、収益性格差を伴う	⇒	自動車産業などの大企業では高く、中小企業では低い
余剰のスピルオーバー	産業間賃金調整と租税制度を通じた貿易余剰のスピルオーバー・メカニズム	⇒	産業間賃金格差、賃金調整と租税制度を通じた再分配の弱まり
産業構造	高い生産性上昇率を持った強い製造業部門	⇒	サービス部門の拡大と脱工業化の加速化、ハイテク産業におけるイノベーションを促進する必要性
国際生産リンケージ	アジア諸国とアメリカに対する FDI	⇒	アジア諸国との密接な国際的生産リンケージと生産拠点の海外移転、中国経済の台頭
構造的両立性	企業組織、下請システム、分断的労働市場の間の構造的両立性が輸出主導型成長を支える	⇒	諸制度間の構造的両立性が弱まり、アジアとの国際分業に直面し日本経済の中核的経済構造が縮小している

を生産する大企業には利益をもたらしたが、その他の部門との格差をいっそう広げるものとなった。また、一九九〇年代後半から金融自由化がコーポレート・ガバナンスに影響を与えるもとで、雇用システムも大きく変化し、非正規労働者の増大と正規労働者の雇用保障の弱体化が生じた（磯谷 2011; Isogai 2012）。

大企業は、不況期に蓄積された過剰な雇用（「労働保蔵」）の問題を解消するために、非正規労働者を急激に増加させ、賃金を抑制した。労働分配率（賃金シェア）は、一九九〇年代には労働保蔵のために高止まりしたが、二〇〇〇年代初頭には急速に低下した。これにともなって、大企業の利潤率は回復した。マクロ的には、輸出に牽引された景気回復が進んだ。このようななかで、各部門の生産性上昇率が異なるという条件のもとで、「生産性格差デフレーション」が進行した（Uni 2007a, 2007b）(11)。こうしたなかで、日本企業は、アジア諸国との国際競争の激化と対アジア向け直接投資の増加を経験し、こうした国際経済環境の変化は、日本経済に強い構造的制約を課すことになった。それは、これまで日本経済を支えてきた諸制度のあいだの「構造的両立性」を弱体化させるものでもあった（以上、表5―1参照）。

レギュラシオン理論による新たなマクロ経済分析

日本経済の成長体制の大きな転換をうけて、近年レギュラシオン理論による日本経済のマクロ分析は、急速に発展している。特に、ベクトル自己回帰分析（VAR）による計量経済分析、及び産業連関分析による産業構造変化の研究である。

まず、西洋による研究は、カレツキアンのマクロ経済分析を発展させ、理論的に再構成するとともに、これを日本経済分析に応用している（Nishi 2011, 2012c; 西 2014）。特に、西による理論的貢献としては、レギュラシオン理論における「成長体制」分析（Boyer 1988）に、ポスト・ケインジアン理論のストック・フロー動学分析（Hein 2012）と「制度階層性（institutional hierarchy）」（Amable 2003）の分析を統合していることである。特に、このような制度分析に基づくポストケインジアン・マクロ理論によって、利潤主導型／賃金主導型成長（profit-led/wage-led growth）及び負債主導型／負債荷重型成長（debt-led/debt-burden growth）といった、異なった成長パターンを析出している（Nishi 2010, 2012a）。利潤主導型成長とは、利潤シェアの上昇が成長を促進するパターンであり、賃金主導型成長とは賃金シェアの上昇が成長を促進するパターンである。また、負債主導型成長とは、負債の対GDP比率の上昇が成長を促進するパターンであり、負債荷重型成長とは負債比率の上昇がかえって成長を抑制するパターンである。西は、その日本経済の実証研究において、構造ベクトル自己回帰（構造VAR）分析を用いて、一九九〇年代以降の日本経済の成長パターンを検証している。その結果は、日本経済の成長パターンは、利潤主導型かつ負債荷重型であり、したがって利潤シェアの低水準と累積した負債が日本経済の長期不況をもたらしていることが示された（Nishi 2012b）。この説明は、二〇〇二年以降の景気回復が、累積債務の解消と賃金抑制と大量解雇による利潤シェアの上昇を伴ったものであったこととも対応している。

日本経済における産業構造動態に関しては、田原慎二と植村博恭による日本経済の脱工業化（de-industrialization）の分析がある（田原／植村 2014; Uemura and Tahara 2014）。脱工業化とは、生産量や雇用量において製造業の比率が低下する現象を指す。彼らの研究は、産業連関分析を用いたものであり、日本経済では産業間で生産性上昇率格差が大きいという特徴と輸出財製造業とその他の製造業においては異なる脱工業化のパターンが生じている点を析出している。この研究の理論的枠組みは、レギュラシオン理論の成長体制分析の枠組みの中にR・ローソンとJ・ウェルズの脱工業化分析（Rowthorn and Wells 1987）を統合したものである。すなわち、産出量成長、労働生産性上昇、雇用成長の相互連関を分析し、脱工業化の性質を検証するものである。このような産業連関分析を用いた脱工業化の分析は、ドイツ経済を対象に行ったフランケとカルムバッハの分析を発展させて日本経済に適用したものである（Franke and Kalmbach 2005）。そこで明らかになった日本における脱工業化の特徴は、一九九〇年代以降も輸出コア製造業が高い成長率と高い生産性上昇率を実現し、「ポジティブな脱工業化」が生じていたが、他の製造業では成長率が停滞し、「ネガティブな脱工業化」が生じたということであり、やはりここでも不均等なパターンの脱工業化が日本経済の特徴であった。また、製造業部門から対企業サービス部門へサービス活動や労働者の外部化が生じており、このことによって対企業サービスの拡大に伴う脱工業化が、同時に非正規労働者の増加と不平等の拡大を伴うものとなっていた点を指摘している。(12)

八　増大する経済の異質性と調整様式の機能不全――新しい成長体制は可能か

企業主義的レギュラシオンの機能不全

一九九〇年代以降の長期不況のなかで、日本経済は金融システムと賃労働関係において大きな制度変化を経験した。磯谷明徳は、日本の企業システムの変容を分析し、コーポレート・ガバナンスの多様性とハイブリッド化が生じていることを確認している (Isogai 2012)。特に、磯谷は新しいハイブリッド型を「新しいJタイプ企業」と呼んでいるが、そこでは長期雇用を維持しつつ、しかし同時に成果賃金が積極的に導入されている。この転換は、日本企業とそのステークホールダーによる意図的な適応によって促進されているが、同時にそれは賃金システムと長期雇用に関して諸企業の多様な進化過程を生み出している (Miyamoto 2016)。したがって、それはまた「階層的市場‐企業ネクサス」全体に「漸進的変化」(Thelen 2009) をもたらしているのである。そのような変化は、技能形成や雇用・賃金調整に関わるいくつかの重要な制度的調整メカニズムに機能不全を生じさせてきた (Isogai 2007, 2012)。

また、セバスチャン・ルシュバリエも日本企業の異質性に焦点を当てつつ、日本資本主義の転換を分析している (Lechevalier 2011; ルシュバリエ 2014)。特に、一九九〇年代に拡大した企業の異質性が労働市場の「再分断化」をもたらしていると指摘している。しかも、ルシュバリエは、このような日本資本主義の転換の背景として、新自由主義的政策の強い影響が存在している点を強調している。

このような磯谷とルシュバリエの研究をふまえて、平野泰朗と山田鋭夫は、一九九〇年代以降の日本経済における企業主義的レギュラシオンの転換を分析し、調整様式に機能不全が生じていることを指摘している (平野／山田 2014)。これまで説明してきたように、一九九〇年代に確立された企業主義的レギュラシオンには、二つの基軸が存在していた。すなわち、大企業を中心として「雇用保障をめぐる労使妥協」(雇用妥協)と「企業存続をめぐる企業–金融妥協」(金融妥協)である。これらの妥協が成立したことで、一九七〇年代後半以降の輸出主導型成長が有効に調整されたのである。しかし、一九九〇年代後半以降になると、金融の自由化によって金融妥協のもとでの経営の保障は崩れ、また非正規労働者の急速な増加と解雇が正規労働者にも及ぶことによって雇用保障も弱体化した。これは、社会保障制度の整備が不十分な日本において、市民に大きなリスクを負わせることとなっている。

経営保障の崩壊に関しては、バブル崩壊後のメインバンク機能の弱体化とともに銀行経営の劣化が生じたことが重要である。それにともなって、大企業のメインバンクへの依存は弱まった。雇用保障もメインバンクによって支持されてきたが、それもまた崩壊にさらされた。すなわち、経営保障の崩壊は雇用保障を弱体化させ、全般的な賃金抑制と非正規労働者の増加は雇用システムに不平等と不安定をもたらしたのである(ボワイエ 2016)[13]。ただし、そのような変化のなかにおいても、コアの労働者については、かろうじて雇用保障が維持されてきた。しかし、日本企業の国際化、特に急速なアジア展開は、企業主義的レギュラシオンの機能不全を一層加速化させ「ポスト企業主義」ともいえる状況を生み出している。このような変化すべてによって、日本社会には、一層の分断化と不公正がもたらされつつある。

将来の成長体制と調整様式の展望

将来的に実現可能な成長体制と調整様式について、中長期的観点から展望することは、いまや不可欠なことである。しばしば、ボワイエは「人間創造型成長体制 (anthropogenetic growth regime)」という将来的にありうべき成長体制の日本における具体的姿として、「イノベーションと地域経済統合に主導された成長体制」という発展の可能性を示唆してきた。(14) これは、東アジア地域との経済統合が進むなかで、企業や社会のイノベーションと人々の学習によって電子・通信機器、バイオテクノロジー、環境保護機器といった先端的産業で高い生産性と収益性を実現する経済であり、東アジア経済統合のなかで大きく発展する国際分業をリードできるダイナミックな製造業をもった経済である。そのためには、まず一九八〇年代を通じて成立した輸出財産業の突出した経済構造と九〇年代以降強まった経済の構成要素の異質性や経済格差を緩和することが必要であり、広範囲な主体の行動と産業の動態を誘導する新たな調整様式が創出されなければならない。それは、正規労働者と非正規労働者の双方に対して安定した賃金と技能形成の機会を保証し、消費の持続的増大を実現することで安定的な成長を達成することができる経済である。それを実現するためには、多くの社会的・制度的条件を整えなければならないが、それは次のように整理できよう。

マクロ的需要形成パターン　製造業製品の輸出を拡大させつつ、同時に生活関連の内需の安定的形成が行われることが望まれる。すでに、二〇一〇年代に入って日本の貿易収支の黒字は大きく減少している。こうしたなかで、輸出先としては、今後とも中国や東南アジア諸国が重要な位置を占めるが、これまでのような輸出主導型成長ではなく、先端産業の国際競争力を高めつつ、中間財貿易などのネットワークを有効に編成することで貿易を拡大させることが必要である。特に、研究開発部門、先端的部品の製造部門、加工組立部門のネットワークを通じて産業内貿易を拡大させる新しい輸出主導型成長を目指すべきである。同時にまた、内需については、金融規制の枠組みを再構築することで金融システムを安定化させ、十分な水準の投資需要の拡大を促進するとともに、企業レベルだけでなく、市民の要求に応じた様々な社会的な調整によって、生活関連消費、福祉・介護、教育、医療、環境といった分野において持続的な需要拡大を生み出していくことが望まれる。

企業・産業の収益性と余剰のスピルオーバー　二〇〇〇年代に拡大した産業間及び企業規模間の収益性格差は、日本経済の生産性と需要形成を阻害するまでに至っているので、今後産業レベルおよび企業レベルの社会的なコーディネーションによって調整され是正されなければならない。先端産業において高い生産性を実現することによって、十分な貿易余剰を獲得することが望まれるが、そのためには形骸化した春闘に代わる新たな賃金の平準化メカニズムを確立し、また租税の再分配機能を再び強化することによって、貿易余剰が日本の社会経済にスピルオーバーしていくメカニズムを再構築していくことが必要である。

産業構造の高度化と国際生産リンケージ　先端産業で高い生産性と収益性を実現し、東アジア経済統合のなかで発展する国際分業をリードすることができるダイナミックな製造業を創造することが望まれる。東アジア地域での国際的な生産リンケージはより密接なものとなると予想され、部品生産―中間財貿易―最終組立―輸出・国内向け販売という生産・流通ネットワークを東アジア規模でいかに組織していくかが大きな課題となろう。中国などのアジア諸国の急速な工業化に直面して、日本経済は今後とも「脱工業化」は避けられない。もちろん、そのような傾向が不可避であるからこそ、日本の製造業全体の衰退が生じないように、東アジアの国際分業をリードするダイナミックで先端的な製造業を維持し続けることが決定的に重要なものとなる。また、脱工業化＝サービス化の具体的中身として、教育、医療、介護といった対個人サービスの領域において質の高いサービスの供給を実現していくことが望まれる。

諸制度の構造的両立性と市民社会的調整　一九八〇年代の日本経済においては、「企業主義的レギュラシオン」のもとで、大企業の企業組織、階層的下請システム、分断的労働市場の間に構造的両立性が存在していた。それにより、競争力ある生産システムと賃金・雇用のフレキシブルな調整が実現していた。それが、一九九〇年代から二〇〇〇年代における制度変化を経験するなかで、日本経済は国際金融市場の影響を強く受けるようになり、経済構造の面では輸出財産業の大企業のみが突出し、他産業や中小企業の活動との整合性が失われ調整様式が機能不全に陥っていった。これに対して、新しい成長体制のもとでは、教育、医療、福祉など様々なサービス産業の成長を促進しつつ、各地域で中小企業の活動やそこで働く労働者の雇用を維持し発展させることができる金融システム・企業システム・賃労働関係の新たな制度的・構造的両立性が確立されなければならない。そのさい重要な点は、大企業中心の調整様式が機能不全になってきたことを認識し、正規労働者に対しては部分的に維持されている雇用保障と技能形成を発展させるとともに、それを補完するかたちで正規労働者と非正規労働者双方を包摂した技能形成、雇用・賃金保障について、さらにすべての世代の生活を支える社会保障について、より広い市民社会レベルでの合意と調整様式を打ち立てることである。

九　おわりに

戦後先進資本主義経済を分析したレギュラシオン理論は「フォーディズム」の概念によって成功をおさめたが、しかし戦後日本の経済成長はどうも「フォーディズム」によっては説明できない。こうした難問に突き当たった日本のレギュラシオン研究は、必然的に「概念や方法の手直し」を模索し、レギュラシオン理論を独自に発展させざるをえなかった。「レギュラシオン理論はたゆむことなく自らの概念や方法を手直しし、理論の適用範囲を拡大してきた」とはBoyer (2015) の言であったが、日本分析においてもその例外ではなかった。

その最初の成果が「企業主義的レギュラシオン」論と「階層的市場‐企業ネクサス」論であった。前者は日本企業における雇用保障という特徴的事実を見据えて、「賃金」から「雇用」へと分析の焦点変数をずらすものであり、その眼でみると、戦後の経済的「成功」は市民社会の不十分な発達のうえに立つ企業社会の確立によるものであったとの日本像が見えてくる。後者は日本経済の諸制度の補完性と階層性からなる重層的総体によって調整が成し遂げられている点を捉えようとする試みであった。そこで発見されたのは、日本経済の制度的特徴が大企業を中心に複合的構造を持っていることであり、それが日本における市民社会のあり方にも影響を及ぼしていることであった。こうして、レギュラシオン理論による日本経済の制度分析は、日本における「市民社会」の問題をあらためて浮かびあがらせることになった。

また、「成長体制」のマクロ経済分析に関しては、日本における制度派ケインズ経済学の伝統の影響のもとで、さまざまなポスト・ケインジアンの理論が実証分析に活用されてきた。そして、特に、日本経済においては高生産性と高収益を実現してきた輸出財産業が突出した成長をしてきたのであって、ここから生み出される不均等発展の構造動態が、日本の「成長体制」の特徴となっていることを実証してきた。そして、いま最大の問題はそれを調整してきた調整様式が機能不全におちいりつつあることである。

日本は、アジアの一部であるとともに、西欧型の社会経済発展を実現し、それなりの繁栄を築いた歴史上稀な後発資本主義国である。この歴史的特徴が、われわれの日本における社会経済分析にも大きく反映してきた。一般に、西洋生まれの概念で日本を分析するとき、そこから零れ落ちる事態はしばしば「古さ」「遅れ」「歪み」といって処理されてきたのであるが、そう処理してしまうと必ず分析を過つ。日本の社会と経済がもつ構造的な複合性の一側面が切って捨てられることになる。かつて日本の市民社会論が固執したのもこの問題であり、「資本主義化＝近代化（市民社会化）」なる等置ではすまない日本社会の複雑性への問題意識であった。また、「企業主義的レギュラシオン」とそれを補完する「階層的市場－企業ネクサス」の分析によって解明しようとしたものも、同様に大企業と階層的な労働市場からなる複合的な階層構造である。日本においては、社会と経済の複合性がその市民社会の性格に強い影響を与えているのである。こうした点は、グローバリゼーションと地域経済統合が進行している現在、日本という国の立ち位置をあらためてわれわれに自覚させるものともなっている。「市場万能論」的処方箋が世界的に蔓延するとともに、これに対抗してナショナリズムが台頭するという、現に進行している複雑な対立構図に鑑みても、日本という国の歴史的かつ社会的な特徴を自覚したうえで、日本の市民社会と経済制度の将来を問うことは、極めて重要なものとなっている。レギュラシオン理論が今後ともわれわれに示唆するものは、まさにこのことである。

注

(1) この点はフランス・レギュラシオニストの代表的著作のタイトルを見るだけでも明らかである。例えば、あのアグリエッタの古典的著作は『資本主義の調整と危機』(Aglietta 1976) と題されていたし、レギュラシオン四〇年を総括したボワイエの最近著は『資本主義の政治経済学——調整と危機の理論』(Boyer 2015) である。

(2) 参考までに示すと、一九五〇～七三年の主要OECD諸国における経済パフォーマンス(年平均)は、経済成長率＝四・九％、生産性上昇率＝四・五％、一人当たりGDP成長率＝三・八％、等々といった具合であり、これは前後のいかなる時期よりもはるかに高水準である。Maddison (1991) 参照。

(3) フランス生まれのレギュラシオン理論については、本章では、その創成期たる一九七〇～八〇年代の議論に限定して紹介した(第二、三節)。しかしこの理論にあっては一九九〇年代以降も、例えば金融主導型経済論、資本主義多様性論、不平等論、欧州統合論、アジア経済論などの展開がなされている。本書では以下、資本主義多様性論については第6章で論ずるが、それ以外についての紹介は割愛する。

(4) 日本におけるレギュラシオン理論の発展について、その全体像を整理して描いた英語論文としては、Uemura, Yamada and Harada (2016) がある。そこでは、日本のレギュラシオン理論研究の特徴として、後発資本主義国の制度的特徴が反映し、資本主義の多様性と複合構造動態の分析を発展させている点が確認されている。

(5) この議論は二〇〇〇年代に入っても、金融システムや重層的調整などの観点を取り入れ補完と拡張が加えられているが(磯谷 2007; 植村 2007)、ここでは立ち入らない。

(6) ボウルズたちの使用する「失業コスト(job loss costs)」の概念については、Bowles and Boyer (1990) を参照されたい。ただし、近年ボウルズ自身は、このような金銭的インセンティブだけでなく、市民・労働者の社会的選好の役割を重視するようになっている（Bowles 2016）。したがって、日本の労働者の動機づけについても、金銭的インセンティブと内面的な規範意識に基づく動機とを、ミクローマクロの重層的構造にわたって総合して分析する必要があろう。

（7）くわしくは磯谷／植村／海老塚（1999: 図2—17）を参照のこと。同論文はその他に、ネクサスの及ぼすマクロ経済的効果を計量分析によって示しているが、ここでは割愛する。

（8）成長体制分析を産業連関分析をもちいて精緻化しつつ、宇仁（1998, 1999）は構造変化連続論を提起し、一九五〇年代から一九八〇年代までの日本経済において相対的に高度な成長が継続した理由を説明している。

（9）**図5—3**では経済成長に特に貢献した変数や回路を強調するために、それ以外の変数はあえて消去してある。例えば分配項目としての「利潤」「賃金」や需要項目としての「消費」がそれである。もちろんこれら諸変数がマクロ回路の一環をなしたことは事実であるが、輸出主導型経済によく見られるように、例えば実質賃金は抑制されて経済成長を主導することはなかった。図ではあくまでも主役をなした「輸出」「投資」「雇用」を浮かび上がらせるために、それ以外は意識的に省略してある。

（10）これは、日本における制度派ケインズ経済学の研究蓄積の影響でもある。宮崎義一や伊東光晴などの制度派ケインズ経済学については、本書第3章を参照されたい。

（11）宇仁は、「生産性格差デフレーション」を多部門モデルを用いて分析している。また、このようなデフレーションの背景には賃金の抑制が存在することを、服部（2014）は強調している。

（12）このような日本経済の脱工業化のパターンは、ドイツにおける脱工業化のパターンと比較的類似している。ドイツ、イギリス、フランス、イタリア、日本の脱工業化の比較分析としては、Uemura and Tahara（2017）を参照されたい。また、原田裕治は、クラスター分析を用いて先進諸国の脱工業化の多様性を検証し、その類型化を行っている（原田 2007）。これらは、ともに資本主義の多様性分析と脱工業化分析を統合しようとする試みである。

（13）ボワイエが指摘するように、日本における不平等の拡大は、主として賃金・雇用関係から生み出されたものであって、アメリカ合衆国のように資産格差の急速な拡大によって生じたものとは性質が異なっている（ボワイエ 2016）。

（14）R・ボワイエは、これをしばしば“innovation and regional integration-led growth”と表現している。また、ボワ

イエ（2013b）においては、アベノミクスの本質がケインジアン的政策ではあるが、金融市場を刺激しても、投資や生産性といった実物経済の活性化につながるのは難しいとの見解を示していた。そのうえで、今後の日本において、社会保障関連の分野に人的資源と物的資源をシフトさせ、イノベーションを促進していく、「人間創造型成長」を目指すべきだと主張している。

第6章

資本主義の多様性へのレギュラシオン・アプローチ

――信頼・制度・市民社会――

原田裕治

一　はじめに

前章では、フランスで生まれたレギュラシオン理論の基礎的枠組みを概観した上で、それが日本においてどのように適用され発展したのかについて検討した。本章では、レギュラシオン理論のもう一つの発展の系譜を明らかにしたい。それはレギュラシオン理論による資本主義の多様性へのアプローチである。資本主義の多様性については、とりわけ一九九〇年代以降、経済学のみならず各種社会科学において議論が興隆し、日本においても人口に膾炙してきた（Albert1991; Dore 2000; Hall and Soskice 2001; 宇仁 2009; 新川ほか 2004; 遠山 2010 ほか）。このような状況に対してレギュラシオン理論からのアプローチも少なからぬ貢献を果たしてきた（Amable 2003; Boyer 2004a; Boyer, Uemura and Isogai 2012）。そのような状況については、すでに山田（2008）がきわめて的確かつ詳細に検討を行っている[1]。ここでは、資本主義の多様性に対するレギュラシオン的アプローチに議論を限定した上で、レギュラシオン理論内部に生まれた二つの議論を概説した上で両者の異同とその後の展開を検討する。さらにこのような議論が市民社会という観点から見たときに、どのような含意と発展可能性をもつのかについて検討したい。

具体的な議論に入る前に、レギュラシオン理論における多様性論の前史について触れておこう。前章で明らかにされたように、レギュラシオン理論にとって当初の課題は、一九七〇年代に先進資本主義国で生じた経済危機の原因と構図を明らかにすることであった。そのために、危機以前の好循環の経済構造がフォーディズムとして明らかにされた。フォーディズムは先進各国に共通して観察されるとされるが、そのもとで成立する蓄積体制で各国は共通していたとしても、それを支える調整様式や制度諸形態は異なる可能性がある。事実、当時のレギュラシオニストは、アメリカ、フランスの経済動態を個別に研究し比較している（Aglietta 1976, 1997; CEPREMAP-CORDES 1977）。また類似の事実は、前章でも指摘された日本の高度成長期における発展様式の分析においても指摘される（Uemura 2000; 宇仁 1991; 遠山 1990a; 山田 2008）。

このように、レギュラシオン理論による分析は当初から、成長と危機の交代という時間的可変性に加えて、空間的な多様性も議論の射程に収めていた。その際、同理論を構成する、蓄積体制、調整様式、制度諸形態という三つの要素で多様性が規定される点が特徴的である。フォーディズムをめぐって指摘される多様性は、同一の蓄積体制を構成する異なる調整様式あるいは異なる制度諸形態――具体的には当時支配的であった賃労働関係――という形で規定される。実際、Boyer（1990）は、フォーディズムが成立していたとされる一九六〇年代の先進諸国の特徴を吟味して、各国の正確な構図は同一ではなく、いくらかの多様性が観察されることを指摘し「一つのモデル、多数の国民的ブランド（One model, many national brands）」と呼んだ。(2)

さらに、一九六〇年代末もしくは一九七〇年代初頭以降、フォーディズムの本家であるアメリカはもちろん、その他の先進諸国経済も相次いで危機に陥り、それぞれが危機からの脱却を図る中で見られる対応の違いには、フォーディズムとその偏差以上の多様性が確認される。こうした現象は、危機への対応における「国民的軌道の分岐」として議論されるようになった。ここでの議論の焦点は、国民的ブランドの議論と同様に、依然として五つの制度諸形態のうち賃労働関係の違いに絞られている。具体的には、Boyer（1990）は一九七〇年代以降に成立したと考えられる四つの国民的軌道を提示している。(3) これらの国民的軌道は、フォーディズム以後における調整様式の多様性を示していると考えられるが、興味深いのは、同じ軌道として分類される諸国の間でも経済パフォーマンスが異なるケースもあれば、異なる軌道の間で類似した経済パフォーマンスが観察されるケースもあるということである。すなわち、調整様式あるいは蓄積体制の多様性は、経済成果の違いと直接的に結びつくわけではないのである。したがって、各種領域で成立する制度諸形態、それらに共通して、あるいは整合的に観察される経済調整の原則としての調整様式、さらに調整様式によって操縦されるマクロ経済循環の構造である蓄積体制、またその蓄積体制のもとで実現する経済パフォーマンスのそれぞれの結びつきは一義的に定まるものではなく、そうであるがゆえに各国の経済構造は多様であり、歴史的に変化するものとなる(4)。

二 社会的イノベーション・生産システムから資本主義の多様性へ

こうした国民的軌道の議論を経て、レギュラシオン理論による多様性の議論は次第に広がりを見せる。なかでも新しい展開を示したのが、社会的イノベーション・生産システム(ＳＳＩＰ)論である。これは、Amable, Barré and Boyer (1997) によって詳細に論じられ、Amable, Cadiou and Petit (2000) や Amable and Petit (2002) でさらに分析が展開されている。こうした分析は後述するアマーブルの先進資本主義類型論に通じている (Amable 2003)。興味深いのは、それまでレギュラシオン理論の議論を主導してきたボワイエあるいはプチと、第二世代のアマーブルらが共同で議論をしている点であり、そこにはレギュラシオン理論としての連続性・一貫性と同時に、変化も見出される。両者の比較は後述するとして、まずはＳＳＩＰ論の概要を確認しておこう(5)。

社会的イノベーション・生産システム論

アマーブルらの関心は、各国経済のパフォーマンスを供給的側面から捉え、その生産力がいかに形成されるかにある。また各国経済の生産力は、その国がもつイノベーションの能力や、産業特化のパターンによって規定されると考える。より具体的に言えば、こうした供給能力は、科学‐技術‐製造(産業)の三つの部門で構成されるとする。それぞれの役割は、科学部門はアイディアを生み出し、技術部門は生み出されたアイディアを工作物に転換し、製造部門がそれを市場性のある製品にするといった具合である。したがってこれらの部門でどのような分野の活動が積極的に行われているかに焦点があてられる。

またこうして構成される各国経済の供給能力は、制度的特徴によって規定されることを想定し、供給能力形成に関連する以下の三つの制度領域が分析の対象とされる。具体的には第一に、適応力があり、よく訓練された労働力を経済に供給する教育・職業訓練システムであり、第二に、イノベーションと生産の時間的範囲を定義し、投資プロジェクトに選別融資する金融システム、そして第三に、価格競争力だけでなく、生産関係における協力の質といった非価格的側面をも間接的に決定する労働関係システムである（Amable 2003: 訳 118）。以上、生産システムに関わる三部門と関連制度領域三つを合わせた六つのサブシステムが、社会的イノベーション・生産システム（ＳＳＩＰ）を構成する。[6] 実際、左記の四つのモデルが描き出される。

第一のモデルは、**市場ベース型ＳＳＩＰ**であり、その典型国はアメリカ、イギリス、オーストラリア、カナダである。そこでは、企業間および個人間の競争原理が中心で、市場メカニズムが行為主体をコーディネートする。したがってこのモデルの競争力は、行為主体に与えられるインセンティブの強さや、インセンティブに反応する行為主体の能力に規定される。科学や技術部門では知識がコード化され、産業については、ラディカルなイノベーションがきわめて重要であるような活動に特化しているのが特徴である。

第二のモデルは、**メゾ・コーポラティズム型ＳＳＩＰ**であり、日本がその例示国である。このモデルでは、大企業グループを中心に内部労働市場が形成されており、そこでは特殊な賃金設定慣行があったり、労働者に特殊な形態の雇用保障が与えられたりしている。金融システムは、企業が長期的戦略をとることを可能にするものである。また企業活動はグループ内部でコーディネートされる。このような制度的特徴のもとで、同モデルは漸進的《インクリメンタル》なイノベーションに優位性をもつ。すなわち高熟練労働力や良好な作業調整が必要とされるような複雑な工業財の部門において有利である。

第三は、フランス、ドイツ、イタリア、オランダを包摂する**ヨーロッパ統合／公共型ＳＳＩＰ**である。見方によっては異質な国々が混じったグループではあるが、その最大公約数的な制度的特徴は、公的制度が経済調節過程の中心にあるという点にある。金融システムについても公的規制が信用割当に役割を果たし、大企業を優遇する傾向にある。公的制度はまたイノベーションの推進やそのコード化・管理においても重要な役割を果たすとされる。産業特化についても、交通通信インフラ・健康関連、軍事も含めた巨大公共プログラムといった公的機関や公共支出が役割を担う産業が重要であり、科学技術については、公的機関が基礎研究を担うがゆえに、研究成果の民間セクターへの移転可能性、職業訓練と民間企業ニーズとの緊密な連携には課題があるとされる。

第四の構図は**社会民主主義型ＳＳＩＰ**である。北欧諸国がこれに相当する。この構図は、十分な交渉力をもった労働組合と経営団体が社会的パートナーとして妥協を生み出すことで成立しているとされる。これに該当するのは対外競争に晒された小国が多いが、そこでは、よく訓練された競争力のある労働力を供給する教育・職業訓練システムや、積極的に構造変化を促しつつ労働を再編成する中でも各種のリスクから諸個人を保護する包括的な福祉国家を成立させている。これらの国では、健康や環境関連の諸活動に競争優位が見出される。

このような類型が単に理論的に編み出されるだけでなく、各種の統計データを用いて実証される点に、この研究の特徴がある。さらにAmable, Cadiou and Petit（2000），Amable and Petit（2002）といったその後の研究では、対象国と対象期間を拡張することで、**ヨーロッパ統合／公共型ＳＳＩＰ**が、それ自身に加えて、**アルプス型変種**（オーストリア、スイス）と**地中海型変種**（スペイン、イタリア、ギリシャ、ポルトガル）の三つに分岐し、合計六つのＳＳＩＰが析出されている。こうした議論は後述する五つの資本主義論に結実していく。

四つの資本主義類型——支配的調整原理による分類

レギュラシオン理論の旗手であるボワイエによる多様性論は、フォーディズムの変種、国民的軌道の議論を経て、四つの資本主義の類型論にたどり着く。実はその具体的な構図は、先に示した社会的イノベーション・生産システム（ＳＳＩＰ）のそれとほぼ同じものである。それは、ＳＳＩＰがアマーブルとボワイエの共同研究の成果であることを考慮すればなんら不思議ではないが、ボワイエが改めて示した四つの類型とその表現は、前項で示されたものと若干異なることには注意が必要である。それは具体的には**「市場主導型」「メゾ・コーポラティズム型」「公共的／欧州統合型」「社会民主主義型」**で、その特徴は、**表6―1**に示される。これらの類型は基本的には、Amable, Barré and Boyer（1997）で示された類型と整合していることが見て取れるが、ボワイエ自身の当初の議論に合わせる形で「総体的ロジックと支配原理」「調整様式の特徴」の項目が追加されている。(7) 一方、それはＳＳＩＰ以前の議論、すなわち国民的軌道の分岐にかんする議論、との相似と相違も示している。名称はいくらかの変更があるものの、各々の大まかな特徴は、国民的軌道の議論で示された類型のそれが維持されているとみてよいだろう。ただし、経済動態との関係については、蓄積体制ではなく、ＳＳＩＰに合わせてイノベーションと産業特化に言及されていることには注意を払わねばならない。

ボワイエはこうした類型を展開するにあたって、「実証的な議論というものは、それが理論的推論と結びついていないかぎり、あまり決定的な意味はなかろう」（Boyer 2004a: 訳 120）と述べ、多様性を理論的に裏づける原理を提示している。それはホリングワースらとの共同で展開した生産の社会システム論における議論にもとづく(Hollingsworth and Boyer 1997)。この議論は、経済活動のコーディネーション原理自体が多様で、経済的アクター

表 6–1　ボワイエによる四つの資本主義

	市場主導型	メゾ・コーポラティズム型	公共的／欧州統合型	社会民主主義型
総体的ロジックと支配原理				
	市場ロジックがほとんどすべての制度諸形態の編成原理	生産にかんする多様化と、大規模経済単位内での連帯と可動性の原理	生産・需要・制度的コード化の面での公共的介入が生み出す経済循環	社会・経済の多くの点のルールにかんする社会的パートナー間の交渉
調整様式の特徴				
	精緻な法的装置の支配下での大幅に市場的な調整	大企業によるメゾ経済レベルでの調節、市場や国家は二次的	マクロ経済的調節の中心は国家、市場や企業は国家のゲームのルールに従う	制度諸形態の核心には三者（政労使）の交渉がある
以下への帰結				
イノベーション	急進的イノベーションにもとづくシュンペーター波、特許やイノベーション益を個人化するロジックが支配	漸進的だが収益性のよいイノベーションを行うことによって、製品・工程の模倣・適応をする傾向	大規模投資や長期的時間幅を想定した急進的イノベーション、フォーディズム型の（相対的に集権的な）イノベーションへの適応	周辺的であれ急進的であれ、社会・経済問題の解決に結びついたイノベーション
産業特化	急進的イノベーションと結びついた諸セクター：情報、宇宙、薬品、金融、レジャー産業	大幅なコーディネーションを必要とし局所的だが累積的な能力を動員するセクター：自動車、エレクトロニクス、ロボット	大規模公共インフラと結びついたセクター：運輸、電気通信、航空、宇宙、軍備	社会的需要に対応したり（健康、安全、環境……）技術向上によって自然資源を開発したりするセクター

出所：Boyer（2004a: 訳 118-119）一部省略

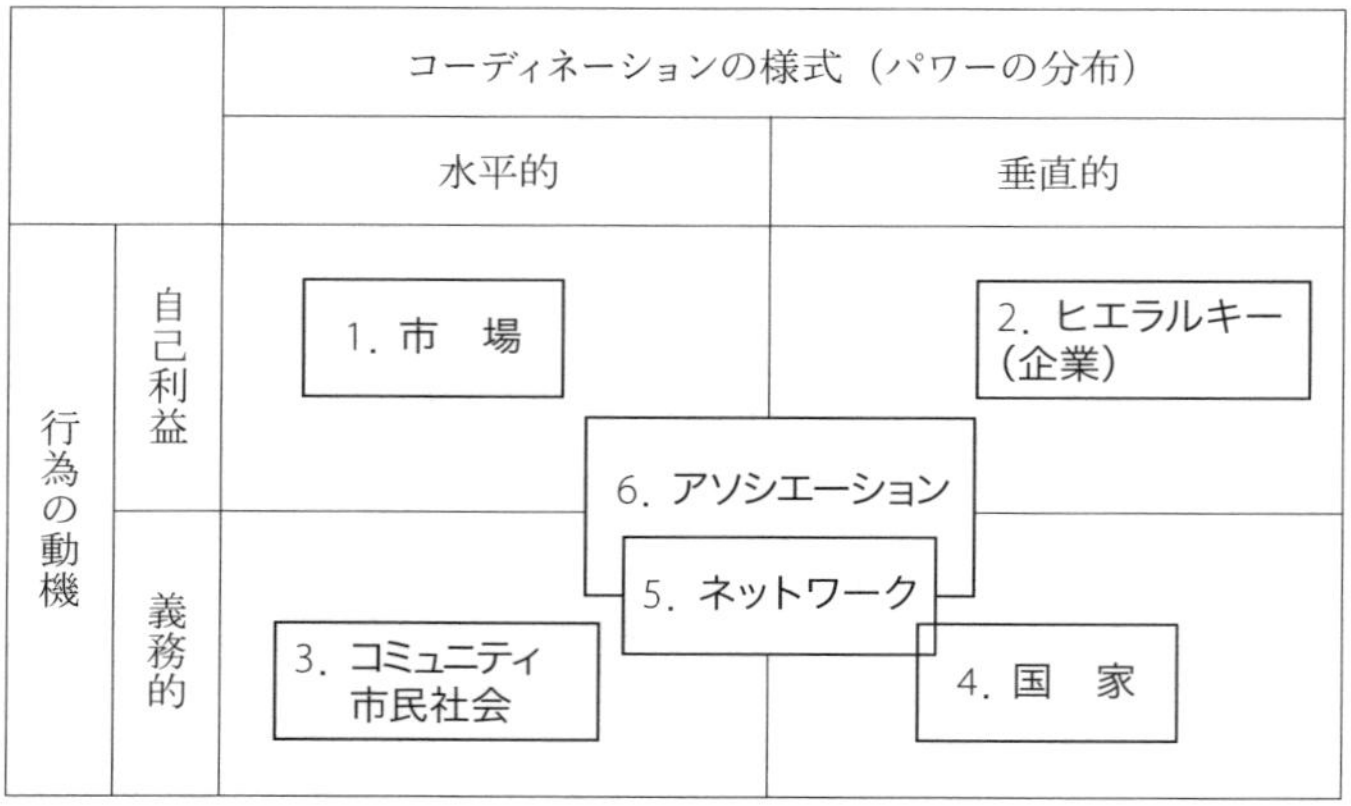

図6–1　制度的調整の諸原理

出所: Hollingworth and Boyer（1997: 9）一部改変、Boyer（2015a: 117）

の行為の動機、およびアクター間のパワーの分布の性格に応じて四つの原理があることを指摘する（**図6―1参照**）[8]。

まず市場は、一見平等な力を持ち、自己利益によって自発的に動くアクターたちの行動総体が、匿名的な形で突き合わされ調整される場である。つづいて、同様に自己利益にもとづく行動に対して、意思決定権力が垂直的に行使されることによってコーディネーションが行われる私的ヒエラルキー、あるいは企業が挙げられる。第三の原理は、コミュニティあるいは市民社会に求められる。そこでは、個々のアクターは自己利益というよりも義務の原理に立脚して行動し、それらが水平的関係にもとづいて調整されると考えられる。最後に国家は、義務の原理と垂直的で強制的な権力による調整が組み合わされたものと理解される。

これらの原理的調整に加えて、諸団体やネットワークといった中間的な形態も存在しうるが、各種制度諸形態は四つの原理を異なる割合で組み合わせたものとして成り立っており、その割合は社会ごとに異なることをボワイエは指摘する（Boyer 2004a: 訳 122）。そしていずれの原理が経済調整の中心的役割を担うかによって、四つの類型が現れることが示され、それが右で確認した四つの資本主義類型と対応することになる。すなわち、**「市場主導型」**では市場が、**「メゾ・コーポラティズム型」**では企業が、**「公共的/欧州統合型」**には国家が、そして**「社会民主主義型」**では市民社会がそれぞれ対応するといった具合である。山田（2008）はそれぞれの類型を「市場主導型」「企業主導型」「国家主導型」「市民社会《コミュニティ》主導型」と読み替えられると主張している。このことは、**表6―1**で示された「総体的ロジックと支配原理」あるいは「調整様式の特徴」としても表現されている。すなわち、ボワイエの議論の特徴は、さまざまな場面や領域で行われる調整は四つの原理が組み合わされつつ行われることを理解しつつも、それぞれ各国経済における調整の特徴を各原理に寄せて理解することである。

またこれら四つの原理は、別の見方をすれば、調整の場《アリーナ》の違いによる分類とも理解できる。市場や企業は私的な場であり個別的な水準であるのに対して、市民社会は公共的な水準での調整と言える。さらに国家はナショナルな水準での調整となる。こうした論理を拡張すると、この議論においては触れられていないが、それ以外の水準での調整も想定することができる。例えば地域統合を視野に入れたリージョナルな水準であったり、国際体制を視野に入れたグローバルな水準であったりを想定できよう。こうした各種水準での調整は相互に影響しあって、現実の調整過程を作り上げていると考えられる。そのような議論は近年マルチレベル・ガバナンスとして各方面で議論されており、ボワイエ自身も独自の議論を展開している（Boyer 2015a; 八木 2017）。

五つの資本主義類型――補完的制度の束としてのシステム

一方で、社会的イノベーション・生産システム（ＳＳＩＰ）論を媒介しながらもアマーブルはボワイエとは多少異なる多様性論に行き着いたと言えるかもしれない。アマーブルは二〇〇三年の著作で、ＳＳＩＰのアイディアをベースにしつつも、経済システムの制度的構造にいっそう焦点をあてた分析を展開して、先進資本主義諸国の制度的多様性を明らかにした。そこでは五つの制度領域が想定されている。すなわち、（1）製品市場競争、（2）賃労働関係と労働市場の諸制度、（3）金融仲介部門とコーポレート・ガバナンス、（4）社会保障、（5）教育である。これらは、レギュラシオン理論が従来想定してきた五つの制度諸形態といくらかの違いがあることを確認できる。具体的には、従来想定されていた国際体制との関わりが外れ、教育が組み込まれている。またアマーブルの議論で想定される社会保障は、ボワイエらの議論においては、賃労働関係と国家形態にまたがる領域と理解できるだろう。このような領域の設定は、もちろん先に紹介したＳＳＩＰの議論での設定と連続性をもつが、同時にHall and Soskice（2001）によって代表される「資本主義の多様性」（ＶｏＣ）論で想定される制度諸領域とも類似性を確認することができる[9]。この類似性は、諸制度が経済動態に与える影響について、イノベーションを介した供給能力の向上に焦点をあてる視点をホール＝ソスキスらと共有していることに起因すると考えられる[10][11]。

アマーブルは、これらの制度領域を設定した上で、後に示すような五つの資本主義類型を示している。こうした類型は、各種国際機関等が提供するさまざまな統計データにもとづく統計解析から実証的に裏づけられたものである一方、理論的にも成り立つことが主張される。理論的裏づけは、ボワイエがとった方法とは異なる形で行われる。すなわち各類型はそこで支配的となる調整原理（調整様式）によって同定されるのではなく、各種制度領域間で成立する特定の制度補完性のセットとして認識される（Amable 2003: 訳 138-140）。つまり、ある二つの制度領域間で成立する制度補完性を支配するロジックが別の二つの制度領域間で成立する制度補完性のロジックと異なったとしても、それが一つの資本主義類型のなかで両立することがありうるということが、アマーブルの議論においては前提されていると理解できよう。この点はボワイエとアマーブルの決定的な違いであるが、それについては項を改めて議論したい。

具体的にアマーブルが析出した五つの類型は次の通りである。

第一に**市場ベース型資本主義**である。これはボワイエの市場主導型、さらにはホール＝ソスキスが提起する自由な市場経済（ＬＭＥｓ）にも符合する類型であり、アメリカ、イギリスをはじめとするアングロサクソン諸国から構成される。その特徴を見ると、製品市場での競争圧力が高く、労働市場でも規制が緩くフレキシブルな市場が実現しているとされる。企業の資金調達は株式市場が中心で、迅速な資金調達が可能になっている。また社会保障に対する公的部門の貢献は低く、いわゆる「自由主義」的な形をとる（Esping-Andersen 1990）。教育にも競争的要素が持ち込まれ、一般的技能形成が中心となる。

第二の類型は**アジア型資本主義**である。アジアとは言ってもアマーブルの分析対象国はＯＥＣＤ諸国であるから、具体的には日本と韓国がこれに含まれるのみである。製品市場、労働市場ともにある程度は大企業によって統御され、金融については、メインバンクによって供給される長期的資金によって企業は長期的戦略をとることができる。これによって労働者の長期雇用も可能になり、労働者は特殊的技能に投資を行うことになる。社会保障に対する公的な関与は低い水準にとどまる。

第三は、**大陸欧州型資本主義**と名付けられ、ドイツ、フランス、オーストリア、オランダなどヨーロッパ大陸の中央部分に位置する国々によって構成される。製品市場の自由化度合いは中程度であり、一方労働市場については後述の社会民主主義型と南欧型の中間程度にフレキシブル化されている。金融は銀行ベースで行われており、社会保障への公的関与は積極的な部類に入るが、社会民主主義型ほどではない。さらに教育制度についても、技能教育はさほど充実していないとされる。

第四の類型は**社会民主主義型資本主義**である。ボワイエが提示する類型とも重なり、北欧諸国により構成される。製品市場は対外競争の圧力が大きいためフレキシブルであり、それに合わせて労働市場もかなりフレキ

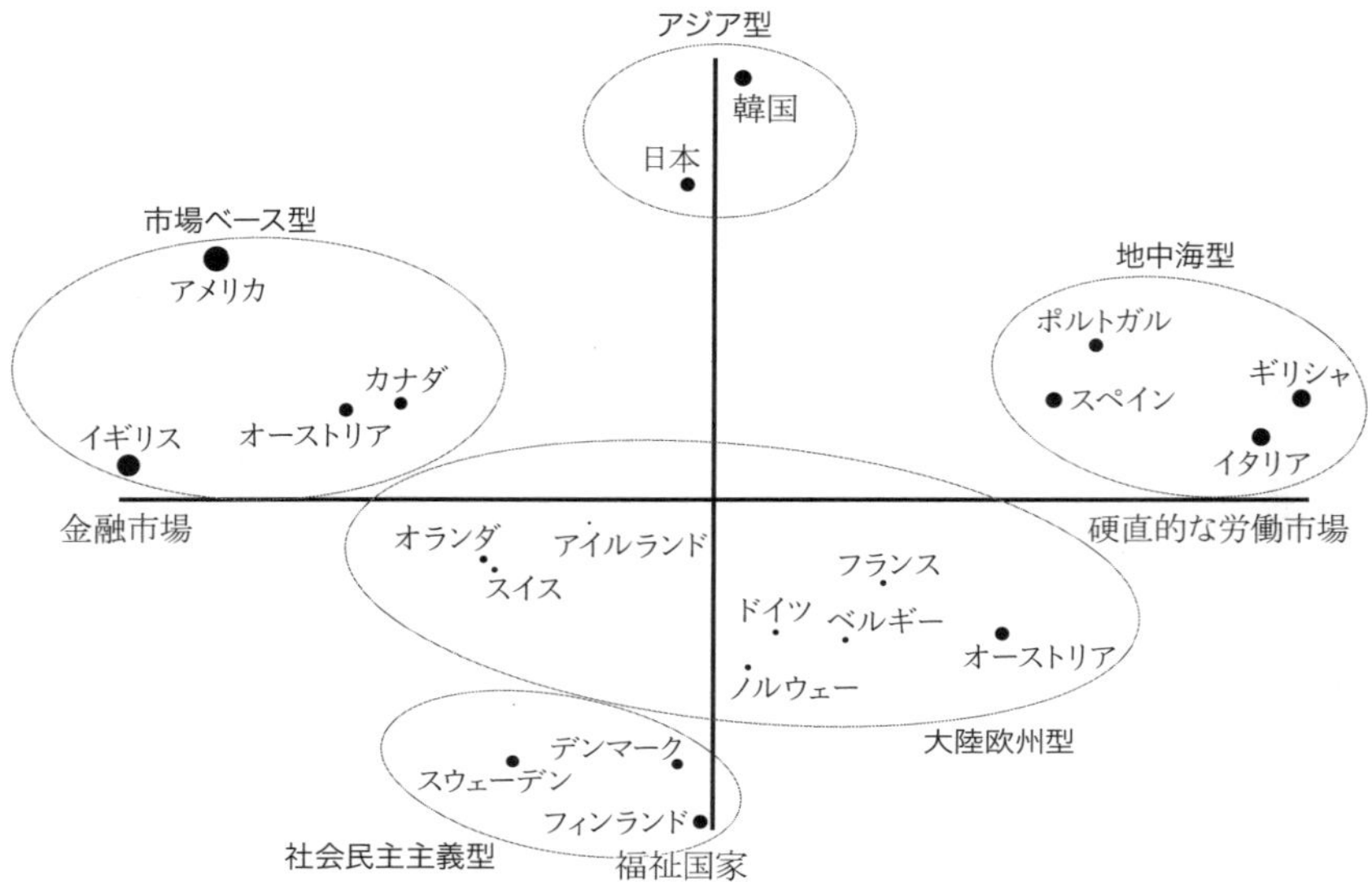

図6–2　五つの資本主義

出所: Amable（2003: 訳204）一部改変

シブルになっている。一方で積極的労働市場政策に見られるような高度な公的技能教育と合わせて普遍主義的な社会保障が行われることで、個々人に対するというよりは経済全体として雇用が保障される仕組みとなっている。また金融は銀行が中心となって運営される。

最後に**地中海型資本主義**が挙げられる。このグループは、Hall and Soskice（2001）においてもボワイエの議論においても、明示的には取り扱われていない。イタリア、スペイン、ポルトガル、ギリシャがその構成国である。製品市場、労働市場ともに強く規制されている。雇用保障は充実している一方、社会保障への公的関与は大きくない。金融は銀行ベースで、教育については高等教育が不十分である。

各種類型の相対的位置は、総合的分析の結果を示した**図6―2**において明確である。まず指摘できるのは、先進資本主義国の多様性を顕著に説明する要因は**図6―2**の二つの軸である。厳密性がいくらか犠牲になるが、簡潔に示せば次のように説明できる。

横軸が各国の多様性を最もよく説明する要因（第一因子）で、諸市場の自由化度とまとめることができよう。左にいくほど自由な市場が実現している。縦軸は社会保障に対して公的部門が関与する度合いを示しており、これが各国のばらつき具合を二番目に説明する要因（第二因子）である。ここから言えることは、第一にアメリカを含む市場ベース型に対峙されるべきは、他の多くの研究で参照されるドイツ、あるいはそれを含む類型ではなく、地中海型である。第二に、社会保障の公的関与の比較では、社会民主主義型とアジア型が対置される。第三に、ドイツを含む大陸欧州型は、両軸においていずれも中庸をとるものとして他と差別化されるのである。

アマーブルはまた制度構造の多様性と経済パフォーマンスとのつながりについても検証している。ＳＳＩＰの議論にならって科学・技術・産業の比較優位にかんする多様性を実証的に分析し、制度構造の多様性と比較しており、両者が大まかに一致することが確認されている（Amable 2003: 訳 231-239）。

資本主義の多様性とレギュラシオン理論——四つの資本主義 vs 五つの資本主義

以上、レギュラシオン理論における資本主義の多様性にかんする議論の展開を概観してきた。この項では、ボワイエの「四つの資本主義」とアマーブルの「五つの資本主義」の議論を比較検討する。

まずは両者に共通する視点を指摘しておこう。第一に、二分法的分類を超える類型が提示されている。例えばホール＝ソスキスによる「自由な市場経済」（ＬＭＥｓ）と「コーディネートされた市場経済」（ＣＭＥｓ）の二類型は、きわめて明確で強力な分類ではあるが、それに当てはまらない国や経済を生み出すという点で包括的な議論となりにくい点が指摘される（Boyer 2004a: 訳 113-120; 山田 2008: 119）。これに対して、ボワイエにおいては調整原理の理論的枠組みが行為の動機とコーディネーションの様式という形で、アマーブルの実証分析においては諸市場の自由化度と社会保障への公的関与の度合いという形で、それぞれ多様性を捉える比較の軸が複数設定されることで、二分法を超えた分類が可能になり、より包括的な多様性分析が展開されている。第二に、レギュラシオン理論が当初から維持してきたコンフリクト・ベースの制度観を両者は共有している。それは政治的なものと経済的なものとの関係を重視したり（Boyer 2004a: 訳 143-147）、政治経済的均衡として制度を定義したり（Amable 2003: 訳 69-77）といった具合である。

そして第三に、多様性の認識という点では、レギュラシオン理論が掲げる「賃労働関係」の概念が重要な役割を果たしている。ボワイエにおいては、フォーディズムの変種、国民的軌道のいずれの議論においても、またSSIPを経てたどり着く四つの資本主義においても資本-労働関係が提示する多様性が重要な役割を果たす。一方、アマーブルの議論においても、労働を含む諸市場の自由化度合いは、実証分析において多様性を規定する重要な要因の一つであるが、もう一つの要因は、社会保障への公的関与の大きさであった。この要因は労働力の再生産に関係があり、「賃労働関係」に含まれる要素である。以上の点から、アマーブルによる多様性論においても賃労働関係は重要な役割を担っていると言えよう(12)。こうした指摘には、一見すると、金融化やグローバル化の進展といった近年の議論といかに整合性が取れるのかという点で疑問が生じるかもしれない。金融の重要性は確かに高まっており、レギュラシオン理論においても金融化の影響を重視する議論は存在する。例えば、金融主導型成長レジームの議論は幾人かの論者によって行われている（Aglietta 2000; Boyer 2000, 2011）。しかし、そうしたレジーム論やそれを支える制度的構図の議論が、多様性論において支配的な位置を占めるわけではないことは注意を要する。

他方、ボワイエとアマーブルの多様性論には類型の数以外にも、経済システムとその動態をどのように捉えるかという点で大きな差異があることも見逃してはならない。一つ目の違いは、経済システム全体の調整がどのように行われるかについての認識に関わっている。レギュラシオン理論のオリジナルな概念的枠組みでは、調整様式が当該システムの調整パターンを代表するものと理解されている。ボワイエはその調整様式を各種領域で観察される調整パターンの一様性あるいは一貫性として捉えている、と考えられる。その根拠の一つは、先述したように、ボワイエが四つの資本主義類型を示す際に、ＳＳＩＰの類型表に対して「総体的ロジックと支配原理」と「調整様式の特徴」の項目を追加したことに求められる（表6—1）。またもう一つの根拠は、ホール＝ソスキスらによる資本主義の多様性論（ＶｏＣ）とレギュラシオン理論との比較検討において、ボワイエはレギュラシオン理論とＶｏＣとの類似性として、制度補完性と同時に制度や組織の同型性 isomorphisme を挙げている（Boyer 2004a: 訳 148-150）ことにある。ここで同型性とは、「すべての制度諸形態に適用される一義的な「原理」」（Amable 2003: 訳 19）と捉えることができよう。つまりホール＝ソスキスにせよ、ボワイエにせよ、制度補完性と制度や組織の同型性は対として成立しており、調整の原理が類似しているから補完性が成り立つという理解と考えられる。実際、ホール＝ソスキスにとっては市場的調整が支配的な経済がＬＭＥｓであり、コーディネーションが支配的であればＣＭＥｓとなる。またボワイエにとっては、市場、企業、国家、コミュニティのいずれの原理が支配的かで資本主義経済は分類される。

これに対してアマーブルは、（構造的）同型性を強く否定する。「補完的な諸制度という場合、各制度がまったく異なる「原理」に依っているものだって存在しうるのであり、したがって諸制度の組合せは、唯一の次元に還元されえないのである」（Amable 2003: 訳 20）。つまり、制度補完性と同型性を区別した上で、異なる論理（原理）をもつ制度どうしの補完性の可能性を示唆する。したがって、アマーブルの多様性論においては、各領域間でどのような制度補完性が成立し、それが全体としてシステムを構成しているかが重要となる。その意味では、アマーブルはレギュラシオン理論第一世代が提起した概念に対して異議を唱えていると理解できよう。

こうした批判は興味深いものであるが、制度補完性の議論にも限界があることには留意しておかねばならない。たいていの理論的議論においては、二つの制度領域間における制度補完性が分析の対象とされている（Aoki 2001b; Amable, Ernst and Palombarini 2005）。このことは、三領域以上の制度補完性を理論的に論証するのは困難であり、補完的とされる制度のセットがどのような振る舞いをするのかについて明らかにすることができていないことを意味すると指摘される（Boyer 2004a: 訳 117）。実際、アマーブルが五つの資本主義を特定するにあたって提示している各種の制度補完性は、二領域間補完性の列記である（Amable 2003: 訳 138-140 参照）。またアマーブルは異なる「原理」にもとづく補完性が存在しうることを主張するが、補完性の分析事例として示されるのは、類似した調整原理をもつ領域間で成立する補完性である（Amable, Ernst and Palombarini 2005）。つまり異なる「原理」間で成立する補完性はあくまでも可能性として示されるにすぎない(13)。

しかしながら、実例が挙げられていないからといって、理論的可能性が否定されるわけではない。また捉え方によっては、ボワイエの議論とアマーブルの議論――支配的な原理と異なる「原理」をもつ制度の補完性――は両立可能かもしれない。例えば、磯谷／植村／海老塚（1999）が示した階層的市場‐企業ネクサスの議論では、正規雇用労働者の機能的フレキシビリティと非正規雇用労働者の数量的フレキシビリティの構造的両立性が指摘された。長期的視野と短期的視野をもつ異なる仕組みを組み合わさることで、システム全体の安定性が実現するといった議論は、山田（1994）によって提起された「企業主義」的調整様式という日本経済の特徴をより具体的かつ包括的に分析するために構築されたものである。このように「企業主義」といったシステム全般の特徴づけと、階層的市場‐企業ネクサスのような具体的なメカニズムの分析との間に相互作用を確立することが求められているのかもしれない。

ボワイエとアマーブルの多様性論の相違点二つ目は、一つ目の違いとも関連するが、経済動態の捉え方に関するものである。ボワイエはレギュラシオン理論において提起された概念的枠組みにしたがって、蓄積体制によって当該経済システムの動態を捉える。その際、制度諸形態の間で見出される支配的な調整パターンが調整様式として定義され、これが蓄積体制を操縦するものと理解される。特定の制度が変化したからといって調整様式が必ずしも危機に陥る（変化を促される）わけではなく、逆に制度諸形態も調整様式も変化しないなかでも蓄積体制に変化が生じて経済危機に陥るケースもある。すなわち、制度諸形態、調整様式、蓄積体制（および経済パフォーマンス）は緩やかにつながっており、それぞれはある程度独立した変化の論理をもつ。このことが多様な危機概念を生じさせていると考えられる（Boyer 2015a, Chap. 4）。ボワイエによる議論は、調整様式（および制度諸形態）の動態を支配的な原理のそれに代表させることで、制度的構造およびその機能とマクロ経済構造を通時的に分析する枠組みを提起している。ただし、共時的な比較については、システマティックな分析に問題があることはアマーブルの議論との比較から見て取れる。

対するアマーブルは、政治経済的均衡、制度補完性、制度階層性の諸概念を用いつつ、制度的構造の変化過程を分析している（Amable 2003: 訳 92-101; 原田 2005a）。これは制度諸形態と調整様式の変化に対応するものと考えられるが、一方で経済動態や蓄積体制の成立・変化にかんする記述はなされていない。それらに関連するものとしては、先述したように、科学・技術・産業の特化構造との対応関係を論じている。これはホール＝ソスキスらの比較制度優位の議論と呼応するものと理解できよう。このような分析枠組みは、同時代的な各国経済システムがどのように多様であるかを明確に描き出すこと（共時的比較）を可能にするが、一方で制度的構造と経済動態がどのように結びつくのか（通時的分析）については、十分な展開がなされているとは言い難い。科学・技術・産業の特化構造あるいはイノベーション・システムは、経済システムの供給面に焦点をあてたものであるが、蓄積体制の議論でも強調されるように、マクロ経済の動態は需要と供給の相互作用によって決定される。

また需要と供給の動態を諸制度がどのように規定するかを明らかにすることが、制度的構造とマクロ経済動態の連関を分析する制度的マクロ経済学の要であるとすれば、アマーブルらの議論の課題は自ずと明らかであろう[14]。

このような視点で見たときに、ボワイエ（2016）によって示されている不平等レジームの議論は、今後の可能性の一つを示しているかもしれない。フォーディズムのように、生産性インデックス賃金が労使妥協を代表し、それがマクロ経済動態を規定するといった比較的シンプルな論理で理解できる場合には、調整様式の概念は有用であると考えられるが、成長が制限されたりして、シンプルな単一の論理では動態を捉えることができない経済では、異なる論理に規定される異なるグループが相互に影響を与えつつ経済動態を作り出すと予測できる。ボワイエ（2016）はこうした経済動態を、国ごとに異なる不平等の動態――アメリカでは一般労働者と経営者との格差拡大、中国では地方間・企業間の不平等拡大、日本では雇用形態別、年齢階層別、性別の格差拡大といった具合に――として描き出している[15]。

以上のように、ボワイエとアマーブルの多様性論は対照的な特徴を有するが、両者は補完的な関係を築く可能性をもっており、それが実現できれば資本主義の多様性分析はいっそう包括的なものとなるだろう。

三　アジア資本主義の多様性へのレギュラシオン・アプローチ

右のようなアプローチの多様性に鑑み、日本のレギュラシオン学派においても、近年新しい展開が見られる。前章で検討したように、二〇〇〇年ごろまでは日本の制度構造および経済動態を対象にした分析が主に行われていたが、二〇〇〇年代以降は東南アジアを含む「東アジア」[16]に分析対象を拡大し、その多様性と経済統合について検討が行われている。その成果は、Boyer, Uemura and Isogai（2012）や植村／宇仁／磯谷／山田（2014）で著されている。こうした研究は二重の意義を有している。第一に、東アジア地域はヨーロッパとは異なる経済統合過程にあるとされ、多様なアプローチでこの分析が行われている（ex. 木村ほか 2016 など）。このような注目度の高いテーマをレギュラシオン理論が独自の視角で分析することは、日本およびアジアの学界において意義のあることだろう。また第二に資本主義の多様性分析は、従来先進資本主義国を対象とするものが主であったが、これをアジア諸経済に適用することで、資本主義の多様性の議論に対する理論的・実証的な貢献を期待することができるのである。

先述の二つの著書には、各国分析をはじめとする多くの論者による多様な研究成果が収められているが、紙幅の都合上すべてを紹介することはできないため、前項のアマーブル的多様性論とボワイエ的多様性論を継承すると思われる議論二つをここでは取り上げる。

アジア資本主義の制度的多様性

まずアマーブル的多様性論の流れに沿う Harada and Tohyama（2012）および 遠山／原田（2014）の議論を概観しよう。これらの研究は、アマーブルが用いた分析手法に倣って、各種制度諸形態（制度領域）から構成される制度的構図において、先進資本主義国と東アジアの資本主義諸経済がどのように多様であるかを、統計分析を用いて明らかにしている。具体的に取り上げた制度領域は、製品市場、労働市場、金融市場、国際体制、教育、社会保障である。制度領域の分類もまた、アマーブルの分析（Amable 2003）に準じている。世界銀行ほか各種国際機関が提供する統計データにもとづいて、多変量解析（多因子分析 Multiple Factor Analysis（ＭＦＡ）、クラスター分析）を行って、二〇〇〇年代中葉（遠山／原田（2014）では、二〇〇七〜二〇一一年を対象）における先進諸国およ

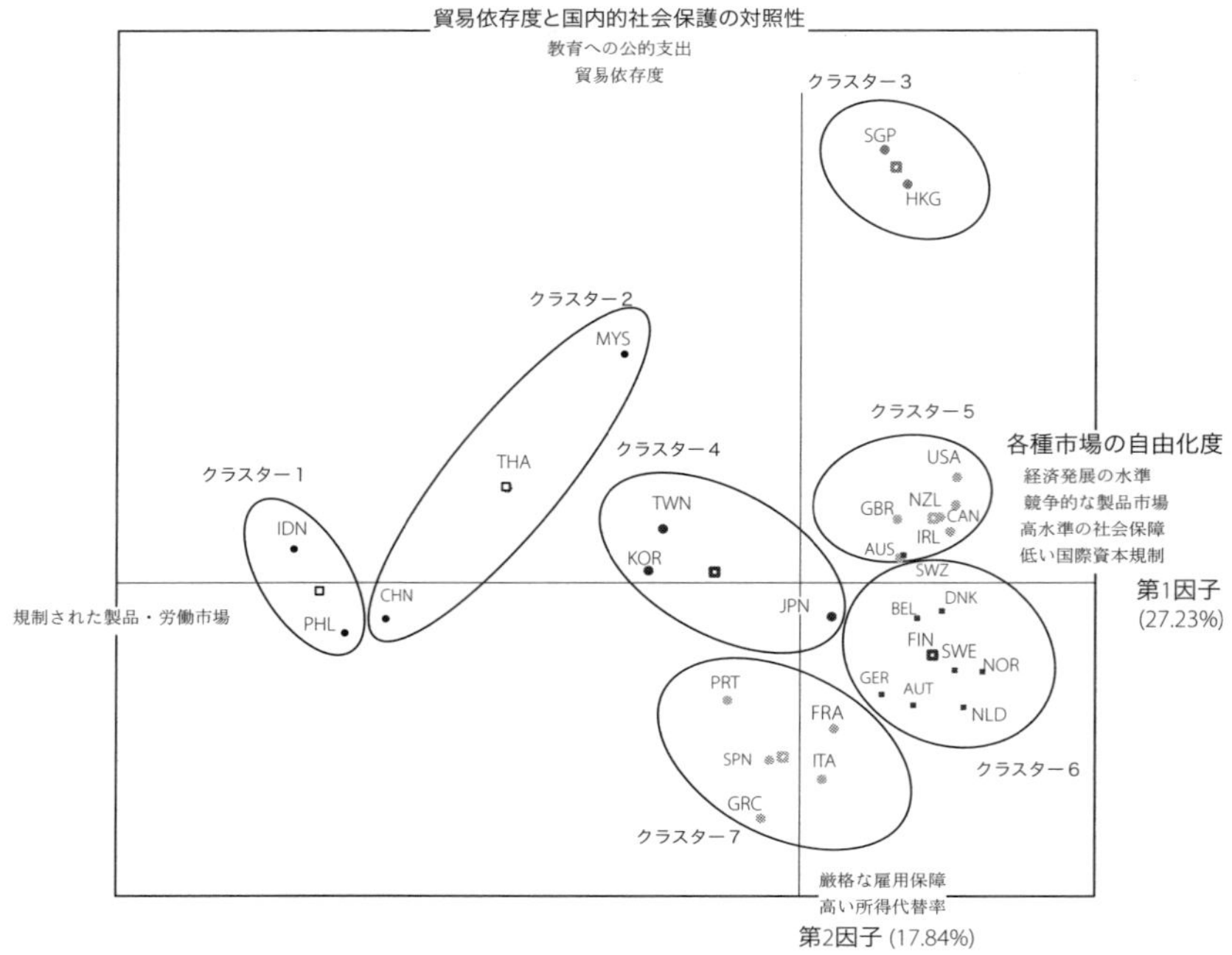

図6–3　2000年代中葉における各国経済の制度的多様性

出所: Harada and Tohyama (2012: Figure 13.1)

び東アジア諸経済の多様性を描き出した。主な分析結果は、**図6―3**に表される。この多様性を説明するのは、以下の二つの要素である。まず各国の分散をもっとも説明する第一因子（図中横軸）は、各種市場における自由化の度合いであり、図において正値側にいくほど市場の自由化が進んでいると解釈できる。第二因子は図の縦軸で表され、各経済の貿易依存度（正値側）と国内的な社会的保護（負値側）の対照を表す。このような軸によって構成される図に、各種経済は位置づけられ、各経済がいかに多様であるかと同時に、どのようなグループに分かれるかが図中で明らかとなる。

　この図から明らかなのは、東アジア諸経済の制度的構図は、先進諸国のそれとは明確に区別されるということである。さらに東アジアのなかでも制度的構図にかんする多様性が確認される。全対象諸経済を考慮した分析（図6―3）に加えて、東アジア経済のみを対象とした分析、さらに各経済の状況や先行研究の結果を合わせて考えると、以下のように東アジア資本主義の五類型を析出することができる（遠山／原田 2014: 73-75）。

第一に、**島嶼半農型資本主義**は、インドネシアとフィリピンによって構成され、低水準の経済発展、規制された製品・労働市場、低水準の社会保障、課税にもとづく厳格な国際資本規制という特徴をもつ。両国の経済状況をみると、インドネシアは一九九七年のアジア金融危機の際に、フィリピンは一九八〇年代前半の対外債務危機の際にＩＭＦの介入を受け、構造調整政策による厳格な規制・監督下に置かれた。いずれの国でも海外資本の逃避による経済の混乱が生じていたが、その原因が政治経済の内生的な危機にあったことが確認できる。

第二の類型は、**貿易主導型工業化資本主義**であり、タイ、マレーシアから構成される。このグループは、各種市場の自由化度において島嶼半農型資本主義と類似の特徴をもつ。さらに統計分析に用いたデータの詳細を見ると、比較的高い教育への公的支出と貿易依存度、比較的柔軟な雇用・労働時間が共通の特徴として観察される。島嶼半農型資本主義に比べれば、深刻な経済危機は経験せず、比較的堅調に経済の自由化が進められると同時に工業化も進展し、グローバルな交易網に組み入れられている。

第三には、シンガポール、香港が対象国となる**都市型資本主義**が挙げられ、経済発展の高い水準、製品・労働市場においても、国際資本にかんしても規制は低く、高い教育への公的支出、非常に高い貿易依存度の一方で、低水準の社会保護、高い銀行収益率といった特徴が見られる。

第四の類型は、**イノベーション主導型資本主義**である。韓国、台湾、日本から構成されるこのグループでは、高い経済発展の水準、製品市場への参入障壁が、共通の特徴として観察されるが、それ以外の変数については、三カ国ともそれぞれ独自の特徴を有し、強固なグループを形成しているわけではない。それでも一つのグループに分類されるのは、例えば電子製品産業において、多くのイノベーションにもとづく輸出志向型の工業化が歴史的に成功したからと考えられる。

最後の類型は**大陸混合型資本主義**であり、中国がこのグループを構成する唯一の国である。先進国を含む分析（図6―3）では貿易主導型工業化資本主義と同じクラスターに分類され、同グループと多くの特徴を共有する。しかし、アジア経済のみの分析では独立したクラスターを構成する（Harada and Tohyama 2012: 249-251 参照）。実際いくつかの変数、例えば投資家保護におけるディレクターの責任や民間銀行の銀行システムにおけるシェアなどにおいて独自性を有している。中国は特殊な政治経済体制を有しているが、それにもかかわらず、他の資本主義国と類似の特徴を示すほど、制度的構図は資本主義化していると言える。また、公共および民間セクターの再編に対する国家の「きわめて特殊な役割」（Boyer 2012: 184）、およびいちじるしく低水準な企業のイノベーション活動比率（遠山／原田 2014: 85）といったことからも、中国の「混合的」な特徴をうかがい知ることができよう。

これら五つの類型に加えて、インドを分析対象に入れた場合には、インドは単独で**IT主導型統制資本主義**に分類できる（遠山／原田 2014: 73-75）。

日中韓の比較成長体制分析

以上の分析は、制度的構図の多様性が先進資本主義諸国以外の経済においても確認されたという意義をもつ。さらにHarada and Tohyama（2012）・遠山／原田（2014）は、アジア資本主義の制度的多様性が、それぞれの経済における企業行動やイノベーション活動と一定程度の整合性があることを明らかにしているが、それがマクロ経済の動態とどのように関わりがあるかまでは解明できていない。これらのことは、右記の議論が、先に検討した多様性にかんするアマーブル的議論の特徴と課題を共有していることに起因すると考えられる。

表 6-2　日中韓の成長体制

	期　間	分配・成長体制	負債・成長体制	輸出・成長体制	国際経済関係
日本	1991–2010 年	利潤主導型	負債荷重型	輸出主導型	対中国・ASEAN 向け中間財輸出、最終財輸出
韓国	1990–2009 年	賃金主導から利潤主導型へ	負債荷重型	輸出主導型	近年、対アジア向け中間財輸出増加
中国	1982–2005 年	賃金主導型（実現は困難）[18]	政府負債からみれば負債荷重型	輸出主導型	中間財輸入と最終財輸出、低付加価値形成、低賃金

出所：西／磯谷／植村（2014: 127）一部改変

これに対して、ボワイエ的な多様性論の枠組みでアジア資本主義の比較分析を行った研究が、西／磯谷／植村（2014）である。[17] 西／磯谷／植村（2014）は、日本、韓国、中国を対象にして、一九八〇年代もしくは一九九〇年代から二〇〇〇年代にかけての成長体制を比較分析している。具体的には、成長体制を所得分配面（利潤主導型か賃金主導型か）、負債面（負債主導型か負債荷重型か）、外需面（輸出主導型か否か）という三つの側面の結合として捉えて分析している。分析結果の一覧は、**表6―2**に示される。さらにマクロ経済構造と貿易構造にかんする比較分析も行われている。具体的には国内中間財の輸出、中間財輸入、最終財の輸出に加えて付加価値の構成（賃金と利潤への分配）による特徴づけが行われた。そこには、各国の製造業の特質や賃労働関係の変化が反映されているとされる。この分析からは、マクロ経済構造が多様性を呈しつつ、三カ国間で相互依存性が高まり、国際生産ネットワークの発展を通じて東アジアの経済統合が進んでいることが示唆される。

西／磯谷／植村（2014）は成長体制の多様性を描き出すにとどまらず、貿易を通じた対象国の相互依存関係に言及している点で興味深いが、成長体制の分析に力点が置かれるがゆえに、マクロ経済動態と制度的構図との連関についてはまだ分析を掘り下げる余地があるように思われる。制度的構造とマクロ経済動態の連関をふまえた多様性分析を発展させていくには、アマーブル的議論（共時的比較分析）とボワイエ的議論（通時的動態分析）との分業と協業を深化させていくことが必要であると考えられる。

四　資本主義の多様性と市民社会——信頼構造の多様性分析

前節までに、レギュラシオン理論の系譜において資本主義経済の多様性がどのように析出されてきたかを概観してきた。そこでは支配的原理にもとづく類型（ボワイエ的議論）と制度補完性にもとづく類型（アマーブル的議論）が対比された。こうした議論を本書の主題である市民社会の視点から理解することを試みるのが本節の目的である。

市民社会については、ボワイエが支配的調整原理の一つとしてコミュニティあるいは市民社会を挙げているが、そこで具体的に想起されるのは政労使のコーポラティズム的交渉であり、市民社会は交渉主体の一つとなる政治的団体・組織を意味していると考えられる。本書のこれまでの議論を振り返れば、こうした見方は新しい市民社会論の視点として理解でき、その重要性は認められるが、本節では議論を一歩深めて、このような団体や組織の活動を可能とするような社会構成メンバーの意識に焦点をあてる。

一方アマーブルによる多様性論、あるいはそれをアジア資本主義に拡張適用したHarada and Tohyama (2012)の議論では、市民社会に直接言及はしていないものの、多様性を規定する要因として、市場の自由化度と社会保障への公的関与や社会的保護の度合いが含まれている。のちに詳述するように、これらの制度的要素は市民社会の礎を築く人々の行為、さらには意識を規定するものである一方で、そうした意識や行為は制度を成り立たせるものであると考えることができる。

通常、経済学において主体の意識は一義的に利己的と想定される。そうした利己心のみにもとづく主体の行動であっても、それが経済的に調整《コーディネート》される（例えば市場取引の成立）というのが、経済学の中心的テーゼの一つである。しかし利己的な主体間の調整が成立するには、そこでやり取りされる情報が完全であり、取り交わされる契約に漏れがないことで、主体間の対称性・対等性が保証されるという条件が課されている。現実にはそうした条件が達成されることは稀であり、通常われわれは不完全情報・不完備契約の下で活動を行っている。そのような条件の下では主体間に非対称性が生じるため、利己心のみにもとづく主体は機会主義的行動をとり、コーディネーションが成立しない可能性がある。そうした困難を取り除くまたは緩和すると期待されるのが、ボウルズが指摘する社会的選好である（Bowles 2004, 2016）。ここで社会的選好とは、主体が自らの行動を考えるにあたって他者を考慮することまたは過程を考慮することである（Bowles 2004: 訳 107）。つまり、利己心とは異なる主体の意識や動機もまた主体の行動を基礎づける要因と見なされるのである。このことは、前章までの議論に引きつけて言えば、内田義彦あるいは、その思想の始原の一つとなったアダム・スミスが主体の動機として利己心に加えて共感の重要性を指摘したことに通じている。ただし社会的選好は社会がどのような状態にあっても維持される頑健な動機ではないとボウルズは指摘する。それが維持されるか否かは市場を取り巻く各種の制度に依存するとされる[19]。

こうした議論はきわめて興味深いが、社会的選好や共感といった概念は抽象的で実証的には取り扱いが難しいケースもあるため、ここでは類似の概念として信頼を対象として以下での考察と分析を進めよう。ボウルズも両者の類似性を認め、上記にかんする自身の議論を信頼の語を用いて展開している（ex. Bowles 2016: 訳 140）。

この信頼概念は、主体間の関係における距離に応じて二つに大別することができる。それは一方で、家族や友人など比較的近しい関係で成立する「個別的な信頼」personalized trust であり、他方では社会経済的生活において出会う不特定多数の人に対して抱く意識ともいえる「一般化された信頼」generalized trust である。ボウル

表 6-3　社会関係と信頼の類型

		関係の範囲・特殊性	
		狭い（友人、家族、コミュニティ）	広い・匿名的（市場）
関係の質	直接的	個別的信頼	一般化された信頼
	間接的	制度や組織への信任、行動規範の遵守	

ズの議論では、原初的な社会では個別的な信頼にもとづく社会関係が一般的であるが、市場取引が普及していくと、次第に一般化された信頼が個別的信頼を置き換えていくとされる。ただし、一般化された信頼が持続的であるかは、市場を取り巻く制度が適切なものであるかに依存する。同種の議論は内田においても見いだすことができる（内田 1967）。またボウルズは、市場取引が社会に広く普及し、それなりに機能していることは適切な（リベラルな）制度がそれを支持していることの証左と指摘する（Bowles 2016; Tabelllini 2008）。

こうした一般化された信頼が支配的となる市民社会の成立という、ボウルズや内田の議論は重要な含意を有するが、一方で一般化された信頼が完全に普及した市民社会が実存することを想定するのは困難である。むしろ現実の社会では、個別的信頼と一般化された信頼が並存しており、並存のあり様は社会によって多様であると考えられる。こうした捉え方は、市民社会論の系譜において展開された、望月（1973）や見田（1996）、真木（1977, 1981）による『ゲマインシャフト／ゲゼルシャフト』の複層性」（小野寺 2015: 247）の議論と呼応するとみなすことができる。

また資本主義の多様性論においても同種の議論を見いだすことができる。Witt and Redding（2013）は、制度化された信頼 institutionalized trust と個別的な信頼の区別を重視し、[20] 前者は先進諸国において発達し、後者はアジアの社会において広く観察されると指摘する。こうした議論を援用して、Uemura, Yamada and Harada（2016）は、資本主義社会の段階と多様性を明らかにする議論として位置付けられる市民社会論と、現代資本主義分析の一つとして理解される資本主義の多様性論とを関連づけるものとして、制度化された信頼と個別的な信頼との区別を論じた。

　このように、われわれは市民社会論と資本主義の多様性論を架橋する議論を展開すべく個別的信頼と一般化された信頼の二つの信頼概念に着目するが、これらの概念は主体間の直接的な関係に関わるものである。加えて、ここでは主体間の信頼関係が間接的に成立する可能性を考慮する。すなわち、直接的に他者を信頼することをせずとも、既に存在している組織や制度を信任することで、あるいは特定の規範や原理、価値観に従うことで、他者との協調関係が成立する可能性がある。このことは制度や組織、規範等を介して間接的に他者を信頼する関係として理解できるだろう。この信頼の間接的関係は、さまざまな領域で見いだすことができるが、ここではひとつの区分として整理しておく。

　これらの信頼概念を整理したものが前頁の表である（表6―3）。

　このように信頼概念を整理した上で、ここでは、人々の信頼に関する意識構造（以下、信頼構造と呼ぶ）の多様性について検討し、それが資本主義の多様性、とりわけアジア諸国と先進国との違いとどのように関係があるのかを明らかにする。具体的には、右記表で整理された信頼概念にもとづき、世界価値観調査World Value Survey（ＷＶＳ）のデータを用いて、多変量解析によって信頼構造の多様性分析を行い、資本主義の制度的多様性との関係を検討する。

実証分析――信頼構造の多様性

データと分析手法

　分析に用いるデータは、ＷＶＳで得られるデータである。ＷＶＳのプロジェクトは、スウェーデンに本拠を置く社会科学者の世界的ネットワークで、価値観の変化やそれが人々の社会的・政治的生活にどのような影響を与えるかを研究している。ここでは、Harada and Tohyama（2012）と対象期間が重なる第五回調査（二〇〇〇年代中葉に実施）の結果を取り上げる。また対象とする経済についても、可能な限り同研究との統一を図る。(21) 各種調査項目の中から、本章の分析目的である信頼や市民社会にかかわると考えられる分野と項目を取り上げて、それらを次に示すように一〇のグループに再構成した。そのグループとは、一般化された信頼、個別的な信頼、信任 confidence、民主主義、市場、政治、公正性、正当性、宗教、勤労である。これらのうち前二者は、主体間の直接的な信頼関係にかかわるものであり、残りは制度や組織に媒介された間接的な信頼関係を表すものと考えることができる。後者については、例えば「新聞社に対する信任」があるが、それは新聞社または新聞を通じて社会や他者を信頼することを意味しているとみなすことができる。

これらのデータは、対象経済ごとに得られる一〇〇〇から二〇〇〇ほどの回答の単純平均を算出し、それを各経済の代表値とした。分析手法については、調査分野の効果を明示化するために、多因子分析（ＭＦＡ）を採用して多様性を規定する要因を同定した上で、クラスター分析を用いて各経済を類型化した。

分析結果

分析は対象の変数グループをいくつかに分けて行っているが、使用データや分析手法の詳細は原田（2018）に譲り、ここでは主要な結果のみについて記そう。(22) 一つは、信頼の直接的な関係（一般化された信頼と個別的な信頼）にかんする変数のみを組み込んだ分析であり、もう一つは、制度や組織に媒介された間接的な関係も含めた信頼構造全体を考慮した分析である。

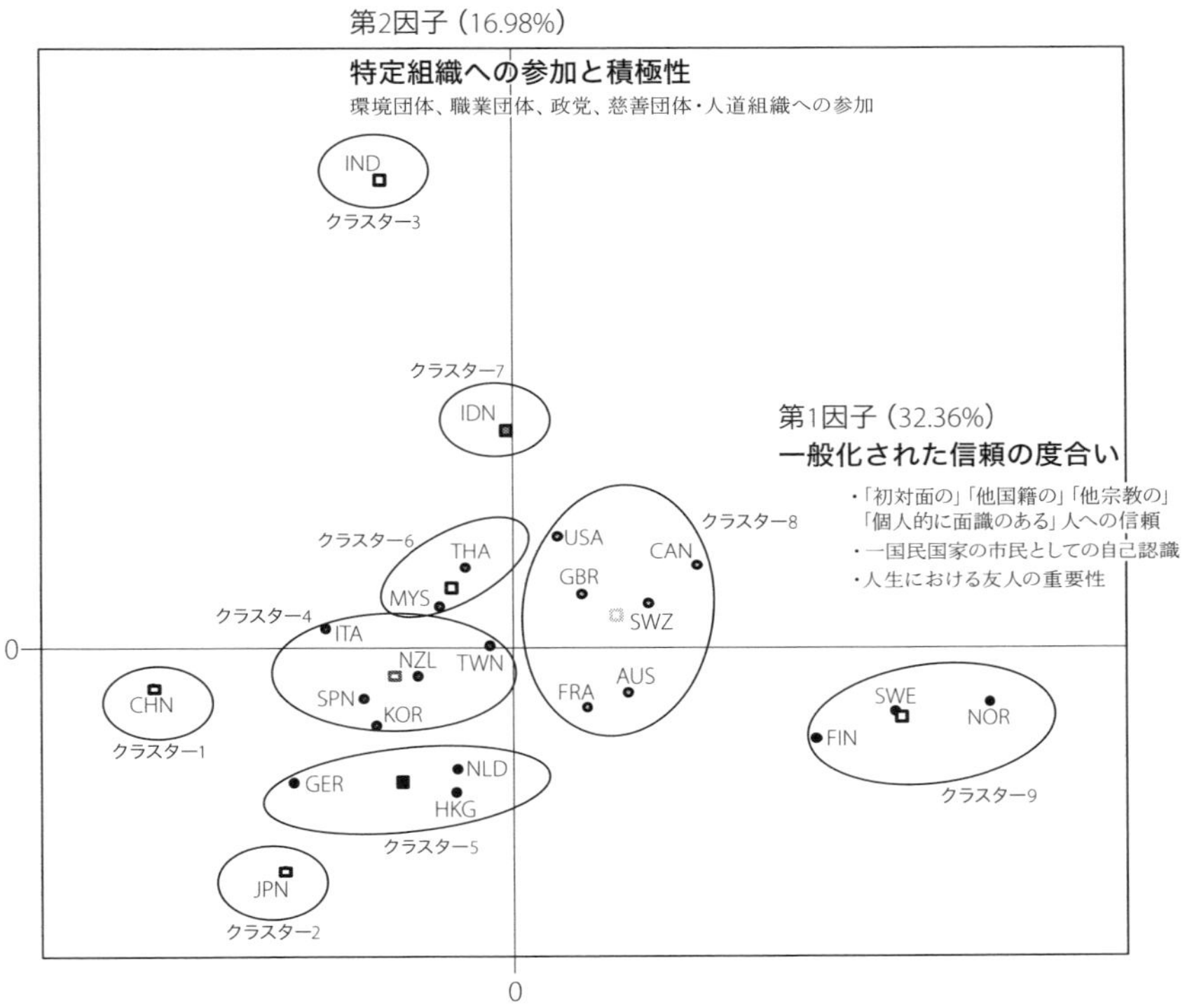

図6–4　2000年代中葉における一般化された信頼と個別的信頼の多様性
出所: 著者作成

（1）信頼の直接的関係にかんする分析
MFA

直接的な対人間信頼として認識できる一般化された信頼と個別的な信頼のグループに分類される変数を用いたMFAを行うと、固有値が一以上、もしくは対象国の分散の説明力が一〇%以上をもつ因子は二つ析出される（図6―4参照）。なかでも分散の説明力が最も高い第一因子は三二・三六%の説明力を有し、これを規定する主要な変数は正値側のみで効いており（規模効果）、「初対面の」「他国籍の」「他宗教の」「個人的に面識のある」人への信頼、一国民国家の市民としての自己認識、人生における友人の重要性といったものである。そのうちの多くは、個別的信頼のグループに分類される変数であるが、「初対面の」人への信頼や一国民国家の市民としての自己認識は一般化された信頼に分類される。このように第一因子の規定要因は、一般化された信頼と個別的信頼が入り混じっており、直観とはずれるように見えるが、一般化された信頼が高い国では個別化された信頼も高いことが確認でき、両者は相互排他的でないことには注意を要する。したがって、この因子は**一般化された信頼の度合い**として解釈しうる。一方第二因子は、一六・九八%の分散説明力があり、主に環境団体、職業団体、政党、慈善団体・人道組織への参加と積極性と正の相関をもつ。この因子は個別的な信頼において、**特定組織への参加と積極性**と理解することができよう。

クラスター分析

ＭＦＡの結果にもとづいてクラスター分析を行うと、アジア資本主義の諸経済は、先進資本主義諸国と一定程度区別されるものの、いくつかの経済については、混成のグループが生じることがわかる。具体的なグループは以下の通りである。

中国、日本、インド、インドネシアは独自な存在として現れる。またマレーシアとタイは一つのグループをなしている。残りのアジア経済についていえば、韓国と台湾が、イタリア、スペイン、ニュージーランドとともに一つのグループを形成する。また香港は、ドイツ、オランダと同じグループを形成する。先進国については、北欧諸国（フィンランド、ノルウェー、スウェーデン）が独自のクラスターをなし、もう一つのグループでは、オーストラリア、カナダ、イギリス、スイス、アメリカといったアングロサクソン諸国にフランスが加わっている。

（2）信頼構造全体にかんする分析

MFA

信頼の直接的関係に加えて、制度や組織に媒介された信頼の間接的関係を表すグループも合わせたすべての変数グループを対象とした分析を行うと、固有値が一以上、もしくは対象諸経済の分散の説明力が一〇％以上の因子が三つ析出される。第一因子は、分散の二三・〇三％を説明する。この因子を規定する変数は次の通りである。同因子と正の相関をもつのは、民主主義における男女平等や自由選挙の重要性、「初対面の」「他国籍の」「個人的に面識のある」人への信頼、署名やボイコットといった政治的行動への参加、民主主義の重要性、人生における友人の重要性といった変数である。一方、勤労倫理や、民主主義における宗教的権威や軍隊の役割といった変数と負の相関をもつ。この因子には二重の対照を見出すことができそうである。それは一方で民主主義における権威と個人主体の尊重の対比であり、他方で社会的規範（勤労倫理）の内面化と、政治的行動や他者への信頼という形での社会への働きかけとの対照である。

第二因子は一八・〇七％の分散を説明する。それは主に、世界市民としての自己認識や、教会や労働組合といった各種組織・機関への信任、さらに人生における宗教の重視と正の相関をもつ。さらに対象諸経済の分散の一〇・二八％を説明する第三因子は、職業組織、慈善・人道組織、政党、労働組合、環境団体への参加と積極性とは正相関し、経済繁栄や犯罪処罰の重要性、給与の公正性、政治的位置（右派）や政府の責任に対する期待とその重視とは負の相関をもつ。

これら因子によって対象諸経済がどのように位置づけられるかを示したものが**図6―5**である。[23]

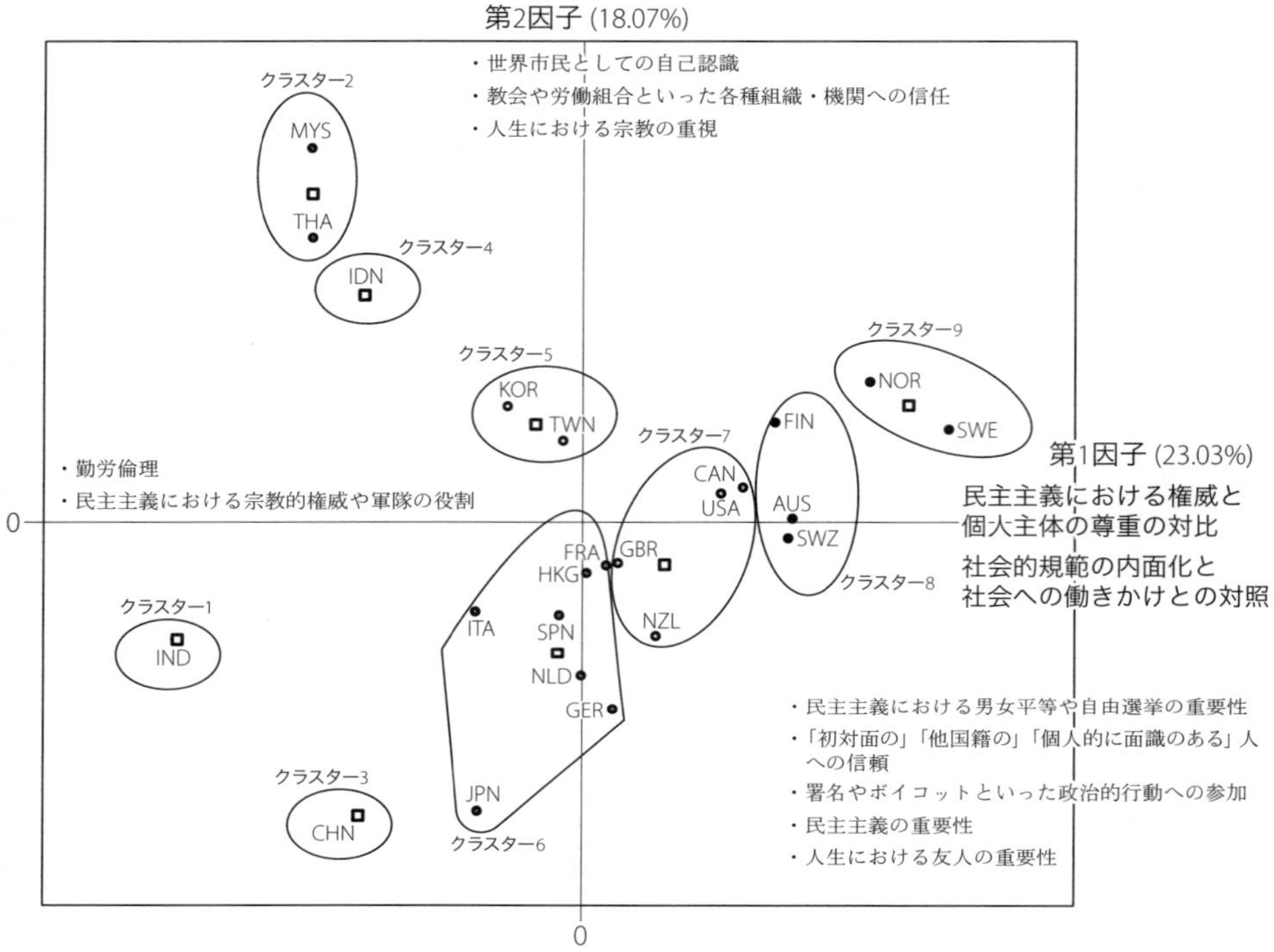

図6–5　2000年代中葉における信頼構造全体の多様性（第1—2因子）

出所: 著者作成

クラスター分析

　上記分析の結果に対してクラスター分析を行うと、以下のような類型を析出できる。そこでは、先進国と東アジア諸経済とが明確に区別できる。具体的には、インド、中国、インドネシアがそれぞれ独立した存在として認識され、マレーシアとタイ、韓国と台湾がそれぞれグループとして識別される。これらのグループは、Harada and Tohyama (2012) あるいは遠山／原田 (2014) で析出された制度的構図にかんするアジア資本主義の類型にほぼ対応するものである。

　一方先進国については、アングロサクソンの国を中心に構成されるクラスターが、カナダ、イギリス、ニュージーランド、アメリカから構成される。またノルウェー、スウェーデンの北欧諸国が一つのクラスターとみなすことができるのに対して、これら二つグループの中間的位置に、オーストラリア、フィンランド、スイスからなるグループが存在する。最後にフランス、ドイツ、イタリア、オランダ、スペインの大陸ヨーロッパ諸国と、香港および日本の混成グループも成立している。

考察

右の分析結果から引き出される含意は以下の通りである。第一に、信頼構造にかんする各経済の類型と制度的構図にかんする経済の類型との間に緊密な類似性が見られる（表6―4）。このことは、信頼にかんする人々の意識の構造が、各経済に存在する諸制度の構図と相関することを示唆していると理解できよう。またこのような類似性は、双方の分析がそれぞれ頑健なものであることを示しているとも言えよう。さらに類型の対応を詳細に見ると、先進国とアジア諸経済がいっそう明確に区別されるという点において、信頼の直接的関係を対象とした分析から得られる類型よりも、信頼構造全体の分析から得られる類型の方が、制度的構図の類型との類似性が高いことが見て取れる。このことは、制度的構図の多様性を基準とするならば、信頼構造の多様性が、主体間の直接的関係よりも制度や組織への信任といった間接的関係の違いに依存することを示唆していると考えられる。また先進国の類型について付言すれば、制度的構図については、アングロサクソン諸国グループのほかに、大陸ヨーロッパ諸国と北欧諸国の混合グループ（福祉資本主義）と、南欧諸国にフランスを加えたグループが見出されたが、信頼構造分析では、北欧諸国と、大陸欧州・南欧諸国とが区別される形になる。

第二に、多様性の決定要因から見ても、信頼構造全体の分析がもつ優位性を確認できる。信頼構造全体の分析において諸経済の多様性をもっとも説明する第一因子を規定する変数については、ここでは紙幅の関係上示していないが、全体として信頼の間接的関係が与える影響が相対的に大きいと判断することができる。同様に、信頼構造全体の分析における第二因子についてみると、それを規定する変数として、信頼の直接的関係と間接

表 6-4　意識構造と制度的構図の多様性——類型の比較

No.	信頼構造の多様性		制度的構図の多様性	
	信頼の直接的関係	信頼構造全体	アジア資本主義の5類型	アジアおよび先進国
1	IND	IND	IND**	IND**
2	CHN	CHN	CHN	
3	IDN	IDN	IDN, PHL*	IDN, PHL*
4	MYS, THA	MYS, THA	MYS, THA	CHN, MYS, THA
5			HKG, SGP*	HKG, SGP*
6	ITA, KOR, NZL, SPN, TWN	KOR, TWN	JPN, KOR, TWN	JPN, KOR, TWN
7	JPN	AUS, FIN, SWZ		
8	GER, HKG, NLD	FRA, GER, HKG, ITA, JPN, NLD, SPN		FRA, GRC*, ITA, PRT*, SPN
9	AUS, CAN, FRA, GBR, SWZ, USA	CAN, GBR, NZL, USA		AUS, CAN, GBR, IRL*, NZL, USA
10	FIN, NOR, SWE	NOR, SWE		AUT, BEL, DNK, FIN, GER, NOR, NLD, SWE, SWZ

出所）「信頼構造の多様性」については著者作成、「制度的構図の多様性」については、Harada and Tohyama（2012）および遠山／原田（2014）

注 1）類型の番号（No.）は、便宜上つけられたもので、各分析におけるクラスターの番号とは対応しない。

注 2）＊は、信頼構造の多様性分析で取り上げられていない国名を示し、＊＊は遠山／原田（2014）において 2007-2011 年を対象とする分析において加えられた国である。

的関係が並立しているように見えるが、例えば直接的関係を表す「世界市民としての自己認識」は、「（制度や規範としての）宗教の重要性」が高い経済において高い。このように自己認識や他者への信頼が制度や規範に影響を受ける可能性が高いという意味で、この因子もまた信頼の間接的関係の影響を強く受けているということができるだろう。

ボウルズは、市場とリベラルな制度が適切に組み合わされれば、対人間の信頼が一般化された形で促進されることを指摘し、さらにはこうした社会的選好のクラウディングイン効果を可能にするようなルール（制度）を設定する立法者の役割について議論した（Bowles 2016）。一方、立法者が設定したルールや制度が効果的に機能するには、主体がそれら制度を信任する必要がある。このような意味で、ここでの分析は信頼構造全体の多様性が、主体相互の信頼というよりも、それを媒介する制度や組織にたいする信任に大きく依拠していることを明らかにしたと言えるかもしれない。

そして第三に、信頼構造の多様性が主に信頼の間接的関係の多様性に影響を受けているはいえ、対人間の直接的な信頼関係が意味をもたないわけではない。信頼の直接的関係にかんする分析の結果が示唆するのは、**一般化された信頼の度合い**（第一因子）と個別的な信頼にかんする指標**（特定組織への参加と積極性）**（第二因子）との交差の中で各経済が位置づけられるということである。このうち第一因子が示す一般化された信頼の高低は、先行研究の成果を考慮すると、ある程度市民社会の成熟度を代表するものと考えられよう。他方第二因子は、職業団体、政党といった特定の目的をもった組織に個人主体がどの程度関与しようとするか、あるいはそうした目的を共有できるという点で社会の限定された範囲のうちでどの程度互いを信頼できるかを表す指標といえる。第二因子はそのような意味で、対象諸経済が多様であることを示していると理解できるかもしれない。

一般化された信頼、社会の限定された範囲内の信頼、これら二つの軸が信頼の直接的関係にかんする多様性を規定する。このような多軸的比較は、レギュラシオン理論が展開してきた資本主義の多様性論を継承するものである。また、一般化された信頼と個別的な信頼の組合せとして経済の多様性が示される点は、「ゲマインシャフト／ゲゼルシャフト」の複層性を実証的に示したものとみなすことができるかもしれない。このように本章の分析は、レギュラシオン理論と市民社会論の双方の系譜に位置づけられるものである。もちろんここでの分析はまだ試行的なものにとどまっており、多様性の内実を詳細に明らかにするなど、分析は今後深められねばならない。

五　おわりに

本章では、レギュラシオン理論の展開を資本主義の多様性という観点から検討した。レギュラシオン理論における多様性論は、現実経済の変化や他の理論的展開と相互に連関しながら、多様な議論を展開させてきた。それらの比較から明らかになったのは、共時的分析と通時的分析の両立の困難と必要性である。他方で、こうした多様性論と市民社会論、より正確には、資本主義の多様性と市民社会的関係を基礎づける「信頼」との関係についての分析を試みた。暫定的な統計分析の結果が示唆するのは、人々がどのような信頼関係を結ぶかは社会によって異なっており、それは実際に制度として結実し、資本主義経済間の制度的多様性と結びついているということである。

注

（1）レギュラシオン理論を含めた資本主義の多様性論の検討については、安孫子（2012）、藤田（2007）も参照のこと。前者ではイノベーション・システムとの関わりで各種議論が詳細に検討されており、後者では福祉国家論との関係が論じられている。

（2）具体的には、真正フォーディズム、国家主導型フォーディズム、フレックス・フォーディズム、ひび割れたフォーディズム、ハイブリッド・フォーディズムという五つのブランドが同定されている（Boyer 1990: 訳 37-43）。ただし、それぞれのブランドの特徴づけは、当時支配的であった制度諸形態の一つである賃労働関係の特性にもとづいて行われている。

（3）アメリカにおいて典型的に観察される「分権的・逆コース型軌道」、日本が典型国である「ミクロ・コーポラティズム型軌道」、スウェーデン、ドイツ、オーストリアにおいて観察できる「社会民主主義型軌道」、ヨーロッパ共同体各国の状況を示すとされるが、個々の国の間では大きな違いが見られるとされる「ハイブリッド型軌道」が挙げられる（Boyer 1990: 訳 80-85）。

（4）「レギュラシオン理論の支配的特徴は、長期の歴史的時間における変遷と資本主義諸形態の多様性を不断に組み合わせていこうとする点にある」（Boyer 2004a: 訳 85）。

（5）ＳＳＩＰの議論の紹介は、安孫子（2012）第Ⅲ部第二章に詳しい。

（6）こうした方向での議論はその後も展開されている（ex. Resingler 2012）。日本においても同種の議論をアジア資本主義に適用した議論が行われている（Tohyama and Harada 2016）。

（7）紙幅の都合で原表全体を示すことができないが、各類型の特徴を示すべく、分析対象の制度領域が、従来レギュラシオン理論が取り扱って来た五つの制度諸形態に組み替えられている。

（8）縦軸の分類については、後述のボウルズの議論にもとづけば留保が必要である。詳しくは第7章注（12）を参照。

（9）ホール＝ソスキスの議論については、Hall and Soskice（2001）はもちろんであるが、レギュラシオン理論やそのほかの資本主義多様性をめぐる議論との異同について、Boyer（2004a）や藤田（2007）、山田（2008）が的確に整理している。

（10）一方で、制度をどのように理解するかについて、アマーブルはＶｏＣが想定する企業中心的視点や経済的機能主義的理解を明確に否定し、レギュラシオン理論が従来から提唱してきたコンフリクト・ベースの制度観を主張している（Amable 2003: 訳 69-77; 原田 2005a, 2005b）。

（11）イノベーションにフォーカスする両者の視点は、さらに遡れば、内生的成長論に求めることができる。事実、アマーブルは初期の研究で同テーマを取り扱っており、Amable（2003）でも言及している。またＶｏＣにおいてもそれが、企業行動というミクロ的視点をマクロ経済パフォーマンスに結びつけるもっとも直線的な議論として想定されたことは想像に難くない。

（12）こうした含意は、国民国家単位で多様性を議論することとも関連があるかもしれない。再生産部分も含めた賃労働の取り扱いは、国民国家の範囲で行われることが通例であり、それを超えた範囲（ヨーロッパという地域レベル）で各種の妥協が成立したり、諸政策が実行されたりした実績が乏しいことが知られている（Amable 2003: 訳 第六章）。

（13）アマーブルとの個人的なやり取りでは、アメリカにおいて市場的調整と軍需産業などにおける関与との補完性が事例として挙げられた。

（14）ただし、蓄積体制の議論——典型的にはフォーディズム的蓄積体制の分析——では、どちらかといえば需要レジームの議論に力点が置かれていたことも事実であり、その意味ではイノベーションを扱うことで供給サイドに焦点をあてることに意義があるとも言える。

（15）ボワイエ（2016）の議論のもう一つの特徴は、各国ごとに異なる不平等レジームがそれぞれ独立して成立しているのではなく、複数のレジームが相互依存関係にあることを描き出した点にある。こうした特徴もまた経済動態の多様性にかんする議論を展開する上で重要な論点を提起していると考えられる。

（16）ここでいう東アジアの範囲は、遠山／原田（2014）注一で示されるものにしたがっている。

（17）Harada and Tohyama（2012）で提起された五つのアジア資本主義類型に対して、レギュラシオン理論の制度諸形態、調整様式、成長体制の枠組みを適用してそれぞれの特徴を整理したものが、Uemura, Yamada and Harada（2016: 138-141）に示されている。

（18）データの制約があるため、分析で用いられているのは賃金総額であり、日本や韓国のケースと異なり、ここでの分析のみから成長体制の所得分配面にかんする特徴を導き出すことに対しては留保が必要であり、著者らによってもその点は議論されている（西／磯谷／植村 2014: 122）。

（19）ボウルズによる社会的選好の議論の詳細は第7章を参照のこと。

（20）ここではさしあたり、制度化された信頼を、先述の一般化された信頼と類似の概念と位置づけるが、Witt and Redding（2013）が前者についてシステムとのつながりを重視しつつ論じていることには注意を要する。かれらは制度化された信頼を基礎づけるのはシステムの存在であり、それはシステム・コントロール、システム的信頼、システム的倫理性といった要素に分割可能と論じている（Witt and Redding 2013: 289）。これは制度化された信頼の概念が、後述する信頼の直接的関係と間接的関係との区分の双方にまたがるものであることを示唆する。その意味で、制度化された信頼と一般化された信頼の異同も含めて信頼概念の検討は、今後さらに展開されるべき課題である。

（21）対象は次の二三の経済である。オーストラリア（ＡＵＳ）、カナダ（ＣＡＮ）、中国（ＣＨＮ）、台湾（ＴＷＮ）、フィンランド（ＦＩＮ）、フランス（ＦＲＡ）、ドイツ（ＧＥＲ）、香港（ＨＫＧ）、インド（ＩＮＤ）、インドネシア（ＩＤＮ）、イタリア（ＩＴＡ）、日本（ＪＰＮ）、韓国（ＫＯＲ）、マレーシア（ＭＹＳ）、オランダ（ＮＬＤ）、ニュージーランド（ＮＺＬ）、ノルウェー（ＮＯＲ）、スペイン（ＳＰＮ）、スウェーデン（ＳＷＥ）、スイス（SWZ）、タイ（THA）、イギリス（GBR）、アメリカ（USA）。なお Harada and Tohyama（2012）の分析には含まれ、当該回の調査では漏れたのは、オーストリア（AUT）、ベルギー（BEL）、デンマーク（DNK）、ギリシャ（GRC）、アイルランド（IRL）、ポルトガル（PRT）、フィリピン（PHL）、シンガポール（SGP）である。

（22）データの序列を統一すべくいくつかの変数を再コード化したため、次に示される結果は原田（2018）と若干異なる。

（23）ただし、第三因子については、紙幅の都合上省略する。

第7章

ボウルズとボワイエにおける「市民」と「市民社会」

――社会認識と社会科学分析との現代的総合――

植村博恭

一　はじめに

現代経済学において、「市民（citizen）」あるいは「市民社会（civil society）」に関する認識は、どのような発展をみせているのだろうか。ここでは、特にこれまで日本の政治経済学に大きな影響を与えてきたサミュエル・ボウルズとロベール・ボワイエの近年の議論を検討することにしたい。これまでわが国においては、ボウルズはアメリカ・ラディカル派経済学（ラディカル・エコノミクス）の中心的経済学者、ボワイエはフランス・レギュラシオン学派の指導的理論家として紹介されることが多かった。そして、ボウルズとボワイエは、その理論的スタンスと現代資本主義認識に多くの共通点があるために、しばしば対比して論じられてきた。そして、いまここで強調したいのは、グローバリゼーションの圧力のもとで民主主義そのものが危機に陥りかねない現在、ボウルズもボワイエも、欧米における現代経済学と現代政治学の研究の発展をふまえて、独自の「市民」概念、「市民社会」概念を発展させているということである。ただし、ボワイエは「市民社会（société civile, civil society）」という用語を使用しているが、ボウルズは、「市民（citizen）」「市民的選好（civic preference）」という言葉は使用しているものの、「市民社会」という言葉は用いていない。ボウルズが使用する言葉は、「リベラルな社会（liberal society）」である。この点は、のちに詳しく説明することにしたい。

本章では、現代の政治経済学のなかでも、近年傑出した社会認識を示しているボウルズとボワイエの「市民」および「市民社会」の理解を総合的に検討し、両者の理論がもつ視角の相違とそれらの関連を論じることにしたい。このことを通して、ボウルズとボワイエの経済思想を深く理解し、これまでの本書が扱ってきた「市民社会」の思想史研究のなかに彼らの社会認識を位置づけることにしたい。

ボウルズの近年の研究は、選好の内生的形成を基礎に、不完備契約論とゲーム理論を再構成し、ミクロ経済学を発展させている。しかし、同時にアメリカン・デモクラシーの伝統のうえに、行動科学とミクロ経済学の研究の成果（特に、インセンティブと社会的選好の分離不可能性の理解）に基づいて、市場と「リベラルな市民文化」の相互関係に関する研究を進めている点は強調されるべきである。また、ボワイエは、レギュラシオン理論に基づき、ヨーロッパやアジアの比較成長体制分析や成長体制の相互依存性について研究を進めてきたが、同時にフランス社会民主主義の伝統を継承し、経済領域と政治領域の相互規定関係を重視しつつ、「市民社会」の発展に基づく新しい社会民主主義論を展開している。

ボウルズとボワイエは、一九八〇年代後半から九〇年前後には、国際的な共同研究を行い、制度分析に基づくマクロ経済理論を発展させたが、そのボウルズとボワイエが、いまそれぞれ独自に、「市民」と「市民社会」を問題としている点は、きわめて示唆に富むものである。(1) したがって、いまここで現在のボウルズとボワイエの経済思想の共通点と相違点を整理し、両者の認識の補完的発展を展望することは、研究史上も興味深いものである。

二　ボウルズの「モラル・エコノミー」と市民の社会的選好(2)

ボウルズは、一九七〇年代以降アメリカのラディカル派経済学（ラディカル・エコノミクス）の中心的経済学者として活躍し、二〇〇〇年代にサンタフェ研究所に移籍してからは、独自の社会科学である「進化社会科学（evolutionary social science）」を発展させ、その集大成が『制度と進化のミクロ理論』（Bowles 2004）である。(3) そこでは、不完備契約論とゲーム理論を用いて制度と選好の共進化を分析し、ミクロ経済学を再構築している。

(1) ボウルズの経済学と経済思想——リベラルな市民の社会

ボウルズの『モラル・エコノミー——インセンティブか善き市民か』(Bowles 2016) は、半世紀以上におよぶボウルズの経済思想の発展の成果を全面的に展開したものであり、総合的な社会科学者としてのボウルズの深い思想が示されている。[4] 彼は、その理論的集大成であった『制度と進化のミクロ経済学』(Bowles 2004) において、「進化社会科学 (evolutionary social science)」という研究プログラムを提起したが、本書ではそれと補完的関係にあるボウルズの経済思想を説得的に展開している。ただし、ボウルズの経済思想を理解するのは、必ずしも容易ではない。ボウルズは、かつてラディカル派経済学者(ラディカル・エコノミスト)の旗手として自由な観点からマルクスに接し、いまはそのマルクスをも相対化しつつ、独自の経済思想を発展させているからである。

ボウルズの経済思想がもつ広がりと深さを理解するうえで、ボウルズの思想的到達点を考えてみるのは有効であろう。ボウルズはかつてラディカル派経済学者の中心的理論家として活躍したので、わが国では新古典派理論を活用するマルクシアンといったイメージが強く持たれてきたが、二〇〇〇年代にサンタフェ研究所に移籍して以降のボウルズは、そのイメージをはるかに超えた独自の社会科学の体系を構築していったと理解する必要がある。そして、特に現在のボウルズの経済思想は、むしろアメリカのリベラル思想の延長線上にあるといえよう。一九七〇年代・八〇年代においては、ラディカル派の経済学者として民主主義と資本主義の関係を問い続けたが、その底流においても、アメリカン・デモクラシーの思想は重要な影響を持っていた。したがって、その意味では、現在のボウルズにとっては、マルクスは多くの重要な思想的源泉の一つにすぎないと言えるのではないだろうか。むしろ、現在のボウルズの経済思想は、現代経済学と現代社会科学のすべての英知が総合されていると理解すべきである。

ボウルズの思想を深く理解するうえで、手がかりとなるのは、“liberal”という言葉であり、『モラル・エコノミー』では、この“liberal”という言葉が重要な概念として使われている。しかし、“liberal”（リベラル）の意味はきわめて多義的であり、またアメリカにおいても日本においても、それぞれ独特の使用の仕方があるので、その含意を正確に伝えるのは容易ではない[5]。ボウルズが思想を示すうえでキーワードとしているのは、“liberal civic”（リベラルな市民の）という概念であるが、これは良識と社会規範を重んじ公正観念を体現した市民が持っている社会的心性を意味するものと言えるだろう[6]。

ボウルズの経済思想は、市民社会思想の研究と通底するものであるが、それにおさまりきれない理論的な緻密さと思想的な奥深さがある。ボウルズの研究の最大のオリジナリティは、現代ミクロ経済学、特に不完備契約論とメカニズム・デザイン理論の豊富な成果を十二分に活用し、さらに実験経済学・行動科学の成果に基づきつつ、経済思想に堅固な社会科学的基礎を与えている点である。その意味で、現代経済学・現代社会科学の批判的総合でもあるといえる。特に、ボウルズが、市民的な社会的選好の内生的形成とそれを促進する法の支配や市民的諸制度の有効性について、きわめて緻密な分析を行っている点は、特筆すべきものがある。

（2）実験経済学・行動科学にもとづく社会認識——インセンティブと社会的選好の分離不可能性

ボウルズの経済思想は、市民社会思想を実験経済学・行動科学の研究成果を参照しつつ検討し、その社会認識を深化させている点に特徴がある。ボウルズは、利己的なホモ・エコノミクスではなく、ルソーのいう「あるがままの人間」の観点を重視する。実験経済学・行動科学実験の結果をふまえ、人々が自己考慮的で利己的な行動をとると期待される場面でも、しばしば倫理的に動機づけられた他者考慮的な行動をとると指摘する。しかも、「あるがままの人間」によって構成される社会経済関係においては、社会的選好が重要な役割をはたし、それが相互利益的交換や社会生活の持続を可能にする社会的基礎を与える。ここで、社会的選好とは、社会規範を守ろうとする倫理的な動機や互恵的動機に加え、他者を助けることそれ自体に喜びを感じるような内発的動機である。

ボウルズの市場経済とインセンティブに関する理解は、次のようなものである。不完備契約が原因で市場の失敗が発生し、それは市場において効率的な資源配分が実現されないことを意味する。そのとき、市場の「見えざる手」には政府の「見える手」の手助けが必要となるが、これまで経済学では政府が価格メカニズムを補い、個々人を望ましい社会的成果へと誘導するインセンティブを設計することが必要であるとされてきた。こうした考え方は、諸個人の利己的な動機を前提にしてインセンティブ・メカニズムを設計し、よりパレート効率的な結果を実現しようとするメカニズム・デザイン理論の考え方である。

しかし、ボウルズがこのような考えに対して指摘することは、インセンティブには意図に反した効果が存在するということである。不完備契約の世界を完備契約の世界に近づけようとインセンティブを利用したとき、インセンティブそれ自体が社会的選好をクラウディングアウトしてしまうという行動科学による実験結果が存在する。換言すれば、インセンティブと社会的選好は分離不可能なのである。これは、ヒュームの言う悪党（利己的行動）を律する立法そのものが、悪党（利己的行動）を生み出すという逆説である。したがって、マキャベリの提唱する「悪党のための立法」から現代のメカニズム・デザイン理論にまで連なる利己的個人を前提にした公共政策の設計は、その政策が意図した成果を得ることができない。

なぜインセンティブは、社会的選好をクラウディングアウトしてしまうのであろうか。行動科学実験の結果によれば、選好が状況依存的であり、さらに長期的に内生的に形成されるということである。選好は、インセンティブが与えられたとき、それにどのように反応すべきかを教えるが、その選好それ自体が、またインセンティブによって影響を受けるからである。ここでボウルズが提起するのは、選好が状況依存的であり、内生的であるからこそ、選好と共進化する制度、文化、立法の設計如何で社会的的選好が育成される可能性があるということである。

実験経済学・行動科学は、社会的選好が相互利益的な交換やその他の社会生活の基礎を保証することを明らかにした。しかし、そうした動機を金銭的インセンティブがクラウディングアウトするとすれば、金銭的インセンティブを広範囲に利用する市場社会は自らが依って立つ社会的基盤を侵食することになりかねない。さらに、失われた倫理的な他者考慮的選好を補うために、さらにインセンティブの利用が拡大されるという悪循環を生むかもしれない。しかし、現実には、こうした悪循環は、どの市場ベースの経済においても深刻な問題としては出現していない。インセンティブが社会的選好に与える腐食効果は存在するが、そうした悪循環は、堅固な市民文化およびそれを促進する社会過程によって相殺されてきたからである。

したがって、ボウルズは、こうしたインセンティブと社会的選好の代替性の問題を指摘するだけでは終わらず、インセンティブの伝えるメッセージが、たとえば、利己的行動が期待されるといった内容を伝えることから、あるいはインセンティブの設計者とその対象者の関係から、クラウディングアウトが発生すると考える。したがって、インセンティブが伝える情報を変えることによって、クラウディングアウトが回避される、あるいはクラウディングイン（インセンティブと社会的選好の補完性）の可能性も生み出される。

こうした行動科学実験の成果に基づき、ボウルズは西欧社会思想をたどり、「アリストテレスの立法者」を再発見する。それは、インセンティブが社会的選好をクラウディングアウトするのではなく、クラウディングインすること、言い換えれば、道徳とインセンティブの相乗効果を認識する立法者である。ボウルズが提起するのは、実験経済学をはじめとする行動科学的研究に裏付けられたこのような社会認識である。

(3)「リベラルな社会」における市民の社会的選好

ボウルズの理論の中心的なテーマは、市場経済、社会的選好、法の支配やリベラルな諸制度の相互関係である。ボウルズが対象とする社会は、近代の「リベラルな社会（liberal society）」と呼ばれている。これは、ボウルズの理論の中心的概念の一つであるが、日本ではさほど親しみやすいものではない。それは日本においてしばしば「市民社会（civil society）」という言葉に含意されてきたものに近いが、もちろん「市民社会」という概念自体がきわめて多義的である。これまで、ボウルズが「市民社会」という言葉は積極的には使っていないのは、おそらく「市民社会」の意味が多義的であり、しかも欧米では政治領域の場を指すことが多いからかもしれない(7)。ボウルズ自身は「リベラルな社会」に、次のような独自の定義を与えている。「「リベラルな社会」という言葉で、わたしは、経済的な財やサービスの配分を広範囲に市場にまかせること、政治的権利の形式的平等、法の支配、公共的な寛大さ、職業上の、そして地理的な移動性に関する人種、宗教、あるいは他の生来の偶然的なものに基づく障壁の低さによって性格づけられる社会を意味する」（Bowles 2016: 訳 109）。職業的および地理的移動性は、市民の被るリスクを軽減し、また近年では社会保険もまたこの役割を果たしている。このような社会は、長期的に人々の選好に影響を与えるが、市場経済における利己的選好の発展と市民文化の発展に関しては、両義的な性格が存在している。市場経済の発展は、もっぱら自己考慮的な利己的選好を発展させ、社会を掘り崩すこともあれば、そうではなく、市場経済の発展と市民的選好とが相互補完的に作用し、市民的徳（civic virtue）を実現することもあるとされるのである。市場での契約は不完備契約を含むので、そのような好ましい結果が生じるか否かは、市場とリベラルな諸制度（職業選択や地理的移動の自由、法の支配）の相乗作用が有効に働くか否かにかかっており、有効に働く場合には、市民的徳を涵養することで、社会的選好のクラウディングインを実現することができるのである。

ボウルズの理論的枠組みにおいては、いくつかの主要な社会関係とガバナンスの様式が存在する。それは、「市場」「国家」「コミュニティ」である（Bowles 2004, 2016）。それについて、特に社会関係のもつ質的次元と量的次元に焦点を当てて整理したものが**図7―1**である。

市場は、匿名的で一時的な社会関係であり、コミュニティや家族は人格的で持続的な関係である。しかも、コミュニティや家族における信頼と市場社会における一般化された信頼は、異なったタイプの信頼関係である[8]。国家の有する近代官僚制は、匿名でしかも持続である。最後の組み合わせ（人格的で持続的関係）として、人種的に強く分断された市場のように人格的依存性を有している社会関係も存在する。問題は、このように異なる社会関係において、どのようなタイプの選好が形成されるかということであり、その点に踏み込んだ分析を行っている点は、ボウルズの理論の重要な特徴となっている。

図 7–1　市場・国家・コミュニティの性質

量的次元	質的次元	
	匿名的	人格的
一時的	市場	人種的に分断された市場
持続的	官僚制	コミュニティ、氏族、家族

出所：Bowles（2016: 訳 図 6–1）

ボウルズは、市場経済における価格を通じた調整が、自己考慮的な利己的選好を強化し、他者考慮的な社会的選好をクラウディングアウトする場合もあれば、適切な制度とルールによって社会的選好が育成されクラウディングインが生じる場合もあると主張する。したがって、市場経済の発展が社会に与える効果について、市場が社会的選好を弱体化させ、社会的基盤を掘り崩すとのみ考えるのは一面的であるが、市場がつねに市民的な社会的選好を強化すると考えるのも、また一面的だとされるのである。この点をよく表しているのは、市場が市民的文化を醸成させるという「市場の市民化効果（the civilizing effects of the market）」という問題である。ヴォ

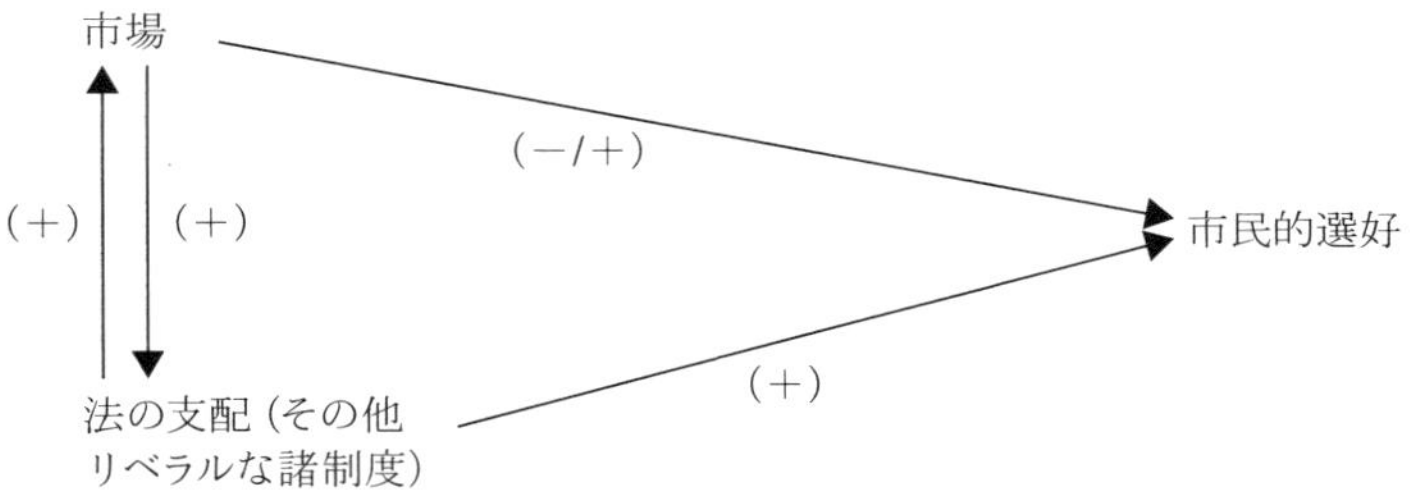

図7–2　市場、リベラリズム、市民的選好

出所: Bowles（2016: 訳 図5–5）

ルテールの言う「穏やかな商業（doux commerce）」もこの理解の典型である。ボウルズは、これに一定程度理解を示しつつも、しかしそれを無条件で賞賛してはいない。ボウルズが示唆しようとしているのは、近代の「リベラルな社会（liberal society）」における市場の効果は、両義性をもつということである。ここに、ボウルズが、市場経済の発展が社会に与える効果について否定的にとらえる傾向のあるマルクスと市場それ自体の積極的側面を賞賛するスミスをともに相対化し、近年の実験経済学の成果に基づいて、自らの精緻な分析を深化させていることが見てとれる。

また、市場のもつこの両義的効果を論じた論文（Bowles 2011）においては、「リベラルな社会」が社会紐帯に対して持つ効果について、二種類の類型を提示している。「寄生的リベラリズム（parasitic liberalism）」と「リベラルな市民文化（liberal civic culture）」である。前者においては、市場とリベラルな諸関係が伝統的諸制度を掘り崩し、社会的紐帯と徳を弱体化させるが、後者においては、市場とリベラルな諸制度や法的ルールとが補完的に発展することによって、市民的な徳が高められることを強調する。まさに、市場が社会を浸食するのか、市場が市民社会を育成するのか、という問題である。ボウルズによるこの問題に対する解答は、次のようなものである。「わたしは、穏やかな商業に関するスミスのような説明（あるいはその何らかの変種）は、きわめて市場志向的な社会の多くにおける市民的心性をもった市民を適切に説明しているとは考えていない。その代わりに、その説明はリベラルな社会秩序の非市場的な側面と何らかのかたちで関わっていると考えている」(Bowles 2016: 訳 138)。つまり、リベラルな市民的心性を生み出しているのは、「リベラルな国家は、個人的な障害、財産の損失、その他の惨禍といった最悪のケースからもたらされる結果から市民を守ることができ、実際に守っている」(同 138) からであり、すなわち、法の支配とリベラルな諸制度が持つリスク削減効果が、市場経済と補完的に作用しているからである。ボウルズの理解は、**図7―2**によってまとめられる。

ここでのボウルズの認識は、次のようなものである。市場が市民的選好 (civic preference) に対して持つ効果は、それを強化する効果と弱体化させる効果とがともに作用している。これに対して、もし市場と法の支配やリベラルな諸制度との間に補完的相乗効果が生み出されるならば、市民の被るリスクが軽減されつつ、市民的選好が強化されると考えられるのである。これが、リベラルな市場経済における社会的選好のクラウディングインである。

(4) 不完備契約論に基づく労働市場論

このような社会的選好のクラウディングインの可能性については、特に不完備契約が顕著な労働市場と信用市場について、ボウルズ独自の理論的深化がみられるので、それを説明したいボウルズは、一九八〇年代末より「抗争交換 (contested exchange) 理論」として、労働市場における不完備契約の問題を理論化してきたが、『制度と進化のミクロ経済学』における理論の深化をへて、『モラル・エコノミー』では一層の展開を示している。特に、労働市場についていえば、次のような理論構成となっている。労働市場においては、依頼人 (principal) である雇用者と代理人 (agent) である被雇用者の間の非対称的関係が存在し、そこでの契約も労働内容や労働条件、そして労働努力の水準のすべてを契約で規定することができないという意味で不完備契約となっている。

このような関係においては、「効率賃金」のような賃金を手段とした金銭的インセンティブだけでなく、労働と賃金に関する公正規範や労働者が被るリスクを低減する法制度、さらに社会保障制度などが重要な役割を果たすのである。しかも、不完備契約の労働市場においては、パワーの行使と制度化がその動態を規定する。「リベラルな社会」においては、先に見たように職業選択の自由と労働市場は最も重要な構成要素の一つであるが、労働市場における契約は不完備な性格が強いからこそ、労働者を保護する適切な法制度とそれによって育まれる労働と賃金に関する公正規範が重要なものとなるのである。また、信用市場においても、貸付から返済に至る過程において契約は不完備であり、返済を保証しリスクを低減する法的諸制度や借り手に対する信頼関係が重要な役割を演じている。そしてさらに、信用市場の機能の仕方とそれがもたらす結果は、金融資産の所有関係にも関わることになる。これについては、ボウルズは一九九〇年代の研究においては、市場経済がより平等な結果をもたらすための「平等主義的資産再分配」を提起したことがある(9)。

(5) 立法者の役割——「次善の世界」における立法と市民的心性の育成

労働市場のみならず、信用市場やその他の市場において、社会的選好のクラウディングインを実現するためには、適切な立法の役割が重要となる。その場合、それはどのような立法であろうか。マキャベリ以来の発想である利己的な悪党に対して有効な立法を課すというパラダイムは、現在では、L・ハーヴィッツやE・マスキンなどのノーベル賞経済学者によって構築されたメカニズム・デザイン理論として発展することになった。それは利己的個人を前提にして、立法者が有効なルールとインセンティブを与えることによって市場だけでは達成できないより効率的な結果を導くことのできる条件を論証するという試みである。しかし、これまでのメカニズム・デザインの研究で明らかになったことは、「パレート効率性」、「選好の中立性」、「自発的参加」と

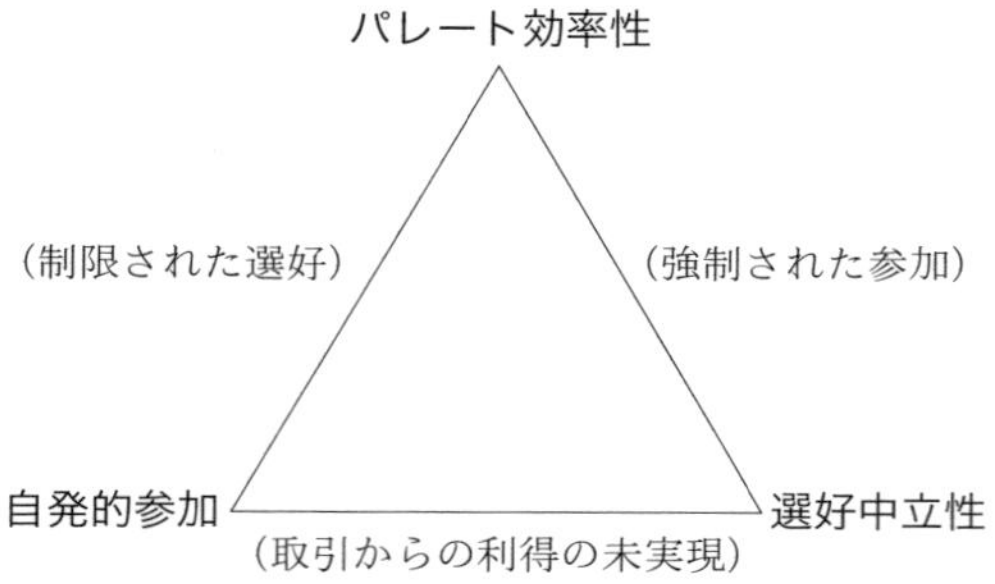

図7–3　リベラル・トリレンマ：パレート効率性・選好中立性・自発的参加の不可能性
出所: Bowles（2016: 訳 図6–1）

いう三つの条件を同時に満たすことはできないということであり、それをボウルズは「リベラル・トリレンマ」と呼んでいる。[10]「パレート効率性」の定義は経済学において広く共有されているものと同じであるが、「選好の中立性」の意味は立法者が個人の選好に介入しないこと、「自発的参加」とは、社会経済関係への参加は個人の自発的選択によるものであって、立法者はこれを強制しないということである。「リベラル・トリレンマ」は、立法者が、利己的個人と完備契約の仮定のみに基づき、「選好の中立性」と「自発的参加」を追求するならば、それによってパレート効率的な状態を実現することはできないことを意味する。

そのため、立法者は、「あるがままの人間」が持っている社会的選好を内生的に形成する可能性と市民の社会的選好の積極的な役割を認識しつつ、「次善の世界」で立法を行わなければならないのである。このことが、まさにボウルズの『モラル・エコノミー』の原書の副題である「優れたインセンティブが善き市民に代われない理由（why good incentives are no substitute for good citizens）」である。ここで再発見されるのは、アリストテレスの主張した立法者であり、そのような立法者は、市民の社会的選好の役割を認識しつつ、立法を通じて善き市民を育成するのである。

このようにボウルズの経済思想は、市場経済と市民的選好の相互関係から、それらにクランディングインをもたらす可能性をもつ立法の役割まで、きわめて体系的に展開されている。しかし、あえて言えば、最後に登場する「立法者」については、さらにその先にきわめて重要な社会科学的・政治学的分析が必要な領域が残されているようにも思われる。なぜならば、『モラル・エコノミー』で登場する立法者が、どのような民主主義的手続きを経て選ばれているのか、立法者の立法行為と市民の対応について、政治的領域においてどのような相互作用が存在するのか、明示的に示されていないからである。立法者が市場外の政治の領域にいて市場に対して立法や政策で関わることはその通りであるが、立法者が政治的領域としての「市民社会」とそれを支える人々の市民文化によっていかなる形で規定されるのかという問題を現在の政治状況に即して解明することが必要であろう。

この点については、ボウルズ自身による、本書出版後の評論「リベラリズムの終焉」(Bowles 2017) が示唆的である。そこでは、近代の「リベラルな社会」の生成期以降の数百年に及ぶリベラリズムの曲折した両義的な歴史をふりかえっている。近代社会形成期のリベラリズムののち、一九世紀の経済的リベラリズムが台頭し、二〇世紀には「リベラリズムの民主化 (democratization of liberalism)」と参政権の拡大が進んだ。しかし、グローバリゼーションと社会・経済変動が進行するもとで、リベラリズムが強者のリベラリズム、すなわち新自由主義となり、現在、それがかえって排外主義などの台頭をまねくという危機に陥っている。このような現在の状況のもとで、自由と民主主義を重視する市民文化の原点と歴史的に実現してきた社会的弱者を含む広範な参政権の拡大をふまえ、リベラルな価値を新たに再生させるべきであると提言している。(11)

三　ボワイエの「市民社会」と市民社会民主主義

レギュラシオン理論のリーダーの一人であるボワイエも、政治学研究の成果を吸収しつつ、独自の「市民社会」論を展開している。レギュラシオン理論は、多様な資本主義の動態を「調整様式（mode de régulation）」と「蓄積体制（régime d'accumulation）あるいは「成長体制（régime de croissance）」という概念を使用して分析している。そして、特にボワイエの研究においては、経済領域と政治領域の相互規定性について分析が深められている。そうしたなかで、近年、ボワイエはしばしば「市民社会（civil society, société civile）」という概念を使用するようになっていることが注目される。

（1）コーディネーションの諸領域――市場・国家・コミュニティ／市民社会

ボワイエがその発展に貢献してきたレギュラシオン理論の枠組みにおいては、各国の「調整様式」が分析対象とされる。それは、国民経済全体が調整される様式であるが、具体的には様々なコーディネーションの領域と原理をそのうちに含んでいる。レギュラシオン（調整）を生み出すコーディネーションの諸領域とそこでの多様な原理を整理して図示したのが、**図7―4**である。縦軸はコーディネーションにおける行為の動機が、利害関心に基づくものか、義務に基づくものかの区別であり、横軸は、コーディネーションの様式とパワーの分布が水平的か垂直的かという区別である[12]。「市場」は一つの社会的構築物であって、そこにおける行為の動機は利害関心によるものであり、コーディネーションは水平的である。企業における行為の動機も利害関心に基づくものであるが、コーディネーションは垂直的である。コミュニティあるいは市民社会にあっては、行為は義務的な動機に基づくが、水平的なコーディネーションを特徴とする。もちろん、コミュニティと市民社会では、義務的動機の性質に相違があり、その空間的に広がる範囲が異なっている[13]。そして、国家は義務的な動機に基づく垂直的なコーディネーションの組織である。さらに、これら四つの基本類型とは別に、利害関心と義務との複合的な動機をもち、水平的コーディネーションと垂直的コーディネーションとの中間領域に位置するもの

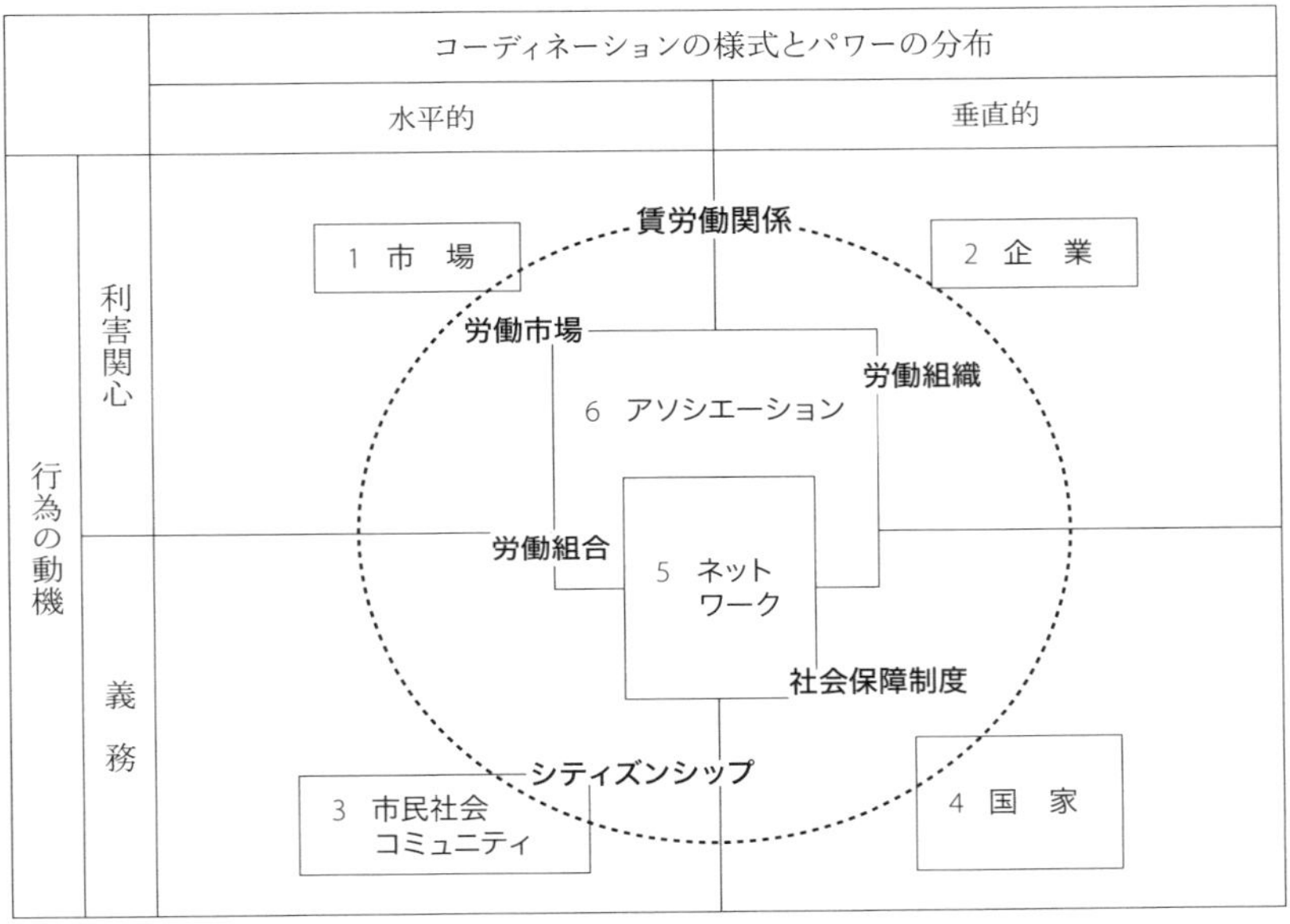

図7–4　コーディネーションの多様な原理と賃労働関係

出所: Boyer (2015a: Figure15)のボワイエの説明にそって著者が加筆

として、アソシエーションとネットワークがあげられる。

　レギュラシオン理論は、各国民経済を分析するうえで、五つの「制度諸形態」を問題とする。「貨幣形態・レジーム」「競争形態」「賃労働関係」「国家形態」「国際体制への編入形態」である。これらは、コーディネーションの諸原理と次のように関わっている。「市場」は、「競争形態」「貨幣形態」によって基礎づけられ、諸制度による調整に補完されつつ「賃労働関係」に影響を与えている。そこには、アソシエーションとネットワークも関わっている。「国際体制への編入様式」も「市場」における競争と分業によって規定される。もちろん、コーディネーション領域の「国家」は「国家形態」に対応する。

　レギュラシオン理論でいう「賃労働関係」は、賃金と雇用に関連する諸関係の複合体であって、労働組織、労働市場、生活様式、賃労働者の再生産の様態、労使妥協、社会保障制度のあり方を含んでいる。ボワイエは、労働力が通常の商品とは異なるとし、労働力と労働を区別する重要性を強調する。したがって、労働契約は、本質的に「戦略的コンフリクト」(Boyer 2015a: 29)をその中心に含み、労働に対する規範やインセンティブが重要な役割をはたす。それは、集合的な政治的妥協によって強く制度化された領域として概念化されている。そのような大域的な広がりをもった諸関係を、「賃労働関係」と呼ぶのである。[14] しかも、そこにはしばしばアソシエーションやネットワークも含まれている。労働組合はそこでの重要な団体である。この「賃労働関係」において特に重要なのは、そこでは「市民的関係性(citoyenneté)」(シティズンシップ)に基づいた社会政策の普遍的な性質が調整様式に影響を与えていることである。[15] したがって、「市民社会」は、市場、企業、国家とは独立の水平的なコーディネーションの領域として認識されているが、「市民社会」と「市民的関係性(シティズンシップ)」は雇用制度や社会保障制度を通じて「賃労働関係」に対して重要な影響を与えていると考えられている。

「調整様式」が含んでいる様々なコーディネーションの領域に関して、ボワイエが注目するのは、次の二つの点である(Boyer 2015a)。第一は、調整の水準が多層的に形成されていることである。すなわち、「国民的水準(le national)」「地域的水準(le régional)」「超国民国家的水準(le suprenational)」「世界的水準(le mondial)」という多層的な水準の調整様式が存在している点の強調であり、この点はレギュラシオン理論における新しい分析視角であると言える。実際、特にEUなどでは、様々な経済政策や移民政策などにおいて、EU内とEU外の両面にわたって多層的なガバナンスが形成されている。第二に、そのような多層的なレギュラシオンにおいて、「経済なもの(l'économique)」と「政治的なもの(le politique)」との相互作用が存在している点であり、経済領域と政治領域とは、つねに分離不可能な動態を生み出しているのである。

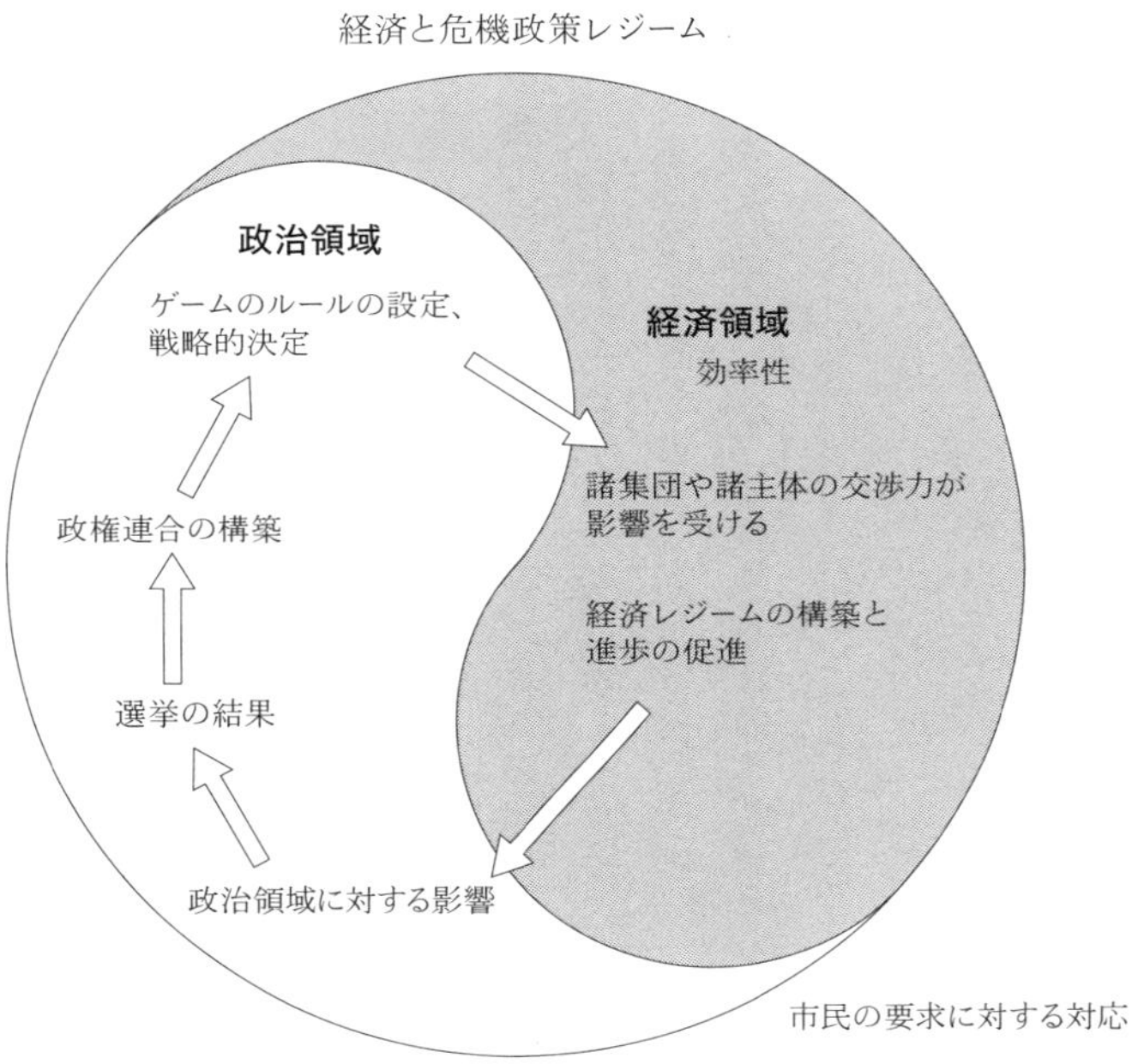

図7–5　政治領域と経済領域の相互作用
出所: Boyer（2014a: Figure 6.2）

（2）現代社会における経済領域と政治領域の相互規定性

特に、「国民的水準」で言えば、「国民国家」が、利己的な諸個人の集合としてではなく、一つの共同体として考えられるときには、政治領域と経済領域は、構造的に相互に絡み合っている」（Boyer 2014a: 131）のである。この政治領域と経済領域の相互規定関係を図示したのが、**図7―5**である。

経済領域においては効率性が重視され、経済領域における活動は諸集団や諸主体の交渉力に影響を与える。そのもとで、経済レジームが構築されるが、それがどのような成果をあげるかということが、市民の要求への対応いかんによって、政治領域における諸主体の行為に影響を与える。そして、それは選挙に反映される。選挙の結果によって様々な連合政権の可能性が生まれ、社会的諸行為のゲームのルールが設定され、戦略的・政策的意思決定がなされる。そして次には、それが経済領域に影響を与える。ここでのボワイエの認識の特徴は、経済領域と政治領域との間に存在するこのようなきわめて動態的なフィードバックの連鎖を重視していることである。しかも、「政治領域と経済領域の相互作用は、近代社会の進化とその社会経済的レジームの多様性をともに説明する」(同 132)のである。

(3) レギュラシオン理論の「経済政策レジーム」――成長体制の動態と社会的諸集団の妥協

ここで、ボワイエは、政治領域と経済領域の相互作用に関する分析を一層発展させるためにレギュラシオン理論を「経済政策レジーム」の分析へと拡張しているので、それを確認することにしよう(Boyer 2014a, 2015a)。

レギュラシオン理論における「経済政策レジーム」の一般的な説明として、次のような説明が与えられている。「特定の経済政策レジームは、各々の安定的な発展様式に関連づけられる。しかし、構造的危機は、そのようなレジームが存続することの限界と反生産的な結果を示している。この問題は、新しい制度的配置を構築する改革戦略を必要とする」(Boyer 2014a:150)。

ここで重要なことは、第一に、「経済政策レジーム」は安定的な成長の時期と構造的危機の時期とではその性質が異なるということであり、すなわち「成長体制(蓄積体制)」の動態の中で理解すべきものであるということである。「成長体制」とは、諸制度のもとで需要形成と生産性上昇によって生み出されるマクロ経済的規則性であり、安定的成長の時期と構造的危機の時期を持つ。そのようなマクロ経済動態は、経済主体の意識や行為に影響をあたえる[16]。第二に、そのような経済の動態に規定される「経済政策レジーム」は、社会的諸集団の妥協と連合を通して形成され、一定の期間にわたって安定化されるということである。しかし、構造的危機の時期には、しばしば「政策レジーム」の転換が必要となる。

まず、「成長体制」の動態と「経済政策レジーム」との関係については、次のように説明されている。まず、「成長体制」の動態を安定的成長の時期と構造的危機の時期に区別して分析する必要がある。安定的成長の時期には、その国民経済で制度諸形態が持っている制度階層性の性質（すなわち、どの制度領域が規定的かということ）と民主主義の性質によって、「経済政策レジーム」が生み出される。これに対して、構造的危機の時代には、同様な制度的背景のもとに改革戦略が生み出されるのである。例えば、一九六〇年代のケインズ主義と制度化の時代においては、労働者のヘゲモニーが含意され、広範な政治的連合が存在していた。そのため、安定的成長の時期には、ケインズ主義的安定化政策、累進課税、社会福祉が発展し、また、一九七〇年代の構造的危機においてケインズ主義の延長上でなされた改革戦略は、さらなる公的介入（所得政策、誘導的計画、産業政策）であった。これに対して、一九八〇年代のマネタリズムと新自由主義の時代においては、ヘゲモニーは資本の側にシフトし、社会のなかの限定された支配的諸集団が国家のパワーをその支配下におくようになった。そのため、安定的成長の時期には、マネタリストの政策が採用され、市場主義的なインセンティブが導入され、構造的危機の時期には、さらなる民営化、自由化、世界市場の競争への経済開放が進められた。

次に、戦後において形成された「経済政策レジーム」における社会的諸集団の妥協のあり方は、次のようにまとめられている。一九六〇年代のフォード主義的妥協の時期には、大企業の経営者と賃労働者との間で妥協・連合が成立し、金融界はこれに順応し、国際レジームはこれと補完的に形成された。一九八〇年代の国際競争主導型レジームにおいては、大企業の経営者と消費者との妥協・連合が形成され、拡大する国際競争において貿易からの利益の獲得が目指された。このなかで、労働者との妥協は弱体化し、労働者を従属的な位置におく圧力が強まった。さらに、一九九〇年代の金融投資家と大企業の経営者との連合が形成された時期には、拡大する強力な金融市場と大企業の経営者の間で利益の共有がなされ、保険や年金の金融化が進められた。このなかで労働者には一層のリスクが課されることとなった。

以上のように、ボワイエにおいては、政府の政策形成のありかた、すなわち「経済政策レジーム」は、「成長体制」の動態、すなわち安定的成長と構造的危機、そのもとでの社会的諸集団の妥協と連合によって説明されていることが特徴的である。このような政策形成のダイナミズムにおいて、「市民社会」がいかなる役割を演じているのか、それが次の問題となる。

(4) ボワイエの「市民社会」と新しい社会民主主義

ボワイエは、経済領域と政治領域の相互規定関係を重視しており、それが経済全体の動態によって強く影響を受けることを強調している。そして、その点に関する理解をさらに発展させるため、経済(市場・企業)とも国家とも異なる公共的・政治的領域としての「市民社会(civil society)」が重要な役割を演じることを主張し、新しい社会民主主義の可能性を論じている。[17]

ボワイエは、現在先進諸国で生じている政治経済的変化は、各国における経済レジームと政治システムの共進化に応じて多様性をもっていることを指摘する。特に、アメリカ合衆国に代表される「自由主義的資本主義(liberal capitalism)」、「社会民主主義(social democracy)」、そして市民の積極的参加に基づく「刷新された社会民主主義(renewed social democracy)」を区別する。現在の自由主義的な制度変化のなかでは、従来型のコーポラティズム的な「社会民主主義」ではなく、市民の積極的参加を前提とする「刷新された社会民主主義」を主張し、この新しい社会民主主義における「市民社会」の重要性を強調している。図7―6は、経済―国家―市民社会という枠組みにおいて、「自由主義的資本主義」と市民の民主主義的参加を前提とする「刷新された社会民主主義」を対比したものである。[18]

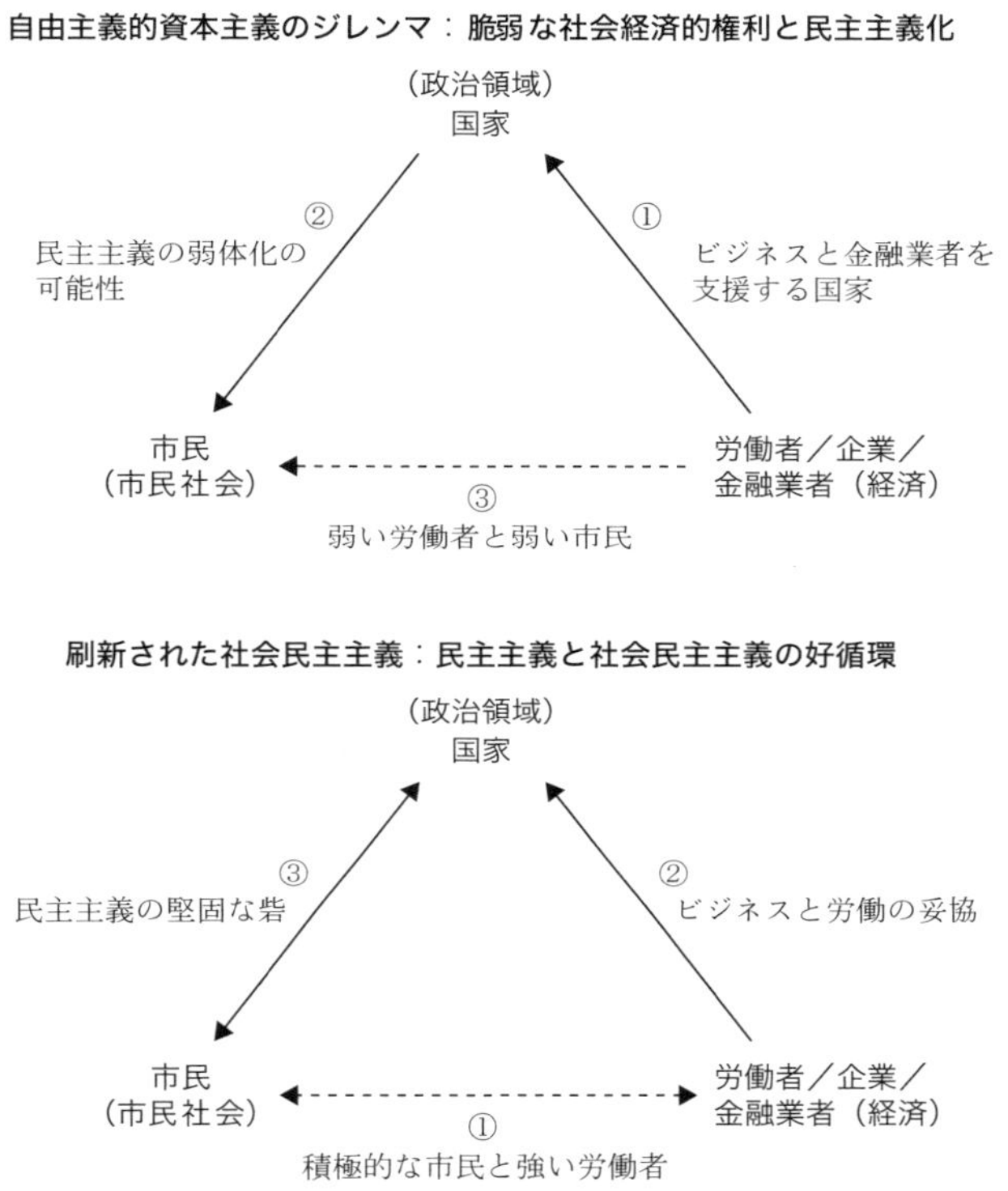

図7–6　自由主義的資本主義と新しい市民社会民主主義

出所: Boyer（2014a: Figure 6-13）

この経済（市場・企業）―国家―市民社会からなる三角形は、先に**図7―4**で説明したコーディネーションの諸原理に対応していることがわかる。しかも、ここではそれぞれの領域の規定関係が問題とされている。まず、「自由主義的資本主義」であるが、これはアメリカ合衆国などに代表される政治経済システムである。そこでは、経済領域におけるビジネスと金融の利害が国家の政策を規定している。しかも、このような国家においては、労働者と市民のパワーが弱まり、民主主義が弱体化される可能性がある。これに対して、「刷新された社会民主主義」においては、市民社会における積極的な市民とパワーを行使する労働者が存在し、堅固な民主主義が発展している。そのため、国家の政策は、ビジネスと労働者との生産的な妥協によって規定される。このような「刷新された社会民主主義」は、これまでの「社会民主主義」がともすればコーポラティズム的な妥協のもとに政策が行われていたのに対して、市民社会における積極的な市民の政治参加に支えられ発展しているのである。それは、まず小規模なネットワーク化されたコミュニティの関係に始まり、それが次第に信頼と公的手続きを経て国家レベルに拡張するものであると説明される。そのようなありかたを、ボワイエは「市民社会民主主義的構成（civic social democratic configuration）」と呼んでいる（Boyer 2014a）[19]。また、北欧モデルの民主主義と競争優位性を論じた論文では、そこにおける「連帯（solidarity）」に支えられた「社会民主主義的な市民的関係（social democratic citizenship）」の重要性を強調している（Boyer 2015b）。

もちろん、二〇一〇年代に入って以降、クローバリゼーションが進展するなかで、特にヨーロッパ諸国では、社会民主主義の変質とナショナリズムの台頭が顕著である。ヨーロッパでは、ユーロ危機、移民・難民危機、そしてブレグジットがあり、半世紀以上にわたって進められてきた欧州統合そのものが危機にさらされている。そして、いまヨーロッパの市民社会と民主主義も困難におちいっている。このような状況であるからこそ、ボワイエの主張する市民社会を通じた下からの社会民主主義の重要性は一層増していると言えよう。

四　ボウルズとボワイエの「市民」「市民社会」認識の共通点と相違点
——両者の強みをいかに統合するか——

最後に、まとめとしてボウルズとボワイエの「市民」「市民社会」の認識をいかに発展させ、現代社会を理解するうえに活かしていくことができるか考えることにしたい。そのために、まず両者の共通点と相違点を確認しておきたい。

ボウルズとボワイエの共通点としては、ともに行為主体の選好・動機の多様性が存在することを前提としつつ、経済領域と政治領域とが相互浸透的で相互規定的である点を強調している点が指摘できる。ボウルズは、社会経済関係における行為主体の選好には、自己考慮的な利己的選好と他者考慮的な社会的選好が共存することを指摘し、資本主義的市場経済のなかに社会規範とともに政治的関係・パワー関係が埋め込まれている点を強調している。市場契約は不完備契約なので、そこに規範やパワーが必然的に介在するのである。特に、この性質は、労働市場における契約において顕著であり、それが労働市場における規範の役割と制度化の基礎となる。ボワイエもまた、経済的領域と政治的領域が相互規定的であることを強調する。しかもコーディネーションにおいては、利己的動機(利害関係)だけでなく、義務に基づく動機も存在するとの理解を示す。特に、レギュラシオン理論でいう「賃労働関係」は、政治的領域と不可分に結びついており、様々な規範をもって政治的妥協と制度化が重要な役割を果たしている。したがって、ボウルズもボワイエも、「市民的関係性(シティズンシップ)」を重視しつつ、つねに資本主義と民主主義との関係を問題としてきたのである。

もちろん、ボウルズとボワイエのあいだには、焦点の当て方と論理の組み立て方において重要な相違点も存在する。それは、次のような点である。

第一に、資本主義的市場経済と市民的な社会規範との関係についてである。ボウルズは、市場経済そのもののなかに、利己的選好だけでなく、市民的な社会的選好が存在している点を重視し、市場経済と市民的な社会的選好が相互促進的に発展するための制度的条件や法制度を問題とする。ここには、公正で平等な社会が実現するように市場メカニズムを適切に作用させるべきであるとするボウルズの市場理解がある。市場の作用を否定的にとらえるのではなく、むしろ市民的規範とルールを埋め込むことによって実現されるべき市場の作用の可能性を肯定的に展望している点は、まさにボウルズの「モラル・エコノミー」を理解するうえで重要な鍵である。他方、ボワイエは、市場と市民社会をそれぞれ独立したコーディネーションの原理であると理解する。したがって、ボワイエの「市民社会」は公共的・政治的領域における市民と社会的諸集団が行為する場としての「市民社会」であり、市場と国家とは相対的に独立した独自の政治的で社会的な空間である。そのため、「市民社会」は資本主義的市場経済を調整し統御するものとして理解されている。[20]

第二に、市民的な選好の形成や市民社会の安定的発展を生み出す過程に関する視点の違い——ミクロ・レベルかマクロ・レベルか——が存在する。ボウルズはミクロ・レベルにおける主体の選好と行為の相互作用、そしてそれを誘導する規範やルールを問題としている。市場の生み出す成果に関して複雑系理論の創発性を論じることはあるが、経済のマクロ・ダイナミクスをそれ自体として分析してはいない。[21] このため、市民的な社会的選好の発展についても、それはミクロ的分析であり、経済のマクロ動態が主体の選好に与える影響は論じられていない。これに対して、ボワイエはレギュラシオン理論の理論家らしく、市民社会の発展や経済政策レジームの形成に関して、つねに「蓄積体制（成長体制）」の動態を参照しつつ論じている。特に、安定的成長と構造的危機では、市民社会のあり方や主体の行動と妥協に関して異なる過程が生じうる点を強調している。

第三に、政府の政策形成の目的と政策の実行について焦点の当て方が異なっている。ボウルズは、政策形成者（立法者）が、社会的に好ましい目的に対して、「次善の世界」でよき市民を育む適切な立法行為・政策形成を行うことの重要性を強調する。そのさい、市民から政策形成者への政治領域におけるフィードバックについて立ち入った分析はなされていない。これに対して、ボワイエにおいては、政策形成は社会的諸集団の妥協の結果であり、それは諸集団間での利益の配分を伴うものとされる。そして、政策が経済状態に与える効果が、また諸主体の政治行動に影響を与える。すなわち、政治領域と経済領域との相互作用の動態が生み出されるのである。

以上のように、共通点と相違点を理解することによって、両者の強みを補完的に総合する可能性もみえてくる。

第一に、市民的な社会的選好を形成する場に関しては、市場経済の内部と外部両方にまたがる重層的な広がりをもったものとして理解する必要があるということである。ボウルズが重視する市民的な社会選好は、「リベラルな市民文化」として市場経済と補完的に発展する可能性をもつものであるが、それは同時に法の支配とリベラルな諸制度に支えられることによって発展するのである。そのため、市民的な社会的選好は、市場領域・経済領域と市場領域の外部（すなわち、社会領域や政治領域）にまで広がりをもって形成される。したがって、それはボワイエのいう「市場」とは相対的に独立の公共領域としての「市民社会」の発展に支えられる。このような理解は、強い不完備契約の性質をもつ労働市場、あるいはレギュラシオン理論の言葉でいう「賃労働関係」においては特に重要であり、労働市場・労働契約における公正な市民規範の形成と労働・生活に関わる法的諸制度や社会保障制度との相互規定関係については一層の研究の発展が必要となるであろう。

第二に、市民の選好形成や経済政策形成について、ミクロ・レベルの分析とマクロ・レベルの分析を相互補完的に発展させる必要がある。ボウルズの枠組みにおいて、法の支配や市民的諸制度は、市民が被る市場リスクを減少させるという重要な役割を果たすことによって、市民的な社会的選好の発展を促進する。しかし、市場リスクや所得分配は、マクロ的には、レギュラシオン理論でいう成長体制（蓄積体制）の動態とその安定性に大きく影響を受けるはずである。安定的な成長の時期には、市民の被るリスクは減少するので、市民的な社会的選好は形成されやすいが、構造的危機の時期にはリスクが増大することによって社会的選好は弱体化し、利害対立によって利己的選好が強化されやすい。次には、それが経済政策レジームに影響を与える。しかしそのとき、より社会的な観点からの政治的選択が行われるならば、社会的連帯を強めることもありうる。このように、政治経済主体の選好形成、特に市民的な社会的選好の発展の可能性についても、ミクロ的過程とマクロ的過程の相互作用に焦点を当てて分析する枠組み（ミクロ・マクロ・ループ）を発展させることが必要となる。

第三に、政治領域と経済領域の相互作用の動態のなかに政策決定者（立法者）を位置づけて分析することが必要である。ボウルズのいう「次善の世界」で市民的選好を育む「立法者」は、広範な市民の参政権のもとで、どのような民主主義的手続きによって選ばれるのか、その政策目的はどのような過程を通じて決定されるのかがまさに問題となる。それは、政治領域と経済領域のダイナミックなフィードバックによって規定される。政策決定者（立法者）の選好が市民と民主主義の観点から適切に発展するためには、また政策の実施が市民的心性の育成を助けるためには、ボワイエの「刷新された社会民主主義」（市民社会民主主義）において最も重視されている政治的な公共領域としての「市民社会」における市民の選好形成、相互行為、そして政治参加について一層の理解が必要となるであろう。

われわれは、かつてボウルズとボワイエの共同研究である制度分析に基づくマクロ・モデル（ボウルズ＝ボワイエ・モデル）から多くの理論的示唆を得た。そして、グローバリセーションの強い圧力を受けつつ、市民社会と民主主義そのものが危機に陥りかねないいま、あらためて、われわれがボウルズとボワイエの「市民」「市民社会」認識から学ぶものは、より根源的なものであり、現代社会において有効な社会認識と社会科学の基礎そのものであるといえるだろう。(22)

注

（1）S・ボウルズとR・ボワイエは、一九八〇年後半から九〇年代前半にかけて、共同研究をおこなった（Bowles and Boyer 1988, 1990, 1995）。その背景には、WIDERの国際共同研究があり、その成果はS・マーグリン／J・ショアー編『資本主義の黄金時代』（Marglin and Schor 1990）として出版されている。彼らの共同研究の成果は、「ボウルズ＝ボワイエ・モデル」と呼ばれてきた。その彼らが、自らの経済思想を集大成しつつある現時点で、ともに経済領域と政治領域の相互作用を重視しつつ、「市民」や「市民社会」を問題としている点は、注目に値する。

（2）ここでのボウルズの経済思想に関する説明は、『モラル・エコノミー――インセンティブか善き市民か』NTT出版（Bowles 2016）の「訳者あとがき」の内容を、磯谷明徳、遠山弘徳両氏とNTT出版の許可を得たうえで、本書の編集主旨にあわせて大幅に加筆補充したものである。

（3）ボウルズの研究史については、『モラル・エコノミー――インセンティブか善き市民か』NTT出版（Bowles 2016）の「訳者あとがき」で詳しく説明しているので、それを参照されたい。

（4）『モラル・エコノミー』の包括的な書評としては、山田鋭夫のそれ（山田 2018）をぜひ参照されたい。戦後日本の市民社会思想、特にアダム・スミス研究に基づく内田義彦の思想とボウルズの思想とが時代を隔てて呼応している点が指摘されている。

（5）本章では、“liberal”に「リベラルな」という訳語をあてている。これは、『モラル・エコノミー』における訳語の選択と同様な理由、すなわち、“liberal”という語が多義的であるという理由による。

（6）その点は、『モラル・エコノミー』の第五章「リベラルな市民文化（liberal civic culture）」において丁寧に説明されている。

（7）ボウルズの社会認識は、利己心（利己的選好）と市民の社会的選好の関係、そしてリベラルな社会制度や法制度の役割を問題としている点で、日本のアダム・スミス研究、特に利己心と共感（同感）との関係、そこに介在する社会制度・政治制度の役割に関する内田義彦の認識と呼応するところがある。内田は次のよう言う。「利己的動機は、行為への最大の動機であり、それぬきにしては、大いなる善の実現はありえないであろう。問題は、制度である」（内田 1967:260）。「人間はつねに利己的であるが、しかし、利己心の発動のしかた――行為の向けられる方向――は、政治の機構、かれのおかれている地位によってちがうという思想に今一度注意しておく」（同 261）。さらに、「それ（経済人）は、「同感の原理」と結びあわせて意識的に登場させられることによって、「政治の制度」が果たす役割を認識する道具として役立っている」（同 262）と説明している。また、市場を「社会的コミュニケーション」の場でもあるとする間宮陽介の多層的な市場理解とも類似点をもっている（間宮 1985: 91）。

（8）このような市場社会とコミュニティにおける異なった信頼のあり方については、本書第6章において、資本主義の多様性と関連づけて実証的な分析がなされている。

(9) この「資産ベースの再分配戦略」を全面的に論じたのは、Bowles and Gintis (1998b) においてである。信用市場においては、契約が不完備であるために資産を持っている者と持っていない者との間には、金融市場における信用の利用可能性が異なる。それによって、本来実現できた生産性の上昇が阻害される。そこで、ボウルズが提起するのは、「資産ベースの再分配 (asset-based redistribution)」であり、これは富める者から貧しい労働者への所有権の移転を含むものである。それによって、「公平なプレーの場における競争 (competition on a level playing field)」が実現し、生産性も上昇するというのである (Bowles 1998b: 訳 90) またそこで、ボウルズは労働者所有企業によって編成される市場メカニズムの可能性についても言及している。

(10) ボウルズは、この点を「マキャベリの失敗」とも呼んでいる (Bowles 2014)。

(11) Bowles (2017) 'The End of Liberalism' は、ボウルズがイギリスのブレグジットとアメリカでのトランプ大統領勝利という政治経済の大変動を踏まえて、あらためてリベラリズムの曲折した両義的な歴史と将来、そしてリベラルな価値 (自由と民主主義) の重要性を論じたものである。内容は、必ずしもタイトルが言うような「リベラリズムの終焉」ではなく、きわめて深い洞察を含んでいる。近代の「リベラルな社会」におけるリベラリズム (自由と民主主義) の原点、すなわち近代の生成期における国王や領主に対する個人の私的領域の形成、一九世紀の経済的リベラリズム (自由放任)、二〇世紀の戦後の「資本主義の黄金時代」において参政権の拡大と社会保障・弱者保護を実現した民主主義 (ボウルズは「リベラリズムの民主化 (the democratization of liberalism)」と言う)、一九八〇年代以降のネオ・リベラリスム (強者のリベラリズム)、そしていま広範は主権者が保護主義と排外主義のを支持しつつある現状をふり返る。そして、そのようないまこそ、リベラルな市民的価値 (自由、民主主義、人権) の原点と主権者である貧困者・弱者の視点からリベラルな社会的価値を再生させるべきであると主張している。また、Fochesato and Bowles (2015) は、北欧モデルにおける平等な分配関係における「市民的関係性 (citizenship)」の重要性に関して論じている。

(12) この縦軸と横軸の意味は明瞭であるが、縦軸の「利害関心」と「義務」との区別に関しては、ボウルズの「インセンティブと社会的選好の分離不可能性」の議論をふまえれば、両者は本質的に分離不可能である。「利害関心」と「義務」は異なる領域において動機としての強弱はあるものの、相互に影響を与えあっていると考えることができる。

(13) もちろん、ここで「コミュニティ」と「市民社会」の社会関係としての相違が問題となる。特に、「義務的動機」の内容（親密的か公共的か）や「信頼」の性格が重要であるが、その点に関するボワイエの積極的な説明は、これまでなされていないようである。

（14）ボワイエも「賃労働関係」について説明するなかで、労働市場の不完備契約論を「労働市場の新しい理論（nouvelles théories du marché du travail）」として紹介している（Boyer 2015a: 29-30）。ここには、ボウルズとある程度共通した理解がみられる。ただし、レギュラシオン理論の「賃労働関係」は、マクロ的な広がりを持つ概念であることも強調されている。

（15）調整様式における「市民的関係性（citoyenneté）」（シティズンシップ）の役割については、Boyer（2015a: 36）に説明がある。

（16）レギュラシオン理論では、この点は「ミクロ的行為のマクロ的基礎」と呼ばれることがある。

（17）ボワイエの「市民社会」概念は、グラムシの「市民社会」論の系譜に属し、そして近年ハーバーマスらによって展開されている「新しい市民社会論」の議論をもふまえているものといえよう。

（18）ボワイエの「自由主義的資本主義」と「刷新された社会民主主義」（Boyer 2014a）が、ボウルズの「寄生的リベラリズム」と「リベラルな市民文化」（Bowles 2011）と類似している点はきわめて興味深い。ただし、ボウルズは、liberal という言葉に市民的価値を含意させるのに対して、ボワイエは、主として経済的 liberalism を含意させる傾向がある点は注意を要する。

（19）ボワイエが「市民社会民主主義（civic social democracy）」という概念を使用している背景には、二〇〇〇年代後半における山口二郎・宮本太郎との研究交流がある。彼らのオリジナルな理論については、山口／宮本／小川（2005）を参照。

（20）この相違は、市民社会的関係が市場経済の内部にあるのか、外部にあるのか、あるいは市場経済の内部と外部をつなぐものとしての広がりをもって存在するのかという市民社会論の根本認識に関わるものである。両者をつなげて理解することは、戦後日本の市民社会論やボウルズの「市民」概念とグラムシやハーバーマスに系譜をもつ「新しい市民社会論」とを総合的に理解する可能性を有するものである。これは、村上（2011）の議論に呼応するものでもある。

（21）『モラル・エコノミー』の「日本語版への序文」においては、アダム・スミスの「見えざる手」を複雑系理論の創発性の観点から再解釈している。

（22）戦後日本の市民社会論を代表する内田義彦、平田清明、望月清司のうち、ここでは特に内田義彦と望月清司の研究をボウルズとボワイエにおける「市民」と「市民社会」に関する現代的な経済思想を確認した目でもって読んでみたい。

（A）内田義彦における「市民社会」の現代的再読

内田義彦の社会認識を理解するうえで重要なのが、資本主義と市民社会との概念的な区別、および市民社会の基礎にある「一物一価の価値法則」という理解である。例えば、内田の文章のなかには、次のような記述があり、内田市民社会論のエッセンスを表している。「私は、一物一価関係の進行と、資本・賃労働関係の進行が必ずしもパラレルではないと考えております」（内田 1967:71）。またこのような資本・賃労働関係とは位相が異なった市民社会的関係は、資本主義の市場経済のなかで発展するが、同時にそのなかには収まりきれないことが指摘される。その点は、特にルソーとスミスとを対比して論じた次の文章に示されている。「つまり、近代的市民社会が、スミスでは、一物一価の経済社会としてとらえられたけれども、ルソーでは、非利己的人間の構成する liberté, égalité, fraternité の自然的社会として、経済学の世界の外にほうりだされてしまった。ですから、経済学の流れということにこだわらずに、近代市民社会思想の流れとしてとらえてみますと、ルソーが経済の世界の外にほうりだしてしまった pitié の世界こそ、スミスが本来経済学の世界としたものです。同時にスミスの経済学によって経済世界として措定された市民社会は、イギリスでは――スミスからリカードへの移行に見られるように、しだいにハッキリとブルジョア社会に固定してくる傾向がありますが、大陸では、自然的社会と市民社会が経済世界に収斂されてこないだけに、抽象的性格をもち、したがってブルジョア社会からはみだす要素をそなえて存続し発展してくる」（同 67）。ここで内田義彦が見ているのは、利己的諸個人からなる経済社会としての市民社会とそれをはみだす共感に支えられた社会としての市民社会との位相関係であり、また両者の関連である。スミスとルソーを対比した内田の説明を、ボウルズの市民の社会的選好に関する研究成果をふまえて読んでみると、次のように理解できる。内田が経済世界の内部の市民社会と経済世界の外部にはみだした市民社会の両方をともに認識し、歴史的・社会的コンテキストにおいてその関連を問うているのは、まさに、市民社会のもつ利己的選好と社会的選好が市場経済の内部と外部でどのように発展してきたのか、そのことを特にイギリスと大陸諸国という歴史社会的文脈で比較しているものと理解できるのである。

ところで、現代経済学の観点からみると内田義彦の「一物一価の価値法則」という言葉は、二つの点で翻訳作業を要する。第一に、「一物一価」の意味である。現代経済学では、「一物一価」が成立するのは、多数の交換関係の間に「推移律」成立し、整合的な価格体系が成立することを意味する。もちろん、実際には多くの市場で相対取引が行われているので、厳密には「一物一価」は成立していない。これをふまえれば、内田義彦のいう「一物一価」とは、「公正」な取引を実現している一定範囲の価格帯が存在している状態を指しているものと解釈できる。それでは、「公正」の観念は、市場取引とどのような相互作用をもつのであろうか。ボウルズが分析したのは、まさに「公正」の観念（市民的な社会的選好）が市場取引を通じて発展する制度的条件であった。

第二に、「価値法則」について現代経済学をふまえた解釈が必要である。一九六〇年代以降、スラッファ、置塩信雄、森嶋通夫によって価値論研究は飛躍的に発展し、一九七〇年代には、線形モデルによって価値と生産価格の関係が厳密に分析された（高須賀 1979）。内田のいう「価値法則」による交換は、交換当事者が互いに権利主体として承認しあった公正な交換であるが、その交換比率は線形モデルの垂直統合から得られる労働価値と同水準ではない。一九八〇年代には、ウルリッヒ・クラウゼが市場交換において交換当事者によって承認された「抽象的労働」を価値とする価値論（Krause 1979）を展開したが、内田の「価値法則」はこのクラウゼの認識に近いかもしれない。しかし問題は、市場で承認された価格水準と経済全体の再生産によって与えられる価格体系＝生産価格との関係である。この点は岸本（1975）によって理論化が試みられたが、市場における公正な価格と生産価格との関連を分析することは現在でも大きな課題である。

次に、内田における労働力商品の理解を再読してみよう。『資本論の世界』のなかに次の文章がある。「賃労働者は所有権の主体として自分自身を処理する権利能力を完全にもっている。こういう点に資本主義社会の画期的な意味の一つがあるわけでありまして、その点にだけ注目して歴史を整理しますと、資本主義社会というのは、長い歴史の末に、その社会のすべて成員が完全に自由の主体となってきた、そういう社会としてみえてきます」（内田 1966: 75）。これは、労働者の「二重の自由」のうち、労働力の所有者としての自由について説明されたものである。近代社会における個人の自由の基礎に「労働力の所有権の主体としての権利能力」、すなわち「労働力の自己所有性」があるという指摘は、今日の労働市場政策を考えるうえでも示唆に富む。

そして、さらに労働力商品の特殊性の問題として議論を深めているのは、『日本資本主義の思想像』におけるブレンターノと大河内一男の関係に関する説明である。「大河内さんは、社会政策学会のなかの近代的要素を代表するものとしてのブレンターノ……の姿をあざやかにえがきだしています。つまり、社会問題の本質は、けっして人間が労働力商品になったという点にあるのではない。人間が労働力になるということは、一つの必然にすぎない。むしろ労働力の所有者たる労働者が、労働力商品の販売者として、正常な条件を与えられていないという点に社会問題の本質はある。だから、社会政策の基本的問題は、人間が労働力商品になっていることを否定し、ひきもどすことではなくて、それを当然の事実として認めながら、労働力商品という商品の、商品としての特殊な性質、また、その特殊な商品の販売者としての労働者の特殊性を経済学的にはっきりさせ、そうしたものとしての労働者を正常な条件におくようにすることにある、とブレンターノはみるわけです」(内田 1967: 59)。もちろん、この内田によるブレンターノの説明は、大河内社会政策論における「労働力の価値法則の貫徹」を念頭においたものである。それは、近代社会における労働力商品の必然性を積極的にふまえたうえで、売買を公正なものとする条件を問題としている点で特徴的であり、ボウルズが理論化した労働市場の不完備契約論に通じるものである。労働力商品の特殊性によって労働市場の契約が不完備契約であり、そのためショートサイドにたつ労働力の買い手たる資本家がパワーを行使し、労働力の売り手である労働者は販売の正常な条件が奪われているのである。ブレンターノは、労働力の売買を正常な条件におくために労働者の団結と社会政策の必要性を主張するが、これは労働市場の不完備契約から生じる問題を規範と制度化によって緩和させようとするボウルズの問題意識に通じる。

さらに、労働者による闘争と法制度化については、次のような記述もある。「工場立法の実現、あるいは、労働時間の単なる延長から、生産力の発展による搾取率の増大へという、あとから見れば、資本家にとっても有利な搾取機構の実現さえもが、資本家からは出てこないで、労働者の闘争によってのみ実現されてくるという論理と、結びつけられています」(同 340)。このように、労働者による闘争の結果が資本家に対しても利得をもたらすという論理は、ボワイエのレギュラシオン理論において強調されている闘争と妥協と通じた制度形成の観点と共通する。このように、労働市場および労使関係を軸として、経済世界を超えた広がりをもつものとして市民社会的関係の発展を認識しているところに内田義彦の市民社会論の特徴がある。

(B) 望月清司の「ゲゼルシャフト」「ゲマインシャフト」の理論的再読

内田義彦の社会的分業論を継承して、理論的に発展させた研究が、望月清司『マルクス歴史理論の研究』(望月1973）である。そこでは、壮大な「分業展開史論」「社会的諸関連視座」が示され、人類史における普遍的交通の二つの様式が概念化されている。まず、望月による「ゲゼルシャフト（Gesellschaft）」と「ゲマインシャフト（Gemeinschaft）」の定義を確認しておこう。「「ゲゼルシャフト」はまず等価（等しい人間的能力）交換の歴史的形成行為……である。あるいは、……その交通において相互に関連しあう人間それ自身であるともいえよう」（同269）。「マルクスは、貨幣したがって私的所有物の私的交換を前提しない相互補完のシステムを歴史的ないみでの「ゲマインシャフト」と概念的に把握した」（同269）。さらに、両者の相違について、次のように説明している。「ゲマインシャフトとゲゼルシャフトとは、人間の人間的＝類的結集・統合の原理としては、性質を等しくする。ただ前者は、結集が直接・無媒介であるのに対して、後者はなんらかの媒介物を介して、相互に人格的な接触のない諸個人がつながりあう、そのような結集の形態的差別があるにすぎない」（同277）。ここから、望月清司は「ゲゼルシャフト的交通分業―関係」と「ゲマインシャフト的協業―分業関連」という対概念を構成し、社会的分業と企業内分業の動態に関する理論を発展させ、ゲゼルシャフト的関係をゲマインシャフト的に制御し領有するという将来展望を与えている。

望月理論を現代経済学の観点からみた場合、次のように評価することができる。一九七三年という時点で、社会的分業と企業内分業の動態を理論化している点は、ウイリアムソンなどの新制度学派より早い時点で、市場と企業組織の進化的発展の論理を構築しているものであり、しかも、望月の場合には、それが新制度派のように「取引コスト」の削減ではなく、分業が生み出す生産力の発展である点は示唆に富む。ただし、望月理論において、ゲゼルシャフトとゲマインシャフトを区別するものとして、「媒介／無媒介」という点を強調しているのは正確とは言えず、むしろ両者を異なる「媒介様式」あるいは「コーディネーション様式」として理論化すべきではなかったか。また、ゲゼルシャフト／ゲマインシャフトと社会的分業／企業内分業とが完全に対応するかどうかも一層の検討が必要である。

望月理論においては、分業論のレベルで、「ゲゼルシャフト的関係」という概念が非常に鮮明に提起されている。しかし、この「ゲゼルシャフト的関係」と市場関係とがどのような位相関係をもつのかという点は、慎重な考察を要する問題である。この点に関しては、ボウルズ『モラル・エコノミー』における「市場の市民化作用」の検討が示唆に富む。望月理論の「ゲゼルシャフト的関係」が市民的な社会的選好に基づく対等な同市民的関係を意味すると解釈できるならば、市場は「ゲゼルシャフト的関係」と相互促進的に発展する場合もあれば、「ゲゼルシャフト的関係」を弱体化させることもありうるだろう。それは、内田義彦が重視していた市場世界の内部における市民社会と外部にはみだしている市民社会との関係性という問題を十分にふまえることでもある。市場の発展が、「ゲゼルシャフト的関係」を育むためには、適切な法制度と市民的な諸制度が必要である。それは、まさに望月がその理論的展望として「分業し交通する労働者たちのゲマインシャフト＝ゲゼルシャフトを弁別し、これを自覚的に領有する途」（望月 1973: 613）と言っていることの内実に関わっており、「ゲゼルシャフト的関係」を適切なルールと制度でゲマインシャフト的に制御・調整することによって、「ゲゼルシャフト的関係（市民社会的関係）」自体も発展すると考えることができるのではないだろうか。

ここで示した解釈は試論にすぎないが、今後とも内田義彦や望月清司の社会認識を現代の社会科学の発展をふまえて読みかえすことは、必要なことであると思われる。

第8章　経済学の現在とレギュラシオン理論の可能性

——制度派経済学とケインズ経済学の理論的連携にむけて[1]——

植村博恭

一　はじめに

経済学の再建、それはまずは、われわれの研究の足もとから一歩一歩着実に進める以外にはない。しかしもちろん、そこには方法論的刷新と理論の総合化の意識的な努力が必要である。経済学は、市民一人一人に経済と社会について正確な認識を提供し、将来の針路を示すものとならなければならない。われわれは、レギュラシオン理論にもとづく共同研究を通じて「社会経済システムの制度分析」という理論的フレームワークを発展させてきた（植村／磯谷／海老塚 2007）。これは、制度分析を基礎に、レギュラシオン理論、ポスト・ケインジアン理論、ラディカル派やリベラル派の経済理論などを総合しようとする試みである。

さらにそれは幅広い国際共同研究の一部であり、新しい社会民主主義の経済学を目指すレギュラシオン理論や様々な国の「制度と進化の経済学」との間で国際共同研究が進められている。特に、理論的研究の領域では、アメリカのリベラル派のサミュエル・ボウルズの経済学の集大成である『制度と進化のミクロ経済学』（Bowles 2004）とその経済思想を集約した『モラル・エコノミー――インセンティブか善き市民か』（Bowles 2016）が出版され、現代経済学の最先端の研究との連携が進んでいる。また、日本国内の研究連携のなかからは、「国際価値論の復権」として古典派貿易理論の理論的精緻化も行われている（塩沢 2014; 塩沢／有賀 2014）。また、実証研究の領域では、レギュラシオン理論の国際共同研究の成果として、東アジアを中心とした「資本主義の多様性分析」（Boyer, Uemura and Isogai 2012; 植村／宇仁／磯谷／山田 2014）に関する研究成果が生み出され、また、ロベール・ボワイエによる金融危機の分析である『金融資本主義の崩壊――市場絶対主義を超えて』（Boyer 2011）や欧州統合・ユーロ危機の分析である『ユーロ危機――欧州統合の歴史と政策』（ボワイエ 2013）なども出版されている。

現在、世界を見渡せば市場主義的な経済学ではない、制度主義的な経済学の層の厚い研究成果が存在し、ここでは意識的にそれらを紹介することにしたい。

われわれの国際的な共同研究の成果と本書のこれまでの考察をふまえ、経済学をいかに再建することができるか、またレギュラシオン理論はいかにそれに貢献できるか、ここで総括的に検討することにしたい。そのさい重要なのは、近年の現代経済学の発展を念頭におきつつ、それとの理論的対話をとおしてレギュラシオン理論を発展させる可能性を、さらには経済学そのものの再建の可能性を探ることである。

ここでは、次のような観点を重視して、われわれの考察を進めたい。まず第一に、理論的考察の方法論を明示的に説明しておきたい。特に、第二次大戦直後にわが国のリベラル派経済学をリードした杉本栄一の「近代経済学」の概念を参照しつつ、多様な経済学が切磋琢磨することによって経済学の発展を目指すことの重要性を確認し、ワルラシアン・パラダイムが支配的な現状は、これが実現されていないことを指摘する。第二に、支配的なワルラシアン・パラダイムの基本的仮定を検討したのち、経済学史上これとは異なった理論体系を構築したマルクスとケインズの意義と問題点を整理し、それらの問題点をポスト・マルクシアンとポスト・ケインジアンがいかに克服してきたか、その研究史を確認する。第三に、制度と進化の経済学の発展をふまえ、制度やマクロ的過程とミクロ的主体の行動との相互規定関係、メゾ・レベルの調整メカニズム、貨幣・金融システムと賃労働関係の相互規定関係、そして資本主義の多様性を分析していく。第四に、現代資本主義の諸制度をふまえ、価格決定・賃金決定の理論や金融と国際貿易に関する重層的調整メカニズムの理解にもとづきレギュラシオン理論や貿易理論の再構築の研究成果を紹介したい。

二　杉本栄一の構想と現代経済学の現状

（1）杉本栄一の「近代経済学」と切磋琢磨による学問的発展

いまここで経済学の再建を考えるとき、まずは「近代経済学」という言葉の由来とそれが元々持っていた意味を確認することは意味がある。今日広く使われている「近代経済学」という言葉は、第二次大戦後、杉本栄一によって作られた造語であるが、現在ではこのことを知る者は少なくなってしまった。杉本栄一が考えた「近代経済学」の本来の意味は、一九世紀後半の古典派経済学の解体以降に成立したすべての経済学、したがって新古典派経済学、マルクス経済学、ケインズ経済学すべてを含む経済学の総称であって、杉本はそれらすべてを「近代経済学」と呼んだのである。[2] それは、もちろん単なる寄せ集めではなく、方法的な研磨をともなうものである。実際、杉本が、その研究のなかで、マーシャル理論を評価し、それが「時間的にも空間的にも、立体的重層的な構造をもつ」（杉本 1953: 151）ことを強調している点は、経済の複雑性に注目する現代の経済学の観点からいって、きわめて示唆に富むものといえる。

浅野栄一によれば、「近代経済学」という用語に含意されていた杉本栄一の考えは、次のようなものであったと言われる（浅野 1978）。『近代経済学の解明』や『近代経済学史』として出版された杉本栄一の経済学史研究が意図したものは、近代理論経済学（杉本は新古典派のことをこのように呼ぶ）とマルクス経済学は、鎖国状態であることを避け、互いの強みを活かしつつ、共通の土俵のうえで理論的に切磋琢磨することが経済学の進歩の途であると主張しようとするものだった。この点について、浅野は「杉本教授もいわれるように、スミス、マルクス、マーシャルなど偉大な経済学者のすべてが広い領域にわたる研究を心がけ、特に専門領域に関しては自派の文献のみならず論敵のそれをも熟読玩味しているという事実、真面目な研究者でありながら故意ではなく単に広い視野が欠けているだけのために勉学の範囲が偏っているものがあるという事実は、経済学研究の現状に照らしていまなお傾聴すべきものがある」（浅野 1978: 331）としめくくっている。

杉本栄一の没後、日本の経済学がどのような歴史をたどったかはとても大きな問題であるが、その後何人かのリベラル派の経済学者によって、杉本の考えは受け継がれてきた。戦後杉本栄一が意図した構想は、経済学派の多様性によって学問の発展を生み出していこうというものであって、杉本の研究は、それを理論研究と実証研究の連携のなかで達成しようとするものであった。[3]

（2）ワルラシアン・パラダイムの支配が生んだ経済理論の停滞

①ワルラシアン・パラダイムの理論的閉鎖性とミクロ経済学の発展

現在の支配的経済学は、新古典派経済学、それも合理的個人と市場均衡を重視するワルラシアンのパラダイムである。ワルラシアンは、L・ワルラスの一般均衡理論を出発点として発展したものであるが、それがしばしば他の経済学派の理論を視野に入れない強い傾向を持つために、経済学派間の切磋琢磨による学問の発展は妨げられ、その停滞を生んでいる。ワルラシアンは、「市場」を合理的個人による価格調整の場として、極度に単純化して把握している。特にマクロ経済学の領域で、一九八〇年代後半以降、「マクロ経済学の「新古典派化」」（吉川 2000）が生じ、アメリカを中心にこの傾向はきわめて顕著なものとなった。例えば、P・クルーグマンは、近年の主流派マクロ経済学の状況について批判し、特に、R・ルーカスたちの「新しい古典派マクロ経済学（New Classical Macroeconomics）」を「暗黒時代の経済学」と呼んでいるほどである（Krugman 2012）。それが発展させた合理的期待形成仮説や実物的景気循環論、さらには、そこでしばしば使用される代表的家計の動学的最適化によって、ケインズ以来長年にわたってケインズ経済学のなかで蓄積されてきた寡占価格論、有効需要論、流動性選好論、企業成長論、所得分配論などの研究成果は一掃されてしまった。その後、アメリカにおけるマクロ経済学の領域では、リベラル派の経済政策を志向するJ・スティグリッツやG・マンキューの「ニュー・ケインジアン（New Keynesian）」が現れた。それは経済政策思想においてケインジアン的性格を持っているが、「マクロ経済学のミクロ的基礎」という土俵のもとで、経済主体の理解や均衡概念は「新しい古典派マクロ経済学」から強く影響を受けるものであった。

現在の状況は、杉本栄一が構想した経済学の多様性とその切磋琢磨による発展という理想とは、ほど遠い状況になり、マルクス経済学やケインズ経済学は時代遅れの経済学として退けられることとなっている。これまで、経済学は、学派の多様性のなかにこそその発展の力があったことを考えれば、経済学に停滞が生じるのは当然のことであろう。

このような状況のもとで、新古典派経済学のなかでも、むしろ「経済制度」について深い理解を発展させたのは、ミクロ経済学の領域であるといえるだろう。不完備契約論・非対称情報論に基づく組織の経済学、インセンティブ理論、ゲーム理論、メカニズム・デザイン、コモンズの経済学、行動経済学など、ここ三〇年間の発展はめざましい(4)。ミクロ経済学は、契約の不完備性を導入することによって、次第に完全競争的な市場のみを対象とするワルラシアン・パラダイムから離れ、組織や経済制度など様々な非市場的領域が研究対象となってきたのである。ここには、再び諸学派が切磋琢磨して発展する大きな余地が生じていることは注目に値する。例えば、アメリカのリベラル派の経済学者S・ボウルズの『制度と進化のミクロ経済学』が古典派経済学および新古典派のなかではA・マーシャルを評価し、不完備契約論とゲーム理論に基づいて新しい「進化社会科学」

を構想しているのは、このような状況をふまえてのことである（Bowles 2004）。さらにボウルズは、市場を不完備契約論の観点から体系的に理論化し、市場における規範やパワーの役割の重要性を強調しており、最近では市場に埋め込まれている倫理的要素を重視するようになっている（Bowles 2016）。このようなミクロ理論の発展をふまえて、青木昌彦によって、異なった経済システムをミクロ経済学の共通言語で分析する「比較制度分析」も発展している（Aoki 2001）。そのなかで、青木は「共有信念」など規範の役割の重要性を強調するようになった。

②「経済」の「政治」「社会」からの隔離か、政治・経済学的分析か

ワルラシアンのパラダイムが持っているもう一つの大きな問題点は、それが「経済」を「政治」や「社会」から分離して扱うことによって、経済学の対象空間を他の社会科学の諸領域から隔離したことである。

現代経済学のなかで、経済理論の閉鎖性について一番自覚的に問題としているのは、不完備契約論とゲーム理論にもとづいて、ミクロ経済学の革新を試みているS・ボウルスである。かれは、A・ラーナーの次の言葉を引用する。「経済学上の取引は、解決された政治問題である。……経済学は学問領域として解決された政治問題を選ぶことによって、社会科学の女王の地位を手に入れた」（Lerner 1972）。そして、これに対して彼は次のように言う。『取引とは解決された政治問題である』。それは、完全な契約という装置により、『解決される』。すなわち、完全な契約によって取引関係者の利害に関係するすべてのことは法廷で決定されるようになる。取引のすべての条件が特定化されているので、条件の特定化について権力を振るう余地はない。同じ理由によって、規範も特に必要なものではない。……完全契約の仮定を緩めることは、したがって、多くの市場がなぜ均衡しないかを説明するとともに、パワーと規範とがいかに重要な役割をはたしているか示すことにもなる」（Bowles 2004: 訳 11）。ここで示されている状況は、「不完備契約」と呼ばれる。ここから、ワルラシアンとは異な

る市場像がみえてくる。不完備契約のもとではパワーと規範（特に、「公正」規範や「同感」）が決定的に重要な役割を果たす。この理解は、信用市場（貸し手—借り手）や労働市場（雇用者—被雇用者）に応用され、主体の非対称的関係と規範の役割を分析するボウルズの理論研究において、まさに中核となる考えとなっている（Bowles 2004, 2016）。市場は不完備契約を含んでおり、しかも市場は分散的に存在しているので、国家やコミュニティに補完されなければならないのである。ここで、ボウルズがいう「コミュニティ」とは、地域における信頼と連帯に支えられている社会関係であり、リベラルな市民的な人間関係を基礎としているコミュニティと伝統的な共同体との双方が含まれている（Bowles 2016）[5]。

ボウルズが強調する経済と政治の不可分性の観点を、政治学の側からさらに発展させているのが、国際金融と金融危機をめぐる政治過程を研究する国際政治学者のジェフリー・フリーデンによる分析である（Frieden 2013）[6]。フリーデンは、金融市場の貸し手と借り手の非対称的な関係を問題とし、まずはボウルズと同様に取引関係において貸し手が借り手に対して優位なパワーを行使すると考える。しかし、貸付けの金額が巨額になった場合には、借り手は政治過程を通じて貸し手に対して対抗的にパワーを行使する可能性が生じるという。なぜなら、貸付けの金額が巨額な場合、借り手が倒産することは貸し手も同時に金融危機に巻き込んでしまうため、借り手は貸し手に脅威を与えることができるからである。フリーデンの議論は、経済学と政治学との連携が分析を発展させている好例であるといえよう[7]。

さらに、このような経済過程と政治過程が不可分であるとする理解を、レギュラシオン理論に基づき実証分析に応用したものとして、R・ボワイエによる「ユーロ危機」分析がある（ボワイエ 2013）。ボワイエは、次のように説明する。一九九三年のマーストリヒト条約の時点では、「最適通貨圏」の条件が満たされていなかったが、東西ドイツ再統一後のフランスとドイツの政治的妥協によって単一通貨ユーロの創設は決定された。ユーロ危機の原因は、ユーロのもとで拡大したドイツと南欧諸国との間の国際競争力の不均衡と二〇〇八年のリーマンショック以降の南欧に対する信用の収縮という経済的要因であるが、危機からの脱出の遅れは、まさにEU内のガバナンスの機能不全、および緊縮政策を主張するドイツと国家債務危機に瀕する南欧諸国との利害対立という政治的な要因だというのである。ここには、経済領域を政治領域から隔離して扱う新古典派経済学にはない、レギュラシオン理論独自の強みがみてとれる。

しかも、このような欧州経済の政治経済的分析を発展させるために、それぞれの国における経済と国家、そして公共空間としての市民社会の相互関係について考察が進められている（Boyer 2014a）。ボワイエのいう市民社会とは、資本主義の経済領域から相対的自律し、経済の動態を社会的連帯によって調整する公共空間のことを主として意味している。

三　ワルラシアン・パラダイムと「マルクスとケインズを超えて」——制度・行為主体・経済動態

ここでさらにわれわれの理論的考察を深めるために、まず、現在、経済学において支配的な「ワルラシアン・パラダイム」の特徴を正確に整理する。そのうえで、経済学史上これと異なる位置にあるマルクスとケインズの意義を確認し、現代の経済学の発展からみたその問題点を整理することにしたい[8]。

（1）ワルラシアン・パラダイムの理論的特徴

「ワルラシアン・パラダイム」については、それが有する理論的対象の範囲、経済主体に関する仮定、均衡概念などについて、それらの理論的特徴とともに「全体としての経済像」（宮崎 1967）を正確に整理しておく必要がある。この点では、ボウルズの説明から出発するのがわかりやすい。ボウルズは、「ワルラシアン・パラダイム」に関して、次のように説明している。

「①個人が自分志向的に外生的に決められている選好をもち、行為の諸結果について、長い視野をもって評価し、その評価に基づいて行為を選択すると仮定する。②社会的相互作用は契約に基づく交換という形態以外をとらないと仮定する。③多くの場面において規模に関する収穫逓増は無視できると仮定する」(Bowles 2004: 訳 9)。

さらに、ボウルズはより具体的には、ワルラシアン・パラダイムと自らが発展させようとする「進化社会科学」の特徴を、次のように比較する。ワルラシアンは、要素還元主義・方法論的個人主義に基づき自己考慮型 (self-regarding) で将来展望型の個人を仮定し、選好を外生的で利己的なものするが、「進化社会科学」は、方法論的個人主義を相対化して、他者考慮型 (other-regarding) で経験から学ぶ過去振り返り型の限定合理的な個人を仮定する。また、選好と制度の相互規定関係を強調する。ワルラシアンは、社会的相互作用が完備された契約を通じて達成されるとするのに対して、「進化社会科学」は、不完備契約とより広い社会的文脈における非契約的関係の重要性を強調するのである。ワルラシアンは、一意で安定的な均衡が成立すると仮定するのに対して、「進化社会科学」は、複数均衡や非定常的な下位階層単位を含む定常過程や進化過程を対象としている。

ボウルズがいう「進化社会科学」は、もちろん完成途上の彼自身の研究プログラムであるが、そこから反照的に照らし出されるワルラシアンの特徴は正確であり、その合理的経済主体を仮定することに基づく閉じた市場社会の無時間的空間は、社会科学としては、かなり特異な理論的性格を持っていることがわかる。それは、われわれ一人一人の市民が生きている日常世界とは大きくかけ離れた仮想の時間と空間である。しかし、反面、一般均衡理論として市場システム全体を包括する非常に強固な体系を構築した意義は大きい。その点では、ワルラシアンの市場理論に対する代替的理論を構築する場合には、社会経済システム全体に関して異なった経済像のもとで理論化を行うことが必要となるのである。

また、現時点では注意すべきことは、新古典派経済学のなかですでにワルラシアン・パラダイムに収まりきれない先端的な研究成果が生まれていることである。例えば、不完備契約論やゲーム理論、さらには、制度理論、行動経済学、規範的ミクロ理論などである。それらの新しい成果を吸収することによって、ワルラシアン・パラダイムを相対化し、新しい経済像を作り上げることが、学問的な切磋琢磨を発展させる途といってよい。

(2) マルクスの意義・限界とポスト・マルクシアン

マルクスの体系は、「唯物史観」と呼ばれる社会・歴史の認識に始まり、経済学批判と資本主義の批判的解剖に及ぶきわめて壮大なものであって、その理論的遺産も、またその問題点も非常に大きなものがある。まさに、二〇世紀の歴史は、マルクスの影響を視野に納めることなしには語ることができない(都留/佐藤/高須賀/島田 1982)。なぜ、二〇世紀の社会主義が歴史的実験ののちに崩壊したのか、今日でも最大の社会科学的な問いである。そのことをふまえたうえで、二〇世紀社会主義システムの崩壊後、二一世紀の現在、あらためて「等身大のマルクス」を古典として、しかも現代経済学の観点から検討することには意義がある。ここでは、マルクスの理論的側面にしぼって、遺産と問題点を整理することにしたいが、まず、マルクスの理論的遺産と考えられるものは、次の三点である。

第一に、資本主義経済を構造論的に把握したことが、まず重要である。この点は、あるいは、物と物との関係に見えるものが、実は人と人との社会関係が物的な形象へと転倒して表象されたものであることを解明した「物象化論」に示されており、また、経済理論としては、資本主義経済が再生産される循環的構造を分析した再生産表式に表されている。マルクスの理論にあっては、諸個人はそれ自身で完結したアトムとしてではなく、構造の「担い手」として位置づけられている。このことは、方法論的個人主義に立脚する新古典派経済学に代わる理論として、今日でも重要な意味を持っている。

第二に、市場と企業組織の構造的連関と企業組織における権力の作用を解明しようとしたことである。資本主義経済は、自由かつ平等な経済主体の「契約」関係によって成り立つ市場の領域と、企業組織内部における労働者に対する権力関係から構成されている。この両者をつなぐのが「労働力商品」であり、マルクスが「労働力」と「労働」を区別した意義は大きい。マルクスは、労働力商品の売買契約が不完備契約であると事実上認識していたといえよう。このように、資本主義経済は、市場契約によって一元化された経済システムではなく、相互に規定しあう異質な二つのシステムから構成されていることを明らかにし、これら二つのシステムに作用する力が資本主義経済の動態を生み出すと理解していたことは重要である。

第三に、資本主義経済の動態を、資本蓄積論という観点から分析していることである。しかも、その資本蓄積論は、均整成長や最適成長を仮定することとは異なり、不況や恐慌を含むものとして理論化されている点は示唆に富む。このことは、資本主義経済の長期的動態とその変容の解明という重要な課題を提起することにつながるものである。

しかし、一九世紀の資本主義を対象としたマルクスの理論は、二〇世紀の歴史と二一世紀初頭の現実を経験したわれわれから見た場合、多くの不十分な問題点を持っていることは否めない。また、当然のことであるが、二〇世紀以降の近代経済学や現代経済学、そしてその他の社会科学の発展は視野におさめられていない。

第一に、構造や制度と主体との相互規定関係の分析が十分ではなかった。資本主義経済を分析するさい、労働者や資本家は経済的カテゴリーの単なる「担い手」として登場しているだけであって、その内面的動機づけや行動様式に関する立ち入った分析は行われてはいない。しかしながら、巨大株式会社組織と大衆消費社会の今日においては、労働者であるとともに市民である多様な主体の動機や行動が諸制度によっていかに規定され、また主体の行動がいかに諸制度を再生産させるかということは、必要不可欠の分析課題になる。そのさい、個人と社会の媒介様式こそが問われなければならない。[9] すでに、この構造や制度と主体の意識や行動との規定関係、及びそれと経済全体のマクロ的動態との円環的規定関係が、どのようなかたちで形成され、いかに構造変化を起こすのかという問題は、すでに塩沢（1999）や植村／磯谷／海老塚（2007）によって「ミクロ・マクロ・ループ」として理論化されており、それは、ミクロ主体の意識や行動とマクロ的総過程との円環的規定関係から制度変化を解明しようとするものでもある。また、ボウルズによって、「制度と選好の共進化」が進化ゲーム理論や多階層選択モデルを用いて分析されている（Bowles 2004）。[10] そこには、主体のもつ選好は規範なども関わってくる（Bowles 2016）。

第二に、マルクスが分析用具として使用した労働価値説の有効性については、かなり限定的である。マルクス体系において、労働価値説は資本主義における「搾取」を分析するために必要な理論的な想定であった。また、「価値」は産業連関表（レオンチェフ体系）に基づき、レオンチェフ逆行列を用いて「雇用誘発係数」の計算と同様の方法で計算できることが明らかになっている。また、一定の条件のもとで正の利潤率と正の剰余価値率の数学的同値性を示す「マルクス基本定理」も証明され、それが「マルクス・ルネッサンス」の重要なよりどころとなった（置塩 1965; 森嶋 1973; 高須賀 1981; 吉原 2008）。[11] しかし、それにも関わらず、マルクスの価値概念には検討の余地がある。まず、『資本論』では商品論から「価値通りの交換」の仮定がおかれ、制度としての市場の重層的動態と商品の実現問題が原理的に捨象されてしまい、貨幣循環と数量調整との複合的作用である「有効需要の原理」の十分な理解が阻まれたことも否定できない。資本主義という社会経済システムの再生産とそれを支える労働力の再生産が、市場取引と貨幣的ネットワークのもとで成立している点を認識し、そのうえで価格体系と再生産システムの「剰余」の分配に関して、市場と制度の相互作用の観点から分析を行うことが必要である。[12] さらに、マルクスの「搾取」理論が、分配とその厚生を問題とする理論だとすれば、マルクスのように賃金、利潤、地代のマクロ的な生産要素間分配だけでなく、個人間での所得と資産の分配の構造とその歴史的変動を分析することが望まれる。特に、新中産層と大衆消費社会の発展によって、生産要素間分配と個人間分配が必ずしも一対一の対応をしなくなった二〇世紀以降の先進国を対象に、マクロ的分配とミクロ的・個人間分配とを統合する作業は大きな課題となっているのである（Bowles and Gintis 2002; 植村 2007a; 吉原 2008; Bowles 2012; Piketty 2013）[13]。そこには、個人間分配の公正基準という規範的な問題も扱われなければならない。この課題に対する解決の方向としては、次にように考えることができよう。古典派経済学のなかにある「剰余アプローチ（=再生産システム論）」の観点を重視しつつ、資本主義経済を生産システムの再生産と労働力の再生産の二つのサブ・システムからなるものと認識し、そのうえで経済全体の再生産過程における価格と中間財費用・賃金の相互規定関係の存在を分析するのである。そのような再生産過程における諸変数の相互依存性と調整を介してもたらされる所得の個人への帰属と資産形成に基づいて個人間分配を分析することが重要な課題となっているといえよう（植村 2007a）。

第三に、資本の循環的運動は様々な制度を含みつつ、それらに支えられて展開するものであって、資本主義という社会経済システムには様々な「制度」が埋め込まれている。「傾向法則」を重視したマルクスは、残念ながらこの点を十分に分析していない。しかし、二〇世紀における企業組織の発展や労使関係の制度化という歴史的現実を振り返ってみると、マルクスにおいては資本主義と諸制度との関係に関する考察が不十分だったと言わざるをえない。諸階級間のコンフリクトも特定の経済的・制度的環境のなかで生じるのである（Rowthorn

1978; Boyer 1986）。しかも、マルクスにおける制度論的視点の軽視は、資本蓄積パターンの歴史的および空間的な多様性に対する認識を希薄なものにしてしまった。しかし、戦後の高成長（「資本主義の黄金時代」）の成功と瓦解の経験をへて、一九八〇年代以降、レギュラシオン理論や社会的蓄積構造（ＳＳＡ）理論によって、現代資本主義を対象に豊富な研究が行われてきた（Aglietta 1976; Bowles, Gordon and Weisskopf 1983; Boyer 1986; Marglin and Schor 1990; Kotz, McDonough and Reich 1994）[14]。そこでは、各国の経済制度のあり方と成長体制の関係が分析されてきたのである。これに対応して、景気循環パターンや成長パターン（経済成長と所得分配との関係）の多様性についても、研究が進められている（Boyer 1988; Taylor 1991; Lavoie and Stockhammer 2013; Sasaki 2013; Storm and Naastepad 2012）。また、近年では、「資本主義の多様性」に関する研究も盛んで、先進資本主義だけでなく、アジア資本主義をも対象に研究が発展している（Hall and Soskice 2001; Amable 2003; 山田 2008; 遠山 2010; 遠山／原田 2014; Uemura, Yamada and Harada 2016）[15]。「資本主義多様性」論は、経済学的研究と政治学的研究の結節点となっており、企業の経済活動、雇用システム、福祉国家、そしてそれらを支える社会規範の関係に焦点を当てることによって、現代における市民社会の経済学を発展させるうえで、重要な研究領域となっている。

（3）ケインズの意義・限界とポスト・ケインジアン

ケインズは、新古典派経済学を批判し、マクロ的視点から、経済学の新しい研究領域を創造した。そして、特に戦後日本においては、制度認識を重視するリベラル派の経済分析とマクロ経済政策に大きな影響を与えた（宮崎／伊東 1961）。ここで、われわれがケインズの理論的遺産と考えるのは、以下の点である。

第一に、二〇世紀に生きたケインズは、株式会社制度の成立と「所有と経営の分離」という現実を認識していた。したがって、ケインズの理論は、企業者、労働者、株主（金利生活者）からなる三階級のモデルであり、方法論的個人主義を超えるマクロの視点を提起した点に、まさにケインズ理論の現代性がある（宮崎 1967）。巨大株式会社が存在するもとでマクロ経済動態を分析するという分析視角は、まさにケインズに端を発するものである。

第二に、ケインズが貨幣と実物との二分法を理論的に否定したことは重要であり、これは新古典派の「中立的貨幣命題」と「貨幣数量説」に対する根本的な批判となっている（Davidson 1978）。このような理論的作業によって、まさに、これは、マルクスにあっては不十分なままであった点、貨幣的ネットワークとして資本主義経済を理解する点を発展させたものであり、その現代的意義は大きい。

第三に、資本主義を貨幣経済として把握し、「セー法則」（＝「供給はそれ自らの需要を生みだす」）を批判して「有効需要の原理」を打ち立てたことは、経済学の歴史に一つの画期を与えている。労働需要も財市場の需要によって規定されるのであって、この観点から家計の効用最大化の前提（「古典派の第二公準」）を棄却し、「非自発的失業」の理論を提示した点は重要である。労働市場では、需要不足のため失業が発生する。これに対処する有効需要政策は、戦後の経済政策に大きな影響を与え、その現代的意義は失われない。もちろん、この点に関しては、ケインズだけでなく、有効需要と所得分配との関係を視野におさめてマクロ理論を構築したカレツキの理論的貢献も忘れてはならない（Sawyer 1985; 鍋島 2001）。

しかしながら、ケインズの理論については、その後のケインジアンの理論的貢献をふまえて、次のような問題点も指摘しておかなければならない。

第一に、ケインズにあっては、貨幣のフローとして側面とストックとしての側面との統合が未完成であるということである。この点に関しては、彼の著作の中で、投資をファイナンスする貨幣（「金融的動機」）と資産選択に関わる貨幣（残高）との関係が十分に展開されないままであったことを指摘することができる（Keynes 1936,

1937; Rochon 1999; 内藤 2011）。特に、ケインズの『一般理論』においては、利子の説明原理として「流動性選好論」が示され、貨幣供給は外生的なものとして扱われていることとなっており、ただのちの論文で「金融的動機」について論じているだけである（内藤 2011）。しかし、現代の信用貨幣システムのもとでは、貨幣供給を外生的に与えるのは適切とは言えないため、ポスト・ケインジアンによって、内生的貨幣供給理論が発展した（Moore 1988）。また、金融資産の流動性の変動に着目した「構造的内生説」も展開されている（Pollin 1991, 1997）。したがって、内生的貨幣供給と金融資産価格の変動とを統一的に分析するフレームワークを探求すること、そのうえで、H・ミンスキーの「金融不安定性仮説（financial instability hypothesis）」を発展させて、金融システムのダイナミズムを分析することが必要となっているのである。これは、現在、ポスト・ケインジアンが様々なかたちで模索している論点である（Minsky 1975, 1982, 1986; Dymski and Pollin 1992, 1994; Kregel 1998; 内藤 2011）[16]。

第二に、ケインズ『一般理論』は、労働に対する需要は労働の限界生産物と実質賃金が等しいところで決まるとする「古典派の第一公準」を、すなわち限界生産力説を受け入れている。この点は、議論の余地がある。これは、その後の英米両ケンブリッジの「資本論争」を通じてスラッファやロビンソンによって批判された点でもある（Sraffa 1960; Harcourt 1971）。限界生産力説において実質利子率の根拠となる「資本」は異質的な物的資本の貨幣的集計量であるために、分配関係と価格体系から独立に定義することはできない。この論争をふまえて「第一公準」を否定し、カレツキ、カルドア、ロビンソンなどに沿ったかたちで、所得分配の問題を資本蓄積理論のなかで再定式化する必要があり、「ケンブリッジ方程式」などによって定式化されてきた（Kaldor 1956; Pasinetti 1962; Robinson 1962; Kalecki 1971; Pasinetti 1974）。しかも、このような資本蓄積・所得分配の理論と古典派・マルクス・スラッファの「剰余アプローチ」とをどのように結びつけるかは、大きな理論的課題となっている。この問題をより具体的に言えば、ケインズ『一般理論』の体系では、実質賃金率が、マクロ的な生産水準に対応して決まる物価水準によって完全に規定されるものとなっている。しかし、資本蓄積の状態によっては、実質賃金が優位な規定力をもつ場合――特に「インフレーション・バリア」のケース――もありうるのであって、この観点から改めて、所得分配に対する労働市場・賃労働関係の規定性と資本蓄積との相互作用を分析する必要性が生まれてくる（Robinson 1962; Rowthorn 1977; Marglin 1984）。しかも、所得分配は、労働市場が不完備契約の市場であるために、規範やパワーが影響を与えるのである。さらに、社会保障制度による所得再分配政策を視野におさめて言えば、市民社会に関わる諸制度や様々な政治的要素が、有効需要に影響を与えているのである。

第三に、ケインズの『一般理論』は、資本設備を一定とした短期分析であり、投資収益に関する「長期期待」も所与とされている。しかし、資本蓄積の動態の分析を行う際には、このような「短期」の枠組みを超えて、マクロ的な需要形成と供給能力の構築の両面を分析対象とし、さらに技術変化に与える設備投資の効果をも視野におさめつつ、ケインズ体系を長期動態分析（資本蓄積論）へと発展させる必要がある。経済学史上では、ハロッドやロビンソンが『一般理論』の「一般化」としてこの課題に挑戦し、「保証成長率」や「ケンブリッジ方程式」などの関係を定式化した（Robinson 1956, 1962; Harrod 1973）。現在においても、ケインズ理論に基づく景気循環・長期動態の分析を発展させる必要があり、しかも、この循環・成長理論の研究は、政府部門の役割を視野におさめつつ成長パターンの多様性の研究と統合しつつ発展させられるべきものである（Dutt 1990; Marglin and Bhaduri 1990; Taylor 1991; Lavoie 1991; Flaschel, Franke and Semmler 1997; Setterfield 1997b, 2002a, 2002b, 2003; Lavoie and Stockhammer 2013）。このような研究は、制度主義的ケインズ経済学としてケインズ経済学を再生させようとするものである。この研究領域においては、成長と分配のパターンの各国比較分析が重要であり、これは、レギュラシオン理論における成長体制の分析の基礎を与える。このような研究を現代における福祉国家の政策の研究と結びつけ、成長と分配に関する政策思想を構築していくことが必要となっているのである。

（4）社会経済システムの制度分析としてのレギュラシオン理論の発展

マルクスとケインズの理論的遺産と問題点、そして現代経済学の発展を検討してきた。そこから言えることは、ポスト・マルクシアンとポスト・ケインジアンの理論的発展をふまえて、貨幣経済、制度、再生産、資本蓄積、所得分配、資本主義の多様性などの研究を発展させる必要があるということである。レギュラシオン理論は、まさにこのことを目指すものである。しかし、それはポスト・マルクシアンとポスト・ケインジアンをたんに総合すれば足りるということではない。なぜなら、現代経済学における制度と進化の経済学の発展を吸収する必要があるからである。このような観点から、社会経済システムの制度分析としてのレギュラシオン理論の課題を整理すれば、次のようになる。

①制度と主体との相互関係の分析

制度あるいは構造と行為主体との相互規定関係を理論的に明らかにし、それを分析の基礎にすえることである。構造あるいは制度が主体の意識や行動を規定し、主体の行動が制度や構造を再生産していくという、両者の円環的な相互規定関係の分析こそが、制度分析の中心に据えられなければならない。しかも個々の主体には差異が存在している。それをふまえて、制度変化の問題も分析されることになる。そのための分析ツールは、行動経済学、進化ゲーム論、エージェント・ベース・モデルなどと急速に発展しつつある（Bowles 2004）。また、このような制度と主体との円環的規定関係が、経済全体のマクロ的パフォーマンスにどのような影響を与えるか、またその影響を受けるか、その動学的関係も分析されつつある。この点は、「制度論的ミクロ・マクロ・ループ」として理論化してきた（磯谷 2004; 植村／磯谷／海老塚 2007）。また、諸制度間には、互いに強化しあったり、または弱めあったりする効果が働く。前者は、「制度的補完性（institutional complementarity）」（Aoki 2001; Amable 2003）と呼ばれ、後者は、「制度的クラウディングアウト（institutional crowding-out）」（Bowles 2004）と呼ばれて、制度分析の重要な分析ツールとなっている。ただし、企業の異質性や労働者・消費者の選好の異質性を前提とした進化ゲーム論によって長期的な制度変化の分析を発展させ（Boyer and Orléan 1991; Bowles 2004; Aoki 2010）、それをマクロ経済動態分析へとつなぐ研究作業は今後の課題である。

②制度分析におけるミクロ－メゾ－マクロの連関の分析

「メゾ・レベル」とは、ミクロ主体とマクロ過程の中間に位置し共通のルールや共通の属性を持った構造が示す規則性を指す概念である。「レギュラシオン（調整）」のあり方は、メゾ・レベルに立ち入って分析されなければならない。メゾ・レベルには、市場や諸制度に媒介された企業組織などの様々な組織や異質的な産業群などがある。金融システムや賃労働関係などの制度的諸領域の慣習的ルールとそれらの相互的規定関係も、この領域に属している。メゾ・レベルに視野におさめることは、要素還元主義を相対化することでもある。ボウルズは、個人の選好と集団レベルの諸制度は共進化しているので、「下位階層単位も、上位階層単位も特権的には扱わない」（Bowles 2004: 訳 460）と言う。しかも、各レベル単位はゆるやかに結びついているのである。

そして、さらにメゾ・レベルの分析を「調整の重層性」の分析として発展させなければならない。市場システムは、価格調整と多段階的数量調整（在庫調整―稼働率調整―資本ストック調整）および雇用調整（企業組織の制度的特質に媒介されつつ稼働率調整や資本ストック調整と連動）によって、重層的時間構造をもって調整される（西部 1996; 吉地／西部 2004; 植村／磯谷／海老塚 2007）。メゾ・レベルの調整メカニズムが重層的な時間構造・空間構造を持つことは、すべての取引が大域的なレベルで一挙に成し遂げられると仮定する均質的な時間・空間構造を持つワルラシアン・パラダイムにはない重要な視点である（杉本 1956; Shiozawa 2004）。しかも、そのような多段階的数量調整メカニズムは、需要変動とともに作用し経済変動を生み出し、そこに政府の有効需要政策が介入することとなる。さらに、企業組織の進化と競争によって牽引される産業構造の変化、貨幣・金融システムと賃労働関係に関わる領域における制度的な調整メカニズムなどが存在し、マクロ経済動態に重要な効果を及ぼしている。このようなメゾ・レベルの分析領域の認識は、マクロ経済学者にも共有されつつあり、例えば、吉川洋はマクロ経済動態を分析するさい、「産業」と産業連関の視点の重要性を強調している（吉川 2000）[17]。

③金融システム－賃労働関係の動態的規定関係の分析

資本主義は、貨幣・金融システムと賃労働関係の二層構造からなるシステムである。賃労働関係は、労働市場だけでなく生産組織や生活過程・社会保障制度などが含まれており、規範や制度、そしてパワーが重要な役割をはたす。そのような賃労働関係と貨幣・金融システムの相互作用として資本蓄積と景気循環の過程を分析する方法は、もともとカレツキやポスト・ケインジアンの理論的伝統である。さらに、金融資産の取引がマクロ経済の動態に大きな影響を及ぼすようになっている現在、その理論化もきわめて重要なものとなっている（Minsky 1985, 1986; Taylor and O'connell 1985; Taylor 1991; Pollin 1997）。

また、近年、レギュラシオン理論においても、貨幣・金融システムと賃労働関係の相互作用と規定関係の変容を長期的な観点から積極的に分析するようになっている。特に、R・ボワイエやB・アマーブルは、「制度階層性」という概念を用いて、資本主義の長期動態の転換を説明している（Amable 2003; Boyer 2004; 山田 2008）。彼らは、ある制度が他の制度に対して一方的に強い規定関係を持っている場合、そこに「制度階層性（institutional hierarchy）」が存在すると考えるが、具体的には、一九六〇年代のフォーディズムの時代には、賃労働関係が規定的で階層の上位に位置していたが、九〇年以降は階層性に逆転が生じ、金融システムが階層の上位に位置するようになり、賃労働関係に強い規定力を持つようになってきたと説明するのである。このような「制度階層性」の転換のもとでの成長パターンの変化を、ポスト・ケインジアンや構造的マクロ経済学の成果を取り入れつつ理論化することは、魅力的な研究課題である（Nishi 2012; 西／磯谷／植村 2014）。

④資本主義の多様性の制度分析

資本主義は、時間的かつ空間的に多様性を持っている（山田 2008）。これは、日本の社会科学において発展してきた認識である。現在における「資本主義の多様性」に関する研究については、ホール＝ソスキスやアマーブルなどの研究、さらにレギュラシオン理論に基づく日本人研究者の研究が発展している。ホール＝ソスキスは、企業を各国の経済システムの中心的位置にあるものと考え、システムを構成する四つの制度領域（金融システムとコーポレートガバナンス、労使関係、教育・訓練システム、企業間システム）において、企業活動に関わる利害関係者の間のコーディネーションがどのように行われるかを問題とする（Hall and Soskice 2001）。そのうえで、彼らは「自由市場経済（Liberal Market Economies）」と「コーディネートされた市場経済（Coordinated Market Economies）」という二類型を示し分析している。さらに、アマーブルは制度補完性や制度階層性の概念を用い、政治的次元の分析を加えて研究の精緻化をはかった（Amable 2003; 山田 2008）。国民経済を構成する制度領域として、生産物市場、労働市場、金融・コーポレートガバナンス、社会保障・福祉国家、教育・訓練システムの五つの領域を考察対象として、「市場ベース型」、「社会民主主義型」、「大陸ヨーロッパ型」、「地中海型」、「アジア型」という五つの類型に分類している。また、これを受けて、遠山と原田は、アジア資本主義を「島嶼半農型資本主義」、「貿易主導型工業化資本主義」、「都市型資本主義」、「イノベーション主導型資本主義」、「大陸混合型資本主義」へと類型化し、分析を発展させている(Boyer, Uemura and Isogai 2012; 遠山/原田 2014)[18]。このような資本主義多様性分析において重要なことは、これを単なる類型分析に終わらせないことである。そのためには、それぞれの資本主義における諸制度に関する実証研究をすすめ、マクロ経済動態(成長体制)の比較分析を発展させなければならないし(西/磯谷/植村 2014)、各タイプの資本主義においていかに所得と資産の分配関係が成立しているのか、そこにおける経済、国家、市民社会の関係はどのようなものか比較分析することも必要となる(Boyer 2013, 2014a)。

四　現代資本主義の構造と調整の分析──制度派ケインズ経済学の再生

経済理論の再建のためには、現代資本主義の制度的特徴をふまえることが不可欠である。そのことは、新古典派・ワルラシアンの経済学に見られる完全競争市場を前提とし、それを部分的に修正して現実経済を分析する方法とは大きく異なったものとなる。ワルラシアンの方法的態度と合理的経済主体の動学的最適化という想定が支配的になることで一度は消滅しかけたケインズ以来の現代資本主義の制度的分析を復活させることが必要となっている。これは、戦後日本の知的伝統である制度派ケインズ経済学を再生させることでもある。

(1) 巨大企業組織と価格・賃金決定の調整メカニズムの制度分析

企業組織と産業動態

マルクスでは、企業は自己増殖する価値としての「資本」が生産過程を組織したものとして理解されており、また、ケインズにあっては、利潤を追求する企業家の活動として理解されている。このバランスシート単位としての企業の本質は、つねに重要であるが、しかし同時に、二〇世紀および二一世紀の資本主義を特徴づける企業の特徴は、内部に複雑な分業構造をもった巨大な企業組織である。企業は、利潤を追求する「資本」として概念化されるだけでなく、自律的に運動する「組織」として概念化されなければならない。

企業組織については、現代経済学において二つの有力な理解が存在する。第一の理解は、「契約論的アプローチ」で、企業を「契約の束」として理解する。このような理解を共有するものとしては、不完備契約論に基づく「エイジェンシー理論」と「取引費用理論」がある。「エイジェンシー理論」は、プリンシパル－エージェント理論とも言われるように、情報の不完全性・非対称性が存在するもとでの依頼人（principal）と代理人（agent）の関係として分析するものである（Alchian and Demsetz 1972）。したがって、エイジェンシー理論は、企業組織を依頼人と代理人の二層構造が積み重なったものと考えるもので、多数メンバーからなる集団組織として企業組織の側面が十分にとらえられないとも言われている。「取引費用理論」は、新制度派経済学によって展開されてきた理論で、企業組織を取引費用を節約する取引形態の一つと考える（Williamson 1975; North 1990a, 1990b）。企業組織は、市場における情報の不完全性や機会主義的行動のために発生する取引費用を節約することができるのである。「取引費用」の概念によって、新制度派経済学の制度分析は飛躍的な発展をとげた。

これに対して、第二の理解は、「能力論的アプローチ」と呼ばれ、企業組織を分業関係をもった自律的運動体として把握する。企業の組織内部では、学習やイノベーションを通じた組織の「コンピタンス（competence）」や「ケイパビリティ（capability）」の発展が目指され、それによって企業の競争力が生み出されると考えるのである。これは企業組織に対する進化論的アプローチでもある（Nelson and Winter 1981）。日本では、藤本隆宏が企業の従業員個々人の能力を超えて形成され継承される組織としての能力、すなわち「組織能力」の重要性を強調し、実証研究を発展させている（藤本 2003）。こうしたなかで、「契約論的アプローチ」と「能力論的アプローチ」を統合しようと試みる研究者も存在し、重要な研究課題となっている(Langlois and Robertson 1995; Morroni 2006)[19]。

企業の組織能力に関連して、産業全体の生産性上昇の重層的な動態を、次のように理解することができる。まず第一に、企業の組織能力に基づき学習とイノベーションが展開する。第二に、産業への需要増加に伴って、高生産性を実現した企業が市場シェアを拡大させ、これによって産業全体の生産性が上昇する。そして第三に、低生産性企業が次第に市場から撤退していく。企業組織の動態を原動力とし、このような重層的動態を介して、経済の生産性は上昇していくのである。さらに、経済全体のマクロ・レベルでは、需要成長と生産性上昇の相互累積的過程、すなわち「累積的因果連関」が作用する(Boyer 1988; 宇仁 1998; 植村/磯谷/海老塚 2007)。そして、この累積過程は国民経済の成長に、「経路依存性」をもたらすのである。

寡占企業の価格設定と産業間の価格――費用相互依存関係

市場システムは、自立的な主体同士の取引を可能とする制度である。しかし、現代の市場における取引は、市民社会の重要な構成要素である対等な経済主体同士のフェアな交換とは、大きくかけ離れたものへと変化してきた。多くの市場は、寡占的大企業が支配する世界となっており、価格も企業によって管理されるものとなっている。現実の市場が「完全競争市場」と異なることは、一九三〇年代に指摘され、一九三〇年代にロビンソンやチェンバレンによって「独占的競争」の分析がなされた。そしてなによりも、ホール=ヒッチによって「オックスフォード調査」が行われることによって、「フルコスト原理」による価格決定が一般的に確認されることとなった(Robinson 1933; Hall and Hitch 1939; 宮崎 1967)。さらに、寡占市場における価格の硬直性は、P・スウィージーによって「屈折需要曲線」として理論化された(Sweezy 1939)。その後、屈折需要曲線の研究に関しては、根岸隆による発展がある(Negishi 1981)[20]。こうして、「フルコスト原理」と「屈折需要曲線」は、現在でも寡占市場における価格決定を分析するさいの基礎理論となっている（Lee 1998; 塩沢／有賀 2014）。その後、寡占価格の研究は、潜在的参入者を考慮するP・シロス＝ラビーニの「参入阻止価格論」（Sylos-Labini 1962）などの理論を生み出した。

ここで強調しておきたいのは、スラッファが提起した理解、一産業の価格は他産業の費用を構成し、多部門間での価格―費用の相互依存関係が存在するという理解である（Sraffa 1926, 1960）。しかも、硬直性をもち相互依存的な価格体系のもとで、市場における多段階的な数量調整メカニズムが作用する。その両者をつなぐものが「費用の二重性」である（Kalecki 1971; 岸本 1975; Rowthorn 1982）。「費用」は、価格体系においては、価格―費用の相互依存性の規定要因であるが、所得‐需要体系においては、費用は支出で所得と需要の源泉となり、それが数量調整を生み出すのである。これは、ケインズ乗数過程の基礎でもある。さらに、企業組織の進化と企業間競争が、産業レベルの需要と供給を動態的に調整する（Dosi 1984）。これらすべては、メゾ・レベルの重要な調整メカニズムを構成する。

賃金・所得分配と所得循環の重層的調整メカニズム

労働市場において取引される労働力は労働者個人の精神と身体と不可分であるために、本来的に労働者自身のものである。その性質は、「労働力商品の自己所有性」と呼ばれる。また、労働市場において取引される労働力という商品については、企業内でどれだけの労働支出が行われるか取引契約の段階では特定化できない。つまり、それは不完備契約の商品である。このため、労働力商品の取引においてフェアな賃金をもって安定的な契約関係を実現するためには、公正や共感などの規範や制度的要素、さらには政治的要素が介在する。一般的に言って、賃金決定には、労働生産性、労働市場の需要状態、産業予備軍の状態、団体交渉制度など多くの要因が影響を与え、同時に賃金体系の変化は価格体系の変化と相互規定的な関係を持つ。ここでは、いくつかの主要な理論を紹介することにしたい。

第一に、労働市場と雇用関係の制度的性質を考えるさいには、分断的労働市場論を避けて通ることはできない。大企業は、組織内部に労働者を包摂し、その技能形成を促進し労働の配分と賃金を決定する「内部労働市場」を持つが、それは同時に「労働市場の分断化」と表裏一体の関係にある（Gordon, Edwards and Reich 1982）。通常、コア産業の大企業正規労働者として雇用される第一次労働市場とそこから遮断されている第二次労働市場とに分断される。労働市場の分断化が生じる原因としては、技能形成の必要性、雇用調整の柔軟性の確保、そして労働者の分割統治の要請などがあげられる。第一次労働市場と第二次労働市場では、賃金決定メカニズムと雇用調整メカニズムが異なる。そのため、生産性の向上、雇用調整費用の抑制、賃金の抑制などの効果が生み出される。労働市場における分断化は、同時に市民社会における主体の包摂と排除のメカニズムと連動しており、政策的な観点から「社会的包摂」の発展も重要な課題である。しかも、労働市場の分断化のあり方は、各国の労働市場の制度化の特質によって異なっている。

第二に、労働市場は、労働者の自律性を保障する重要な制度であるが、労働市場が不完備契約であることは、労働力という商品が契約だけでは企業によって買い尽くせない商品でもあることを意味する。そこに、労働力からいかに労働を引き出すかという問題が生じる。これを、賃金のインセンティブ効果の観点から理論化したのが「効率賃金モデル」であり、アカロフ＝エーレンやスティグリッツが発展させてきたが、一九八〇年代後半以降、ボウルズ＝ギンタスによって、「抗争交換（contested exchange）理論」として定式化された（Bowles and Gintis 1988a; Bowles, Gintis and Gustafsson 1993）。現在では、ボウルズはそれを「労働規律モデル」と呼ぶことが多いが、この理論のエッセンスは、次のように要約される。雇用関係はもともと不完備契約であって、労働者の労働努力

(work effort) は、労働者に対する監督者のパワーとともに市場賃金よりも高い実質賃金を支払うことによって引き出される。ボウルス＝ギンタスは、現行の実質賃金と解雇されたときの所得（失業率と失業保険の関数）との差を「雇用レント」として定義し、労働努力を「雇用レント」と監督労働の関数として説明する。「雇用レント」は失業時に失われるので、「失業コスト (job-loss costs)」と呼ばれることもある。「雇用レント」は労働インセンティブであるとともに企業にとってコストであるから、両者を考慮して最も効率的な実質賃金水準を決める必要がある、それは実質賃金当たりの労働努力（雇用レントの関数）を最大化する実質賃金水準を設定することで解決される（これは「ソロー条件」と呼ばれる）。このモデルは、失業率と失業保険の給付水準を所与として、労働努力と実質賃金水準を決めるものであるから、「雇用レント」（＝「失業コスト」）をマルクスに由来する「産業予備軍効果」と読みかえて、アメリカ経済の労働生産性分析にも応用されている (Bowles, Gordon and Weisskopf 1983)。また近年では、ボウルズは雇用関係における「互恵と公正の動機」を強調するようになっている。賃金と「失業コスト」が労働インセンティブとしてどの程度強く作用するかは、企業組織内部のインセンティブ・メカニズム、公正に関する共有信念、そして労働市場の制度化・労使交渉制度に依存している。いかにしたら、公正で安定的な労働市場を実現できるか、そのためにはどのような制度と政策が必要なのか、これは社会労働政策の重要なテーマである。(21)

第三に、「生産性格差インフレーション論」であるが、これは産業部門に焦点を当てたメゾ・レベルの賃金体系と価格体系の調整メカニズムである。「生産性格差インフレーション」とは、一九六〇年代の日本経済において卸売物価一定、消費者物価上昇という価格体系の変化を説明するために、高須賀義博によって提起された理論である（高須賀 1965）。すなわち、大企業部門と中小企業部門の間で生産性上昇率格差が存在し、大企業部門には価格硬直性があって、しかも両部門間で賃金の平準化メカニズムが働くもとでは、賃金上昇圧力を受けて中小企業部門の価格が上昇するのである。この価格上昇メカニズムについては、L・パシネッティが生産性上昇率の異なる産業間での価格体系の変化として、独自に一般化している（Pasinetti 1981）。さらに、近年では一九九〇年代以降の日本経済のデフレーションに関して、渡辺努がその背後に産業部門間の生産性上昇率格差がある点を指摘して、価格粘着性の研究を基礎に「生産性格差デフレーション論」を展開している（渡辺 2001）。

第四に、マクロ・レベルの賃金―価格理論として、「インフレーションのコンフリクト理論」がある。これは、一九七〇年代のスタグフレーションの時期に、ボブ・ローソンによってインフレーションの加速化を説明する理論として定式化されたものである（Rowthorn 1977）。生産性の停滞や輸入原材料価格の上昇によって国民所得の増大が見込めない状況でも、企業は十分な利潤シェアを要求し価格設定をしようとし、労働組合は十分な賃金シェアを確保するために賃金を要求する。そのため、要求利潤シェアと要求賃金シェアとの合計は実際の国民所得を上回ってしまう。ローソンは、このギャップを「アスピレーション・ギャップ」と呼び、これがインフレーションの加速化を規定する要因であると説明する。これは、M・フリードマンらマネタリストのインフレーション理論に対する批判であり、そのため「コンフリクト理論」は多くのポスト・ケインジアンによって共有されることになった（Lavoie 1991; Taylor 1991; Strom and Naastepad 2012）。「生産性格差インフレーション論」も「コンフリクト理論」も、貨幣数量説にたつ「貨幣的インフレーション理論」を批判する点では共通している。前者はメゾ・レベルの価格調整であり、後者はマクロ・レベルでの価格調整なので、両者を補完的に統合する課題が残されている。

以上の賃金と価格の決定メカニズムをふまえて、ここで賃金の持っているマクロ経済的効果をボウルズ＝ボワイエにならって総括することにしたい。ボウルズ＝ボワイエによれば、賃金は「費用の二重性」にインセンティブ効果を加えて「三重の役割」をはたす（Bowles and Boyer 1990）。すなわち、賃金は、企業にとってコストであり、労働者の所得で消費需要の源泉であり、さらに労働者のインセンティブなのである。もちろん、これらの要因が価格体系と数量体系を介してどのような強さで作用するかによって、一国の「成長体制」が規定される（Bowles and Boyer 1995; Storm and Naastepad 2012）。この三重の規定関係は、賃金と価格のメゾ・レベルの調整メカニズムに媒介されているとともに、さらに法人税や所得税、そして社会保障給付や失業手当などが所得循環が影響を与える。それによってマクロ・レベルの所得分配と需要形成が決定される。

（2）貨幣・金融システムの動態と賃労働関係の対抗――レギュラシオン理論の発展

現代資本主義に関する制度的調整と成長体制分析については、一九七〇年代以降のレギュラシオン理論の貢献が大きい（Aglietta 1976）。レギュラシオン理論は、ケインズとマルクスの影響を受けて形成され、現在ではポスト・ケインジアンとならぶ制度派ケインズ経済学の一翼を担っている。ここで、「レギュラシオン（régulation）」とは、様々な社会的諸要素が対立を通じて、矛盾をはらみつつも統一性を生み出していく動態を表す概念である。レギュラシオン理論では、特に、「貨幣・金融形態」、「競争形態」、「賃労働関係」、「国家形態」「国際経済への編入様式」という「制度諸形態」およびそれらの結びつきの特定のあり方が、特定の歴史的時間と地理的空間における資本主義における調整様式を生み出し、制度諸形態相互の適合性に応じて、マクロ経済的規則性である「成長体制（蓄積体制）」を生み出すとされる。それは、特に「経済的・社会的動態の時間的空間的可変性」と「ミクロ主体の行動のマクロ的基礎」を強調する比較制度・成長体制分析と特徴づけられる（Boyer 1986, 1988）。その意味で、制度派ケインズ経済学による比較資本主義分析である。

一九九〇年代以降のレギュラシオン理論の発展のなかで重要なのでは、金融のグローバリゼーションに伴う「制度階層性」の転換の認識である。すなわち、一九六〇年代のフォーディズムの時代においては、賃労働関係が階層の上位に位置し、そこでの制度的妥協が経済の動態に対して強い規定力を持っていたが、一九九〇年代以降はこの階層性に逆転が生じ、金融システム、特に、国際金融が階層の上位に位置するようになり、賃労働関係の諸制度に強い規定力を有するようになったのである。こうしたなかで、国際金融の中心国であるアメリカ合衆国で成立したのが、「金融主導型蓄積体制」であり、それが結局、バブルの形成と二〇〇八年のリーマンショックをもたらしたのである(Boyer 2011)。ボワイエは、H・ミンスキーの「金融不安定性仮説」を評価しつつ、「金融主導型蓄積体制」の論理を次のように定式化する。「金融主導型蓄積体制」においては、金融資産価格の上昇が資産所有者の信用への一層容易なアクセスをもたらし、急速な信用拡大が生じる。そして、それによって資産所有者は消費を拡大させ、生産と雇用が増加していくのである。リーマンショックは、この「金融主導型蓄積体制」の発展それ自体がもたらした金融危機(=構造的危機)として特徴づけられる。特に、情報の媒介者として価格がその機能を停止したこと、株主価値最大化原理の支配や年金基金などの金融手段の拡大などによって国内の社会的妥協が行き詰まり、政府が有効な金融規制を課しえなかったことに危機の根本原因をみる。ボワイエのリーマンショック分析は、すぐれて政治・経済学的分析である。

ここから、ボワイエはグローバル金融危機の一層の深化であるユーロ危機の分析へと研究を発展させる(ボワイエ 2013)。共通通貨ユーロは、「最適通貨圏」の条件を満たすことなく独仏の政治的妥協で成立したが、一九九九年のユーロ創設以降、世界的な金融の拡大に伴って、南ヨーロッパの国々に巨額の資本が流入した。それによって、一時的に南ヨーロッパの国債利回りはドイツと同様な水準にまで低下し、また南ヨーロッパの国々に不動産バブルを発生させた。しかし、単一通貨ユーロのもとで、ドイツと南欧諸国との間の国際競争力の格差と貿易不均衡は拡大していった。そして、二〇〇八年のリーマンショックによって国際金融界は南欧諸国から一斉に資本を引き上げ始め、信用が収縮して国家債務危機を激化させたのである。ユーロ危機は、EU内の異質的な成長体制間の不均衡と国際金融の不安定性によってもたらされた複合的でシステミックな危機なのである。

さらに、このような国際的な金融資産取引の拡大は、金融資産の所有者に多額の所得をもたらすことで資産所有の不平等を拡大させつつある。そのなかで、現在ボワイエが取り組んでいるのは、アメリカ合衆国、EU、アジア、ラテン・アメリカという異なる成長体制とそれらの国際的相互依存関係のなかで、不平等の拡大について異なるパターンが見られるという問題である。これを、ボワイエは「不平等レジーム」と名づけている(Boyer 2014; ボワイエ 2016)。それぞれの地域の不平等は、その調整様式と成長体制に規定される。

このような国際的な金融資産取引の拡大と金融資産収益の増大を前にして、それをコントロールする方途を、ボワイエだけでなく、多くのポスト・ケインジアンが模索している。また、ボウルズは資産の不平等な集中を是正する資産再分配によって、平等性と効率をともに向上させる可能性を「生産性促進的な再分配」あるいは「資産中心型再分配」と呼んで提起している(Bowles 2012)。さらに、ピケティは不平等の拡大を抑制するために、グローバルな累進的資産課税を主張している(Piketty 2013)。これらは、いずれも、金融化のもとでの資産所有の不平等の拡大に対して、いかにしたら市民的なコントロールを行うことができるかを問題としているのであって、共通の政策的課題がみてとれる。

(3) 国際生産システムと中間財貿易——古典派貿易理論の復活

次は、国際貿易の世界に目を移したい。これまで、国際貿易理論の領域においては、新古典派経済学のヘクシャー＝オリーン理論が支配的であったが、国際分業・国際生産ネットワークの急速な発展は、完全競争のもとでの最終財の貿易というその理論の想定とは大きく異なるかたちで発展している。その最も顕著なものが多国籍企業の生産活動に媒介された中間財貿易である（エスカット／猪俣 2011）。このような現実は、中間財貿易を含む貿易理論の再構築を要請している。また、中間財貿易が拡大するなかで、「付加価値貿易」が国際経済学の重要な研究対象となり、二〇一三年にはＯＥＣＤ—ＷＴＯが「付加価値貿易統計」の発表を開始し、付加価値貿易の研究は急速に発展している。

　ここでは、二つの研究を整理しておきたい。まず、第一に、塩沢由典によって展開されている「国際価値論の復権」である（塩沢 2014; 塩沢／有賀 2014）。塩沢のいう価値論とは、「一義的には交換価値を研究する理論である」（塩沢 2014: 6）と説明される。実際、塩沢の研究は、多財、多国、多技術のもとで、中間財を考慮しても、価格と賃金を一意的に決定できることを、「最小価格定理」を国際貿易のもとで修正し発展させることで証明している。[22] こうして、スラッファの生産価格論を国際的な枠組みに拡張することによって、比較生産費説に基づくリカード貿易理論に厳密な基礎が与えられ、これによって、各国で同一の生産関数を想定し、そこから要素価格均等化を導くヘクシャー＝オリーン理論の非現実性が批判される。国際貿易理論の再建にとって、塩沢による古典派国際価値論の復権の意義は大きい。ただし、古典派価値論の本質を「剰余アプローチ」であると理解するわれわれからみると、塩沢理論において各国の諸産業に対してマークアップ率を外生的に与え、賃金を完全な内生変数として扱っている点は、さらなる発展の余地があるようにも思われる。なぜなら、生産の国際的連関によって規定される中間財費用のもとで、マークアップと実質賃金は各国の価格と賃金の調整メカニズムによって規定されると考えられるからである。そのような調整メカニズムを国際的な価格—費用の相互依存的な再生産体系のなかに位置づけ、国際貿易理論を展開する必要がある。しかも、価格—費用の調整メカニズムは、各国ごとに異なった性質を持つ可能性がある。[23] この点を考えるうえで示唆的なのは、宇仁（2014）がアジアとヨーロッパの各国において、労働生産性、実質労働費用、為替レートの調整に関して異なったパターンが存在する点を明らかにしていることである。

第二には、中間財貿易に伴う需要と数量体系の変動、そして付加価値貿易について議論しておこう。植村(2014)は、国際産業連関表をもちいて中間財輸入に伴う国際的な誘発効果を考察しているが、その結論は次のようにまとめられる。まず、国際間の産業レベルの比較優位においては、中間財輸入が増加した場合、中間投入費用が変化することから、「雁行形態」の飛び越えが起こる可能性がある。実際、中国ではすでにこのことが生じている。経済理論として重要なのは、中間財輸入に伴う生産誘発に関して、それが短期的に作用する後方連関効果なので、その期間内に大きな技術変化や生産要素間代替は生じず、したがってレオンチェフ型の多部門数量調整過程となることである。もちろん、このことは、短期的に生産要素間代替を仮定するヘクシャー＝オリーン理論を棄却するものである。さらに、付加価値貿易の理論的枠組みは、商品の価値をその生産に貢献した生産過程で付加された付加価値の後方連鎖に還元するもので、古典派価値論と発想を共有するものである点を指摘できる[24]。

以上を、「費用の二重性」から言えば、中間財貿易は国際間における価格―費用体系を規定するとともに、国際間の支出‐所得の波及効果と数量調整をも規定するのである。

五　結　論――レギュラシオン理論の発展にむけたプログラム

最後に、レギュラシオン理論に基づいて制度の政治経済学をいかに発展させるか、そのためのプログラムを要約したい。まず、レギュラシオン理論を発展させるためには、市民と制度の観点から制度派ケインズ経済学の分析能力を高めることが必要であるということである。それは、ワルラシアン・パラダイムの完全予見の合理的経済主体による最適化、価格全体が同時に決定される一般均衡体系、貨幣の中立性、生産要素間の完全な代替、そして完備契約といった仮定とは異なる現実的な認識のもとで経済学を再構築することを意味する。

第一に、経済理論を、社会や政治との相互関係を視野に納めて構築する。市場においても、また企業組織においても経済的要因だけでなく、権力(パワー)や「公正」観念などの社会規範がともに作用していることを視野におさめる。市場は、個人の自律性を保障しつつ需要と供給、そして技術体系を調整する動態的な諸制度の束である。したがって、市場や組織を分析する経済学は、つねに社会や政治といった領域の分析に開かれたものであり、経済的要因と政治的要因の相互規定関係をつねに念頭において構築されるべきものである。その意味で、経済過程分析と政治過程分析を総合するレギュラシオン・アプローチは、資本主義の分析に有効性を発揮することができるのである。

第二に、制度と経済主体の行動との相互規定関係とメゾ・レベルの調整メカニズムを理論化する。制度と経済主体の行動とは相互規定関係にあり、制度と個人の選好とは共進化している。また、経済主体の行動とマクロ経済の動態との間にも円環的な相互規定関係が存在している。そのさい、諸制度の間の補完性が重要であり、また、メゾ・レベルには、価格・数量・賃金、そして租税と給付などの諸制度に媒介された時間的にも空間的にも重層的な調整メカニズムが存在する。このような理解は、経済理論における重層的な時間構造と空間構造の再発見であり、レギュラシオン理論の中心概念である「レギュラシオン」という概念も、このように時間的・空間的な重層構造をもったものとして発展させなければならない[25]。さらに、社会発展にともなって生じる制度と選好の共進化による経済と社会の変動が存在し、それは成長体制の転換を伴う最も長期的な時間領域に属している。

第三に、価格・賃金の重層的調整メカニズムを理論化し、分配理論を再構築する。経済は、基本的に生産システムと労働力の再生産系であり、そのなかで、価格・中間財費用・賃金の水準は、企業間・産業間の相互依存関係によって規定される。市場システムは、貨幣に媒介されつつ取引当事者の自律性を保障する諸制度の束であり、特に労働市場における契約は、「労働力の自己所有性」を尊重することによって、労働者の市民的自律性を保障する制度である。しかし、労働市場の取引は本質的に不完備契約であり、規範やパワーが重要な役割をはたす。さらに、様々なレベルで価格と賃金の重層的調整メカニズムが存在している。しかも、メゾ・レベルにおける産業の相互依存関係や労働市場の分断性などによって、価格と賃金の決定メカニズムはきわめて複雑で重層的な相互依存構造を持っている。特に、労働市場と信用市場は不完備契約の市場であって、制度的ルール、パワー、規範が賃金や利子率に影響を与える。所得の個人間分配は、賃金・価格の決定メカニズムと政府による所得再分配機能に媒介された所得と資産の動態によって決定される。各国の所得と資産の分配とその動態のパターンの相違は、比較制度分析の重要な対象である。

第四に、貨幣・金融的要因と実物的要因の相互作用を理論化し、マクロ経済動学分析を発展させる。貨幣は経済過程に対して中立的ではなく、実物的変数の変動に影響を与える。金融資産の変動は、循環・成長過程を大きく規定する。この点に関して、ケインズ理論は再生されなければならない。しかも、貨幣・金融的要因と生産・雇用などの実物的変数がどのような相互規定関係を持つかは、時間的・空間的に多様性を持っている。レギュラシオン理論のいう「制度階層性」の転換（国際金融システムの賃労働関係に対する支配）は、マクロ経済動態に重要な影響を持っているのである。また、異質的な企業や労働者・消費者の選好の進化が、貨幣・金融的要因と実物的要因の相互作用や需要形成に長期的な影響を与えている。

第五に、比較制度・成長体制分析を動態分析へと発展させ、各国の国際的相互依存性について研究を進める。資本主義の制度的多様性について、比較分析を次の三層において発展させることが必要である。①各国資本主義の諸制度（金融システム、雇用システム、社会保障制度、市民社会、国家）とその多様性に関する比較制度分析、②マクロ経済的な成長体制（成長、生産性上昇、所得分配）の動態の比較分析、③各国経済の相互依存性（国際貿易の価格・数量体系、国際生産ネットワーク、国際金融）と国際政治経済システムである。このような多層的な研究は、市民社会とマクロ経済や国際経済とをつなぐ制度派ケインズ経済学に基づいた比較資本主義分析として発展させることが期待されるのである。

本章では、経済と社会・政治とは、たがいに相互規定的な関係をもった社会領域であって、しかも経済動態の調整メカニズムは、時間的にも空間的にも重層的な構造を持っていることを強調してきた。また、それは資本主義の多様性に応じて異なった制度と調整のパターンを示すことも示唆してきた。したがって、われわれが目指す経済学、すなわち、いま発展しつつある市民のためのレギュラシオン理論は、演繹的な均質論的理論体系ではなく、歴史的・帰納的分析とつねに協働関係にある動態的な理論体系であるといえる。

注

（1）本章のもととなった論文は、植村博恭「社会経済システムの制度分析と経済理論の再建――現代経済学との対話を通して」（植村 2015）で、編集権を持つ経済理論学会から転載許可を得ている。

（2）杉本栄一は東京商科大学教授であったが、いまは思いだす人は少ないかもしれない。杉本は、次のように説明している。「一九世紀の後半になるとオーストリア学派、ローザンヌ学派、ケムブリッジ学派、マルクス学派などの、近代経済学に属する諸学派が、生まれていることを知るであろう」（杉本 1953:9）。杉本の主張のなかで、今日の観点からみて、内容的に興味深いのは、そのマーシャルの評価である。「マーシャルにあっては、歴史的空間は同時に歴史的時間であって、ローザンヌ学派のように、これを絶対的時間と絶対的空間とに分離対立させることは、できない。いわば、時間的にも空間的にも、立体的重層的な構造をもつところの、統一的な時間＝空間が、観念される」（同 151）。マーシャル経済学の持つ重層的な時間構造・空間構造の指摘は、とても新鮮な指摘である。

（3）杉本栄一の学問については、内田義彦による次のような指摘がある。「杉本さん自身は二つの要求を持っていたのじゃないかという気がするのですよ。戦時中の「米穀需要法則の研究」なんかは当時非常にフレッシュな感じを受けた。それはやはり近代経済学というものを実態調査の中で生かそうという試みですね。そういうのが一つと、もう一つは。近代経済学とマルクス経済学というものを方法の問題として切磋琢磨させようという二つの欲望を杉本さん自身持っていたのじゃなかろうか」（内田／長洲／宮崎 1967: 212）。

（4）伊藤（2007）は、非対称情報理論に基づいて発展してきたインセンティブ、情報、経済制度の理論を総称して「契約理論」と呼び、価格理論とゲーム理論につぐ「ミクロ経済学第三の理論」としてのその発展と現状を詳細にサーベイしている。伊藤は、「契約理論が経済学にもたらした最大の変化は、経済学を分析対象から解き放ち、インセンティブの分析を行う学問であることを明確にしたことにあろう」（伊藤 2007: 69）と説明している。

（5）Bowles（2004）の邦訳では、「共同体」と訳されているが、「共同体-市民社会」という枠組みを念頭におけば、むしろそれはアメリカ的な意味で「地域の市民的コミュニティ」を指すものと考えられる。ただし、Bowles (2004) では、ゲゼルシャフト（市民社会）とゲマインシャフト（共同体）を区別して論じられてはいない。これに対して、Bowles（2016）では、「リベラルな社会（liberal society）」という言葉が意識的に使用され、血縁や地縁に基礎をおく伝統な共同体とは区別された、市場を基礎とするリベラルな社会の重要性が論じるようになっている。

（6）フリーデンは、ハーバード大学の国際政治学者で、日本では同じく国際政治学者の飯田敬輔によって、「階級理論」の論者として紹介されている（飯田 2007）。

（7）レギュラシオン理論や制度経済学とK・セーレンに代表される政治学の「歴史的制度主義」との連携が発展しつつある（Mahoney and Thelen 2010）。

（8）マルクスとケインズの意義と問題点に関するここでの考察は、植村／磯谷／海老塚（2007）における考察を発展させたものである。

（9）マルクスは、個人と社会の媒介様式について立ち入った考察を行っていない。このことは、のちの社会主義において非常に安易に国家と全人民を同一視する理解が一般化した原因かもしれない。現在のわれわれは、個人と社会に間には、経済的領域においては重層的な調整メカニズムが存在し、政治的領域における重要な媒介は、民主主義と政治制度だと考えている。

(10) ボウルズ『制度と進化のミクロ経済学』の「訳者あとがき」では、ボウルズの「進化社会科学」の構想を紹介したのち、「ボウルズ体系に欠けるもの」として、体系的な価格理論、生産、金融、雇用の決定理論が欠けている点を指摘している。この問題を克服する途は、ボウルズが展開している不完備契約モデルと個体群動学モデルを、多数の企業組織と多数の消費者の個体群動学における進化と淘汰の分析として発展させ、それによって、経済全体の価格形成、需要形成、生産量決定、所得分配、雇用量決定の理論につなげることである。

(11) 労働投入と価格体系との関係については、長い論争史がある(早い時期のものとして高須賀(1965)の「価値尺度機能」論がある)。現時点で二つの考え方が存在する。一つは、レオンチェフ逆行列を用いて「垂直統合された労働投入係数」を求めるものであり、この場合は価値は価格体系から独立になる(置塩 1965)。他の一つは、「単位労働当たりの付加価値」(「付加価値生産性」)で、この場合には労働投入と価格体系が関係づけられる(Krause 1979; 横川 2014)。両者は異なった概念で、分析対象と分析視角によって使い分けることができるだろう。前者は、労働生産性や雇用誘発量を測るときには有効で、後者は労働投入と価格体系の変動を問題にするときには意味がある。

(12) このような現代経済学の観点からすると、本書第1章で検討した内田義彦の「一物一価の価値法則」という概念は、「フェアな取引とシステムの再生産を保証する整合的な価格体系」というかたちで表現することができる。問題は、そのような価格体系が、動態的・逐次的にどのようなプロセスで成立するかであるが、その分析を試みたものとしては、第3章でとりあげた岸本(1976)の「ローカルな等価性/グローバルな等価性」という概念がある。

(13) マクロの生産要素間分配とミクロの個人間分配を結びつけるのは、大きな理論的課題であり、すでに一九八〇年代に青木昌彦による指摘がある(青木 1989)。また、植村(2007)は、「剰余アプローチ」と個人間分配の不平等をテーマとし、特に、「柔構造をもった再生産システム」の観点から生産要素間分配と個人間分配を統一的に論じている。さらに、吉原(2008)が証明している「富—搾取—労働規律の対応理論」は、所得と富の分配の関連について労働規律をも視野に入れた示唆に富むものといえる。最近、T・ピケティの不平等等の長期統計による分析が注目されている(Piketty 2013)。ピケティは長期統計分析によって、「クズネッツ曲線」に否定的な結論を示し、一九八〇年代以降不平等が拡大していることを確認している。ただし、ピケティが、r（利潤率）＞g（経済成長率）のとき、資産所得が勤労所得を上回って蓄積され、不平等が拡大するとした点は検討を要する。第一に、ピケティの場合、「資本」の定義が、実物的資本設備、金融資産、不動産、土地のすべてが含まれている点に注意を要する。第二に、r（利潤率）とg（経済成長率）の関係については、これまでフォン・ノイマン・モデル、ハロッド理論、カルドア理論、パシネッティ定理など多くの研究がなされているのである（Pasinetti 1974）。

（14）レギュラシオン理論とＳＳＡ理論の総括的なサーベイとしては海老塚／磯谷（1991）を、それらのマクロ動学理論の比較として植村（1990, 1991a）を参照されたい。

（15）「資本主義多様性論」は、ホール＝ソスキスやアマーブルの研究によって発展し、現在ではアジア資本主義の多様性についても、積極的に分析されるようになっている（Boyer, Uemura and Isogai 2012）。詳細は、本書第6章を参照されたい。

（16）ミンスキーについては、二〇〇八年のリーマンショック以降、その再評価の動きが進んでおり、クルーグマンによっても注目されている（Krugman 2012）。

（17）吉川洋は、次のような興味深い説明を与えている。「Kuznetsや大川一司らによって強調された「産業」をみる視点がマクロ経済学から消えたのは、産業がそれ自体としては最適化する主体でないからであろう。最適化を強調するあまり産業間の非対象性、異質性を忘れたことは、マクロ経済学に致命的といってもよいような混迷をもたらすことになった」（吉川 2000: 54）。

（18）アジア資本主義の多様性の分析は、遠山＝原田によって進められているが、それを受けて植村／宇仁／磯谷／山田（2014）では、アジアにおける各タイプの資本主義について総括的な考察が行われている。詳しくは、本書第6章を参照されたい。

（19）S・ボウルズの『制度と進化のミクロ経済学』（Bowles 2004）における企業理論は、不完備契約論に基づく「契約論的アプローチ」であるが、企業群の進化と淘汰に関する個体群動学を発展させようとする場合には、「能力論的アプローチ」の企業理解を統合する必要があろう。

（20）「屈折需要曲線」は、スウィージーによって理論化されたものであるが、その後、根岸隆がケインズ経済学の基礎として定式化し（Negishi 1981）、現在でも、寡占市場における価格の硬直性（粘着性）の研究において、積極的に用いられている（渡辺 2013）。

（21）ボウルスの研究の発展の経緯からすれば、一九八〇年代前半に「失業コスト」を用いたアメリカの生産性分析が最初に行われ、一九八〇年代後半にこれを効率賃金モデルを用いてモデル化したものが「抗争交換モデル」である。「失業コスト」については、各国労働市場の制度的特徴に応じて修正適用される必要がある。

(22) 塩沢のいう「最小価格定理」とは、通常は「非代替定理」と呼ばれるものであり、P・サムエルソンによって示されたものである。

(23) 「剰余アプローチ」に基づく生産価格体系に制度的調整メカニズムを入れる試みとしては、植村(2007)、植村/磯谷/海老塚(2007)がある。スラッファ型生産価格体系において、利潤率と賃金率がどのように決定されるかが検討されており、価格は「フルコスト原理」に基づく寡占価格として決定され、賃金は企業組織と労働市場に関わる様々な重層的な制度的調整メカニズムによって決まるとの理解が示されている。

(24) 価格分析と数量調整分析とを架橋する課題として、生産物一単位当たりの各輸入中間財の投入比率(すなわち「輸入中間財投入係数行列」)がどのように決まるかという問題がある。

(25) レギュラシオン理論誕生四〇周年を記念して二〇一五年にパリで開催された国際シンポジウム"La théorie de la régulation à l'épreuve des crises"では、レギュラシオン理論の新たな可能性として、歴史性、時間性、空間性を重視して理論を再構築すべきだとの活発な討論が行われた。

終章

市民社会民主主義とレギュラシオンの政策思想

——公正な市場と豊かな労働・生活にむけての制度構築——

植村博恭

一　市民社会民主主義の経済学にむけて——制度派知的連合の可能性

現在、グローバリゼーションの圧力が強まるなか、社会経済的な不平等が拡大し、民主主義の発展に逆行する動きがみられるようになっている。このようなときだからこそ、われわれは、まず戦後日本の社会科学の先人たちの努力をふり返り、日本の社会科学を発展させていく必要がある。われわれは、市民社会と現代資本主義に関して理論構築を追求した知的努力の伝統のうえに、さらに制度と調整の経済学であるレギュラシオン理論による日本経済分析とアジア経済分析を発展させてきた。

このような長い研究史をふまえて、ここでは市民社会の理論の発展の延長線上に、現代資本主義を、そしてより具体的には日本の資本主義を有効に調整し、市民の生活を豊かにしていく政策理念を考えていきたい。ここでのキーワードは、「市民社会民主主義」である。この言葉は、これまで政治学者によって新しい社会民主主義を表す言葉として使われてきた（山口／宮本／小川 2005; Boyer 2008）。また、そのような志向は、市民の政治参加にもとづく「民主主義の再生」をめざすものであり、格差と社会の分断を乗りこえようとするものでもある（中野／クラウチ／グッドマン 2015）。われわれは、このようなきわめて魅力的な方向性をしっかりと受けとめ、それを経済学の側から発展させていきたい。日本においては、そのための長い研究史がすでにある。

これまで、戦後日本においては、市民社会の思想が発展してきた（内田 1967; 平田 1969; 長洲 1974）。市民一人一人の観点から経済と社会を認識しようという発想であり、それは、社会的分業を担う一人一人が、互いにその職業や持ち場は異なっていても、社会の一員として共感をもって社会に参加し、社会と経済をともに作って行くことを目指すものである。これまでみてきたように、このような思想は、わが国におけるマルクス学派の一角で、社会的分業や社会的交通の概念の認識とともに発展し、大きな知的伝統ともなってきたが、さまざまな隣接する社会思想をも吸収しつつ、より広く普遍的な市民社会の思想として発展してきた点が重要である。それは、多様な経済領域と政治領域の両方とその相互作用をふまえ、それらの領域をとおして、市民一人一人が共感と信頼をもって社会との関わりを自覚していくことを促すものでもある。

他方、日本における経済学の一大潮流であるケインズ経済学においては、企業組織、金融市場、経済変動、そして所得分配などを主要な分析対象とし、理論と実証の両面から大きな研究の発展がみられた。特に、日本のケインズ経済学は、現代資本主義に関する制度認識をもって有効需要政策と所得再分配政策を分析してきたのであり、さらに「社会的共通資本」の拡充や社会保障政策を通して、市民的権利に基づく現代の社会民主主義的な政策を実現しようとしてきたのである（都留 1959, 1984; 宮崎 1967; 伊東 1973; 宇沢 1986b, 2000）。しかし、そのさいケインズ政策を担う主体は誰か、という大きな問題が残る。経営者団体、業界団体、労働組合といった利益集団による利益誘導型のケインズ政策では、民主主義はかえって形骸化する。この深刻な問題は、これまで日本だけでなく他の主要先進国でも例外ではなかった。では、市民一人一人が自らの生活環境を守りつつ、参加と連帯を通じて、経済政策において真に主体となって行く途はどのようなものであろうか。

このような課題に対して、レギュラシオン理論が強調する様々な制度による調整という考えが重要なものとなる。それが、様々な制度派経済学の知的連合を実現する。市民一人一人の社会認識を、そしてその政策志向を、社会に存在する重層的な調整を媒介しつつ、いかに具体的な経済政策につなげるか、その制度的チャンネルはどのようなものとしてありうるのか。このことが、まさに問題となる。そのようなチャンネルは、経済と政治が不可分の領域でもある。また、市民にとって市場を公正なものとしてワークさせるためには、どうしたらよいのか。それは、市場経済における制度や社会規範と市民を主体とするボトムアップ型の民主主義とに支えられた社会経済政策の形成の途を問うものである。これは、グローバリゼーションが進み新自由主義政策の弊害が露わになっているいまこそ、きわめて大きな課題となっている。このような課題に応える理念として、市民社会に基礎をおいた社会民主主義、すなわち「市民社会民主主義」の重要性を、経済学における様々な制度派の知的連合の観点から主張することには大きな意義がある。

もちろん、「市民社会民主主義」は、一つの社会理念であり、それが経済政策として具体化していく際には、各国の社会経済制度の分析をふまえなければならない。そして、そこでこそレギュラシオン理論による資本主義の多様性分析の成果が活かされるのである。資本主義の多様性は、経済領域だけでなく政治領域にも及んでおり、広範囲な政治制度も重要な役割をはたす。先に見てきたように、資本主義は、その発展段階や地域的類型をもって多様性を示してきたが、そこに埋め込まれている規範、社会制度、さらに中間団体、そして政治制度も同一のものではない。このことは、日本において、市民社会民主主義を考える場合にもあてはまる。日本においては、労働市場や社会福祉制度の領域で、ヨーロッパ諸国におけるようなきめ細かい制度は構築されておらず、大企業を中心として下請けネットワークのなかで編成された階層的で分断的な労働市場と企業を基盤とした福祉制度が中心的な役割をはたしている。現在、「連帯と共助」に支えられた普遍主義的な社会福祉制度の発展が志向されているものの、残念ながらいまだそれは脆弱である（神野／井手／連合総研 2017）。戦後の長い歴史的経験のなかで、市民意識は次第に醸成されてきたものの、市民生活と労働における実感を政策形成にまでつなげる自治の制度的チャンネルは十分とはいえない。

二一世紀初頭の現在、グローバリゼーションが進み、経済格差が世界的に拡大するなか、われわれは、日本の知的遺産と二一世紀日本の社会経済の現実から出発することになる。

二　二〇世紀日本の知的遺産と二一世紀社会科学の展望

それでは、本書でこれまで論じてきた主要な論点と結論をここで要約し、われわれがいまここから、なにを継承し、どのように「市民社会民主主義」の政治経済学と経済政策を展望することができるのか考えてみよう。

①戦後日本の社会科学の知的遺産

まず、本書の第1章と第2章で扱った戦後日本の市民社会思想の原点をふりかえろう。それは、日本における戦後社会科学の大きな成果でもある。特に、戦後日本の代表的思想家である内田義彦に即して、その市民社会論が、資本主義としての市民社会、資本主義からはみ出る市民社会、資本主義をくぐり抜ける市民社会として彫りを深められていく次第を摘出した。それによって、内田市民社会論の根底には人間的平等（生存権すなわち各自が生きているということのもつ絶対的意味）の思想が息づいており、これと交換的平等（一物一価関係および労働＝能力の尊重）との緊張的共存が問われていたことを指摘した。市民一人ひとりが究極的には人間的平等に支えられながら、日常的には交換的平等の正義に生きるような社会、――それが内田思想の到達点である。市民社会論＝西欧近代理想化論という批判があてはまらないその深い社会経済思想は、われわれが日本において市民社会を論じるうえでの原点である。

さらに、内田市民社会論をマルクス学として発展させた平田清明と望月清司について、これを内田継承の二類型と位置づけて内在した。平田は『資本論』再読から「個体的所有の再建」というマルクスの将来社会像を抽出し、もってソ連型社会主義への批判となす一方、グラムシ研究を通して「新しい市民社会論」への一歩を築いた。望月は初期から中期のマルクス文献の解読のなかから、分業＝社会的交通の展開史としてマルクス歴史理論を再構成した。社会をゲゼルシャフトとゲマインシャフトが交錯しつつ発展するものと把握する社会認識と歴史理論を提起したのである。両者ともにマルクスの原像の再発見を通して、その市民社会論の持っている可能性を示したのであり、一九七〇年代における日本に大きな知的潮流を生み出すこととなった。

第3章では、戦後日本の社会科学の発展における重要な成果として、現代資本主義論およびこれと互いに影響を与えあいながら発展したケインズ経済学の研究成果を確認した。一九五〇年代末における都留重人の「資本主義は変わったか」という問題提起以来、マルクス経済学やケインズ経済学の様々な研究者が、戦後の現代資本主義の新しい現実を前に理論的理解を深めていった。長洲一二、宮崎義一、伊東光晴などによって現代資本主義の諸制度と動態の分析が行なわれ、そして市民的観点から社会福祉制度の再評価がなされた。また、現代資本主義の構造と動態を念頭においた高須賀義博の「生産性格差インフレーション」分析や岸本重陳による「市民の経済学」の発展があった。さらに、宇沢弘文の市民的権利に基づく「社会共通資本」の思想や石川経夫による「所得と富の分配」に関する制度分析とマクロ経済分析の成果が生み出されたのである。

続いて第4章では、戦後日本の市民社会論の展開を「福祉」という視角から考察し、その特徴や現代的意義を析出した。市民社会概念は国家との対比において現れてきたが、二〇世紀、先進諸国において国家は「福祉国家」として新たな姿を現した。日本の場合、戦後復興期に福祉への関心は薄く、福祉国家形成は未成熟にとどまった。しかし、一九六〇年代後半から七〇年代にかけては、松下圭一の「シビル・ミニマム」の思想や自治体レベルでの福祉政策の発展がみられ、一九八〇年代には「福祉社会」が志向されるようになった。この動向において、日本の市民社会論の基本理念は、次第に市民社会を基礎とする福祉社会の構想へと吸収され、その原点は、現在において再発見されるべき先駆的な議論を含んでいた。

②レギュラシオン理論による政治経済分析の発展

第5章と第6章では、日本におけるレギュラシオン理論の研究を総括した。一九八〇年代、日本が世界有数の経済大国となるなかで、たがいに連携をとりつつ発展してきた戦後日本の市民社会論、現代資本主義論、制度派ケインズ経済学は、しかし全体を包括する体系的な説明原理を与えるまでには必ずしも至っていなかった。このような状況において、日本の政治経済学は、日本の知的遺産にもとづき、当時世界的に急速に発展しつつあった新しい政治経済学、レギュラシオン理論や社会的蓄積構造理論、そしてさまざまなポスト・ケインジアン理論を体系的に摂取していくこととなった。特に、レギュラシオン理論による日本経済分析が大きく発展した。そこから、企業主義的レギュラシオン、階層的市場−企業ネクサス（大企業・下請け・分断的労働市場の関連）、輸出主導型成長体制と不均等発展、経済成長と所得分配、社会保障制度の制度的特徴など多くの制度分析・構造分析の研究成果が生み出された。そして、さらに一九九〇年代には、国際共同研究のもとでの日本経済における成長体制の転換を構造的危機の観点から分析していった。

その後、レギュラシオン理論による研究は、資本主義の制度的多様性の分析へと向かうことになった。時間的・空間的可変性の観点から現代資本主義の動態を解き明かすべく発展してきたレギュラシオン理論が、一九九〇年代以降に注目を集めた資本主義経済システムの多様性という問題の解明に貢献したのはある種の必然であったといえよう。第6章では、レギュラシオン理論が先進資本主義経済の多様性をどのように捉えたかを明らかにすると同時に、日本を中心に展開されたアジア資本主義の多様性に関する議論を整理した。さらに、こうした資本主義の多様性論と市民社会論とを実証的に架橋する試みを行っている。そこで示唆されるのは、市民的社会関係を基礎づける「信頼」という観点で見れば、各社会で取り結ばれる信頼関係は多様であり、それが制度として具現化することで、資本主義経済の制度的多様性と結びついているということである。

③二一世紀の制度派政治経済学へむけて

二一世紀の現代政治経済学における社会認識と経済理論の発展の方向性については、第7章と第8章で詳しく検討した。現在、グローバリゼーションが進むなかで、国民国家の役割が再審され、しかも民主主義そのものが危機に陥りかねない状況にある。このようななかで、ふたたび世界中のさまざまな政治経済学が、「市民」あるいは「市民社会」に注目している。アメリカにおけるリベラル派のサミュエル・ボウルズも市場経済とそれを補完する立憲的かつ市民的な法制度に支えられた市民の社会的選好の役割を重視し、また、フランス・レギュラシオン理論のロベール・ボワイエも、市場経済と国家と並ぶ重要な社会領域としての市民社会の役割を強調している。われわれは、公共心を持った市民の社会的選好に基づいて、市民社会における合意形成が民主主義に基づきいかに達成できるのか、問い続けなければならない。

そのうえで、市民一人一人の社会認識を経済学は受けとめ発展させなければならない。新古典派経済学が政治的要因を経済学の対象範囲の外部に置いたのに対して、ふたたび経済と政治の相互作用を扱う新しい政治経済学の発展が求められている。そのためには、二一世紀の制度派経済学とケインズ経済学の新しい連携が必要となる。その際、レギュラシオン理論は、有効な媒介となりうる。レギュラシオンとは、重層的に編成された諸制度による調整を意味するが、さまざまな資本主義はそれぞれ固有の制度をもっており、そこにおける調整作用の動態を理解することで、制度分析とケインズ的なマクロ動態分析が連携しつつ経済学を有効に発展させることが期待されるのである。

三　市民からレギュラシオンを介して現実分析と政策形成へ
——五つの社会認識と政策思想へのアプローチ——

以上のように本書の内容を総括することによって、本書全体を貫通する重要な「超テーマ」の発見がわれわれのまえにある。これらは、二一世紀において市民社会認識を受け継ぎ発展させるさい核となる社会認識であり、われわれの政策思想の基礎となるものである。

第一に(**規範・選好の重要性と内生性**)、内田義彦における「交換的平等」と「人間的平等」、さらに利己心と市民的共感の理解が、ボウルズなど現代の社会科学者の規範と選好の分析に通底することが確認できる。すなわち、市民社会においては利己的選好だけでなく社会的選好と社会規範が重要であり、選好は諸制度のもとで内生的に形成されるという理解である。このような社会規範は、特に労働市場と雇用関係における制度化において重要な役割をはたす。ここで最も重要なことは、適切な制度とルールの構築がよき市民を育むということである。適切な市民的制度とルールを一歩一歩構築することと人々の市民的関係を育成することとは相互促進的な関係を持ちうるのである。このような理解は、日本においては、現代資本主義論をふまえた制度改革論における知的伝統でもあった。

第二に(**社会編成の二形態と賃労働関係**)、内田義彦の思想やそれを社会＝歴史認識として発展させた望月清司において、社会をゲゼルシャフト的関係とゲマインシャフト的関係が交錯しつつ発展するものととらえる理解がある。これは、その後日本の社会科学で共有されていくが、現在では、ボウルズにおける利己的選好と社会的選好の関係、ボワイエにおけるコーディネーションの諸領域(経済−国家−市民社会／コミュニティ)の異なる動機づけと重層的な調整様式の理解におおむね対応している。社会的選好や信頼の異なるタイプ(個別的信頼と一般化された信頼）は、それぞれの資本主義社会で異なった制度的編成をもって人々の生存を支えているのである。特に労働市場については、それが不完備契約の市場であるため、通常は雇う側が雇われる側より強く、そのため労働者の自律性を高めその労働と生活を守るためには、雇用制度だけでなく社会保障制度など生活圏に関わる諸制度を含む幅広い領域（レギュラシオン理論でいう「賃労働関係」）において、規範・信頼および適切な社会制度とルールが必要となるのである。この点も、内田義彦、岸本重陳、ボウルズ、ボワイエなどに共通した認識である。そして、それはまた、平田清明やボワイエが示唆するグラムシ的な意味での公共的・政治的空間としての「市民社会」における社会的連帯に支えられる。

第三に（**資本主義の多様性認識**）、日本の社会科学は当初より、日本資本主義と西欧資本主義との社会制度的な相違を問題とした。それが、日本において市民社会の認識が深化した土壌でもあった。また、戦後の現代資本主義の新しい制度的構造が持っている性格について、活発な議論と論争が行われた。このように、日本の社会科学は、その長い歴史のなかで独自の資本主義多様性認識を育んできたのである。そしていま、資本主義の多様性は、レギュラシオン理論を含む世界の政治経済学の一大テーマともなっている。われわれは、日本における雇用システム、金融システム、社会保障システムなどに関わる諸制度の現実をふまえて、このような日本と世界の研究史を継承し発展させせようとしている。

第四に（**制度分析とマクロ分析の連携**）、宮崎義一、伊東光晴、宇沢弘文などの制度派ケインズ経済学とレギュラシオン理論の分析が共通に示しているのは、各国資本主義はそれぞれ異なった制度的構造を持っており、そのもとでマクロ経済の動態が生み出されるという認識である。このような認識にもとづいて、投資行動や消費行動、そして所得分配、産業構造動態、経済成長を分析するという理論的アプローチである。しかもその動態においては、経済的要因と政治的要因の相互作用が存在し、市民的諸関係が重要な役割をはたす。市民の観点から消費、投資、政府支出の内容と質が問われることになる。そこでは、宇沢が指摘する「社会的共通資本」とマクロ経済的安定性の相互規定関係が重要なものとなるのである。このような理解は、われわれが目指すべき経済学の方向を指し示している。

第五に（**福祉社会と市民的権利**）、日本の高度成長期がもたらしたひずみの反省から生まれた福祉社会への志向は、松下圭一の「シビル・ミニマム」の思想を生み、市民性に支えられた生存権を保障する福祉社会が目指された。それは、内田義彦の「人間的平等」の思想に通じるものでもある。世界の政治経済学者は、特にボワイエやボウルズは、各国で民主主義と福祉社会が危機に陥りかねない現状を指摘し、そして、それを克服していく方向性として、北欧型福祉社会における「市民的権利（シティズンシップ）」の役割に注目している。ジェンダーや年齢を超えた普遍的な市民的関係性に支えられたボトムアップ型の福祉社会である。日本においてこれを実現するのは容易ではないが、民主主義と福祉社会を再生させるための重要な参照点である。

このような本書を通底する基本認識に基づいて、日本におけるわれわれの政策思想を示すことにしたい。「市民社会民主主義」の経済政策の実施プロセスは、利益誘導型のケインズ主義政策やコーポラティズム型の社会民主主義ではなく、自由な市民の参加と連帯にもとづき、さまざまな制度やルールによる調整に媒介される市民参加型の社会民主主義と言えるものである。そのさい、われわれが目指すものを一言で言えば、「市民からレギュラシオンを介して現実分析と政策形成へ」というアプローチである。そこでの政策形成はマクロ経済的な政策だけでなく、自治体、地域社会、アソシエーション、国民国家、そして国際関係など様々なレベルにおける政策形成を含むものとなる。「市民一人一人」から共感と信頼、討議、学問的営為、そして人々の公共的な参加と連帯によって様々なレベルのレギュラシオン（制度とルールによる調整）を構築し、それをナショナルなレベルからグローバルなレベルへとつなげていくのである（Boyer 2015）。しかも、それぞれのレベルで、法制度的な枠組である政体（polity）、そして政策（policies）と政治（politics）が複雑にからみあう（Aglietta and Leron 2017）。これらをふまえて、資本主義の多様性の認識が教えるように、われわれは資本主義一般ではなく、歴史的に形成された日本資本主義の社会経済制度から出発しなければならない。

また日本の国際関係についていえば、近代史のなかで構築された国民国家の枠組みは依然としてわれわれの生活と政治的合意形成の基盤である。世界経済のトランスナショナルな動きが拡大しているものの、同時にそこにナショナリズムの対抗や抗争も発生している。現在、ヨーロッパ諸国民による欧州統合の壮大なプロジェクトが岐路に立っていることをみても、グローバリゼーションのなかで国民国家と地域統合が抱える困難な問題を痛感せざるをえない。アジアと西欧の交差点として発展した日本も例外ではない。国内の市民社会は、相似形的に国際社会にまで拡大するわけではない。人々が直面する現代におけるこの難問を考えるうえでも、戦後日本の国際貢献の基盤となってきた平和主義に基づく国際的な相互理解が重要であり、戦後日本を生きてきたわれわれこそ、国内での生活者相互の信頼関係と国際社会における普遍的な信頼関係とをつなぐ知恵を育むことができるはずである。

四　レギュラシオン（制度とルールによる調整）の政策思想――平等な機会と生存権の保障をめざして

われわれが本書全体を通して得た現代の市民社会に関する五つの社会認識にもとづき、主要な政策領域において積極的に提起したい経済政策思想をまとめることにしよう。ここでは、格差と分断が強まっている日本社会の現実をふまえ、われわれの政策思想をいかに具体化することができるか考えてみたい。

①社会労働政策と福祉政策――公正な労働市場と市民参加型社会福祉の構築

市民社会民主主義の経済政策にとって、社会労働政策と福祉政策は最も重要な柱となる。このような領域は、資本主義の制度的多様性を強く示す領域でもあるが、各国の諸制度を条件として、それらの政策の有効性は市民の公共性に支えられ、また政策の実現を通して市民の公共性が育くまれるのである。

第一に、労働市場の公正な制度化を進め「同一価値労働・同一賃金」を実現するとともに、労働者の雇用安定を保障する必要がある。特に、公的資格制度の整備、最低賃金制度の充実、非正規労働者の権利拡大が求められる。市民一人一人は、労働者であるとともに生活者であり、市民が持つこの二つの側面を統一的に理解することが求められる。労働市場は、様々な制度の束からなっており、労働の場と生活の場とは相互に規定しあっている（Boyer 2015）。労働市場における公正で平等な関係を支えるには、適切な労働制度と社会保障制度の組み合わせが不可欠である。ボウルズが強調するように、労働市場は不完備契約の市場であり、雇用契約だけでは適切な賃金と労働条件を保証できない。したがって、そこでは労働者の参加と公正なルールの形成が必要となる（Bowles 2016）。特に、いま重視されつつある「同一価値労働・同一賃金」の原則は、まさに内田の言う「一物一価」関係（内田 1967）の労働市場政策における具体化とも言える。しかも、そのような政策はさらに人材育成制度、社会保障制度、男女平等をベースとしたワークライフバランスに支えられて、労働者の「自己決定」の権利を保障していくことが望まれるのである（禿 2017）。そのさい重要なのは、いかに「同一価値労働」を社会的に評価するかということである。そのためには公正な公的資格制度や成果評価ルールによる技能や専門的知識の社会的承認が不可欠であり、将来的には石川経夫の言う「社会的共通資本としての職能型労働市場」の構築も必要となろう（宇沢／宮本／石川／内橋／佐和 1994）。そして、そのような諸制度は、翻って市民的な公正感覚と公共性を醸成させることに貢献するはずである。

労働政策を具体化する際には、資本主義多様性論が示唆するように、まずは日本の企業システムと雇用システム、そこから生み出された格差社会の現実から出発することが必要である。日本企業の雇用システム固有の職能資格制度や企業内成果評価制度だけでなく、今後それを公的に客観化して公正に評価する努力が必要となる。特に、一九九〇年代以降非正規労働者が増大するなかで、「同一価値労働・同一賃金」を実現すること、その前提として雇用の安定を確保し最低賃金制度を充実させること、厚生年金の適切な適用を行うことなどによって、非正規労働者の権利を拡大することが不可欠となっている。そのことによって、正規労働と非正規労働の格差と分断を解消させるとともに、非正規労働者をも包摂した幅広い労働組合を通じて労働者の参加を促進し、安心できる生活と労働を実現することが望まれる。

第二に、社会福祉の領域においては、全世代にわたって普遍的な社会保障制度を実現する。特に、高齢者福祉においては制度による調整を充実させることによって、市民の自律と公的保障のバランスを実現する。社会保障制度は、市民一人一人が生きる権利を実現していくための個人的かつ公共的な空間を作り上げている制度であり、原理的に言って社会保障の領域においては、生存権（＝「人間としての平等」（内田義彦））と社会的公正の論理とのバランスが大切である。したがって、ジェンダーや年齢を超えて、普遍的な社会保障の制度的基盤を構築することが望まれる。それは、松下圭一が強調した「シビル・ミニマム」であり、宇沢弘文がいう「社会的共通資本」としての福祉と医療の充実でもある。しかも、社会保障制度の領域においてこそ、レギュラシオン理論が重視する制度による調整が重要な役割を果たす。育児と介護に対するサービス供給の領域においては、特にこのことがあてはまる。例えば、介護護保険制度は高齢者の生存を支える制度であるが、要介護者とサービス事業者の間の関係は当事者同士の契約関係であり、サービスの潜在的需要と供給とを媒介する公的制度が重要な役割をはたす。介護認定制度、ケア・マネージャーの役割、居宅サービスプランの作成ルールなどの制度的調整である。福祉サービスの市場においては、需要と供給の調整は諸制度に媒介されるので、それらを整備し信頼を高めることによって公正で良質なサービス供給が可能となるのである。

第三に、市民参加型福祉社会を構築し、介護や育児に関するコミュニティ・ケアの発展をめざす。それぞれの地域における福祉サービスの供給においては、地域社会におけるゲマインシャフトとゲゼルシャフトの関連性が重要なものとなる（望月 1973; 小野寺 2015）。しかも、それらは女性、男性、若者、高齢者などさまざまな人々の信頼関係を不可欠とする。日本において福祉サービスを伝統的に担ってきたのはゲマインシャフトとしての家族である。しかし、核家族化が進み高齢化が加速するなかで、家族の福祉機能は大きく低下した。家族だのみ、女性だのみの福祉政策はもう成り立たない。日本社会の分断が進むなか、子育て支援や高齢者福祉については、地域レベルでの公的福祉サービスの重要性が増している。それによって、出産と育児に関する女性の自己決定を保証し、また、高齢者福祉においては、各地域コミュニティの現状をふまえ、在宅介護や在宅医療などのコミュニティ・ケアと施設介護との有効な連携が必要となる。それを促進していくものがコミュニティにおける市民参加である。たんなる行政業務の肩代わりではなく、「シビル・ミニマム」の確立を目指す市民の積極的な活動によって女性や高齢者の人間的平等と生存権が保障されることが望まれる。

第四に、労働政策における公正で安定的な雇用関係と社会福祉の充実との補完性を実現することが望まれる。働く場と生活の場を全体として豊かなものとし、市民の自己決定を発展させていくために、労働政策と社会福祉政策の補完的連携が必要である。育児や介護に関する社会福祉の充実や基礎的所得の保障は、男性だけでなく、女性や高齢者を含むあらゆる世代が安心して働ける安定的な雇用関係を確立する基礎を生み出す。また、すべての労働者に対して雇用機会が開かれ雇用関係が安定していれば、年金や医療保険の充実を通して、生活保障そのものを確かなものとすることができる。こうして、階層的な社会構造のなかで劣悪な状況におかれているニート化した若年労働者やパートタイマーの女性労働者、そして貧困高齢者層の生きる状況を改善していくことが目指される。このように、市民のための社会経済政策においては、労働政策と社会福祉政策を補完的につなぎつつすべての人々の生活を保障し、それによって市民的関係性を育んでいくことが望まれるのである。また、それを実現するためには、市民と労働組合との積極的な連帯も必要となる。

②金融市場政策と中央銀行の金融政策――金融リスク抑制のための金融ルールの明確化と金融資産不平等の是正

各国の金融システムは、中央銀行を頂点とする銀行システムと資本市場から成り立っているが、歴史的にアメリカやイギリスのように資本市場中心型の金融システムもあれば、ドイツや日本のように銀行中心型の金融システムも存在してきた。日本経済の場合には、一九九〇年代後半の「日本型金融ビッグバン」によって、金融自由化が進み、ある程度、銀行中心型から資本市場中心型に変化していった。しかも、しばしば自己責任原則が強調されるようになった。しかし、金融のグローバリゼーションが進むなか、世界の各地で金融不安定性が発生し、金融リスクが増大している。二〇〇八年のリーマンショック以降、日本の金融システムは不安定性を払拭できず、その問題点も次第に明らかになってきた。市民の生活を守るために、金融市場において発生する金融リスクをいかに抑制するかが課題となっているのである。

第一に、**金融市場のルールと政策を明確にし、金融市場の取引を安定化させていくことが必要である**。金融市場においてリスクが増大すれば、利己的な選好に基づく投機的行動が蔓延することになり、これは市民社会における人々の公正観念を弱体化させる可能性がある（Bowles 2016）。しかも、金融市場では、特に市民が「自己責任」としてリスクをかぶることにもなっている。このようななかで、金融システムにおけるリスクの増大を是正するためには、金融市場を適切な取引ルールのもとで安定化させ、金融商品や仮想通貨の価格の大きな変動によって発生するリスクを抑制しなければならない。さらに、金融システム全体の集合的な「システミック・リスク」に対しては、信用の増幅的な変動を全体として抑制する「マクロ・プルーデンス政策」（青木 2018）が必要となる。また、市民に正確な金融商品の情報を提供することによって、生活者である市民が保有する少額な金融資産が金融市場の大きな変動によってリスクを被ることが避けられねばならない。これまで市民の少額な金融資産は、なによりも病気、教育、住宅、老後などの備えであると指摘されており（岸本 1998）、この点は現在でも変わっておらず、市民の金融資産の安全性は保障されなければならないのである。

第二に、中央銀行としての日本銀行の独立性を確保し、政府の国債の引受けに関するルールを明確化する。日本銀行は、日本の中央銀行として金融政策の裁量権を保持し、財政政策の諸要求からの独立性を確保しなければならない。しかし、実際には、ここ数十年間にわたって、日本銀行による国債引き受けが進んでいる。このような過程を通じた多量の国債発行は、やがて市民に大きな税負担を強いることになる。さらに、日本の国債は現在は主として国内で吸収されているが、もし外国の投資家の保有するところとなれば、マクロ経済全体に大きな不安定のリスクが生じることにもなる。中央銀行の国債の引受けに関しては、ルールを明確化して十分に制御していくことが、ぜひとも必要である。

第三に、金融資産所有の不平等を是正し、増大する大企業の内部留保に適切な課税を行うことが必要である。先進諸国においては、一九九〇年年代以降、金融資本主義の論理が支配的になり、新自由主義政策のもとでは、「市場原理」の中心的規範として「自己責任原則」が強調されるようになってきた。しかしこれは、市場の機能を公正で安心できるものとして導こうとする市民的規範とは大きくかけはなれたものであり、市民に金融リスクを強いるものとなっている。しかも、金融資本主義のもとで、各国で金融資産所有の不平等が増幅されている（ボワイエ 2016; Piketty 2013）。日本においても、一九八〇年代末以降、金融資産所有は、特に大企業に大きく集中した（石川 1999）。そして、一九九〇年代の長期不況を経たいまでも企業に大きな内部留保が蓄積され、金融資産の集中が維持されているのである。そのため、グローバル時代における日本企業の競争条件を考慮しつつも、適切な企業課税が必要となろう。

③財政政策と公共政策——高齢化社会における財政の有効性の確保と「社会的共通資本」の充実

財政政策と公共政策は、市民が義務を履行し権利を行使することで、市民的な共同性を実現していく領域であり、したがって、そこでは市民の公共性や社会的動機と利己的動機とのバランスが重要な役割を果たす。負担と給付のバランスに共同性と公平性が求められる。財政学者の神野直彦は、「財政とは共同の困難を、共同負担によって共同責任で解決するための経済である」（神野 2010: 122）と指摘する。そして、「利害関係を共有できる空間を作り上げることで、「私たち」という共感の領域を再生しなければならない」（井手 2017: 226）のである。特に日本においては、長期的な戦略としては政府財政への信頼を回復させると同時に、宇沢弘文がいう福祉、医療、教育などの「社会的共通資本」を充実させていくことが必要となっている。

第一に、所得税の累進性を回復し法人税の有効性を高めることで、直接税と消費税のバランスをとり、長期的な財政安定化を実現する。一九九〇年代以降、日本の所得税はその累進性を弱めてきた（橘木 1999, 2006）。これに対して、所得分配の公平性の確保と不平等の是正のために、所得税の累進性を回復することが必要である。同時に、低所得者への課税の軽減も必要なものとなっている。また、法人税については、企業の内部留保に対する課税が求められる。これまでも、日本では多くの制度派のケインジアンによって、大企業における内部留保の蓄積と企業資産の重要性が強調されてきたが、そのことをふまえて法人税の有効性を高めることが望まれる。消費税は、税を広く浅く徴収することができるので、いきおい長期的にその比重が増大する傾向がある。

実際、先進諸国における付加価値税や消費税の税率は高い。しかし、所得格差が拡大している日本においては、消費税と直接税のバランスを慎重に維持する必要があるように思われる。消費税率については、奢侈品と必要品の相違について考慮する選択的消費税の導入を検討することもありうる（橘木 1999）。また、福祉目的など支出目的を限定した税の可能性を考えつつ税体系を決定し、財政を安定化させていくことが望まれる。租税制度においては、インセンティブ・システムを設計するだけでなく、租税制度・財政制度に対する市民の信頼を高めることが必要である。

第二に、所得再分配とベーシック・インカム制度のバランスのとれた発展を実現し、社会経済的格差を是正する。累進税体系、生活保護、さらに介護保険への国庫負担などを通じた所得再分配を充実させると同時に、これとすべての国民に同水準の所得給付を行う「ベーシック・インカム」の制度とを適切に組み合わせることが必要である。格差是正のためには所得再分配は重要な政策であるが、それのみでは社会の分断は十分に解決しない。これに対して、「ベーシック・インカム」は、すべての市民に各々が取得している所得の水準とは独立に基礎所得を保障するものである（山森 2009）。しかも、重要なのは「ベーシック・インカム」が市民の社会的選好、すなわち「シティズンシップ」と共助の意識の内生的形成に貢献する可能性があることである。それによって日本社会の貧困と社会的格差を是正し、すべての人々の社会的包摂を促進するためには、このような複合的な制度設計で市民生活を安定化させることが望まれる。

第三に、世代間調整の公平性を念頭においた年金制度を構築し、また医療保険や介護保険の本人負担を軽減する。日本の年金制度は、国民年金と厚生年金からなっているが、厚生年金のなかで国民年金相当部分は、基礎年金部分と呼ばれている。まず、高齢者の生存を維持するために、国民年金（基礎年金部分）の給付額を増加させることが不可欠である。これはもし全世代型の「ベーシック・インカム」（基礎所得の保障）の制度の導入がなされるならば、それと連携をとって、基礎年金部分を「ベーシック・インカム」で代替することも可能であろう。また、それとともに、厚生年金の財政状態を改善し、世代間の公平性を再建し、年金制度に対する信頼を回復することも不可欠な課題となっている。しかも、貧困高齢者問題を解決するため、医療保険や介護保険の本人負担分についても、各人の所得状況と生活状況に応じて適切に軽減されることが望まれる。

第四に、自治体レベルの財政を強化し、病院、介護施設、教育制度、保育施設などの「社会的共通資本」を拡充する。高齢社会における格差と分断を阻止するためには、病院や介護施設とそれを支える地域環境といった「社会的共通資本」の一層の発展が必要である。また、地域レベルでの教育制度や保育施設も充実していく必要がある。そのためには、地域住民一人一人の市民自治と民主主義に支えられつつ、「社会的共通資本」への投資に対する自治体レベルで裁量権を持った財政資源を拡充することが望まれる。

④社会的観点からのマクロ経済政策――潜在的な社会的需要に対応する長期的成長政策と高度産業発展の促進

マクロ経済政策に関しては、制度主義的ケインズ政策がその主柱となるが、それは市民を主体とした民主主義に基づくボトムアップ型のケインズ政策でなければならない。それは、市民をとりまく社会制度を前提とし、市民生活の場から発せられる要求に根ざしたマクロ経済政策として特徴づけられる。かつて宇沢弘文が指摘したように、生活の場における「社会的共通資本」の不足による「社会的不均衡」は、「市場不均衡」やマクロ経済的不安定化を生み出すことにもなる（宇沢 1986b）。しかも、レギュラシオン理論が強調するように、マクロ経済の動態は、さまざまな制度によって社会的に調整されなければならない（Boyer 1986, 2015）。それによって、「社会的不均衡」の是正とマクロ経済安定化を同時に実現するのである。

第一に、輸出依存型成長体質からの転換のために、情報技術関連・医療関連・環境関連などの成長分野へ積

極的な投資誘導を行い、産業構造転換と積極的労働政策との連携を実現する。日本経済は、一九七〇年代後半以降、「輸出主導型成長」を示してきた。しかし、現在、中国を中心とするアジアの国際分業の再編と日本の経常収支黒字の減少をまえに、日本経済は輸出依存型成長体質からの脱却と新たな競争力ある輸出産業の創造が必要となっている。しかも、マクロ経済政策が、市民一人一人の生活にまで届くようにするには、どのようにしたらよいのか。まず、有効需要の制御・調整においては、マクロ的な総需要管理としてではなく、どのような内実をもった需要を創出するのかという点が重要である。現在の日本のようなゼロ成長の状態においては、特にこのことが必要とされる。それには、市民一人一人の潜在的需要に対応した、具体的な有効需要の管理が課題となる。特に、医療、社会保障、環境保護といった潜在的需要の存在を認識し、それに対応した社会的な技術体系を生み出しつつ、情報技術関連・医療関連・環境関連の諸産業を発展させるように産業構造を転換していかなければならない。また、それを実現するためには、労働者の労働条件を向上させつつ、マクロレベルでの労働移動を可能とする柔軟な機能をもった労働市場と技能形成システムを構築する積極的労働政策が必要とされる。

第二に、マクロ経済政策と社会的イノベーション・システムを発展させる地域政策との連携を実現する。イノベーションは、たんに企業が主体であるだけでなく、教育、技能形成、技術移転などに関わる社会的諸制度に支えられてはじめて発展する。すなわち、これは「イノベーションの社会的システム」(Amable, Barré and Boyer 1997) という考えである。日本経済の場合、大企業主体のイノベーション・システムが存在しているが、その制約を乗り越えて、それぞれの地域に根ざした地域的イノベーション・システムを構築し、「内発的発展」を生み出していくことが必要で、そのために地域レベルでの研究開発や教育への投資を拡充させていくことが課題となっている。このような地域レベルの経済政策によって、地域間の不均等な発展と格差を是正し、各地域において人々が働く機会を拡大させていくことが望まれる。

第三に、賃金の持続的上昇と社会保障支出の拡充によって内需拡大を促進する。賃金は企業にとってコストであるとともに、労働者の所得であり消費需要の源泉である。これは、ポスト・ケインジアンが強調するところであり、すでに第8章で「賃金の二重性」として詳しく説明した。現在の日本においては、これまでの「春闘」に代わる有効なマクロ的賃金調整メカニズムの再構築が必要である。もちろん、経済の国際化が進むなか、賃金上昇のみによって内需拡大を目指す単純な「賃金主導型成長」は困難となっている。しかし、賃金抑制の現状を脱却して、経済全体にわたる持続的な賃金上昇と雇用の機会の拡大を実施し、そしてそれを補完するかたちでの適切な社会保障支出の増大によって、市民の生活を保障するとともに、国内需要を持続的拡大させていくことは可能である。

第四に、高齢化のなかで拡大する潜在的サービス需要に対応する「人間創造型レジーム」を構築する。これまで述べてきたように、高齢化が進行する日本では、特に医療関係および福祉関係における潜在的需要に対応する成長レジームの構築とそのための技術体系や産業構造の構築が必要となっている。そしてこれは、より大きな人類史的観点から言えば、ボワイエが展望する「人間創造型レジーム（anthropogenetic regime）」（Boyer 2004b）の日本における具体的な姿ともいえる。これは、シティズンシップ（市民的関係性）と人々の共同性に支えられて、「人間による人間の生産」「人間による人間のケア」を実現できるジェンダー平等の社会経済レジームであり、成長レジームである。そのための所得と財・サービスの需要の循環と所得分配の社会的調整、またその基盤をなす「社会的共通資本」の拡充を実現していかなければならない。これはまさに、二一世紀の将来における日本社会の針路である。

⑤環境政策――グリーン成長の可能性と持続可能な発展

環境政策は、特にシティズンシップ（市民的関係性）が重要な役割を果たす政策領域である。それは、その問題の性質上、労働者や経営者といった立場を超えているからである。したがって、そこでは利己的選好だけでなく、公共的動機が重要な役割をはたす。ボウルズがつとに強調するように、利己的選好をもった主体にインセンティブを与えるというメカニズム・デザインの発想ではグローバルな環境問題に十分に対応できない。

第一に、経済―環境関係の時間的・空間的調整をふまえ、責任主体を明確化し、市民的公共性に基づく環境規制を実現する。環境政策と政策効果のマクロ分析の専門家である大熊一寛は、経済活動と環境との関係、すなわち「経済・環境関係」においては、問題の発生と政策的対応のあいだに「時間的・空間的乖離」が存在すると指摘する（大熊 2015）。しかも、特に地球温暖化など地球規模での環境問題に関しては、この乖離が顕著である。したがって、このような問題は政府による単純な金銭的インセンティブによって解決することは難しく、地域と国際社会とをつなぐ市民的公共性の発展とそのもとでの環境規制が必要なのである。特に、CO_2排出の規制と地球温暖化の阻止は人類的課題であって、そのためには各国の責任と国際社会における合意形成が決定的な役割をはたすものである。日本は、地球温暖化防止の分野で、積極的に貢献する必要がある。

第二に、「脱原発」を実現するための代替的エネルギー供給システムを発展させる。われわれは東日本大震災における福島での原発事故の惨事を経験し、いま日本の将来にとって「脱原発」が不可欠であることを痛感している。原子力発電は、正常な稼働が行われるときには比較的コストの低いエネルギー源であるが、いったん事故が起こると負担が不可能な膨大な費用が発生する。しかも、人類は、いまだ放射性廃棄物の処理について十分な知恵をもっていない。これが、われわれ市民が原発事故から学んだ社会認識である。この貴重な認識をしっかりとふまえ、太陽光、水力、地熱、風力など有効で再生可能な代替エネルギーを発展させることが、日本にとって急務の課題となっている。代替エネルギーの開発と産業排出の環境負荷を減少させる持続可能な「グリーン成長」が望まれる。

⑥レギュラシオンと内生的選好形成に基づく「ポリシー・ミックス」の再構築

以上のような様々な政策領域において市民社会民主主義の政策を確認すると、それぞれの政策の間の整合性、すなわちいわゆる「ポリシー・ミックス」の整合性が問題となるだろう。政策領域におけるこの重要な問題について、われわれは市民のレギュラシオン（制度とルールによる調整）の観点から認識を発展させることができる。レギュラシオン理論の観点からは、各々の政策に対して様々なアクターがどのように反応するのか、また政策の効果を重層的なレギュラシオンがどのような相互関係と補完性をもって調整するのかが重要である。さらにそれは、長期的には市民の選好形成と公共性の発展をも規定する。したがって、さまざまなポリシーの整合性は政府の政策実施とその効率性の観点からではなく、市民の生活の充実と市民的な選好・規範の形成の観点から評価されるべきものなのである。これは、本書で紹介したボウルズの思想を思いだせば、アリストテレス的な観点から「ポリシー・ミックス」論を再構築することでもあり、「ポリシー・ミックス」論に新たな光を当てる発想である。

⑦多様な資本主義と日本の国際政策の課題——アジア経済統合への積極的対応と対欧米関係の発展

先進国資本主義にもアジア資本主義にも、それぞれ制度的多様性が存在している（Amable 2003; 植村／宇仁／磯谷／山田 2015; Boyer, Uemura, Yamada and Song 2018）。しかし、このような多様な資本主義は、ヨーロッパとアジアの両地域においてそれぞれ独自の経済統合を進めている。しかも、同時にそこにはグローバリゼーションと各国民経済との軋轢も発生している。ＥＵでは、ユーロ危機とブレグジットにみられるように統合の危機が表面化し、「欧州複合危機」（遠藤 2016）の様相を呈して大きな転換期を迎えている。アジアでは、成長する中国経済を中心に経済統合の再編が進み、日本の経済と社会もこれに大きな影響を受けることとなっている。このようななかで、日本の経済と社会の特質と歴史をふまえつつ、日本の国際経済政策のあり方があらためて問われているのである。

第一に、日本の多国籍企業の展開のもとで労働と福祉の質的向上を実現する。日本企業は、東アジアの国際生産ネットワークのなかで、多国籍企業としてその生産活動と事業活動を広範に展開している。そこに、日本国内での労働制度と多様な制度的環境をもった進出先アジア諸地域での労働制度との調整が必要となる。アジア規模での労働者の企業内配分が進んでいる現在、労働者の労働条件と賃金水準の悪化を阻止する新たな国際的な視野をもった社会労働政策が必要となっている。また、同時に今後増加すると予想されるアジア諸国から日本への移民労働者についても、その人権を守りつつ労働条件と福祉を保障することができる明確な政策と日本の市民社会への統合の方針を確立していく必要がある。

第二に、東アジア経済統合において発生する諸問題に対する国際的調整に積極的対応する。東アジアにおいては、多様なアジア資本主義のもとで多国籍企業の活動に牽引された「事実上の経済統合」が進んでいる（植村／宇仁／磯谷／山田 2014）。したがって、経済領域では、日本、中国、韓国、ＡＳＥＡＮ諸国のあいだで多国間交渉の枠組みでの貿易通商問題の調整が必要となっており、また為替変動を抑制する通貨調整も大きな課題である。環境問題に関しては、急成長する中国を中心に大きな環境負荷が発生している点が深刻であり、これに対する国際的対応がせまられている。このような諸問題に関する国際的調整について、今後日本はその外交政策として積極的に対応していく必要がある。

第三に、米中伯仲時代の日本の外交政策を明確化するとともに、EUとも連携と取りつつアジアにおける市民社会形成と平和の発展に貢献する。二一世紀になり国際秩序においては、「米中伯仲時代」が到来しつつある（飯田 2013）。このような国際関係においてこそ、これまで日本が堅持してきた平和主義と国際協調が重要なものとなる。第二次世界大戦後、日本国憲法によって宣言された平和主義は、今後の米中伯仲時代においてこそ、決定的な役割を果たすはずである。米中と密接に関係を維持しつつも日本独自の外交政策が必要であり、EU諸国とも連携をとって、国際社会における市民社会の普遍的信頼関係の発展に貢献することが望まれる。日本は、東アジアに位置する国でありながら、欧米に続いて産業革命を成し遂げ、西欧型に近い社会経済発展を実現した。もちろん、二〇世紀前半には、帝国主義列強と肩をならべようとして戦争へと向かい、多くの貴重な命が失われたとても苦い経験がある。そして、核兵器は「絶対悪」であると深く心に刻んだ。こうして、第二次世界大戦後は、日本人一人一人は、日本国憲法のもとで民主主義と平和主義を維持し、市民社会の発展を希求してきた。日本の平和主義の基盤は、「侵略戦争の絶対的否定と核戦争の絶対的否定」である（坂本 1997）。アジアにおける市民社会形成と平和の発展に貢献すること、この日本の独自な歴史的存在意義を再認識すること、それが将来における日本の国際貢献の原点となるはずである。

五　未来の市民社会をつくる社会認識の歩み

二一世紀における市民社会の針路、それはグローバリゼーションが進む世界において、市民の公共心を育くんでいく制度を着実に構築し、そのような市民的な諸制度や法制度によって市民が安心して生活できる社会を実現することである。現代のわれわれが直面している諸問題は、そのようなかたちで解決するほかはない。サミュエル・ボウルズは、次のように言う。「優れた政策と立法とは、利己心を抑制するだけでなく、公共心に基づく動機を呼び覚まし、育成し、そして強めることによって社会的に価値のある目的を支えるものである」。それは、われわれが直面する世界的な諸問題において、特にあてはまる。「現代世界が直面している最大の挑戦の多く――伝染病、気候変動、個人の安全、および知識基盤社会の統治――を生み出しているのは、グローバルな、そしてその他の大規模な人間の相互作用である。つまり、インセンティブと制裁――これを与えるのが私的な契約であれ、政府の命令であれ――を使って、正しいことを行うように完全に利己的な市民を導くことでは適切に統治することができない、そうした相互作用だということである」(Bowles 2016: 訳 214)。

われわれは、一歩一歩着実に市民の公共心と市民的関係性を育んでいかなければならない。また、それを支える一人一人の社会認識を深めていかなければならない。それは、近代社会における多くの人々がおこなった努力の歴史の結果であり、これからも長い時間がかかる曲折した過程であるかもしれない。しかし、すでに日本において内田義彦が、次のように言っていることが思いだされる。「いつの時代でも、人間は、何らかの形で社会を成しながら一人一人が歩みを進めてきたし、現に歩んでもいます。社会といっても、形というか形態というか、個々人と社会とのかかわりあい方は歴史的にそれぞれ違っていますが、とにもかくにも、社会のなかで一人一人が歩みを進めてきましたし、現在もやはり一人一人が社会とのいろいろなかかわりあいのなかで歩んでいます。……過去のたくさんの人々が、社会について、あるいは社会を成して生きている人間について思索を重ねてきましたし、われわれもまた社会とのかかわりあいのなかで、一人一人歩んでゆく方法について模索を重ねています」(内田 1971a: 1)。

二一世紀の市民社会と民主主義の針路を見すえながら、市民一人一人が社会とのかかわりあいのなかで思索を重ね社会認識を深めていく、そのような一歩一歩の歩みにわれわれは期待していきたいと思う。

あとがき

「市民社会と民主主義」を問うということは、政治・経済・社会・文化・歴史など、きわめて広範かつ広大な領域にまたがる社会科学的課題である。それを自覚しつつも、わたしたちはこれに主として経済学の側から精いっぱい取り組んでみようとした。また、この問いはたんに過去の知的遺産の確認にとどまってよいはずはなく、何よりも現代的な争点である。私たちはそのことを十分に意識しつつ、未来に向かってわたしたちがどうかかわるかの問題としてこの課題を受け止めてきた。そのような問題意識を共有しつつ四名が試みた共同作業の結果が本書である。

資本主義の新自由主義化と民主主義の危機とは、おそらく深いところで切り結んでいるのであろう。民主主義とは決して議会選挙や多数決なるものに矮小化されてはならず、自由な意見交換と相互交流を通して、わたしたち市民一人一人が最終的に「巨大な社会的複眼」を形成していくことにある。社会としての複眼の形成であると同時に各個人自身における複眼形成でもあるはずだ。そしてそれは分業世界における「共感」の成熟と不可分であり、あるいは専門家と素人との実りある意思疎通と切っても切り離せない。こう考えてみるとき「市民社会」という言葉が改めてよみがえってくる。

そんな思いからわたしたちは本書で、戦後日本における市民社会論や制度派経済学がもっていた思想的核心に学びなおすと同時に、これにレギュラシオン・アプローチが切り拓いた経済理論と経済分析という骨格を与えようと試みた。裏返せば、レギュラシオン理論という外国産の経済学を、日本で独自な展開をとげた市民社会思想のうちに受けとめようという試みでもある。それらを通して本書から、よき経済社会は健全な市民社会に支えられねばならない、というメッセージを読みとっていただければ……と思っている。

本書は、社会科学の専門の研究者だけでなく、一般の読者の眼にふれることになる。むしろ、われわれは一般の読者が読んでくれることを切に望んでいる。それは、「市民社会」というテーマそのものが、一人一人の市民とその共感の大切さをまさに認識するものだからである。そして、われわれ四人の執筆者もまた専門家であるとともに、ごくふつうの一人の市民である。そうあらためて自覚したとき、戦後七十余年の歴史の時間的な流れとわれわれがいま生きている日本社会の空間から本書をあらためて複眼的に眺めてみることも、われわれにとって必要なこととなっている。

戦後の長い歴史の時間的な流れについていえば、われわれは、内田義彦や都留重人などに代表される戦後の市民社会と民主主義の経済思想から始めて、とても多くの先人たちの知的営為を確認し、さらに現代の社会科学をふまえて、いまなにを継承すべきかを考えてきた。そこには、高度経済成長の一九六〇年代、それが終焉をむかえ経済構造の調整期であった七〇年代、世界第二の経済大国へとむかった八〇年代、そしてバブル崩壊後二〇年以上にわたる長期不況を経験した九〇年代から二〇〇〇年代の日本の社会と経済、このような何十年にもわたった貴重な経験と社会科学の発展が二重写しになって思いだされた。さらに、九〇年代以降は、経済のグローバリゼーションが抗しがたい力をもってわれわれにのしかかってきた。このような長い歴史のなかで、日本の資本主義はどのように発展してきたのか、市民一人一人が民主主義の主体として、日本の社会と経済を本当につくってきたのかどうか。あるいは、それに逆行する多くの動きが強まっているのではないか。いま市民一人一人は、どうしたらよいのか。こうした問いに対して応えるためのささやかな試みとして本書があることを望んでいる。

いまわたしたちが生きているこの日本の社会と政治の空間は、民主主義と市民の人権が発展しつつあるとは、残念ながら言えない。市民の自律と生存権がいたるところで踏みにじられている。われわれ執筆者四人は、このことを強く意識しつつ本書を書いた。本書のもっているメッセージが、ふつうの市民にまで届くように祈りつつ文章を書きついできた。いまさまざまな市民は、生活と労働の場でどのように生きているのか、その厳しい現実に対してできるかぎりわれわれの想像力をはたらかせてきた。そのなかで、適切な制度とルールを構築することが、よき市民を育むという現代経済学の最先端のメッセージも紹介してきた。しかし、適切な制度とルールを構築するのもまた一人一人の市民であり、その政治参加である。そこには、まさに民主主義の発展という将来にわたる永続的な課題がある。

このように考えると、世代から世代へと市民社会と民主主義の社会認識を引き継ぎ、そして発展させることが重要だと、あらためて実感せざるをえない。執筆者のあいだでも、世代から世代へと社会認識を手渡しすることが意識された。山田鋭夫が大学生だったのは、高度経済成長期の一九六〇年代前半である。まさに現代資本主義が鮮明にその姿を現した時代である。植村博恭は、高度経済成長が終焉をむかえ、日本各地で市民自治と生活者の視点の重要性が言われた一九七〇年後半に大学生活を送った。そして、一九八〇年代の日本は、企業主義のもとで世界第二の経済大国となった。原田裕治と藤田菜々子が大学生だったのは、それに続く一九九〇年代であり、バブル崩壊後の「失われた一〇年」の時代である。それは経済のグローバリゼーションが進行するとともに格差社会が次第に深刻化していった時代である。われわれ執筆者四人は、その一九九〇年代に名古屋大学でともに学ぶというとても貴重な経験をもった。特に、ミシェル・アグリエッタやロベール・ボワイエによって生み出された社会制度と民主主義を重視するレギュラシオン理論は、サミュエル・ボウルズなど同時期の新しい政治経済学とともに、われわれがさまざまに研究を発展させる共通の基盤となった。

この時代は、すでに「社会主義」を自称する体制が崩壊し、新自由主義が世界を席巻していた。まさに、大きな世界史的転換の時期である。それとともに、足元では着実に女性の社会進出が進み、男性を働き手とする社会モデルは転換を余儀なくされた。本書で藤田菜々子が論じたように、新しく福祉社会が志向されるなかで、「市民社会」の概念も市場経済における自由・公正・平等を重んじる規範やそれを支える共感にとどまらず、そこからさらに、市民的権利を基礎とし生活圏に連なる公共空間としての「市民社会」――とそこにおける社会的連帯――にまで、幅広い広がりをもったものとして再認識されるようになったのである。

しかし、もちろんわれわれの現在の研究成果からすると、「市民社会」をたんに公共的な空間としてのみとらえるだけでは、不十分だと感じられる。そこにおける主体の選好や行為にさまざまな規範が影響を与えているからである。本書で原田裕治が行った資本主義の多様性分析をふまえると、市民社会の規範的側面が各国の社会にとって実証的にも重要な意味を持っている。さまざまな資本主義は、さまざまな種類の規範と信頼の存在をもって人々の意識を規定し行為を調整しているのである。このような資本主義の多様性についての複眼的な認識は、翻ってわれわれが生きる日本社会の特質をあらためて自覚させるものとなる。これまで日本社会においては、企業主義のもとで、市民一人一人の自己決定と社会における公共性の発展が阻まれてきた。しかも現在、非正規雇用の増加、長時間労働、ジェンダー格差、貧困問題など社会問題が一層深刻化している。その意味では、日本で「市民社会」を語ることは、依然としてわれわれが歩むべき途を示す規範とそれを担う主体の形成を示唆するものでありつづけていると言えるだろう。さらに、日本の国際的な貢献と市民社会の将来については、戦後世代から二一世紀の若い世代に、たった一言を、平和主義の原点として最も大切な一言を伝えておきたい。戦争ではふつうの市民が殺される。だから、戦争は絶対に起こしてはならない。核兵器は絶対悪であり、人類と核兵器は共存できない。

このような研究者としての、そして一人の市民としての経験が、世代から世代へと継承されるべき社会認識へのわれわれの思いを生んできたのである。このようなわれわれのささやかな歩みのなかでわれわれを支えてくださった、とても多くの方々にここでお礼を述べたいと思う。専門の研究者だけでなく、市民としてさまざまな活動をしている方々である。

まず、民主主義について貴重な討論の機会をお与えいただいた眞柄秀子氏に、そして同氏を中心とする政治学と経済学の共同研究会のみなさんには心からお礼を申し上げたい。新川敏光、福田耕治、井戸正伸、白鳥浩の諸氏をはじめ多くの政治学者の方々と研究を進めることができ、また山口二郎氏や宮本太郎氏とも直接に有意義な議論をさせていだく機会をもった。そして、なによりもこれまで三〇年にも及ぶレギュラシオン理論の共同研究や進化経済学会の多くのメンバーの方々にもこの場をかりて心からお礼を申し上げたい。ロベール・ボワイエ氏とパスカル・プチ氏は、われわれの企画の意義を理解し、特に、ヨーロッパの「シトワイヤニテ（シチズンシップ）」について丁寧に説明してくださった。小野寺研太氏は、われわれの研究会で新鮮な内田義彦論を発表してくださった。このような研究者仲間のみなさんは、本書のいたるところで、なつかしい貴重な時間を想い出していただけることと思う。そんなネットワークに支えられて本書があることを、いま痛感している。これまで長い研究交流を持ってきた若森章孝氏、道盛誠一氏、磯谷明徳氏、遠山弘徳氏は本書の原稿の一部を読んで、それぞれの観点からとても示唆に富むコメントを送ってくださった。さらに、「ちょぼちょぼ市民連合」の田中一郎氏や多くの市民の方々からは、われわれの政策思想や政策提言について、日本社会の現実をふまえたとても貴重なご意見をいただいた。われわれの本の内容が、さまざまな市民の生活とその実感に少しでも届いていることを心から願っている。

本書は、出版までの懐妊期間の長い本であった。本書で扱った内容が多岐にわたるだけでなく、市民社会と民主主義、そして日本の経済と社会に対するわたしたちの考えが時とともに少しずつ深まっていったからである。そのあいだ、示唆に富むコメントをわたしたちに示しつつ粘り強く待ち続けてくださった藤原書店の藤原良雄社長と編集部の山﨑優子氏には、心からお礼を申し上げたい。

二〇一八年五月三日

山田鋭夫・植村博恭
原田裕治・藤田菜々子

Yamada, Toshio (2014) 'Hirata Kiyoaki and His Thoughts on Civil Society,' *The History of Economic Thought*, 56 (1).

Yokokawa, Nobuharu, Kiichiro Yagi, Hiroyasu Uemura and Richard Westra eds. (2016) *The Rejuvenation of Political Economy*, Oxford and New York: Routledge.

Zieschang, Kurt (1957) 'Zu einigen theoretischen Problemen des staatsmonopolistischen Kapitalismus in West Deutschland,' *Jahrbuch des Instituts für Wirtschaftwissenschaften: Ploblem der politischen Ökonomie*, 1. 玉垣良典訳「国家独占資本主義の若干の理論問題」井汲卓一編『国家独占資本主義』大月書店、1958 年。

Theory and Realities in the Japanese Economy,' *Mondes en développement*, 79/80.
—— (2000) 'Growth, Distribution and Structural Change in Post-war Japanese Economy,' in Boyer and Yamada (2000).
—— (2012) 'Institutional Changes and the Transformation of the Growth Regime in the Japanese Economy: Facing the Impact of the World Economic Crisis and Asian Integration,' in Boyer, Uemura and Isogai (2012).
Uemura, Hiroyasu, and Akira Ebizuka (1994) 'Incentives and Flexibility in the Hierarchical Market-Firm Nexus: A Prelude to the Analysis of Productivity Regimes in Japan,' *Japon in extenso*, 31.
Uemura, Hiroyasu, and Yuji Harada (2016) 'Preface to Special Feature: Evolving Diversity of Firms and Industries and Dynamics of Economic Structures: The Régulationist and Institutionalist Approach to Japan, South Korea, and Taiwan,' *Evolutionary and Institutional Economics Review*, 13 (1).
Uemura, Hiroyasu, and Shinji Tahara (2014) 'The Transformation of Growth Regime and De-industrialization in Japan,' *Revue de la Régulation*, 15.
—— (2017) 'The Political-economic Implications of De-industrialization with Varieties of Capitalism,' in Magara (2017).
Uemura, Hiroyasu, Toshio Yamada and Yuji Harada (2016) 'Régulation Approach to Japanese and Asian Capitalisms: Understanding Varieties of Capitalism and Structural Dynamics,' in Yokokawa et al. (2016).
Uni, Hiroyuki (2000) 'Disproportionate Productivity Growth and Accumulation Regimes,' in Boyer and Yamada (2000).
——(2007a) 'Growth Regimes in Japan and the United States in the 1990s,' *Revue de la Régulation*, 1.
—— (2007b) 'Export-biased Productivity Increase and Exchange Rate Regime in East Asia and Europe,' *The Kyoto Economic Review*, 76 (1).
—— (2012) 'Increasing Wage Inequality in Japan since the End of the 1990s: An Institutional Explanation,' in Boyer, Uemura and Isogai (2012).

Van Staveren, Irene (2001) *The Values of Economics: An Aristotelian Perspective*, London: Routledge.
Vogel, Ezra F. (1979) *Japan as Number One: Lessons for America*, Cambridge, Mass: Harvard University Press. 広中和歌子／木本彰子訳『ジャパンアズナンバーワン——アメリカへの教訓』TBS ブリタニカ。

Walzer, Michael ed. (1995) *Toward a Global Civil Society*, Providence: Berghahn Books. 石田淳ほか訳『グローバルな市民社会に向かって』日本経済新聞社、2001 年。
Williamson, Oliver E. (1975) *Markets and Hierarchies: Analysis and Antitrust Implications*, New York: The Free Press. 浅沼萬里／岩崎晃訳『市場と企業組織』日本評論社、1980 年。
Witt, Michael A., and Gordon Redding (2013) 'Asian Business Systems: Institutional Comparison, Clusters and Implications for Varieties of Capitalism and Business Systems Theory,' *Socio-Economic Review*, 11 (2).

Stockhammer, Engelbert, and Özlem Onaran (2004) 'Accumulation, Distribution and Employment: A Structural VAR Approach to a Kaleckian Macro Model,' *Structural Change and Economic Dynamics*, 15.

Storm, Servass, and C.W.M. Naastepad (2013) *Macroeconomics beyond the NAIRU*, Cambridge MA: Harvard University Press.

Streeck, Wolfgang (2014) *Buying Time: The Delayed Crisis of Democratic Capitalism*, London and New York: Verso; [Original] *Gekaufte Zeit*, Berlin: Suhrkamp Verlag, 2013. 鈴木直訳『時間かせぎの資本主義――いつまで危機を先送りできるか』みすず書房、2016 年。

Sylos-Labini, Paolo (1962) *Oligopoly and Technical Progress*, Harvard University Press. 安部一成訳『寡占と技術進歩』東洋経済新報社、1964 年。

Tabellini, Guido (2008) 'Institutions and Culture,' *Journal of the European Economic Association*, 6 (2).

Taylor, Lance (1983) *Structuralist Macroeconomics*, New York: Basic Books.

—— (1987) *Stabilization and Growth in Developing Countries: A Structuralist Approach*, New York: Harwood Academic Publishers.

—— (1988) *Varieties of Stabilization Experience: Towards Sensible Macroeconomics in the Third World*, Oxford: Clarendon Press.

—— (1991) *Income Distribution, Inflation, and Growth: Lectures on Structuralist Macroeconomic Theory*, Cambridge MA: The MIT Press.

Taylor, Lance, and Stephen O'Connell (1985) 'A Minsky Crisis,' *Quarterly Journal of Economics*, 100.

Teece, David J. (1976) *The Multinational Corporation and the Resource Cost of International Technology Transfer*, Cambridge MA: Ballinger.

Thelen, Kathleen (2009) 'Institutional Change in Advanced Political Economies,' *British Journal of Industrial Relations*, 47 (3).

Tilly, Charles (2007) *Democracy*, Cambridge and New York: Cambridge University Press.

Tohyama, Hironori (2012) 'Labor and Financial-market Risks and Welfare Spending: A Comparative Study with Special Emphasis on Japan,' in Boyer, Uemura and Isogai (2012).

Tohyama, Hironori, and Yuji Harada (2016) 'Diversity of Institutional Architectures Underlying the Technological System in Asian Economies,' *Evolutionary and Institutional Economics Review*, 13 (1).

Trägårdh, Lars (2007a) 'The "Civil Society" Debate in Sweden: The Welfare State Challenged,' in Trägårdh (2007b).

Trägårdh, Lars ed. (2007b) *State and Civil Society in Northern Europe: The Swedish Model Reconsidered*, New York: Berghahn Books.

Tsuru, Shigeto (1993) *Institutional Economics Revisited*, Cambridge and New York: Cambridge University Press. 中村達也／永井進／渡会勝義訳『制度派経済学の再検討』岩波書店、1999 年。

Uemura, Hiroyasu (1992) 'Growth and Distribution in the Post-War Regime of Accumulation: A

Sasaki, Hiroaki (2013) 'Cyclical Growth in a Goodwin-Kalecki-Marx Model,' *Journal of Economics*, 108 (2).

Sawyer, Malcolm C. (1985) *The Economics of Michal Kalecki*, London: Macmillan. 緒方俊雄監訳『市場と計画の社会システム――カレツキ経済学入門』日本経済評論社、1994 年。

Schumpeter, Joseph A. (1926) *Theorie der wirtschaftlichen Entwicklung*, Revised second edition, Berlin: Duncker & Humblot. 塩野谷祐一／中山伊知郎／東畑精一訳『経済発展の理論』岩波書店、1980 年。

―― (1939) *Business Cycles: A Theoretical, Historical and Statistical Analysis of the Capitalist Process*, New York: McGraw-Hill Book Co., Inc. 吉田昇三監修／金融経済研究所訳『景気循環』全 5 巻、1958―1962 年。

Scocpol, Theda (2003) *Diminished Democracy: From Membership to Management in American Civic Life*, Norman: University of Oklahoma Press. 河田潤一訳『失われた民主主義――メンバーシップからマネージメントへ』慶應義塾大学出版会、2007 年。

Setterfield, Mark (1997a) '"History versus Equilibrium" and the Theory of Economic Growth,' *Cambridge Journal of Economics*, 21 (3).

―― (1997b) *Rapid Growth and Relative Decline: Modeling Macroeconomic Dynamics with Hysteresis*, Basingstoke: Macmillan.

―― ed. (2002a) *The Economics of Demand-led Growth: Challenging the Supply-side Vision of the Long Run*, Cheltenham: Edward Elgar.

―― (2002b) 'A Model of Kaldorian Traverse: Cumulative Causation, Structural Change and Evolutionary Hysteresis,' in Setterfield (2002a).

―― (2003) 'Neo-Kaleckian Growth Dynamics and the State of Long-run Expectation: Wage-versus Profit-led Growth Reconsidered,' in Salvadori (2003).

Shiozawa, Yoshinori (2004) 'Evolutionary Economics in the 21st Century: A Manifesto,' *Evolutionary and Institutional Economics Review*, 1 (1).

―― (2007) 'A New Construction of Ricardian Trade Theory: A Many-country, Many-commodity Case with Intermediate Goods, and Choice of Production Techniques,' *Evolutionary and Institutional Economics Review*, 3 (3).

Shiozawa, Yoshinori, Toshiro Oka, and Taichi Tabuchi eds. (2017) *A New Construction of Ricardian Theory of International Values: Analytical and Historical Approach*, Singapore: Springer.

Sraffa, Piero (1926) 'The Laws of Return under Competitive Conditions,' *Economic Journal*, 36.「競争的条件のもとにおける収益法則」菱山泉／田口芳弘訳『経済学における古典と現代』有斐閣、1956 年。

―― (1960) *Production of Commodities by Means of Commodities: Prelude to a Critique of Economic Theory*, Cambridge: Cambridge University Press. 菱山泉／山下博訳『商品による商品の生産』有斐閣、1962 年。

Steindl, Josef (1952) *Maturity and Stagnation in American Capitalism*, Oxford: Oxford University Press. 宮崎義一／笹原昭五／鮎沢成男訳『アメリカ資本主義の成熟と停滞』日本評論社、1962 年。

―― ed.（1997）*The Macroeconomics of Saving, Finance, and Investment*, Ann Arbor: The University of Michigan Press.

Reich, Robert B.（2007）*Supercapitalism: The Transformation of Business, Democracy, and Everyday Life*, New York: Vintage Books. 雨宮寛／今井章子訳『暴走する資本主義』東洋経済新報社、2008 年。

Reslinger, Coralie（2013）'Is There an Asian Model of Technological Emergence?,' *Socio-Economic Review*, 11（2）.

Riedel, Manfred（1975）'Gesellschaft, bürgerliche', in Otto Brunner, Werner Conze und Reinhart Koselleck hrsg., *Geschichtliche Grundbegriffe: Historischen Lexikon*, Stuttgart: Ernst Klett Verlag. 河上倫逸／常俊宗三郎編訳『市民社会の概念史』以文社、1990 年。

Robinson, Joan（1933）*The Economics of Imperfect Competition*, London: Macmillan. 加藤泰男訳『不完全競争の経済学』文雅堂、1956 年。

――（1956）*The Accumulation of Capital*, London: Macmillan. 杉山清訳『資本蓄積論』みすず書房、1957 年。

――（1962）*Essays in the Theory of Economic Growth*, London: Macmillan. 山田克巳訳『経済成長論』東洋経済新報社、1963 年。

Robson, William A.（1976）*Welfare State and Welfare Society: Illusion and Reality*, London: Allen and Unwin. 辻清明／星野信也訳『福祉国家と福祉社会――幻想と現実』東京大学出版会、1980 年。

Rochon, Louis-Philippe（1999）*Credit, Money and Production; An Alternative Post-Keynesian Approach*, Cheltenham and Northampton: Edgar Elgar.

Roemer, John E.（1982）*A General Theory of Exploitation and Class*, Cambridge MA: Harvard University Press.

――（1996）*Theories of Distributive Justice*, Cambridge MA: Harvard University Press. 木谷忍／川本隆史訳『分配的正義の理論――経済学と倫理学の対話』木鐸社。

Rothstein, Bo, and Lars Trägårdh（2007）'The State and Civil Society in an Historical Perspective: The Swedish Case,' in Trägårdh（2007b）.

Rowthorn, Robert（1980）*Capitalism, Conflict, and Inflation*, London: Lawrence and Wishart. 藤川昌弘／小幡道昭／清水敦訳『現代資本主義の論理』新地書房、1983 年。

――（1982）'Demand, Real Wages and Economic Growth,' *Studi Economici*, 18. 横川信治／野口真／植村博恭訳『構造変化と資本主義経済の調整』学文社、1994 年に所収。

Rowthorn, Robert, and John R. Wells（1987）*De-Industrialization and Foreign Trade*, Cambridge: Cambridge University Press. 横川信治／野口真／植村博恭訳『構造変化と資本主義の調整』学文社、1994 年に一部所収。

Salvadori, Neri ed.（2003）*Old and New Growth Theories: An Assessment*, Northampton: Edward Elger.

Samuelson, Paul A.（1964）'Theoretical Notes on Trade Problems,'*Review of Economic and Statistics*, 46.

North, Douglass C.（1990a）*Institutions, Institutional Change and Economic Performance*, Cambridge and New York: Cambridge University Press. 竹下公視訳『制度・制度変化・経済効果』晃洋書房、1994 年。
——（1990b）'Institutions and A Transaction-cost Theory of Exchange,' in James E. Alt and Kenneth A. Shepsle eds., *Perspectives on Positive Political Economy,* Cambridge: Cambridge University Press.

OECD（1981）*The Welfare State in Crisis: An Account of the Conference on Social Policies in the 1980s, OECD, Paris, 20-23 October 1981 [i.e. 1980]*, Paris: OECD. 経済協力開発機構編、厚生省大臣官房政策課調査室ほか監訳『福祉国家の危機——経済・社会・労働の活路を求めて』ぎょうせい、1983 年。
Okuma, Kazuhiro（2016）'Long-term Transformation of the Economy-environment Nexus in Japan: A Historical Analysis of Environmental Institutions and Growth Regimes Based on the Régulation Theory,' *Evolutionary and Institutional Economics Review*, 13（1）.
Orléan, André（1999）*Le pouvoir de la finance*, Paris: Odile Jacob. 坂口明義／清水和巳訳『金融の権力』藤原書店、2001 年。
—— ed.（2004）*Analyse économique des conventions*, 2me édtition, Paris: PUF.

Pasinetti, Luigi L.（1962）'Rate of Profit and Income Distribution in Relation to the Rate of Economic Growth,' *Review of Economic Studies*, 29（4）; reprinted in Pasinetti（1974）.
——（1974）*Growth and Income Distribution: Essays in Economic Theory*, Cambridge: Cambridge University Press. 宮崎耕一訳『経済成長と所得分配』岩波書店、1985 年。
——（1981）*Structural Change and Economic Growth: A Theoretical Essay on the Dynamics of the Wealth of Nations*, Cambridge: Cambridge University Press. 大塚勇一郎／渡会勝義訳『構造変化と経済成長——諸国民の富の動学に関するエッセイ』日本評論社、1983 年。
——（1993）*Structural Economic Dynamics: A Theory of the Economic Consequences of Human Learning*, Cambridge: Cambridge University Press. 佐々木隆生監訳『構造変化の経済動学』日本経済評論社、1998 年。
Petit, Pascal（1988）*La croissance tertiaire*, Paris: Economica; In English : *Slow Growth and the Service Economy,* London : Frances Printer, 1986. 平野泰朗訳『低成長下のサービス経済』藤原書店、1991 年。
Piketty, Thomas（2013）*Le capital au XXIe siècle*, Paris: Seuil; In English : *Capital in the Twenty-First Century*, The Belknap Press of Harvard University Press, 2014. 山形浩生／守岡桜／森本正史訳『21 世紀の資本』みすず書房、2014 年。
Polanyi, Karl（1957）*The Great Transformation: The Political and Economic Origins of Our Times*, Boston: Beacon Press. 野口建彦／栖原学訳『大転換——市場社会の形成と崩壊』東洋経済新報社、2009 年。
Pollin, Robert（1991）'Two Theories of Money Supply Endogeneity: Some Empirical Evidence,' *Journal of Post-Keynesian Economics*, 13（3）.

(1996).
Miyamoto, Mitsuharu (2016) 'Diversification of Japanese Firms: How Hybrid Organizations Evolved through Corporate Governance Reform,' *Evolutionary and Institutional Economics Review*, 13 (1).
Moore, Basil (1988) *Horizontalists and Verticalists: The Macroeconomics of Credit Money*, Cambridge: Cambridge University Press.
Morishima, Michio (1973a) *Marx's Economics: A Dual Theory of Value and Growth,* Cambridge: Cambridge University Press. 高須賀義博訳『マルクスの経済学』東洋経済新報社、1974 年。
—— (1976) *The Economic Theory of Modern Society*, Cambridge: Cambridge University Press.
Morroni, Mario (2006) *Knowledge, Scale and Transactions in the Theory of the Firm*, Cambridge: Cambridge University Press.

Nabeshima, Naoki (2000) 'The Financial Mode of *Régulation* and its Demise,' in Boyer and Yamada (2000).
Negishi, Takashi (1981) 'Microeconomic Foundation of Keynesian Macroeconomics,' *The Scandinavian Journal of Economics*, 83 (1).
Nelson, Richard R. (2003) 'Bringing Institutions into Evolutionary Growth Theory,' in John S. Metcalfe and Uwe Cantner eds., *Change, Transformation and Development*, Berlin: Physica-Verlag.
Nelson, Richard R., and Bhaven N. Sampat (2001) 'Making Sense of Institutions as a Shaping Economic Performance,' *Journal of Economic Behaviour and Organization*, 44.
Nelson, Richard R., and Sidney G. Winter, (1982) *An Evolutionary Theory of Economic Change,* Cambridge MA: Harvard University Press.
Nishi, Hiroshi (2010) 'Institutional Hierarchy Hypothesis, Multilayered Adjustment, and Economic Growth: A Post-Keynesian Dynamic Approach,' *Evolutionary and Institutional Economics Review.* 7 (1).
—— (2011) 'A VAR Analysis for the Growth Regime and Demand Formation Patterns of the Japanese Economy,' *Revue de la Régulation*, 10.
—— (2012a) 'A Dynamic Analysis of Debt-led and Debt-burdened Growth Regimes with Minskian Financial Structure,' *Metroeconomica*, 63 (4).
—— (2012b) 'Structural VAR Analysis of Debt, Capital Accumulation, and Income Distribution in the Japanese Economy: A Post-Keynesian Perspective,' *Journal of Post Keynesian Economics*, 34 (4).
—— (2012c) 'The Consequences of Internationalization of Trade and Financial Transaction on Growth: Combining an Institutional Hierarchy Hypothesis with a Keynes-Minsky Approach,' in Boyer, Uemura and Isogai (2012).
—— (2013) 'On the Short-run Relationship between the Income Distribution- and Debt- Growth Regimes,' *International Review of Applied Economics*, 27 (6).
—— (2015) 'Comparative Evaluation of Post-Keynesian Interest Rate Rules, Income Distribution, and Firms' Debts for Macroeconomic Performance,' *Cambridge Journal of Economics*, 39 (1).
—— (2016) 'Structural Change and Transformation of Growth Regime in the Japanese Economy,' *Evolutionary and Institutional Economics Review*, 13 (1).

Routledge.
Marglin, Stephen A. (1974) 'What Do Bosses Do?: The Origins and Functions of Hierarchy in Capitalist Production, Part I,' *Review of Radical Political Economics*, 6 (2).
—— (1984a) 'Growth, Distribution and Inflation: A Centennial Synthesis,' *Cambridge Journal of Economics*, 8 (2).
—— (1984b) *Growth, Distribution and Prices*, Cambridge MA: Harvard University Press.
Marglin, Stephen A., and Amit Bhaduri (1990) 'Profit Squeeze and Keynesian Theory,' in Marglin and Schor (1990).
Marglin, Stephen A., and Juliet B. Schor eds. (1990) *The Golden Age of Capitalism: Reinterpreting the Postwar Experience*, Oxford: Clarendon Press. 磯谷明徳／植村博恭／海老塚明監訳『資本主義の黄金時代——マルクスとケインズを超えて』東洋経済新報社、1993 年。
Mahoney, James, and Kathleen Thelen eds. (2010) *Explaining Institutional Change*, Cambridge: Cambridge University Press.
Marshall, Alfred (1920) *Principles of Economics*, 8th ed., London: Macmillan. 永澤越郎訳『経済学原理』岩波ブックセンター信山社、1985 年。
Marx, Karl (1953) *Grundrisse der Kritik der politischen Ökonomie (Rohentwurf) 1857-1858*, Berlin: Dietz Verlag. 高木幸二郎監訳『経済学批判要綱』全 5 冊、大月書店、1958—1965 年。
—— (1962) *Das Kapital*, Bd. 1, in *Karl Marx – Friedrich Engels Werke*, Bd. 23, Berlin: Dietz Verlag. 長谷部文雄訳『資本論』第 1 部、全 4 冊、青木文庫、1952 年 ; 岡崎次郎訳『資本論』第 1 部、全 3 冊、国民文庫、1972 年。
—— (1967) *Le Capital*, Tokyo: Far Eastern Book Sellers-Publishers. This is the first reprint of the first French edition published in Paris: Maurice Lachâtre et Cie, 1872-1875.
—— (1996) *Capital*, Vol. 1, in *Karl Marx – Friedrich Engels Collected Works*, Vol. 35, New York: International Publishers. This reproduces the first English edition published in 1887, translated from the third German edition by S. Moore and E. Aveling.
Medio, Alfred (1980) 'A Classical Model of Business Cycle,' in Edward J. Nell ed., *Growth, Profits and Property*, Cambridge: Cambridge University Press.
Metcalfe, J. Stanley (1998) *Evolutionary Economics and Creative Destruction*, London and New York: Routledge.
Milgrom, Paul, and John Roberts (1992) *Economics, Organization and Management*, London and Englewood Cliffs: Prentice Hall. 奥野正寛／伊藤秀史／今井晴雄／西村理／八木甫訳『組織の経済学』NTT 出版、1997 年。
Minsky, Hyman P. (1975) *John Maynard Keynes*, New York: Columbia University Press. 堀内昭義訳『ケインズ理論とは何か——市場経済の金融的不安定性』岩波書店、1988 年。
—— (1982) *Can "It" Happen Again?: Essays on Instability and Finance*, Armonk NY: M.E. Sharpe. 岩佐代市訳『投資と金融——資本主義経済の不安定性』日本経済評論社、1988 年。
—— (1986) *Stabilizing an Unstable Economy*, New Haven: Yale University Press. 吉野紀／浅田統一郎／内田和男訳『金融不安定性の経済学——歴史・理論・政策』多賀出版、1989 年。
—— (1996) 'The Essential Characteristics of Post Keynesian Economics,' in Deleplace and Nell

彦訳『経済成長と分配理論』日本経済評論社、1989 年。
——（1985）*Economics without Equilibrium*, Cardiff: University College Cardiff Press.
Kalecki, Michal（1933）*Proba teorii koniunktury*, Warsaw: Institute of Research on Business Cycles and Prices.
——（1971）*Selected Essays on the Dynamics of the Capitalist Economy*, Cambridge: Cambridge University Press. 浅田統一郎／間宮陽介訳『資本主義の動態理論』日本経済評論社、1984 年。
Keynes, John M.（1936）*The General Theory of Employment, Interest and Money*（*The Collected Writings of John Maynard Keynes*, Vol.7, London: Macmillan, 1973）. 塩野谷祐一訳『雇用・利子および貨幣の一般理論』東洋経済新報社、1983 年。
——（1937）'Alternative Theories of the Rate of Interest,' *Economic Journal*, June 1937（*The Collected Writings of John Maynard Keynes, Vol.14, The General Theory and After, Part 2: Defense and Development*, London: Macmillan, 1973）.
Kotz, David M., Terrence McDonough and Michael Reich（1994）*Social Structures of Accumulation: The Political Economy of Growth and Crisis*, Cambridge: Cambridge University Press.
Krause, Ulrich（1979）*Geld und abstrakte Arbeit*, Frankfurt/M: Campus Verlag. 高須賀義博監訳『貨幣と抽象的労働』三和書房、1985 年。
Kregel, Jan（1998）'Yes "It" Did Happen Again: A Minsky Crisis Happened in Asia,' *The Jerome Levy Economics Institute of Bard College, Working Paper*, 234.
Krugman, Paul（2012）*End This Depression Now*, New York: W. W. Norton & Co. Inc. 山形浩生訳『さっさと不況を終わらせろ』早川書房、2012 年。

Landesmann, Michael A., and Roberto Scazzieri eds.（1996）*Production and Economic Dynamics*, Cambridge: Cambridge University Press.
Langlois, Richard N., and Paul L. Robertson（1995）*Firms, Markets and Economic Change: A Dynamic Theory of Business Institutions*, London: Routledge. 谷口和弘訳『企業制度の理論——ケイパビリティ・取引費用・組織境界』NTT 出版、2004 年。
Lavoie, Marc（1992）*Foundations of Post-Keynesian Economic Analysis*, Aldershot: Edward Elgar.
Lavoie, Marc, and Engelbert Stockhammer（2013）*Wage-led Growth: An Equitable Strategy for Economic Recovery*, ILO: Palgrave Macmillan.
Lechevalier, Sébastien（2011）*Grande transformation du capitalisme japonais*, Paris: Presses de Sciences Po. 新川敏光監訳『日本資本主義の大転換』岩波書店、2015 年。
Lee, Frederic S.（1998）*Post Keynesian Price Theory*, Cambridge: Cambridge University Press.
Lerner, Abba P.（1972）'The Economics and Politics of Consumer Sovereignty,' *American Economic Review*, 62, May.

Maddison, Angus（1991）*Dynamic Forces in Capitalist Development: A Long-run Comparative View*, Oxford and New York: Oxford University Press.
Magara, Hideko ed.（2017）*Policy Change under New Democratic Capitalism*, London and New York:

Cambridge University Press. 神谷傳造訳『ケムブリッジ資本論争』日本経済評論社、1980 年。

Harrod, Roy F.（1973）*Economic Dynamics*, London: Macmillan. 宮崎義一訳『経済動学』丸善、1976 年。

Häusermann, Silja（2010）*The Politics of Welfare State Reform in Continental Europe: Modernization in Hard Times*, Cambridge and New York: Cambridge University Press.

Hein, Eckhard（2012）*The Macroeconomics of Financial-dominated Capitalism and its Crisis*, Cheltenham: Edward Elgar.

Hirsch, Joachim.（2005）*Materialistische Staatstheorie*, Hamburg: VSA-Verlag. 表弘一郎／木原滋哉／中村健吾訳『国家・グロール化・帝国主義』ミネルヴァ書房、2007 年。

Hodgson, Geoffrey M.（1988）*Economics and Institutions: A Manifesto for a Modern Institutional Economics*, Cambridge: Polity Press. 八木紀一郎／橋本昭一／家本博一／中矢俊博訳『現代制度派経済学宣言』名古屋大学出版会、1997 年。

——ed.（1993）*The Economics of Institutions*, Cheltenham: Edward Elgar.

——（1999）*Evolution and Institutions: On Evolutionary Economics and the Evolution of Economics*, Cheltenham: Edward Elgar.

——（2003）*Recent Developments in Institutional Economics*, Cheltenham: Edward Elgar.

——（2004）*The Evolution of Institutional Economics: Agency, Structure and Darwinism in American Institutionalism*, London: Routledge.

Hollingsworth, J. Rogers, and Robert Boyer eds.（1997）*Contemporary Capitalism: The Embeddedness of Institutions*, Cambridge: Cambridge University Press.

Hymer, Stephen H.（1976）*The International Operations of National Firms: A Study of Direct Foreign Investment*, Cambridge MA: The MIT Press. 宮崎義一編訳（1979）『多国籍企業論』岩波書店、所収。

——（1979）'The Internationalization of Capital,' in Robert B. Cohen et al. eds.（1979）*The Multinational Corporation: A Radical Approach*, Cambridge: Cambridge University Press. 宮崎義一編訳（1979）『多国籍企業論』岩波書店、所収。

Isogai, Akinori（2012）'The Transformation of the Japanese Corporate System and the Hierarchical Nexus of Institutions,' in Boyer, Uemura and Isogai（2012）.

Isogai, Akinori, Akira Ebizuka and Hiroyasu Uemura（2000）'The Hierarchical Marke-Firm Nexus as the Japanese Mode of *Régulation*,' in Boyer and Yamada（2000）.

Kaldor, Mary（2003）*Global Civil Society: An Answer to War*, Cambridge: Polity Press. 山本武彦／宮脇昇／木村真紀／大西崇介訳『グローバル市民社会論——戦争へのひとつの回答』法政大学出版局、2007 年。

Kaldor, Nicholas（1956）'Alternative Theories of Distribution,' *Review of Economic Studies*, 23（2）.

——（1960）*Essays on Economic Stability and Growth*, London. 中村至郎訳『経済安定と成長』大同書院、1964 年。

——（1978）*Further Essays on Economic Theory*, London: Gerald Duckworth. 笹原昭五／高木邦

Flaschel, Peter, Reiner Franke and Willi Semmler (1997) *Dynamic Macroeconomics: Instability, Fluctuations and Growth in Monetary Economics*, Cambridge MA: The MIT Press.

Fochesato, Mattia, and Samuel Bowles (2015) 'Nordic Exceptionalism?: Social Democratic Egalitarianism in World-historic Perspective,' *Journal of Public Economics*, 127.

Foley, Duncan K., and Thomas R. Michl (1999) *Growth and Distribution*, Cambridge MA : Harvard University Press. 佐藤良一／笠松学監訳『成長と分配』日本経済評論社、2002 年。

Franke, Reiner, and Peter Kalmbach (2005) 'Structural Change in the Manufacturing Sector and its Inputs on Business-ralteted Services : An Input-Output Study for Germany,' *Staructural Change and Economic Dynamics*, 16.

Frieden, Jeffry A. (2013) 'Comment (ne pas) perdre une décennnie,' *Revue Études internationales*, 44 (4).

Giddens, Anthony (1998) *The Third Way*, Cambridge: Polity Press. 佐和隆光訳『第三の道――効率と公正の新たな同盟』日本経済聞社、1999 年。

Gintis, Herbert (2000) *Game Theory Evolving*, Princeton: Princeton University Press.

Gintis, Herbert, and Tsuneo Ishikawa (1987) 'Wages, Work Discipline, and Unemployment,' *Journal of Japanese and International Economies*, 1 (1).

Goodwin, Richard. M. (1967) 'A Growth Cycle,' in Charles H. Feinstein ed., *Socialism, Capitalism and Economic Growth*, Cambridge: Cambridge University Press.

Gordon, David M., Richard Edwards and Michael Reich (1982) *Segmented Work, Divided Workers*, Cambridge and New York: Cambridge University Press. 伊藤誠／河村哲二訳『アメリカ資本主義と労働』東洋経済新報社、1990 年。

Habermas, Jürgen (1990) *Strukturwandel der Öffenlichkeit: Untersuchungen zu einer Kategorie der bürgerlichen Gesellschaft*, 2. Aufl., Frankfurt am Main: Suhrkamp Verlag. 細谷貞雄／山田正行訳『公共性の構造転換――市民社会の一カテゴリーについての探求』第 2 版、未來社、1994 年。

Hall, Peter, and David Soskice eds. (2001) *Varieties of Capitalism: The Institutional Foundations of Comparative Advantage,* Oxford: Oxford University Press. 遠山弘徳／安孫子誠男／山田鋭夫／宇仁宏幸／藤田菜々子訳［抄訳］『資本主義の多様性――比較優位の制度的基礎』ナカニシヤ出版、2007 年。

Hall, Robert L., and Charles J. Hitch (1939) 'Price Theory and Business Behaviour,' *Oxford Economic Papers*, 2, May.

Harada, Yuji (2017) 'The Diversity of the "Neo-liberal Policy Regime" and Income Distribution,' in Magara (2017).

Harada, Yuji, and Hironori Tohyama (2012) 'Asian Capitalisms: Institutional Configuration and Firm Heterogeneity,' in Boyer, Uemura and Isogai (2012).

Harcourt, Geoffrey C. (1972) *Some Cambridge Controversies in the Theory of Capital*, Cambridge:

Deleplace, Ghislain, and Edward Nell eds.（1996）*Money in Motion: The Post-Keynesian and Circulation Approach*, London: Palgrave Macmillan.

Dobb, Maurice（1973）*Theories of Value and Distribution since Adam Smith: Ideology and Economic Theory*, Cambridge: Cambridge University Press. 岸本重陳訳『価値と分配の理論』新評論、1976 年。

Dore, Ronald（2000）*Stock Market Capitalism: Welfare Capitalism. Japan and Germany versus the Anglo-Saxons*, Oxford: Oxford University Press. 藤井眞人訳『日本型資本主義と市場主義の衝突——日・独対アングロサクソン』東洋経済新報社、2001 年。

Dosi, Giovanni（1984）*Technical Change and Industrial Transformation*, Basingstoke: Macmillan.

——（2000）*Innovation, Organization and Economic Dynamics: Selected Essays*, Cheltenham: Edward Elgar.

Dutt, Amitava K.（1990）*Growth, Distribution, and Uneven Development*, Cambridge: Cambridge University Press.

—— ed.（1994）*New Directions in Analytical Political Economy*, Cheltenham: Edward Elgar.

Dymski, Gary A.（1999）'Asset Bubbles and Minsky Crisis in East Asia,' *University of California: Riverside, Research Paper*, April.

Dymski, Gary A., Gerald A. Epstein and Robert Pollin eds.（1993）*Transforming the U.S. Financial System: Equity and Efficiency for the 21st Century*, New York: M.E. Sharpe.

Dymski, Gary A., and Robert Pollin（1992）'Hyman Minsky as Hedgehog: The Power of the Wall Street Paradigm,' in Steven M. Fazzari and Dimitri B. Papadimitriou eds., *Financial Conditions and Macroeconomic Performance: Essays in Honor of Hyman P. Minsky*, New York: M.E. Sharpe.

—— eds.（1994）*New Perspectives in Monetary Macroeconomics: Explorations in the Tradition of Hyman P. Minsky*, University of Michigan Press.

Ebizuka, Akira, Hiroyasu Uemura and Akinori Isogai（1997）'L'hypothèse de « la relation hiérarchisée marché-firme » et l'économie japonaise d'aprés-guerre,' *L'Année de la régulation: Economie, institutions, pouvoirs*, 1.

Ehrenberg, John（1999）*Civil Society: The Critical History of an Idea*, New York: New York University Press. 吉田傑俊監訳『市民社会論——歴史的・批判的考察』青木書店、2001 年。

Eichner, Alfred S.（1976）*The Megacorp and Oligopoly*, New York: Cambridge University Press. 川口弘監訳『巨大企業と寡占』日本経済評論社、1983 年。

Epstein, Gerald A., and Herbert M. Gintis eds.（1995）*Macroeconomic Policy after the Conservative Era*, Cambridge: Cambridge University Press.

Esping-Andersen, Gøsta.（1990）*The Three World of Welfare Capitalism*, London: Polity Press. 岡澤憲芙／宮本太郎監訳『福祉資本主義の三つの世界——比較福祉国家の理論と動態』ミネルヴァ書房、2001 年。

——（1996）*Welfare States in Transition: National Adaptations in Global Economies,* London: SAGE Publications. 埋橋孝文監訳『転換期の福祉国家——グローバル経済下の適応戦略』早稲田大学出版部、2003 年。

but Interdependent Inequality Regime,' *desiguALdades.net Working Paper Series*, No. 67. ボワイエ『作られた不平等』横田宏樹訳、藤原書店、2016 年、第 3 章。

—— (2015a) *Economie politique des capitalismes: Théorie de la régulation et des crises*, Paris: La Découverte.

—— (2015b) 'How Institutional Competitiveness Emerged from Complementarities between Nordic Welfare and Innovation Systems,' in Susane Borras and Leonard Seebrooke eds., *Sources of National Institutional Competitiveness*, Oxford: Oxford University Press.

—— (2018) 'Two Dialectics between Polity and Economy: European and Asian Integration Processes Compared,' in Boyer, Uemura, Yamada and Song (2018).

Boyer, Robert, and Daniel Drache eds. (1996) *States against Markets: The Limits of Globalization*, London and New York: Routledge.

Boyer, Robert, and André Orléan (1991) 'How Do Conventions Evloved? ,' *Journal of Evolutionary Economics*, 2.

Boyer, Robert, Hiroyasu Uemura and Akinori Isogai eds. (2012) *Diversity and Transformations of Asian Capitalisms*, Abingdon: Routledge; En français: *Capitalismes asiatiques: Diversité et transformations*, Rennes : Presses Universitaires de Rennes, 2015.

Boyer, Robert, Hiroyasu Uemura, Toshio Yamada and Lei Song eds. (2018) *Evolving Diversity and Interdependence of Capitalisms: Transformations of Regional Integration in EU and Asia*, Tokyo: Springer.

Boyer, Robert, and Toshio Yamada eds. (2000) *Japanese Capitalism in Crisis: A Regulationist Interpretation*, London and New York: Routledge.

CEPREMAP-CORDES (1977) *Approches de l'inflation: L'exemple français*, ronéo, Paris : La Documentation Française.

Coase, Ronald H. (1937) 'The Nature of the Firm,' *Economica*, 4, November ; reprinted in R. H. Coase (1988) *The Firm, the Market, and the Law*, Chicago : The University of Chicago Press. 宮沢健一／後藤晃／藤垣芳文訳『企業・市場・法』東洋経済新報社、1992 年。

Cohen, Jean L., and Andrew Arato (1992) *Civil Society and Political Theory*, Cambridge and London: The MIT Press.

Coriat, Benjamin, and Giovanni Dosi (1998) 'The Institutional Embeddedness of Economic Change: An Appraisal of the « Evolutionary » and « Regulationist » Research Programmes,' in N. Nielsen and B. Johnson eds., *Institutions and Economic Change*, Cambridge MA: Harvard University Press, 1998.

Crouch, Colin (2004) *Post-Democracy*, Cambridge: Polity Press. 山口二郎監修／近藤隆文訳『ポスト・デモクラシー——格差拡大の政策を生む政治構造』青灯社、2007 年。

—— (2013) *Making Capitalism Fit for Society*, Cambridge: Polity Press.

Davidson, Paul (1978) *Money and the Real World*, 2nd ed., London: Macmillan. 原正彦監訳『貨幣的経済理論』日本経済評論社、1980 年。

Bowles, Samuel, Herbert Gintis and Bo Gustafsson eds. (1993) *Markets and Democracy: Participation, Accountability and Efficiency*, Cambridge: Cambridge University Press.

Bowles, Samuel, David M. Gordon and Thomas E. Weisskopf (1983) *Beyond the Waste Land: Democratic Alternative to Economic Decline*, New York: Anchor Press/Doubleday. 都留康／磯谷明徳訳『アメリカ衰退の経済学』東洋経済新報社、1986 年。

Boyer, Robert (1986) *La théorie de la régulation: Une analyse critique*, Paris: La Découverte. 山田鋭夫訳『レギュラシオン理論』藤原書店、1990 年。

—— (1988) 'Formalising Growth Regime,' in Giovanni Dosi, Christpher Freeman, Richard Nelson, Gerald Silverberg and Luc Soete eds., *Technical Change and Economics Theory*, London: Pinter Publishers.

—— (1990) 'The Capital Labour Relations in OECD Countries,' *CEPREMAP*, 9020. 伊藤正純訳「OECD 諸国における資本－労働関係」ロベール・ボワイエ／山田鋭夫編『危機－資本主義〈レギュラシオン・コレクション 1〉』藤原書店、1993 年。

—— (2000) 'Is a Finance-led Growth Regime a Viable Alternative to Fordism?: A Preliminary Analysis,' *Economy and Society*, 29 (1).

—— (2004a) *Une théorie du capitalisme est-elle possible?*, Paris: Odile Jacob. 山田鋭夫訳『資本主義 vs 資本主義——制度・変容・多様性』藤原書店、2005 年。

—— (2004b) *The Future of Economic Growth: As New Becomes Old*, Cheltenham and Northampton: Edward Elgar.

—— (2005) 'Coherence, Diversity and Evolution of Capitalism: The Institutional Complementarity Hypothesis,' *Evolutionary and Institutional Economics Review*, 2 (1).

—— (2008) 'Democracy and Social Democracy facing Contemporary Capitalisms: A Régulationist Approach,' *PSE Working Paper*, 2008-36.

—— (2010) 'The Rise of CEO Pay and the Contemporary Social Structure of Accumulation in the United States,' in Terence McDonough et al. eds., *Capitalism and its Crises: Social Structure of Accumulation Theory for the 21st Century*, Cambridge: Cambridge University Press. ボワイエ『作られた不平等』横田宏樹訳、藤原書店、2016 年、第 1 章。

—— (2011) *Les financiers détruiront-ils le capitalisme?*, Paris: Economica. 山田鋭夫／坂口明義／原田裕治監訳『金融資本主義の崩壊——市場絶対主義を超えて』藤原書店、2011 年。

—— (2012) 'The Chinese Growth Regime and the World Economy,' in Boyer, Uemura and Isogai (2012).

—— (2013) 'Le capital au XXIe siècle: Thomas Piketty, *Le capital au XXIe siècle*'; In English, 'Capital in the Twenty-First Century: A Régulationist View,' *Révue de la regulation*, 14. ボワイエ『作られた不平等』横田宏樹訳、藤原書店、2016 年、第 2 章。

—— (2014a) 'How Do Polity and Economy Interact within Regulation Theory?: Consequences for a Policy Regimes and Reform Strategy', in: Hideko Magara ed., *Economic Crises and Policy Regimes: The Dynamics of Policy Innovation and Paradigmatic Change*, Cheltenham and Northampton: Edward Elgar.

—— (2014b) 'Is More Equality Possible in Latin America?: A Challenge in a World of Contrasted

Berle, Adolf A., and Gardiner C. Means (1932) *The Modern Corporation and Private Property*, New York: Macmillan. 北島忠男訳『近代株式会社と私有財産』文雅堂、1958 年。

Bhaduri, Amit, and Joan Robinson (1980) 'Accumulation and Exploitation: An Analysis in the Tradition of Marx, Sraffa and Kalecki,' *Cambridge Journal of Economics*, 4 (2).

Bonoli, Giuliano (2006) 'New Social Risks and the Politics of Post-industrial Social Policies,' in Klaus Armingeon and Giuliano Bonoli eds., *The Politics of Post-industrial Welfare States: Adapting Post-war Social Policies to New Social Risks*, Abington and New York: Routledge.

Bowles, Samuel (1985) 'The Production Process in a Competitive Economy: Walrasian, Neo-Hobbesian, and Marxian Models,' *American Economic Review*, 75 (1).

—— (1998) 'Endogenous Preferences: The Cultural Consequences of Markets and other Economic Institutions,' *Journal of Economic Literature*, 36 (1).

—— (2004) *Microeconomics: Behavior, Institutions and Evolution*, Princeton University Press. 塩沢由典／磯谷明徳／植村博恭訳『制度と進化のミクロ経済学』NTT 出版、2007 年。

—— (2011) 'Is Liberal Society a Parasite on Tradition?,' *Philosophy and Public Affairs*, 39 (1).

—— (2012) *The New Economics of Inequality and Redistribution,* Cambridge: Cambridge University Press. 佐藤良一／芳賀健一訳『不平等と再分配の新しい経済学』大月書店、2013 年。

—— (2014) 'Nicolo Machiavelli and the Origins of Mechanism Design,' *Journal of Economic Issues*, XLVIII (2).

—— (2016) *The Moral Economy: Why Good Incentives Are No Substitute for Good Citizens*, New Haven: Yale University Press. 植村博恭／磯谷明徳／遠山弘徳訳『モラル・エコノミー——インセンティブか善き市民か』NTT 出版、2017 年。

—— (2017) 'End of Liberalism,' *The Boston Globe*, June 19.

Bowles, Samuel, and Robert Boyer (1988) 'Labor Discipline and Aggregate Demand: A Macroeconomic Model,' *American Economic Review*, 78 (2).

—— (1990) 'A Wage-led Employment Regime: Income Distribution, Labor Discipline, and Aggregate Demand in Welfare Capitalism,' in Marglin and Schor (1990).

—— (1995) 'Wages, Aggregate Demand, and Employment in an Open Economy: An Empirical Investigation,' in Epstein and Gintis (1995).

Bowles, Samuel, and Herbert Gintis (1987) *Democracy and Capitalism: Property, Community, and the Contradictions of Modern Social Thought*, New York: Basic Books.

—— (1988a) 'Contested Exchange: Political Economy and Modern Economic Theory,' *American Economic Review*, 78 (2).

——eds. (1998b) *Recasting Egalitarianism: New Rules for Communities, States and Marke*t, London and New York: Verso. 遠山弘徳訳『平等主義の政治経済学』大村書店、2002 年。

—— (1995) 'Escaping the Efficiency-Equity Trade-off: Productivity-enhancing Asset Redistributions,' in Epstein and Gintis (1995).

—— (2002) 'The Inheritance of Inequality,' *Journal of Economic Perspective*, 16 (3).

—— (2006) 'Can Self-interest Explain Cooperation?,' *Evolutionary and Institutional Economics Review*, 2 (1).

Jacob. 若森章孝／山田鋭夫／太田一廣／海老塚明訳『資本主義のレギュラシオン理論』増補新版、大村書店、2000 年。
——（1998）'Le capitalisme de demain,' *Notes de la Fondation Saint-Simon*, 101.
——（2000）'Shareholder Value and Corporate Governance: Some Tricky Questions,' *Economy and Society*, 29（1）.
Aglietta, Michel, and Nicolas Leron（2017）*La double démocratie: Une Europe politique pour la croissance*, Paris: Éditions du Seuil.
Aglietta, Michel, and André Orléan（1982）*La violence de la monnaie*, PUF. 井上泰夫／斉藤日出治訳『貨幣の暴力』法政大学出版局、1991 年。
Albert, Michel（1991）*Capitalisme contre capitalisme*, Paris: Seuil. 小池はるひ訳『資本主義 対 資本主義』竹内書店新社、1992 年。
Alchain, Armen A., and Harold Demsetz（1972）'Production, Information Costs, and Economic Organization,' *American Economic Review*, 62.
Amable, Bruno（2003）*The Diversity of Modern Capitalism*, Oxford: Oxford University Press; En français: *Les cinq capitalismes: Diversité des systèmes économiques et sociaux dans la mondialisation*, Paris: Seuil, 2005. 山田鋭夫／原田裕治ほか訳『五つの資本主義——グローバリズム時代における社会経済システムの多様性』藤原書店、2005 年。
Amable, Bruno, Rémi Barré and Robert Boyer（1997）*Les systèmes d'innovation à l'ère de la globalisation*, Paris : Economica.
Amable, Bruno, Yan Cadiou and Pascal Petit（2000）'On the Development Paths of Innovation Systems,' Work package D, TSER-CDIS project, Mimeo CEPREMAP.
Amable, Bruno, and Pascal Petit（2002）'La diversité des systèmes sociaux d'innovation et de production dans les années 1990,' in Centre Saint-Gobain pour la Recherche Economique eds., *Institutions et innovation*, Paris: Albin Michel.
Amable, Bruno, Ekkehard Ernst and Stefano Palombarini（2005）'How Do Financial Markets Affect Industrial Relations,' *Socio-Economic Review*, 3（2）.
Aoki, Masahiko（2001a）*Information, Corporate Governance, and Institutional Diversity: Competitiveness in Japan, the USA, and the Transformational Economies*, Oxford and New York: Oxford University Press.
——（2001b）*Towards A Comparative Institutional Analysis*, Cambridge MA: The MIT Press. 滝澤弘和／谷口和弘訳『比較制度分析に向けて』NTT 出版、2001 年。

Balassa, Béla A.（1964）'The Purchasing-Power-Parity Doctrine: A Reappraisal,' *Journal of Political Economy*, 72.
Baldwin, Richard, and Javier Lopez-Gonzalez（2013）'Supply Chain Trade: A Portrait of Global Patterns and Several Testable Hypotheses,' *NBER Working Paper*, 12991.
Barshay, Andrew R.（2004）*The Social Sciences in Modern Japan: The Marxian and Modernist Traditions*, Berkley and Los Angeles: University of California Press. 山田鋭夫訳『近代日本の社会科学——丸山眞男と宇野弘蔵の射程』NTT 出版、2007 年。

――（1999）「日本資本主義と企業主義的レギュラシオン」山田／ボワイエ（1999）。

――（2008）『さまざまな資本主義――比較資本主義分析』藤原書店。

――（2011）「世界金融危機の構図と歴史的位相」宇仁／山田／磯谷／植村（2011）。

――（2017）「市場経済をどう調整するか」『社会思想史研究』41。

――（2018）「書評 サミュエル・ボウルズ『モラル・エコノミー――インセンティブか善き市民か』」『季刊経済理論』55（1）。

山田鋭夫／宇仁宏幸／鍋島直樹編（2007）『現代資本主義への新視角――多様性と構造変化の分析』昭和堂。

山田鋭夫／ロベール・ボワイエ編（1999）『戦後日本資本主義――調整と危機の分析』藤原書店。

山田盛太郎（1977）『日本資本主義分析』岩波文庫。

山之内靖（1982）『現代社会の歴史的位相――疎外論の再構成をめざして』日本評論社。

山森亮（2009）『ベーシックインカム入門――無条件給付の基本所得を考える』光文社新書。

吉川洋（1992）『日本経済とマクロ経済学』東洋経済新報社。

――（2000）『現代マクロ経済学』創文社。

吉原直毅（2008）『労働搾取の厚生理論序説』岩波書店。


ルシュバリエ、セバスチャン（2014）「日本における制度変化と新自由主義的政策――国際比較の観点から」植村／宇仁／磯谷／山田（2014）。


若森章孝（1998）「福祉国家は超えられるか――福祉国家の両義性とコミュニティの不在」八木紀一郎／山田鋭夫／千賀重義／野沢敏治編著（1998）『復権する市民社会論――新しいソシエタル・パラダイム』日本評論社。

――（2013）『新自由主義・国家・フレキシキュリティの最前線――グローバル化時代の政治経済学』晃洋書房。

若森章孝／植村邦彦（2017）『壊れゆく資本主義をどう生きるか――人種・国民・階級 2・0』唯学書房。

若森みどり（2011）『カール・ポランニー――市場社会・民主主義・人間の自由』NTT 出版。

渡辺努（2001）「生産性格差とデフレーション――高須賀博士の生産性格差インフレ論」『Economics Reviews』（富士通総研）、10 月号。

――（2013）「デフレ脱却の条件」*CIGS Discussion Paper.*

渡辺雅男（2007）『市民社会と福祉国家――現代を読み解く社会科学の方法』昭和堂。

外国語文献

Aglietta, Michel (1976) *Régulation et crises du capitalisme: L'expérience des Etats-Unis*, Paris: Calmann-Lévy. 若森章孝／山田鋭夫／太田一廣／海老塚明訳『資本主義のレギュラシオン理論』大村書店、1989 年。
―― (1997) *Régulation et crises du capitalisme: L'expérience des Etats-Unis*, 2e édition, Paris: Odile

村上俊介（2000）「望月市民社会論の累重的形成」『専修経済学論集』35（1）。

――（2011）「市民社会論の今日的論点――経済過程からの遊離か、それへの投錨か」『専修経済学論集』45（3）。

村上泰亮（1984）『新中間大衆の時代――戦後日本の解剖学』中央公論社。

村上泰亮／蝋山昌一ほか（1975）『生涯設計（ライフサイクル）計画――日本型福祉社会のビジョン』日本経済新聞社。

望月清司（1973）『マルクス歴史理論の研究』岩波書店。

――（1974）「労働・疎外・交通」「分業・所有・市民社会」「共同体・市民社会・社会主義」森田／望月（1974）。

望月清司／村上俊介（2011）「望月清司先生に聞く」（質問者＝村上）『専修大学社会科学研究所月報』574、4月。

望月清司／森田桐郎／岸本重陳（1973）「共同体・市民社会・社会主義――人間にとって共同性とはなにか」『現代の理論』108、1月。

森岡真史（2005）『数量調整の経済理論――品切回避行動の動学分析』日本経済評論社。

森嶋通夫（1983）『無資源国の経済学――新しい経済学入門』岩波全書。

森田桐郎（1967）『南北問題』日本評論社。

――（1970）「資本主義の世界的体系――基礎視点」長洲一二編『講座マルクス主義8――資本主義』日本評論社。

――（1972）「『ジェームズ・ミル評注』――市民的ゲゼルシャフトの批判的・経済学的認識の形成」現代の理論編集部編『マルクス・コメンタール』現代の理論社。

――（1974a）「マルクスと『マルクス主義』」「自然・人間・社会」森田／望月（1974）。

――（1974b）「『貨幣にかんする章』分析――市民社会と歴史認識」山田鋭夫／森田桐郎編『コメンタール「経済学批判要綱」（上）〈講座マルクス経済学6〉』日本評論社。

森田桐郎／望月清司（1974）『社会認識と歴史理論〈講座マルクス経済学1〉』日本評論社。


八木紀一郎（1977）「所有問題と経済理論」青木昌彦編『経済体制論第I巻』東洋経済新報社。

――編（1986）「平田清明教授著作目録」『経済論叢』（京都大学）137（3）。

――（2005）「国境を越える市民社会――グローバル化のもとでの世界市場と市民社会」山口定ほか編『現代国家と市民社会』ミネルヴァ書房。八木（2017）に再録。

――（2006）『社会経済学――資本主義を知る』名古屋大学出版会。

――（2017）『国境を越える市民社会　地域に根ざす市民社会――現代政治経済論集』桜井書店。

山口二郎／宮本太郎／小川有美編（2005）『市民社会民主主義への挑戦――ポスト「第三の道」のヨーロッパ政治』日本経済評論社。

山口定（2004）『市民社会論――歴史的遺産と新展開』有斐閣。

山田鋭夫（1991a）『レギュラシオン・アプローチ』藤原書店。

――（1991b）「内田義彦論ノート」『経済科学』38（2）。

――（1993）『レギュラシオン理論――経済学の再生』講談社現代新書。

――（1994）『20世紀資本主義――レギュラシオンで読む』有斐閣。

――（1974）「現代資本主義と国家」長洲（1974）。

――（1989）『福祉社会論』創文社。

――（2000）『福祉国家から福祉社会へ――福祉の思想と保障の原理』筑摩書房。

松下圭一（1956）「大衆国家の成立とその問題性」松下（1994）。

――（1966）「〈市民〉的人間型の現代的可能性」松下（1994）。

――（1971）『シビル・ミニマムの思想』東京大学出版会。

――（1980）『市民自治の政策構想』朝日新聞社。

――（1994）『戦後政治の歴史と思想』筑摩書房。

間宮陽介（1985）『モラル・サイエンスとしての経済学』ミネルヴァ書房。

丸尾直美（1984）『日本型福祉社会論』日本放送出版協会。

マルクス、カール（1959）『資本主義的生産に先行する諸形態』手島正毅訳、国民文庫。

――（1962）『経済学ノート』杉原四郎／重田晃一訳、未來社。

――（1964）『経済学・哲学草稿』城塚登／田中吉六訳、岩波文庫。

マルクス、カール／フリードリッヒ・エンゲルス（1966）『新版ドイツ・イデオロギー』花崎皋平訳、合同出版。

三浦まり編（2018）『社会への投資――〈個人〉を支える〈つながり〉を築く』岩波書店。

水田洋（1997）『アダム・スミス――自由主義とは何か』講談社学術文庫。

見田宗介（1996）「交響圏とルール圏」井上俊ほか編『社会構想の社会学』岩波書店。

宮崎義一（1966）『戦後日本の経済機構』新評論。

――（1967a）『近代経済学の史的展開――「ケインズ革命」以後の現代資本主義像』有斐閣。

――（1967b）『現代の資本主義』岩波新書。

――（1975）『新しい価格革命――試練に立つ現代資本主義』岩波新書。

――（1982）『現代資本主義と多国籍企業』岩波書店。

――（1985）『日本経済の構造と行動（上）（下）――戦後四〇年の軌跡』筑摩書房。

――（1986）『世界経済をどう見るか』岩波新書。

――（1990）『変わりゆく世界経済――トランスナショナル・シビル・ソサイエティへの途』有斐閣。

――（1991）『複合不況』中公新書。

宮崎義一／伊東光晴（1961）『コンメンタール　ケインズ／一般理論』日本評論社。

宮島喬／木畑洋一／小川有美編（2018）『ヨーロッパ・デモクラシー――危機と転換』岩波書店。

森岡真史（1991）「短期調整過程の二類型（1）（2）――市場タイプによる在庫の機能の違いについて」『経済論叢』148（4/5/6）、149（1/2/3）。

宮本太郎（1999）『福祉国家という戦略――スウェーデンモデルの政治経済学』法律文化社。

宮本太郎／小川有美（2005）「序章　市民社会民主主義は可能か」山口／宮本／小川（2005）。

向井清史（2015）『ポスト福祉国家のサードセクター論――市民的公共圏の担い手としての可能性』ミネルヴァ書房。

武藤博己（2017）「「シビル・ミニマム」概念の形成と今日的課題――松下圭一『シビル・ミニマムの思想』を読む」『法学志林』（法政大学）114（3）。

(1971) に再録。

—— (1969)『市民社会と社会主義』岩波書店。

—— (1970)「市民社会の経済学批判——所有論としての『資本論』体系」内田義彦ほか著『経済学史』筑摩書房。

—— (1971)『経済学と歴史認識』岩波書店。

—— (1977)「現代社会主義と『市民社会と社会主義』」『現代の理論』165。

—— (1982)『経済学批判への方法叙説』岩波書店。

—— (1987)「現代資本主義と市民社会」平田清明/山田鋭夫/八木紀一郎編 (1987)『現代市民社会の旋回』昭和堂。

—— (1988)「社会的制御調整の政治経済学」『思想』771。

—— (1993)『市民社会とレギュラシオン』岩波書店。

平野泰朗 (1993)「戦後日本の経済成長と賃労働関係」ボワイエ/山田 (1993)。

—— (1996)『日本的制度と経済成長』藤原書店。

平野泰朗/花田昌宣 (1999)「労働力再生産における産業的福祉の役割——日本における企業主義的レギュラシオン仮説の検討に向けて」山田/ボワイエ (1999)。

平野泰朗/山田鋭夫 (2014)「企業主義的調整の麻痺と社会保障改革」植村/宇仁/磯谷/山田 (2014)。

広井良典 (2006)『持続可能な福祉社会——「もうひとつの日本」の構想』ちくま新書。

藤田菜々子 (2007)「資本主義の多様性と福祉国家——VOC とレギュラシオンの比較検討」山田/宇仁/鍋島 (2007)。

—— (2010)『ミュルダールの経済学——福祉国家から福祉世界へ』NTT 出版。

—— (2014)「価値——価値は価格に反映されているのか」橋本努編 (2014)『現代の経済思想』勁草書房。

—— (2017)『福祉世界——福祉国家は越えられるか』中央公論新社。

藤本隆宏 (2003)『能力構築競争——日本の自動車産業はなぜ強いのか』中公新書。

藤原書店編集部編 (2014)『内田義彦の世界 1913-1989——生命・芸術そして学問』藤原書店。

ボワイエ、ロベール (2013a)『ユーロ危機——欧州統合の歴史と政策』山田鋭夫/植村博恭訳、藤原書店。

—— (2013b)「ユーロ危機、アベノミクス、日本の将来」植村博恭訳、田中秀臣編『日本経済は復活するか』藤原書店。

—— (2016)『作られた不平等——日本、中国、アメリカ、そしてヨーロッパ』横田宏樹訳、藤原書店。

ボワイエ、ロベール/山田鋭夫編 (1993)『危機-資本主義〈レギュラシオン・コレクション 1〉』藤原書店。

真木悠介 (1977)『気流の鳴る音——交響するコミューン』筑摩書房。
—— (1981)『時間の比較社会学』岩波書店。
正村公宏 (1971)「書評「都市化」時代における民主主義の条件——松下圭一『シビル・ミニマムの思想』」『市民』3。

――（1973）『経済大国の難問』潮出版社。

長洲一二編（1974）『現代の資本主義――その構造と動態』日本放送出版協会。

――（1979）『現代資本主義と多元社会』日本評論社。

中西洋（1994）『〈自由・平等〉と〈友愛〉――"市民社会"、その超克の試みと挫折』ミネルヴァ書房。

中野晃一／コリン・クラウチ／エイミー・グッドマン（2015）『いまこそ民主主義の再生を！――新しい政治参加と希望』岩波ブックレット。

鍋島直樹（2001）『ケインズとカレツキ――ポスト・ケインズ派経済学の源泉』名古屋大学出版会。

――（2016）『ポスト・ケインズ派経済学――マクロ経済学の革新を求めて』名古屋大学出版会。

西洋（2010）「VAR モデルを用いた日本経済の所得分配と需要形成パターンについての実証分析」『季刊経済理論』47（3）。

――（2014）『所得分配・金融・経済成長――資本主義経済の理論と実証』日本経済評論社。

西洋／磯谷明徳／植村博恭（2014）「東アジア資本主義の制度階層性とマクロ経済的多様性」植村／宇仁／磯谷／山田（2014）。

西部忠（1996）「市場の多層的調整機構（上）――最短期と短期における価格・数量調整」『経済学研究』45（4）。

西部忠編著（2004）『進化経済学のフロンティア』日本評論社。

新村聡（2006）「平等と不平等の経済学――新自由主義的『平等』と福祉国家的『平等』の対立」『季刊経済理論』43（1）。

野口真（1990）『現代資本主義と有効需要の理論』社会評論社。

野沢敏治（2008）「『平田清明著作＝目録と解題』への補遺とその後の追加」『千葉大学経済研究』23（2）。

野沢敏治／酒井進編（2002）『時代と学問――内田義彦著作集 補巻』岩波書店。


服部茂幸（2014）「賃金デフレと迷走する金融政策」植村／宇仁／磯谷／山田（2014）。

原田裕治（1997）「脱工業化の理論モデル的考察――不均等発展と累積的因果連関を中心に」『経済科学』45（3）。

――（2005a）「制度における補完性と階層性――B・アマーブルによる制度理論へのアプローチ」『経済科学』52（4）。

――（2005b）「制度の理論としてのレギュラシオン理論――レギュラシオニスト第2世代の試み」『季刊経済理論』42（2）。

――（2007）「産業構造変化の多様性――多変量解析による類型化の試み」山田／宇仁／鍋島（2007）。

――（2018）「信頼、制度、資本主義の多様性――先進国と東アジア経済を対象とした統計分析」『摂南経済研究』8（1/2）。

平田清明（1965）『経済科学の創造――「経済表」とフランス革命』岩波書店。

――（1966）「マルクスにおける経済学と歴史認識」『思想』502、503、506、509。平田

——（1968）『再生産表式分析』新評論。

——（1972）『現代日本の物価問題』新評論。

——（1979）『マルクス経済学研究』新評論。

——（1981）『現代資本主義とインフレーション』岩波書店。

——（1985）『マルクス経済学の解体と再生』御茶の水書房。

——（1991）『鉄と小麦の資本主義——下降の経済学』世界書院。

橘木俊詔（1998）『日本の経済格差——所得と資産から考える』岩波新書。

——（2006）『格差社会 何が問題なのか』岩波新書。

——（2016）『新しい幸福論』岩波新書。

田中拓道（2017）『福祉政治史——格差に抗するデモクラシー』勁草書房。

田中秀夫（2013）『啓蒙の射程と思想家の旅』未來社。

田原慎二／植村博恭（2014）「日本経済の成長体制と脱工業化」植村／宇仁／磯谷／山田（2014）。

玉垣良典（1976）「国家独占資本主義論の根本的反省——現代資本主義再考」『現代の理論』144。

趙星銀（2017）『「大衆」と「市民」の戦後思想——藤田省三と松下圭一』岩波書店。

土山希美枝（2017）「松下圭一「都市社会論」の成立——大衆社会論から都市型社会論へ」『法学志林』（法政大学）114（3）。

都留重人編（1959）『現代資本主義の再検討』岩波書店。

——編（1968）『現代資本主義と公害』岩波書店。

——（1972）『公害の政治経済学』岩波書店。

——（1983）『体制変革の政治経済学』新評論。

都留重人／内田義彦／末永隆甫編（1958）『経済学入門』東京出版。

都留重人／佐藤金三郎／高須賀義博／島田稔夫（1982）『人類の知的遺産　マルクス』講談社。

遠山弘徳（1990a）「日本における高度成長と危機——レギュラシオン・アプローチにもとづいて」『経済評論』39（4）。

——（1990b）「高度成長期における賃労働形態——レギュラシオン・アプローチにもとづいて」『経済学雑誌』91（1）。

——（2010）『資本主義の多様性分析のために——制度と経済パフォーマンス』ナカニシヤ出版。

——（2017）「資本主義の制度的多様性——どのようにしてそれを捉えるのか」『季刊経済理論』54（2）。

遠山弘徳／原田裕治（2014）「アジア資本主義の多様性——制度的構図と企業のイノベーション活動」植村／宇仁／磯谷／山田（2014）。


内藤敦之（2011）『内生的貨幣供給理論の再構築——ポスト・ケインズ派の貨幣・信用アプローチ』日本経済評論社。

長洲一二（1970）「現代資本主義とマルクス経済学——『資本論』・『帝国主義論』・現代」長洲一二編『資本主義〈講座マルクス主義 8〉』日本評論社。

ジェント・シミュレーションにもとづく」西部（2004）。

木村福成／大久保敏弘／安藤光代／松浦寿幸／早川和伸（2016）『東アジア生産ネットワークと経済統合』慶應義塾大学出版会。

グラムシ、アントニオ（1961-1965）『グラムシ選集』全六巻、代久二編、合同出版社。

グループ一九八四年（2012）『日本の自殺』文春新書。

玄田有史（2010）『人間に格はない――石川経夫と2000年代の労働市場』ミネルヴァ書房。


坂本達哉（1997）「戦後『市民社会』思想の再検討にむけて」『神奈川大学評論』26。

――（2006）「日本におけるイギリス思想史研究の一特質――いわゆる「市民社会」論の伝統をめぐって」『政治思想研究』6。

坂本義和（1997）「相対化の時代――市民の世紀をめざして」『世界』630。

佐々木伯朗（2016）『福祉国家の制度と組織――日本的特質の形成と展開』有斐閣。

佐藤良一編（2003）『市場経済の神話とその変革――〈社会的なもの〉の復権』法政大学出版局。

塩沢由典（1983）『近代経済学の反省』日本経済新聞社。

――（1999）「ミクロ・マクロ・ループについて」『経済論叢』（京都大）164（5）。

――（2002）『マルクスの遺産』藤原書店。

――（2014）『リカード貿易問題の最終解決――国際価値論の復権』岩波書店。

塩沢由典／有賀裕二編著（2014）『経済学を再建する――進化経済学と古典派価値論』中央大学出版会。

篠田武司（2010）「スウェーデンにみる市民社会論」『経済研究』（千葉大学）25（3）。

篠原一（2004）『市民の政治学――討議デモクラシーとは何か』岩波新書。

新川敏光／井戸正伸／宮本太郎／眞柄秀子『比較政治経済学』有斐閣。

神野直彦（2010）『「分かち合い」の経済学』岩波新書。

神野直彦／井手英策／連合総合生活開発研究所編（2017）『「分かち合い」社会の構想――連帯と共助のために』岩波書店。

杉本栄一（1947）「近代理論経済学とマルクス経済学」『季刊理論』1。

――（1950）『近代経済学の解明』理論社。

――（1953）『近代経済学史』岩波書店。

杉山光信（2012）「『近代化』と『二つの道』――内田義彦の『市民社会』再考」『明治大学心理社会学研究』8。

鈴木信雄（2010）『内田義彦論――ひとつの戦後思想史』日本経済評論社。

専修大学社会科学研究所編（1982）『「作品」への遍歴――内田義彦 大佛次郎賞受賞記念講演』時潮社。

創造の会編（1996）『学問文芸共和国――追悼 平田清明』非売品。


高島善哉（1941）『経済社会学の根本問題――経済社会学者としてのスミスとリスト』日本評論社。

――（1974）『アダム・スミスの市民社会体系』岩波書店。

高須賀義博（1965）『現代価格体系論序説』岩波書店。

支不均衡をふまえて」植村／宇仁／磯谷／山田（2014）。

宇仁宏幸／坂口明義／遠山弘徳／鍋島直樹（2004）『入門 社会経済学――資本主義を理解する』ナカニシヤ出版。

宇仁宏幸／山田鋭夫／磯谷明徳／植村博恭（2011）『金融危機のレギュラシオン理論――日本経済の課題』昭和堂。

宇野弘蔵（1950/52）『経済原論』上・下、岩波書店。

――（1962）『経済学方法論』東京大学出版会。

宇野重規編（2016）『民主主義と市民社会〈リーディングス 戦後日本の思想水脈 3〉』岩波書店。

エスカット／猪俣哲史（2011）『東アジア貿易構造と国際価値連鎖――モノの貿易から「価値」の貿易へ』アジア経済研究所。

海老塚明／磯谷明徳（1991）「現代危機の分析視角――SSA アプローチとレギュラシオン・アプローチ（1）（2）」『経済学雑誌』91（5/6）、92（1）。

遠藤乾（2016）『欧州複合危機――苦悩する EU、揺れる世界』中公新書。

大内力（1970）『国家独占資本主義』東京大学出版会。

大熊一寛（2015）『グリーン成長は可能か？――経済成長と環境対策の制度・進化経済分析』藤原書店。

大河内一男（1968）『独逸社会政策思想史 上巻〈大河内一男著作集 第 1 巻〉』青林書林新社。

――（1969a）『スミスとリスト〈大河内一男著作集 第 3 巻〉』青林書院新社。

――（1969b）『社会政策の基本問題〈大河内一男著作集 第 5 巻〉』青林書院新社。

大沢真理（1993）『企業中心社会を超えて――日本社会を「ジェンダー」で読む』時事通信社。

大塚久雄（1955）『共同体の基礎理論』岩波書店。

岡本英男（2016）「日本における二つの福祉国家構想――「日本列島改造論」とシビル・ミニマム論」『経済学論纂』（中央大学）56（3/4）。

置塩信雄（1965）『資本制経済の基礎理論』創文社。

――（1976）『蓄積論』第 2 版、筑摩書房。

小熊英二（2002）『〈民主〉と〈愛国〉――戦後日本のナショナリズムと公共性』新曜社。

小野寺研太（2015）『戦後日本の社会思想史――近代化と「市民社会」の変遷』以文社。


禿あや美（2017）「雇用・労働における自己決定」神野／井手／連合総合生活開発研究所（2017）。

岸本重陳（1975）『資本制経済の理論〈講座マルクス経済学 2〉』日本評論社。

――（1976）『経済学の目で見ると』新評論。

――（1978）『「中流」の幻想』講談社。

――（1979）「〈岸本重陳の海外直撃インタビュー〉G・ミュルダール教授「社会福祉は収入の一形態だ」」『週刊ポスト』1979 年 2 月 23 日。

――（1988）『経済のしくみ 100 話』（岩波ジュニア新書）岩波書店。

――（1998）『金融ビッグバン――どうなる日本経済　どうなる中流市民』（岩波ブックレット）岩波書店。

吉地望／西部忠（2004）「自律分散型市場における多段階調整企業モデル――マルチ・エー

——（2015）「社会システムの制度分析と経済理論の再建——現代経済学との対話を通して」『季刊経済理論』52（1）。

植村博恭／磯谷明徳／海老塚明（2007）『新版 社会経済システムの制度分析』名古屋大学出版会。

植村博恭／宇仁宏幸／磯谷明徳／山田鋭夫編（2014）『転換期のアジア資本主義』藤原書店。

宇沢弘文（1971）「シビル・ミニマムの経済理論」伊東／篠原／松下／宮本（1971）。

——（1974）『自動車の社会的費用』岩波書店。

——（1977）『近代経済学の再検討——批判的展望』岩波新書。

——（1984）『ケインズ「一般理論」を読む』岩波書店。

——（1986a）『経済動学の理論』東京大学出版会。

——（1986b）『近代経済学の転換』岩波書店。

——（1987）『公共経済学をもとめて』岩波書店。

——（2000）『社会的共通資本』岩波新書。

——（2015）『宇沢弘文の経済学——社会的共通資本の論理』日本経済新聞出版社。

宇沢弘文／高木郁朗編（1992）『市場・公共・人間——社会的共通資本の政治経済学』第一書林。

宇沢弘文／宮本憲一／石川経夫／内橋克人／佐和隆光（1994）『社会の現実と経済学——21世紀に向けて考える』岩波書店。

内田義彦（1953）『経済学の生誕』未來社。

——（1965）「日本思想史におけるヴェーバー的問題」大塚久雄編『マックス・ヴェーバー研究』東京大学出版会。

——（1966）『資本論の世界』岩波新書。

——（1967）『日本資本主義の思想像』岩波書店。

——（1971a）『社会認識の歩み』岩波新書。

——（1971b）『読むということ——内田義彦対談集』筑摩書房。

——（1974）『学問への散策』岩波書店。

——（1981）『作品としての社会科学』岩波書店。

——（1985）『読書と社会科学』岩波新書。

——（1988-1989）『内田義彦著作集』全10巻、岩波書店。

内田義彦／長洲一二／宮崎犀一（1967）「経済学」図書新聞社編『座談会 戦後の学問』図書新聞社。

宇仁宏幸（1991）「戦後日本資本主義とフォーディズム」『経済評論』40（11）。

——（1992）「戦後日本の蓄積体制」『経済学雑誌』92（5/6）。

——（1995）「日本の輸出主導型成長」『経済理論学会年報』32。

——（1998）『構造変化と資本蓄積』有斐閣。

——（1999）「戦後日本の構造変化と資本蓄積」山田／ボワイエ（1999）。

——（2002）「日本経済の低成長の原因」『経済理論学会年報』39。

——（2009）『制度と調整の経済学』ナカニシヤ出版。

——（2011）「日本経済はどのように調整されているか」宇仁／山田／磯谷／植村（2011）。

——（2014）「アジアにおける共同的な為替レート調整の可能性——グローバル経常収

——（2011）「日本的企業システムの変容と進化」宇仁／山田／磯谷／植村（2011）。

——（2017）「制度主義の再生とその後——制度経済学のミクロ的側面を中心に」『季刊経済理論』54（2）。

磯谷明徳／植村博恭／海老塚明（1999）「戦後日本経済の制度分析——『階層的市場-企業ネクサス』論の観点から」山田／ボワイエ（1999）。

井手英策（2017）「「分かち合い社会」の可能性」神野／井手／連合総合生活開発研究所（2017）。

井手英策／古市将人／宮崎雅人（2016）『分断社会を終わらせる——「だれもが受益者」という財政戦略』筑摩選書。

伊藤秀史（2007）「契約理論——ミクロ経済学第三の理論への道程」『経済学史研究』49（2）。

伊藤誠／野口真／横川信治編著（1996）『マルクスの逆襲』日本評論社。

伊東光晴（1962）『ケインズ——“新しい経済学”の誕生』岩波新書。

——（1965）『近代価格理論の構造——競争・寡占・独占』新評論。

——（1973）『現代経済を考える』岩波新書。

——（1989）『技術革命時代の日本——経済学は現実にこたえうるか』岩波書店。

——（2006）『現代に生きるケインズ——モラル・サイエンスとしての経済理論』岩波新書。

伊東光晴／篠原一／松下圭一／宮本憲一編（1971）『〈岩波講座 現代都市政策V〉シビル・ミニマム』岩波書店。

今井弘道（2001）「『市民社会』と現代法哲学・社会哲学の課題——第一次〈市民社会〉派の批判的継承のために」今井弘道編『新・市民社会論』風行社。

今村仁司（2007）『社会性の哲学』岩波書店。

岩井克人（2014）『資本主義から市民主義へ』ちくま学術文庫。

植村邦彦（2010）『市民社会とは何か——基本概念の系譜』平凡社新書。

植村博恭（1990）「現代資本蓄積論と所得分配——利潤主導型成長と賃金主導型成長」『経済評論』39（3）。

——（1991a）「レギュラシオン／SSA理論におけるマクロ経済動学の解析」『経済理論学会年報』28、青木書店。

——（1991b）「脱工業化と資本蓄積の構造変化——蓄積論的アプローチ」『経済評論』40（11）。

——（1996）「脱工業化と資本蓄積の構造変化——ポスト・マルクシアン・アプローチ」伊藤／野口／横川（1996）。

——（2007a）「社会経済システムの再生産と所得分配の不平等——剰余アプローチによる分析」『季刊経済理論』43（4）。

——（2007b）「『階層的市場-企業ネクサス』と重層的調整メカニズム——制度変化が進行する日本経済」山田／宇仁／鍋島（2007）。

——（2011）「日本経済の制度変化と成長体制——新たな構造的危機へ」宇仁／山田／磯谷／植村（2011）。

——（2014）「雁行形態発展論と東アジアの国際生産・貿易ネットワーク——中間財貿易の古典派的理解による理論化」塩沢／有賀（2014）。

参考文献

日本語文献

青木達彦（2018）『金融危機は避けられないのか――不安定性仮説の現代的展開』日本経済評論社。

青木昌彦（1989）『分配論』筑摩書房。

――（1995）『経済システムの進化と多元性――比較制度分析序説』東洋経済新報社。

――（2005）「比較制度分析の方法――制度のシュンペータ的革新と革新の制度」『比較経済体制学会年報』42（1）。

青木昌彦／スティーブン・マーグリン（1973）「資本主義の三つのモデル」青木昌彦編『ラディカル・エコノミックス』中央公論社、1973年。

浅井和弘／若森章孝編（1983）『平田清明著作＝目録と解題』非売品。

浅野栄一（1978）「杉本理論について――近経とマル経の統合をめざして」『経済セミナー増刊――マルクス経済学のすべて』日本評論社。

安孫子誠男（2012）『イノベーション・システムと制度変容――問題史的考察〈千葉大学経済研究叢書 8〉』千葉大学法経学部経済学科。

飯田敬輔（2007）『国際政治経済』東京大学出版会。

――（2013）『経済覇権のゆくえ――米中伯仲時代の日本の針路』中公新書。

井汲卓一（1979）「現代資本主義の歴史的位相」今井則義／富塚文太郎編『現代経済と国家』日本評論社、1979年。

池田毅（2006）『経済成長と所得分配』日本経済評論社。

石川経夫（1977）「現代資本主義の基本的動態類型――一つの巨視的分析」『経済学論集』（東京大学経済学会）43（1）。

――（1980）「企業貯蓄・金融市場と巨視的分析」『経済学論集』46（2）。

――（1990）「家計の富と企業の富――日本における富の集中をめぐって」西村清彦／三輪芳朗編『日本の株価・地価』東京大学出版会。

――（1991）『所得と富』岩波書店。

――編（1994）『日本の所得と富の分配』東京大学出版会。

――（1996）「製造業下請制の賃金効果」『日本労働研究雑誌』430、日本労働研究機構。

――（1999）『分配の経済学』東京大学出版会。

石川経夫／出島敬久（1994）「労働市場の二重構造」石川（1994）。

石原俊時（1996）『市民社会と労働者文化――スウェーデン福祉国家の社会的起源』木鐸社。

磯谷明徳（1995）「日本型企業システムとレギュラシオン理論――『企業主義的レギュラシオン』の分析枠組を求めて」『経済学研究』60（5/6）。

――（2004）『制度経済学のフロンティア――理論・応用・政策』ミネルヴァ書房。

――（2007）「『階層的市場－企業ネクサス』論の拡張に向けて」山田／宇仁／鍋島（2007）。

著者紹介

山田鋭夫（やまだ・としお）

1942年愛知県生。1969年名古屋大学大学院経済学研究科博士課程単位取得退学。名古屋大学名誉教授。理論経済学・現代資本主義論。著書に『さまざまな資本主義』（藤原書店），*Contemporary Capitalism and Civil Society*（Springer）等。

植村博恭（うえむら・ひろやす）

1956年東京都生。1986年一橋大学大学院経済学研究科博士課程単位取得退学。横浜国立大学大学院国際社会科学研究院教授。制度分析・マクロ経済分析。著書に『社会経済システムの制度分析』（共著，名古屋大学出版会），*Diversity and Transformations of Asian Capitalisms* (Co-edited book; Routledge）等。

原田裕治（はらだ・ゆうじ）

1970年熊本県生。2000年名古屋大学大学院経済学研究科博士後期課程修了。博士（経済学）。摂南大学経済学部准教授。理論経済学。論文に "The Diversity of the 'Neoliberal Policy Regime' and Income Distribution," in H. Magara (ed.) *Policy Change Under New Democratic Capitalism*, Edward Elgar 等。

藤田菜々子（ふじた・ななこ）

1977年三重県生。2005年名古屋大学大学院経済学研究科博士後期課程修了。博士（経済学）。名古屋市立大学大学院経済学研究科教授。経済学史・制度経済学。著書に『ミュルダールの経済学』（NTT出版），『福祉世界』（中央公論新社）等。

市民社会《しみんしゃかい》と民主主義《みんしゅしゅぎ》——レギュラシオン・アプローチから

2018年7月10日　初版第1刷発行 ©

著　者　山田鋭夫　植村博恭　他

発行者　藤原良雄

発行所　株式会社　藤原書店

〒162–0041　東京都新宿区早稲田鶴巻町523
電　話　03（5272）0301
ＦＡＸ　03（5272）0450
振　替　00160‐4‐17013
info@fujiwara-shoten.co.jp

印刷・製本　中央精版印刷

Printed in Japan
ISBN978–4–86578–179-3